다시 성경으로 1

BACK TO THE BIBLE AGAIN

윤구현 목사의 그리스도 중심의 성경읽기

그리스도 중심의 성경읽기

다시 성경으로 1

BACK TO THE BIBLE AGAIN

초판 1쇄 펴냄 2019년 12월 25일

지 은 이 | 윤구현
펴 낸 곳 | 도서출판 우인북스

등록번호 | 385-2008-00019
등록일자 | 2008. 7. 13
주   소 | 안양시 동안구 시민대로 272, 1305호
전   화 | 031-384-9552
팩   스 | 031-385-9552
E - mail | bb2jj@hanmail.net

ISBN 979-11-86563-20-5 04230
ISBN 979-11-86563-19-9 (세트)

값 15,000원

한 개혁주의 목사의 성경사랑

BACK TO THE BIBLE AGAIN

다시 성경으로 1

윤구현 지음

1-4월 | 창세기 1장 – 에스라 3장

1년 1독 성경읽기 안내서 출간을 축하드립니다. 매일 말씀을 대하다 보니 말씀대로 살고자 하는 노력이 생기고 무엇보다 구약을 쉽게 풀어 주셔서 읽기가 수월했습니다. 믿음의 반석이 더더욱 굳건해진 것 같아 매일매일 구원받은 기쁨으로 살고 있습니다. 감사합니다.

　- 김영숙

할렐루야! 매일매일 기대와 설레임으로 하루도 거를 수 없는 맛나를 주셔서 감사합니다. 1년 1독 성경 읽기 안내를 따라 말씀을 읽으면서 때로는 눈물을 흘리기도 하고, 때로는 터질 것 같은 감동과 기쁨과 평강과 풍요를 누리기도 했습니다. 하나님의 뜻에 순종하게 하시며 성령께서 나를 깨뜨리시며 기도하게 하셨습니다. 나는 오늘도 말씀의 맛나를 거두러 갑니다.

　- 박태경

지난 10년 동안의 윤목사님의 말씀 묵상이 책으로 나와 다시 볼 수 있게 된 것을 기쁘게 생각합니다. 신구약 성경 전체를 통한 목사님의 묵상 말씀은 세상의 변질된 복음과 타협치 않고 매번 오직 예수님으로만 결론이 되는 귀한 말씀이었습니다. 바라건데 마지막 시대에 깨어 세상과 싸워갈 많은 기독교인들에게 이 말씀 묵상집이 좋은 길동무가 되길 바랍니다.

　- 강병삼

성도는 하나님의 말씀인 성경과 평생 동행하며 살아야 한다. 그 안에 모든 진리와 삶의 지혜와 영적 생명을 담고 있기 때문이다. 그런데 현대인들은 성경과 점점 거리가 멀어지고 있는 것 같다. 예전에 성경을 읽고 묵상하던 시간들을 이제는 인터넷과 스마트폰에 대부분 빼앗기고 있다. 게다가 성경을 읽어가다 보면 그 뜻을 명확하게 이해할 수 없어 목회자나 성경학자의 도움이 필요하다고 느낄 때가 많지만 항상 이런 분들의 도움을 얻을 수 없으니 말씀 읽는 즐거움이 반감되기도 한다. 그 점에서 이 책은 성경의 좋은 안내자 역할을 한다. 그뿐 아니라 이 책을 읽고 있으면 성경을 읽고 싶은 마음도 갖게 된다. 이 책은 창세기부터 계시록까지 장별로 간략하면서도 핵심적인 내용을 담고 있어 성경을 좀더 명확하게 이해할 수 있도록 돕고 있다. 때로는 신학적인 설명과 주경적인 해석, 그리고 저자의 묵상이 더해져서 말씀을 더 깊이 있게 이해하도록 안내한다. 이 책은 성경적인 신학의 바탕 위에 있지만 어렵거나 이론적인 서적은 아니다. 누구든지 읽을 수 있도록 쉽게 씌었다. 간략하고 쉬우면서도 결코 가볍지 않은 좋은 책이다. 저자가 10년간 성경에 대한 열정으로 묵상하며 결실을 맺은 이 책을 기쁜 마음으로 추천한다.

– 윤대식 목사 (Washington University of Virginia 교수, 새비젼교회 담임)

　'1년 1독 성경읽기'를 시작한지 백 일째 되는 날이었다. 우리 집에서 한 시간 남짓 떨어진 곳에 사는 어떤 집사님께서 한번 만나고 싶다는 연락을 해 와서 방문한 일이 있었다. 그때 그분께서 사무실에서 바인더 북 하나를 가지고 나와서 내게 보여 주었다. '1년1독 성경읽기'를 하면서 매일매일 배달되는 글들을 프린트하여 모은 글들이었다. 매일매일 배달되는 말씀읽기 안내 글을 일일이 밑줄을 쳐 가며 자세하게 읽으면서 받았던 감동스러운 이야기도 들려 주었다. 날마다 성경읽기를 인도하면서 이렇게까지 열심을 내어 참여하고 있는 분이 있을 것이라는 생각은 미처 하지 못했었다. 내게는 큰 감동이었다. 그분의 열심을 보면서 나는 더 성실하게 그리고 더 진지하게 이 일을 계속해야 하겠다는 생각을 하게 되었다.

　오늘 우리가 살아가고 있는 이 시대는 참으로 바쁘고 분주한 시대이다. 이전 시대보다 훨씬 더 우리의 삶을 편리하게 하는 문명의 이기들이 많아졌는데도 불구하고 말이다. 우리 그리스도인들의 삶도 크게 다르지 않은 것 같다. 성경을 읽는 것이 중요한 줄은 알지만 정작 시간을 내어 성경을 읽는 일은 쉽지 않아 보인다. 시간이 없어서라기보다 우리의 마음이 다른 일들로 분주하기 때문이 아닌가 생각된다. 그러나 날마다 시간을 내어 성경을 읽고 자신의 삶과 인생을 성찰하는 일은 그 어느때보다 중요한 일이 되었다. 성경 말씀을 통해 하나님의 마음을 배우고 의미 있는 삶을 위한 인생의 방향을 잡을 수 있기 때문이다.

지금 우리는 AI로 대변되는 4차 산업혁명의 시대를 맞이했다. 지식과 정보의 양은 폭발적으로 늘어나고 있고, 높은 지능을 가진 기계가 그동안 사람들이 해 왔던 일들의 많은 부분들을 대신하게 되는 일들이 우리 눈앞에서 현실이 되고 있음을 본다. 사람들은 모든 가치의 상대화를 부르짖고 사람들 사이에 형성된 모든 관계의 의미들은 해체당하고 있는 시대에 성경은 과연 우리에게 어떤 의미를 줄 수 있을까?

지난 10년 동안 우리 주님의 몸 된 교회를 섬기면서 성도들이 하나님의 말씀과 친밀해질 수 있도록 무던히 노력했다. '다시 성경으로'는 그 수고의 열매이기도 하다. 바울은 그가 말씀으로 낳은 아들 디모데에게 편지를 쓰면서 하나님의 감동으로 된 모든 성경은 교훈과 책망과 바르게 함과 의로 교육하기에 유익하다고 했다. 성경을 읽고 묵상하고 실천함으로써 하나님의 사람으로 세워져 가며 하나님 앞에서 참으로 선한 삶을 살 수 있다고 했다.(딤후3:16-17) 성경이 하나님의 감동으로 기록되었다는 것은 성경이 생명력 있는 책, 살아있는 책이라는 뜻이다. 성경을 읽을 때 성령께서 우리의 마음에 말씀하시고, 우리의 삶을 교훈하시고, 우리가 바른길로 갈 수 있도록 인도하신다.

'다시 성경으로'는 하나님의 자녀들이 하나님의 말씀인 성경을 읽는데 쉽고 재미있게 읽을 수 있도록 도움을 주는 책이다. 이 책을 통해 성경 독자들이 성경을 좀더 깊이 이해하고, 또 계속해서 성경을 읽을 수 있도록 동기부여가 된다면 이 책의 역할은 충분한 것이 될 것이다. 나는 이 책이 성경을 읽는 독자들의 심령 속에 하나님의 말씀을 사모하는 열심이 불같이 타오를 수 있게 하는데 불쏘시개 역할을 할 수 있기를 소망한다. 장작에 불이 붙으면 더 이상 불쏘시개가 필요 없듯이 이 책도 그렇게 되기를 바란다.

  사람들은 고전을 사랑한다. 수천 년 수백 년 전에 쓰였지만 그 책들 속에 인생의 의미와 삶의 지혜가 풍부하게 담겨 있기 때문이다. 인류 최고의 고전인 성경은 인생의 지혜를 담고 있을 뿐만 아니라 우리를 영원한 삶으로 인도하는 살아 있는 책이다. 그동안 함께 성경읽기에 동참한 성도들이 있었기에 중단 없이 10년 동안 이 길을 달려올 수 있었다. 모든 분들께 감사를 드린다. 내가 힘들어할 때마다 포기하지 않도록 끊임없는 격려로 붙잡아 준 아내에게도 고마움을 보낸다. 그리고 이 책이 세상에 빛을 볼 수 있도록 출판을 책임져 주시고 친절하게 안내해 준 우인북스 백영미 대표님께 감사드린다. 한없이 부족하지만 날마다 힘 주시고 은혜를 부어 주신 우리 아버지 하나님께 모든 영광을 돌려드린다!
  매일매일 소중한 시간을 내어 다시 성경으로 돌아가자! 그리고 성경의 삶을 살아가자!

2020년을 맞이하면서

리치몬드 사랑의교회 **윤구현** 목사

| 차 례 |

▶ 3월

여호수아, 사사기, 룻기, 사무엘상·하
열왕기상(1-7)

▶ 4월

열왕기상(8-11) · 하, 역대상 · 하, 에스라

1월

창세기, 출애굽기, 레위기 (1-10)

1월 1일 | 창세기 1-3 장

1. 창세기에 대하여

성경은 창세기부터 시작됩니다. 모두 66권으로 되어 있는 성경은 처음 책인 창세기부터 마지막 책인 요한계시록까지 하나의 통일성을 가지고 있습니다. 창세기를 모르면 요한계시록을 해석할 수 없고, 요한계시록은 창세기를 이해하는 중요한 열쇠입니다. 창세기는 다른 모든 성경을 이해하는데 없어서는 안될 중요한 하나님의 말씀입니다.

창세기는 하나님이 계심을 선포하고 있습니다. 제목이 시사하는 바와 같이 창세기는 모든 것의 시작에 관한 말씀입니다. 하나님께서 우주와 천지 만물을 어떻게 창조하셨는지, 인간이 어떻게 하나님의 형상을 닮은 자로 창조되었는지, 하나님께서 창조하신 세상에 어떻게 죄가 들어와서 사람과 세상을 비참하게 만들었는지, 그리고 죄로 말미암아 타락한 인간을 하나님께서 어떻게 사랑하시고, 구원하기 시작하시는지 말씀합니다.

예수님께서 말씀하셨듯이([요 5: 39] 너희가 성경에서 영생을 얻는 줄 생각하고 성경을 상고하거니와 이 성경이 곧 내게 대하여 증거하는 것이로다) 구약과 신약 66권은 모두 예수님에 관한 말씀입니다. 구약은 하나님께서 보내실 구원자가 이 세상에 오실 것을 말씀하고, 신약은 하나님의 독생자 예수 그리스도께서 이 세상에 오셔서 이루신 구원과 영원한 생명에 관해 말씀합니다. 창세기의 대주제도 예수 그리스도인데, 예수 그리스도께서 세상에 오셔서 이루실 구원의 이야기를 그림자로 보여 줍니다.

창세기는 크게 두 부분으로 나눌 수 있습니다. 1부는 창세기 1장부터 11장까지로써 인류의 일반 역사에 대하여 말씀하는데, 창조와 타락, 홍수 심판과 인류의 집단적 반역인 바벨탑 사건을 다룹니다. 2부는 창세기 12장부터 50장까지로써 아브라함으로부터 시작되는, 하나님의 선택된 백성들의 계보와 세상을 구원하시고자 하시는 하나님의 구원 역사에 그들이 어떻게 쓰임받게 되는지 보여 줍니다.

2. 계보(톨레도트)

모세는 창세기를 기록하면서 '계보'를 매우 중요하게 여겼습니다. 계보를 '톨레도트'라고 하는데 우리 성경은 '대략, 계보, 세계, 사적, 후예, 약전' 등으로 번역하고 있습니다. 모세는 모두 10개의 톨레도트(2:4 천지의 대략, 5:1 아담 자손의 계보, 6:9 노아의 사적, 10:1 노아의 아들들의 후예, 11:10 셈의 후예, 11:27 데라의 후예, 25:12 이스마엘의 후예, 25:19 이삭의 후예, 36:1 에서의 대략, 37:2 야곱의 약전)를 가지고 창세기를 배열했습니다. 이 계보들은 하나님의 구원역사에 있어서 이정표 같은 역할을 합니다. 하나님의 택함을 받은 자들과 하나님께 버림받은 자들의 길이 다릅니다. 하나님께서는 택함받은 자들을 통해 하나님의 구속사를 전개해 나가십니다.

3. 하나님의 천지창조

성경은 "태초에 하나님이 천지를 창조하시니라(창1:1)"로 시작합니다. 이 말씀은 모든 우주와 그 안에 존재하는, 인간을 포함한 모든 피조물들의 출발과 근원을 설명해 주는 장엄한 선포입니다. 태초에는 하나님만 계셨습니다. 그 하나님께서 전능하신 능력으로 창조의 역사를 시작하셨습니다. 이 말씀에 대한 믿음 여부에 따라 사람의 운명은 완전히 달라집니다. 우리는 하나님께서 천지를 창조하신 것을 믿습니다. 모든 피조물은 하나님의 작품입니다. 하나님의 창조사역은 6일 동안 계속되었습니다. 흑암으로 시작해 여섯째 날에 하나님의 창조가 완성되었습니다. 하나님의 창조의 절정은 사람의 창조입니다. 하나님께서는 하나님의 형상을 따라 사람을 창조하셨습니다. 하나님의 창조는 완전했고, 하나님께서는 그 모든 것들을 보시고 심히 좋아하셨습니다.

4. 하나님의 형상

창세기 1:26에 "하나님이 가라사대 우리의 형상을 따라 우리의 모양대로 우리가 사람을 만들고"라고 말씀합니다. 사람은 하나님의 형상을 따라 하나님 닮은 자로 창조되었습니다. 사람이 하나님의 형상으로 창조됐다는 것은 하나님께서 사람을 영적 존재로 지으셨다는 말씀입니다. 하나님은 영이시므로 영적 존재인 사람은 하나님과 교통할 수 있습니다. 일반적으로 하나님의 형상을 지식과 의로움과 거룩함이라고 말합니다. 그러나 보다 넓은 의미에서 하나님의 형상이란 '사람이 하나님과 교통하고 하나님의 요구에 응답하는데 필요한 모든 은사들과 재능들'을 포괄합니다.

5. 원시복음

"내가 너로 여자와 원수가 되게 하고 너의 후손도 여자의 후손과 원수가 되게 하리니 여자의 후손은 네 머리를 상하게 할 것이요 너는 그의 발꿈치를 상하게 할 것이니라"(창 3:15)를 '원시복음'이라고 부릅니다. 여자의 후손으로 오실 예수 그리스도가 처음으로 등장합니다. 여자의 후손으로 오신 예수 그리스도께서 십자가에 달려 죽으셨지만 죽은 지 사흘 만에 다시 살아나셔서 뱀의 권세를 깨뜨리시고 죄인들에게 구원의 길을 열어 주셨습니다. 성경은 창세기에서부터 예수 그리스도와 십자가의 복음을 이야기합니다.

6. 생명나무의 길

아담과 하와가 하나님께 범죄한 후에 하나님께서 그들에게 가죽옷을 지어 입히셨습니다. 그리고 그들을 에덴동산에서 쫓아내시고 에덴 동편에 그룹들과 두루 도는 화염검을 두셔서 생명나무의 길을 지키게 하심으로써 아담이 생명나무의 열매를 따 먹지 못하게 하셨습니다. 그런데 예수 그리스도께서 십자가에서 죽으심으로 말미암아(히 9:11,12) 그룹들과 두루 도는 화염검을 통과하게 하셨습니다. 생명나무의 길을 다시 여신 것입니다. 우리가 예수 그리스도 안에 있을 때 열린 생명나무의 길로 나아가게 됩니다. 어떤 죄인이라도 예수를 믿으면 생명나무 열매를 먹고 영생하게 됩니다.(계 22:1-5)

1월 2일 | 창세기 4-6장

1. 가인의 제사, 아벨의 제사(4:1-8)

아담의 두 아들 가인과 아벨이 하나님께 제사를 드렸습니다. 가인은 농사하는 자였기 때문에 땅의 소산으로, 아벨은 양 치는 자였기 때문에 양의 첫 새끼와 그 기름으로 제사를 드렸습니다. 그런데 하나님께서 아벨의 제사는 받으시고 가인의 제사는 받지 않으셨습니다. 그 일로 가인은 분을 품고 아벨을 죽였습니다. 제사를 받으시는 하나님의 기준은 무엇일까요? 제물인가요? 아니면 제물을 드리는 자의 정성인가요? 제물도 중요하고 정성도 중요합니다. 하나님께 드리는 제사에는 짐승을 잡아드리는 제사도 있고 곡식을 바쳐 드리는 제사도 있습니다. 가인과 아벨 모두 나름대로 정성을 다해 하나님께 제사를 드렸을 것입니다. 그러나 하나님은 정성보다 믿음을 더 중요하게 여기십니다. 믿음으로 드린 제사를 열납하십니다.(히 11:4) 아벨은 자기가 악한 죄인임을 알고 예수 십자가의 희생을 마음으로 믿는 믿음의 제사를 드렸습니다. 그는 제사의 제물을 통해서 앞으로 오실 그리스도를 믿은 것입니다. 하나님은 그 믿음의 행위를 의롭다고 하십니다.(요일 3:12) 어떤 예배를 드리느냐가 중요합니다. 예배는 우리의 삶의 원천입니다.

2. 칼의 노래(4:23-24)

가인의 5대손 라멕은 그의 선조 가인처럼 사람을 죽였습니다. 다른 사람에게 받은 조그만 상처를 참지 못하고 사람을 죽인 것입니다. 그뿐만이 아닙니다. 그는 조금도 후회함 없이 사람 죽인 것을 정당화합니다. 오히려 더 살기등등해서 자신을 해치는 자를 용납하지 않겠다고 합니다. 누구든지 자기를 해치는 자를 77배로 복수할 것이라고 합니다. 하나님을 빈정대면서 자기의 두 아내 앞에서 자신의 죄를 찬양하는 노래를 부릅니다. 이것을 '칼의 노래'라고 합니다. 이렇게 분노하는 마음을 가진 가인의 후손들은 죄와 허물을 정당화하는 문화를 만들어갔습니다. 그러나 셋의 후손들은 예배하는 문화를 만들었습니다. 나는 어떤 문화를 만들어가고 있습니까?

3. 죽었더라(5:1-31)

하나님께서 아담 자손의 새로운 계보를 보여 주면서 하나님의 역사가 죄악으로 끝날 수 없음을 말씀합니다. 아담 자손의 계보에 눈에 띄는 말씀이 있는데 "-세를 향수하고 죽었더라."는 말씀입니다. 아담 자손은 셋을 통해서 그 계보가 이어집니다. 셋은 가인에게 맞아 죽은 아벨 대신에 탄생한, 아담의 셋째 아들입니다. 그 셋의 자손들이 '몇 세를 향수하고 죽었다'고 말합니다. 가인도 자녀들을 낳았지만 그들이 몇 세를 향수하고 죽었다는 말은 없습니다. 하나님은 아담 자손들의 죽음을 통해 중요한 진리를 증거합니다. 성경은 셋의 후손들이 "여호와의 이름을 불렀더라."고 말씀하는데, 이는 그들이 신앙의 계보를 이어 갔다는 말씀입니다. 아벨이 가인에게 맞아 죽었듯이 성도는 이 땅에서 희생의 삶을 통해 믿음이 증거됨을 보여 줍니다. 죽는 삶은 자기를 부인하는 삶이고 자기 십자가를 지는 삶입니다. 성도는 세상에서 죽기 위해서 사는 자들입니다. 아벨이 죽음으로써 셋이 태어났습니다. 예수님도 죽음으로써 다시 살아나셨습니다. 바울은 "나는 날마다 죽는다."고 했습니다. 나도 죽어야 합니다. 세상을 향해 죽어야 하고, 육신의 정욕 앞에서 죽어야 하고, 이생의 자랑이 죽어야 합니다. 그래야 예수 안에서 다시 살게 됩니다. 죽음은 새로운 삶의 신비입니다.

4. 사람의 아들들, 하나님의 딸들(6:2)

하나님의 아들들이 사람의 딸들의 아름다움을 보고 자기들의 좋아하는 모든 자로 아내를 삼았다고 합니다. 하나님의 아들들은 누구이고 사람의 딸들은 누구인가요? 하나님의 아들은 여호와의 이름을 부른 셋의 후손들을 말하고 사람의 딸들은 하나님을 대적하는 가인의 후손들을 지칭하는 것 같습니다. 그런데 하나님의 아들들이 사람의 딸들 중에서 아리따운 여자들을 자기들의 아내로 삼았습니다. 셋의 후손들이 어떻게 타락하게 되었는지를 보여 줍니다. 그들은 점점 신앙을 멀리하고 육신의 아름다움에 매력을 느꼈습니다. 하나님께서 구별하신 믿음의 사람들이 다시 타락의 길을 걷게 된 것입니다. 그들의 타락은 하나님의 심판을 불러왔습니다. 죄는 언제나 비참한 결과를 가져다줍니다.

5. '그러나'의 하나님(6:8-22)

'그러나' 하나님은 포기하지 않는 사랑으로 죄인에게 다가오시고, 심판 가운데서 살아남을 자를 은혜로 보존하십니다. 하나님은 노아와 다시 언약을 세우시고, 그와 그의 식구를 심판에서 건지시기 위해 방주로 들어가게 하셨습니다. 노아는 하나님 께서 명하신 대로 다 행했습니다. 우리는 하나님의 '그러나의 은혜'가 있기 때문에 살아갑니다. '그러나의 은혜'를 입은 자들은 날마다 하나님과 동행합니다. '노아' 는 '안위자'라는 뜻입니다. 노아는 우리 주 예수 그리스도를 예표하는 인물입니다. 예수님이 우리를 안위하시고 우리가 믿음으로 살아갈 수 있도록 힘을 주십니다.

1. 방주로 들어가라(7장)

하나님의 아들들과 사람의 딸들의 결혼으로 타락하게 된 인류는 마침내 하나님의 심판을 면할 수 없게 되었습니다. 하나님께서 물로써 온 세상을 심판하셨습니다. 40일 동안 땅에 비를 내리시고 샘의 근원들을 터뜨리심으로써 온 땅을 물로 덮으셨습니다. 150일 동안이나 모든 지면이 물로 덮이게 되었습니다. 바다는 죄와 저주와 심판을 상징합니다. 하나님의 진노는 무섭습니다. 하나님께서 세상을 물로 멸하실 때에 사람들은 심판의 심각성을 깨닫지 못했습니다. 여전히 세상의 일로 바쁘고 분주했습니다. 예수님께서는 하나님께서 세상을 심판하실 때 사람들이 어떻게 했는지를 말씀하시며 인자의 때에도 그럴 것이라고 하셨습니다.(눅 17:26-27)

홍수의 심판이 임한 그날, 사람들의 뒤늦은 후회와 살려 달라는 절규의 목소리가 들리는 듯합니다. 이러한 무서운 심판의 때에 하나님께서 노아의 가정에 은혜를 베푸셨습니다. 노아에게 방주를 만들라고 하시고, 그의 가족을 방주 안으로 들여보내심으로써 심판에서 벗어나 구원을 얻게 하셨습니다. 진노 중에 베푸시는 하나님의 무한한 사랑입니다. 하나님은 진노 중에도 당신의 백성을 사랑하시고 그들에게 구원의 은혜를 베푸십니다. 방주는 우리 주 예수 그리스도의 예표입니다. 성경은 바다에서 구원받은 사건을 세 번이나 기록하고 있습니다. 세상 모든 사람들에게 심판이 임하던 날 노아와 그의 식구들이 홍수 심판에서 구원을 받았고, 이스라엘백성들이 애굽에서 종노릇하던 때에 사내아이의 죽음의 심판에서 모세가 갈상자 속에서 구원을 받았습니다. 그리고 벳세다 들판에서 오병이어의 기적을 경험한 제자들이 배를 타고 갈릴리 바다를 건너가다가 풍랑을 만나 죽게 되었을 때 물 위로 걸어오신 예수님께서 그들을 구원해 주셨습니다. 죄로 죽었던 우리를 구원하시기 위해 하나님께서 당신의 아들을 보내 주시고 십자가에 죽게 하심으로 죄와 저주의 바다에서 우리를 구원하셨습니다. 노아처럼 우리는 구원의 방주 되시는 예수 그리스도 안으로 들어가야 합니다. 지금이 은혜받을 만한 때이고 지금이 구원의 날입니다!

2. 하나님을 예배하는 삶(8장)

하나님께서 노아와 그와 함께 방주에 있는 모든 들짐승과 육축을 기억하셔서 땅을 덮었던 심판의 물을 거두셨습니다. 그리고 노아의 가족은 150일 만에 마침내 땅을 밟게 되었습니다. 하나님은 자기의 자녀들을 눈동자같이 보호하시고(신 32:10) 잊어버리지 않도록 그의 손바닥에 새기시고(사 49:16) 항상 지키십니다.(시 121:8) 노아는 150일 동안 방주 안에 있으면서 하나님의 진노와 심판이 얼마나 무서운 것인지, 또한 하나님의 구원이 얼마나 안전한지를 절절히 경험했습니다. 방주에서 나온 노아는 제일 먼저 정결한 짐승을 취하여 하나님께 번제를 드렸습니다. 하나님께서 그의 제사를 기쁘게 받으셨습니다. 구원의 은혜가 얼마나 큰지 아는 사람은 항상 하나님께 예배하며 어떻게 하나님을 기쁘시게 할까를 먼저 생각합니다. 노아가 얼마나 큰 감사와 감격을 가지고 하나님께 제사를 드렸을까 생각하니 가슴이 뜁니다. 죽어 마땅한 나를 사랑하시고 구원해 주신 우리 주 예수 그리스도의 그 구원의 은혜를 생각할 때마다 하나님께 예배하고 싶은 마음이 간절해집니다. 예배는 구원의 은혜에 보답하는 성도의 최고의 삶입니다. 홍수 후에 하나님께서 땅에 심음과 거둠과 추위와 더위와 여름과 겨울과 낮과 밤을 쉬지 않고 있게 하심으로 항상 하나님을 기억하며 살게 하셨습니다.

3. 복 주시는 하나님(9장)

홍수 심판 후에 하나님께서 노아와 그의 아들들에게 아담에게 주셨던 복을 다시 회복시켜 주셨습니다. 홍수 심판 이후 하나님께서는 사람에게 물고기와 새와 땅의 짐승과 기는 것 등 살아 움직이는 것들을 음식으로 허락하시면서 동물을 먹을 때는 피째 먹지 말라고 하심으로 피의 중요성을 알려 주셨습니다. 피는 생명을 상징합니다. 우리의 심장에서 뿜어져 나온 피는 온몸을 돌고 난 후 다시 심장으로 들어갑니다. 이 피가 없으면 사람은 죽습니다. 그러므로 피를 소중히 여겨야 합니다. 하나님께서는 피를 먹지 않게 하심으로 예수 그리스도의 십자가의 피가 얼마나 소중한 것인지를 알게 하십니다. 예수의 피는 죽은 영혼을 살리고 사람에게 생명을 공급합니다. 우리는 피를 볼 때마다 십자가에서 흘리신 예수 그리스도의 피를 생각해야 합니다.

하나님께서 노아와 그의 아들들에게 무지개 언약을 세우셨습니다. 하늘에 무지

개를 둠으로써 다시는 홍수로 땅을 심판하지 않을 것이라고 약속하셨습니다. 땅에 홍수가 임할 때마다 그들은 하나님께서 물로 심판하셨던 그때를 떠올리며 두려워했을 것입니다. 그럴 때에 하나님께서 무지개를 증표로 주심으로써 그들의 두려워하는 마음을 위로하시고 하나님의 구원이 확실함을 증거하셨습니다. 예수 그리스도의 십자가는 우리의 구원의 확실한 증표입니다. 우리의 죄가 주홍같이 붉을지라도 예수 그리스도의 십자가의 피는 그 모든 죄를 덮고도 남습니다. 우리는 죄로 인하여 심판의 두려움이 몰려올 때마다 2000년 전 골고다 언덕 위에 높이 세워졌던 예수 그리스도의 십자를 바라봅시다. 하나님은 예수 그리스도 안에서 우리에게 영원한 생명의 복을 주십니다.

1. 셈, 함, 야벳, 그리고 데라의 계보(10,11장)

하나님께서 홍수로 세상을 심판하실 때에 노아의 가족은 하나님의 은혜를 입어 방주로 말미암아 구원을 받았습니다. 하나님께서 창조하셨던 세상에는 이제 노아의 가족 밖에 남지 않았습니다. 하나님께서 노아의 가족들에게 다시 땅에 충만하게 되는 복을 허락하셨는데 그들이 어떻게 충만하게 되었는지 보여 줍니다. 그들이 종족을 이루고 나라를 이루었습니다.

그러나 첫 사람 아담이 하나님 앞에 범죄했던 그 죄성은 인간의 역사 깊숙이 뿌리를 내렸습니다. 함의 후손 가운데 니므롯(=반역의 사람)은 하나님 앞에서 스스로 자신을 높여 '사냥하는 용사'가 되었습니다. 그들이 중심이 되어 시날평지에 바벨탑을 쌓아 자기들의 이름을 드러내고자 하였습니다. 하나님을 대적하는 인간은 언제나 스스로 영웅이 되어 하나님처럼 되고자 하는 욕망을 가지고 있습니다. 하나님께서 그들의 언어를 혼잡케 하여 온 땅에 흩으심으로 그 지칠 줄 모르는 욕망을 꺾으셨습니다. 오늘날 세상에는 3000여 개의 언어가 있고 각 민족들은 서로 소통하는데 애를 먹고 있습니다. 그러나 하나님께서는 마지막날에 모든 민족이 다시 하나님과 소통하는 하나의 언어를 주실 것입니다. 오순절에 성령의 충만함을 받았던 사람들이 하나님 안에서 하나 되는 영적 소통을 경험했듯이(행 2:1-11) 말입니다.

사람들이 하나님의 기대를 저버렸을 때 하나님께서는 다시 그들을 구원하고 하나님을 섬기는 백성으로 삼기 위해 셈의 후손 가운데 데라 가문을 선택하셨습니다. 데라의 가문에서 아브람을 믿음의 사람으로 부르셨습니다. 사람들이 하나님에게서 멀어져 갈 때마다 하나님께서는 새롭게 당신의 구원의 역사를 시작하심으로써 영광을 받으십니다. 그 일을 이루시기 위해 하나님은 지금도 죄악된 인간의 역사 속에서 숨가쁘게 하나님의 일을 행하고 계십니다.

2. 하나님의 열심 - 너는 복의 근원이 되라(12장)

노아 홍수 이후, 세상에 번성하게 된 사람들이 하나님을 등지고 대적하는 자들로 나타나게 되었을 때 하나님의 마음이 얼마나 참담했을지 짐작이 갑니다. 그러나 하나님은 여전히 예수 그리스도를 통하여 세상을 구원하고자 하시는 당신의 계획을 포기하지 않으십니다. 그 일을 이루기 위해 새롭게 한 사람을 선택하셨습니다. 그가 바로 아브람(후에 이름이 아브라함으로 바뀐다)입니다. 아무리 세상이 하나님을 대적해도 하나님은 당신의 구속사를 이루어 가고야 마는 분이십니다.(창 12:1-3)

하나님께서 홍수로 세상을 심판하실 때에 노아를 선택해 이 땅에 사람들이 번성하도록 하셨듯이 이제 바벨탑을 쌓는 사람들을 제쳐 두고 아브람을 부르셨습니다. 하나님의 선택과 부르심은 언제나 전격적이고 주권적이십니다. 아브람을 부르신 하나님께서 아브람으로 말미암아 큰 민족을 이루게 하고, 아브람을 복의 근원이 되게 하겠다 하시고, 그를 통해 모든 족속이 복을 받게 될 것이라고 약속하셨습니다. 아브람의 가문은 원래, 고향인 갈데아 우르에서 그리고 하란에서 우상을 섬기며 살던 사람들이었습니다. 그런데 하나님께서 그들 가운데서 아브람 한 사람을 선택하시고 하나님을 섬기며 살 수 있는 은혜를 베푸셨습니다.(수 24:2-3)

아브람은 그에게 복을 주고 그를 복의 근원으로 삼겠다는 하나님의 부르심에 순종하여 가나안 땅으로 갔습니다. 그때 아브람의 아내 사래는 자녀를 생산할 수 없는 여자였습니다. 그러나 아브람은 사래를 통해 큰 민족을 이루게 하겠다는 하나님의 말씀을 의심하지 않았습니다. 아브람의 순종은 이 땅에 수많은 믿음의 자손들이 탄생하게 했고, 마침내 세상의 구세주이신 예수 그리스도가 아브람 가문의 자손으로 오시게 되는 영광을 누리게 되었습니다.(마 1:1)

아브람은 여전히 하나님 앞에서 많은 허물과 실수를 범했습니다. 그러나 그를 통해서 세상을 복되게 하고자 하시는 하나님의 열심이 그의 모든 허물과 죄를 덮고 계속해서 그를 복의 근원으로 살아가게 했습니다. 하나님이 우리를 믿음의 사람으로 부르신 것도 아브람과 다르지 않습니다. 허물과 죄투성이인 나, 하나님 앞에서 턱없이 모자라고 형편없는 나를 사랑하셔서 예수 믿게 하시고, 복 있는 자가 되게 하시고, 세상에 하나님의 복을 나누어주는 자로 살게 하셨습니다. 니므롯이 판을 치는 세상, 모두가 자기의 힘을 자랑하는 용사가 되려고 혈안이 되어 있는 세상 속에서, 우리가 하나님의 주목을 받는 자들이 되었으니 복 있는 자들임이 틀림없습니다!

1. 아브라함과 롯의 선택(13장)

아브람이 기근을 피하여 애굽에 내려갔다가 자기 목숨을 부지하려고 애굽 왕에게 둘도 없는 아내를 팔아먹었습니다. 그 대가로 많은 수의 양과 소와 노비와 암수 나귀와 약대를 얻었습니다. 졸지에 거부가 되었습니다. 아브람을 따라갔던 롯도 부자가 되었습니다. 그리고 그들은 애굽에서 나왔습니다. 그러나 재물은 그들에게 행복을 가져다주지 못했습니다. 그것 때문에 아브람과 롯 사이에는 갈등이 있게 되었습니다. 많은 가축들을 먹이기 위해서는 푸른 초장이 필요했는데 아브람과 롯의 목자들이 좋은 초장을 차지하려고 다투었습니다. 마침내 아브람은 롯을 내보내기로 결단하고 롯에게 초장을 선택할 수 있는 권한을 주었습니다. 롯은 가장 기름진 초장과 넉넉한 물이 있는 소돔과 고모라를 선택했습니다. 그곳은 물이 넉넉하여 하나님의 동산 같고 애굽 땅과 같았습니다. 롯은 그곳에 장막을 쳤습니다. 그러나 영적으로 그 땅은 하나님의 면전에서 죄악을 일삼는 죄인들이 득실거리는 곳이었습니다.

롯에게 선택권을 준 아브람의 미래는 불안했습니다. 어쩌면 먹일 양식이 없어서 가축들이 굶주려 죽을지도 모르는 일이었습니다. 그러나 하나님께 위로를 받은 아브람은 헤브론의 마므레 상수리 수풀에 장막을 치고 그곳에서 여호와를 위하여 단을 쌓았습니다. 인간적으로 볼 때 롯의 선택은 지혜로웠고 아브람의 선택은 미련한 것이었습니다. 그러나 롯은 소돔성에서 굉장히 고통스러운 삶을 살았습니다.(벧후 2:7)

재물의 풍성함이 사람을 진정으로 행복하게 하지 못합니다. 롯의 가족은 그 소돔 땅의 죄악을 보며 살다가 나중에는 모든 것을 잃고 그 땅의 멸망을 목격해야만 했습니다. 소돔 사람들의 죄악된 삶을 보고 살았던 롯의 자녀들은 아버지와 근친상간의 죄를 범하고 결국에는 하나님을 대적하는 백성을 낳는 불행한 자들이 되고 말았습니다. 하나님의 백성이 세상의 재물에만 집착하면 하나님을 잃어버리기 쉽습니다. 선택은 순간이었지만 아브람과 롯의 삶은 완전히 다른 결과를 낳았습니다. 성도는 비록 연약함 가운데 처하더라도, 많은 실수를 범하는 삶을 살아갈지라도 아브람처럼 하나님의 은혜를 의지하고 하나님을 예배하는 삶을 소망하며 살아야 합니다.

2. 도무지 이길 수 없는 전쟁, 그러나 승리를 주시는 하나님(14장)

아브람 시대에 국제적인 전쟁이 있었습니다. 엘람 왕 그돌라오멜을 중심으로 한 동방의 4개국 연합군과 소돔 왕을 중심으로 한 5개국 연합군과의 전쟁입니다. 결국 4개국 연합군이 5개국 연합군을 무찌르고 승리를 거두었습니다. 동방 연합군은 소돔과 고모라의 모든 재물을 빼앗고 그 땅에 살고 있던 아브람의 조카 롯과 그의 재물도 탈취하여 갔습니다. 이 소식을 들은 아브람은 조카 롯을 구하기 위해 연합군이 머무르고 있는 단까지 쫓아갔습니다. 훈련시킨 318명의 군인을 거느리고 그들을 기습 공격하여 승리를 거두었습니다. 그야말로 말도 안 되는 전쟁이야기입니다. 어떻게 318명이 4개국 연합군의 군대와 싸워서 이길 수 있겠습니까? 그러나 성경은 아브람이 그 전쟁에서 이기고, 빼앗겼던 모든 재물과 그의 조카 롯과 또 부녀와 인민을 다 찾아왔다고 말씀합니다. 물이 넉넉한 소돔과 고모라 땅을 차지한 조카의 일로 한때 마음에 낙심까지 했던 아브람이 조카가 사로잡혔다는 소식에 군사들을 이끌고 단숨에 달려가 그를 구해 낸 것입니다. 아브람은 소돔과 고모라의 죄인들뿐만 아니라 그 땅의 죄악으로 인해 고통하며 신음하던 의인 롯을 구하기 위해 목숨 건, 도박과 같은 전쟁을 벌이고 마침내 기적적인 승리를 이루어 냈습니다. 아브라함이 싸운 전쟁은 교회가 이 세상에서 어떤 싸움을 싸워야 하는지를 잘 보여 줍니다. 교회는 도무지 이길 수 없을 것 같은 거대한 세상을 향하여 싸움을 걸도록 하나님의 부르심을 받은 자들입니다. 그러므로 한 생명을 구하는 일에 목숨을 걸고 나서야 하며, 자신이 가진 모든 힘과 능력을 동원하여 죽기를 각오하고 싸워야만 합니다. 그러면 하나님께서 함께하시고 도와주시고 승리를 거둘 수 있게 해 주십니다. 예수님께서 이 세상에 오셔서, 지긋지긋하게 하나님의 말을 안 듣고 죄와 더불어 살아가던 죄인 된 나를 구원하기 위해 살이 찢기고 피를 흘리시기까지 싸우셨습니다. 그래서 마침내 그 처절한 십자가의 싸움에서 승리를 일구어 내셨습니다.

아브람이 전쟁에서 이기고 돌아왔을 때 살렘 왕 멜기세덱이 떡과 포도주를 가지고 그에게 나아왔습니다. 그리고 그가 어떻게 싸움에서 이기게 되었는지를 설명해 주었습니다. 그 살렘 왕 멜기세덱은 예수 그리스도를 예표한 인물이었습니다.(창 14:18-20, 히 7:1-3, 시 110:4)

예수님께서 죄인들을 위해 살을 찢고 피를 흘리셨듯이 그가 아브람에게 떡과 포도주를 주었습니다. 그리고 아브람의 승리가 하나님께서 주신 승리라고 이야기했습니다. 그 전쟁에서 찬송을 받으셔야 할 분은 하나님이라고 했습니다. 아브람은 멜기세덱의 말을 온전히 인정했습니다. 그러므로 멜기세덱에게 자기가 얻은 것의 십일조를 드렸습니다. 자신의 승리를 자기의 힘과 능력의 결과로 생각하지 않고 오직 하나님의 도우심이었다고 인정한 것입니다. 십일조는 그런 것입니다. 나의 모든 승리, 내 인생의 싸움에서 얻게 된 모든 전리품이, 내 힘과 능력이 아닌 하나님의 힘과 능력과 은혜로 주어진 것임을 고백으로 드리는 것이 십일조입니다.

아브람은 세상의 왕이 가지라고 제안한 모든 재물들을 거절하고 오직 멜기세덱의 떡과 포도주를 받았습니다. 이 세상에 예수 그리스도의 십자가보다 더 귀한 보화는 아무것도 없습니다.

3. 믿음으로 의롭다 함을 받음(15장)

동방연합군과의 싸움에서 이기고 돌아온 아브람이 그들의 보복을 두려워하고 있을 때에 하나님께서 이상 중에 말씀으로 그에게 임하셔서 "아브람아 두려워 말라 나는 너의 방패요 너의 지극히 큰 상급이니라."라고 위로하셨습니다. 그는 전쟁에 대한 보복도 두려웠고, 그 전쟁으로 자신이 얻은 전리품이 아무것도 없었으므로 허탈했습니다. 또 하나님께서 주시겠다고 하신 후사에 대한 약속이 이루어지지 않아 실망하고 있었습니다. 그때 하나님께서 직접 싸워 주시겠다고 말씀하셨습니다. 또 하나님 자신이 그의 큰 상급이라고 위로하시고, 그의 자손이 하늘의 별과 같이 많게 하겠다고 약속하셨습니다.

아브람이 대단한 사람인 것 같았지만 성경은 이렇게, 그가 연약하고 보잘것없는 사람임을 보여 줍니다. 그런 아브람에게 하나님께서 다시 찾아오셔서 말씀으로 위로하고 격려하고 힘을 주시는 것입니다. 원래 아브람은 갈대아우르에서 우상을 섬기는 자였습니다. 그런 그를 하나님께서 부르시고 그를 복의 근원으로 살게 하셨습니다. 하나님의 일방적인 은혜였습니다. 그는 늘 넘어지고 자빠지는 자였지만 그가 연약해질 때마다 하나님께서 그의 삶에 개입해 그를 다시 일으켜 세우시고 하나님만 의지하는 자로 만들어 주셨습니다. 하나님께서 아브람을 위로하고 격려하고 그의 인생에 소망을 주실 때에 아브람이 그 하나님을 믿었습니다. 그리고 하나님은 그의 믿음을 일방적으로 의롭다고 인정해 주셨습니다. 이것을 '이신칭의' 즉, '믿음으로 말미암아 의롭다함을 받음'이라고 합니다. 이렇게 믿음과 그 믿음으로 말미암는 의는, 넘치도록 부어 주시는 하나님의 은혜에서 시작됩니다.

우리도 아브람처럼 인생에서 늘 낙심하고 좌절하고 넘어지고 실패합니다. 그럴 때마다 다시 하나님의 말씀을 붙들고 일어서서 하나님을 바라봅시다. 하나님을 우리의 모든 싸움을 싸워 주시는 방패로, 나의 인생을 풍성하게 하시는 상급으로 인정하고 오직 예수 그리스도의 십자가를 의지합시다. 하나님은 오직 믿음만을 의로 여기십니다. 무슨 일을 만나든지 하나님을 의지하고 우리의 믿음을 고백합시다.

1. 열국의 아비, 열국의 어미(16-17장)

아브람과 그의 아내 사래가 가나안 땅에 정착한 지 10년이 지났는데도 하나님께서 약속하신 씨를 주지 않으시자 그녀의 마음이 조급해지기 시작했습니다. 마침내 사래는 자기의 몸종 하갈을 남편에게 주어 자녀를 낳게 함으로써 하나님의 약속을 이루려고 했습니다. 하나님께서 그의 생산을 허락지 않으시니 여종을 통하여 자녀를 얻게 하는 것이 순리라고 생각했습니다. 아브람은 사래의 제안을 받아들여 하갈을 첩으로 삼고 그를 통해 이스마엘을 낳았습니다. 그때 아브람의 나이는 86세였습니다. 이로써 그들은 하나님께서 이스마엘을 통해 가문을 이어 가게 하시는 줄로 생각했습니다. 그로부터 13년이 지난 어느 날 하나님께서 아브람에게 다시 나타나셔서 아브람의 자손을 번성케 하시겠다고 언약하셨습니다. 그리고 아브람과 사래의 이름을 바꾸어 아브람을 아브라함으로 사래를 사라로 부르셨습니다. 그들에게 부여된 새로운 이름은 열국의 아비와 어미가 되게 하겠다는 약속의 증표와 같은 것이었습니다. 하나님은 사래의 여종의 아들 이스마엘을 통해 언약을 세우지 않고 아브라함의 아내 사라의 몸을 통해 나올 이삭과 영원한 언약을 세우겠다고 하셨습니다. 하나님은 연약한 그들에게 '아브라함, 사라'라는 위대한 이름을 주셨습니다. 이름은 그 사람의 인격을 나타냅니다. 하나님께서 아브람과 사래를 반드시 아브라함과 사라로 만들어 내시고야 말겠다고 하신 것입니다.

하나님은 약속하고 그 약속을 이루는 분이십니다. 그러나 하나님은 하나님의 약속을 받기 위해 많은 날들을 기다리게 하십니다. 그 기다림의 시간을 통해 더 깊이 하나님을 배우고 하나님과 교제하기를 원하시는 것입니다. 그러나 사람은 항상 조급합니다. 무슨 일이든지 빨리 성취되기를 원하고 기다리는 것을 답답해 합니다. 10년을 기다렸던 아브라함과 사라의 마음이 충분히 이해가 됩니다. 몸이 늙고 힘이 약해져 가니 조급한 마음을 갖게 되는 건 당연합니다. 그러나 믿음은 항상 우리에게 인내를 요구합니다. 나는 마음이 급한데 하나님은 침묵하고 계신 것 같은 일들이 우리 삶의 대부분을 차지합니다. 어려운 일들을 만날 때마다 해결책을 찾기 위해 머리를 싸매고, 갖가지 생각들로 우리의 마음이 복잡해질 때가 있습니다. 그럴 때 어떻게 해야 할까요? 하나님이 기뻐하실 일이 무엇인지를 먼저 생각하며 하나님을 기다려야 합니다. 하나님 앞에 나의 문제들을 내어놓고 기도하는 기도의 시간이 필요합니다. 인내하는 일은 쉽지 않습니다. 그러나 참고 기다리는 자에게 주시는 하나님의 은혜는 한없이 큽니다.(약 1:2-5) 하나님이 나의 이름도 바꾸어 주셨습니다. 죄인이었던 내가 영원한 언약의 중보자이신 예수 그리스도로 말미암아 '성도'가 되었습니다. 참으로 귀한 이름입니다. 그 이름의 명성에 걸맞은 믿음의 삶이 내게 있는지 돌아보고, 인내로서 하나님을 신뢰하도록 합시다.

2. 아브라함은 강대한 나라가 되고(18:1-21)

아브라함의 나이 99세에 여호와께서 찾아오셨습니다. 소돔성을 심판하러 가시는 길이었습니다. 마침내 약속하신 아들을 사라의 몸을 통해 주시겠다고 말씀하셨습니다. 사라가 하나님과 아브라함이 나누는 대화를 듣고 속으로 웃었습니다. 자신의 경수가 이미 끊어졌을 뿐 아니라 남편도 늙어 자녀를 가질 수 있는 모든 가능성이 없어졌는데도 불구하고 하나님께서 자식을 주시겠다고 하시니 웃지 않을 수 없었습니다. 그러나 하나님께서는 반드시 아브라함과 하신 약속을 이루고야 말겠다고 하셨습니다. 아브라함이 강대한 나라가 되고 천하 만민이 그를 인하여 복을 받게 될 것이라고 하셨습니다.

하나님의 열심을 누가, 무엇이 막을 수 있겠습니까! 하나님은 약속하신 것을 반드시 이루는 분이십니다. 하나님께서 복을 주겠다고 말씀하셨으면 그 복은 반드시 임합니다. 아브라함과 사라의 조건과 상관없이 하나님의 약속은 반드시 성취됩니다. 오히려 하나님은 인간의 모든 가능성이 사라진 곳에서 하나님의 일을 이루심으로써 하나님이 하나님 됨을 드러내십니다. 우리는 늘 우리의 형편에 맞추어 하나님을 생각하기 때문에 믿음이 있다가도 믿음이 없는 자와 같은 생각을 갖게 됩니다. 하나님께서 사라의 불신앙을 지적하셨습니다. 예수님께서 이 세상에 오셨을 때에도 마구간에 오신 예수님께 아무도 관심을 기울이지 않았습니다. 그러나 세상은 예수를 통해서 구원받고 하늘의 복을 누리게 되었습니다. 그리고 주님의 나라는 가장 강대한 나라가 되었습니다!

내 스스로 한계를 정해 놓고 그것으로 하나님을 판단하지 않도록 합시다. 하나님은 나의 연약함과 한계 상황 속에서도 하나님의 신실하심을 드러내십니다. 언제나 하나님을 신뢰하는 믿음은 실패하지 않습니다.

3. 죄인을 품어 안는 긍휼과 사랑(18:22-33)

하나님께서 소돔성을 심판하러 가셨습니다. 그곳에 아브라함의 조카 롯이 살고 있었습니다. 하나님의 심판을 피할 길이 없어 아브라함은 하나님께 간청했습니다. 죄를 벌하시는 하나님의 마음은 변함이 없습니다. 그러나 하나님은 그 죄악된 세상 속에서 의인 열 사람을 찾고 계십니다. 심판을 목전에 둔 소돔성을 위해 아브라함은 하나님께 피 말리는 간청을 했습니다. 어떻게 해서든지 죄악된 도성에 하나님의 심판이 내리지 않기를 바라며 목숨을 건 중보기도를 했습니다. 죄인들을 위해 간구하시는 우리 주님의 기도 소리를 듣는 것 같습니다.

아브라함은 죄인들이 심판받는 것을 기뻐할 수 없었습니다. 그들이 회개하고 하나님께 돌아오기를 얼마나 간절히 소망했겠습니까? 우리 주님께서는 내가 받아야 할 심판을 앞에 두고 그렇게 간절한 마음으로 기도하셨습니다. 하나님께 '저들을 용서해 달라'고 간청했습니다. 자기들이 하는 일이 무엇인지 알지 못해서 그러는 것이니 하나님의 분노를 거두어 달라고 하셨습니다. 처절하게 죽어 가는 마지막 죽음의 순간에 말입니다. 우리는 아브라함과 같은 마음이 있습니까? 예수님처럼 죄인을 품어 안는 긍휼과 사랑이 있습니까? 한없이 부끄럽습니다.

1. 임박한 심판 앞에서(19장)

소돔 성은 그 죄악으로 인해 하나님의 심판을 자초하였습니다. 하나님은 그 죄악된 도성에 살고 있는 의인 롯과 그의 가족을 구원하고자 하셨습니다. 당시에 롯은 소돔 성에서 유력한 사람이었습니다. 롯은 여호와의 사자들의 경고를 가족들에게 전하고 하나님의 임박한 심판을 피해야 한다고 말했습니다. 그러나 롯의 사위들은 그의 말을 농담으로 여겼습니다. 할 수 없이 주의 사자들은 롯과 그의 아내 그리고 롯의 두 딸들만 심판을 피하여 그 땅을 떠나라고 했습니다. 그러나 롯은 무슨 미련이 남아 있었던지 그 땅을 떠나는 것을 지체했습니다. 그럴 때 하나님의 사자가 그들의 손을 잡아 성문 밖으로 끌어내고 빨리 산으로 도망하여 생명을 보존하라고 했습니다. 진노 중에라도 긍휼을 베푸시는 하나님의 열심을 보게 됩니다. 롯의 아내는 도망가면서 뒤를 돌아보다가 소금 기둥이 되었습니다. 가까스로 심판을 피한 롯의 딸들은 아버지와 근친상간의 죄를 범하고 멸망의 자식들을 낳고 말았습니다.

소돔 성의 심판은 세상이 얼마나 심각한 죄에 빠져 있는지 그리고 그 죄 가운데서 살아가고 있는 하나님의 백성이 죄의 영향력을 벗어나는 것이 얼마나 힘든 일인지 보여 줍니다. 심판하겠다는 하나님의 경고가 있었음에도 불구하고 그들은 세상에 미련을 두고 그 죄악을 끊어내지 못하는 삶을 살다가 결국 부끄러운 인생들이 되고 말았습니다. 구원받은 롯과 그의 딸들이 범한 죄악된 행위는 그들이 죄악된 세상 속에서 형식적인 신앙인으로 살았음을 반증합니다. 하나님의 은혜가 아니었다면 롯도 멸망을 면치 못했을 것입니다. 성경은 우리에게 깨어 있으라고 말씀합니다.(살전 5:6. 마 26:41, 벧전 4:7)

2. 하나님의 열심(20장)

아브라함이 남방으로 이사하여 그랄에 살면서 그의 아내를 누이라고 속였다가 그랄 왕 아비멜렉에게 빼앗기고 말았습니다. 전에 애굽으로 내려갔을 때에도 누이라고 속였다가 애굽 왕에게 빼앗긴 적이 있었는데 이번에도 자기 목숨을 보존하고자 그렇게 했습니다. 그러나 하나님께서 아비멜렉의 집에 태를 닫으시고 또 현몽하여 아브라함의 아내 사라에게 아무 일도 행하지 못하게 막으셨습니다. 이 일로 아브라함은 또 부자가 되었습니다. 하나님은 부끄러운 일을 행한 아브라함을 아비멜렉의 집을 위한 중보자로 삼으시고 아브라함의 기도를 들으시고 아비멜렉의 집에 내리셨던 심판을 거두셨습니다.

왜 하나님은 아브라함을 이토록 사랑하실까요? 그가 행한 일은 잘한 것이 아무것도 없습니다. 하나님의 약속의 씨를 받을 아내를 자기 목숨 보존하고자 헌신짝처럼 버린 사람입니다. 어느 아내가 그런 남편을 신뢰하고 존경할 수 있을까요? 그러나 당신이 택한 자들을 끝까지 사랑하시고 보호하시는 하나님이십니다. 자기 백성을 향한 하나님의 그 끈질긴 사랑과 열심을 누가 막을 수 있겠습니까? 이처럼 어떤 죄인은 심판으로 나아가고 어떤 죄인은 은혜를 받습니다. 하나님은 우리가 다른 사람보다 더 의로워서 우리를 사랑하시고 우리를 구원하신 것이 아닙니다. 아브라함처럼 비겁하고 늘 속이는 자이지만 하나님의 그 지칠 줄 모르는 열심 때문에 우리가 구원을 받았습니다.

3. 쫓겨난 이스마엘(21장)

마침내 사라가 하나님 말씀대로 아이를 낳고 그 이름을 '이삭'이라고 하였습니다. 하나님께서 늙은 사라에게 '웃음'을 주셨습니다. 그러나 그 웃음이 오래가지 못했습니다. 여종의 아들 이스마엘이 이삭을 괴롭히는 것을 보고 사라가 그 여종과 여종의 아들을 자기 집에서 쫓아냈습니다. 그런데 이 일은 하나님으로 말미암아 행해진 일이었습니다. 아브라함이 하나님의 말씀을 듣고 그 말씀대로 행했던 것입니다. 이스마엘도 아브라함에게 있어서는 소중한 아들입니다. 비록 마음이 아팠지만 어쩔 수 없이 그의 집에서 내보내야만 했습니다.

이것은 하나님의 진정한 복이 어떻게 임하는지를 상징적으로 보여 준 사건입니다. 육체를 따라 난 자식이 아닌 약속의 자녀가 하나님의 복을 받게 됨을 말씀합니다. 하나님은 세상 속에서 약속의 자녀들을 구별하셔서 하나님의 복이 그를 통해 흘러가게 하십니다. 우리는 하나님의 은혜로 계집종의 후손이 아닌 자유하는 여자의 아들이 되었습니다.(갈 4:28-31)

1. 아브라함이 보여 준 믿음(22:1-12)

하나님께서 아브라함을 시험하셨습니다. 그의 사랑하는 아들 이삭을 제물로 바치라는 혹독한 시험이었습니다. 하나님께서 믿음의 사람에게 이런 가혹한 시험을 하실 필요가 있으셨을까요? 아무튼 아브라함은 하나님의 시험에 온전하게 순종했습니다. 사랑하는 독자 이삭을 제물로 바치라고 하셨을 때 주저하지 않고 번제에 쓸 나무를 쪼개어 가지고, 그리고 번제로 쓸 그의 아들 이삭을 데리고 하나님께서 지시하신 모리아 산을 향해 3일 길을 걸어서 갔습니다. 그 길을 가는 동안 아브라함의 마음이 어떠했을까요? 수많은 생각들이 그의 머리를 스치고 지나갔을 것입니다. 이삭이 '불과 나무는 있는데 번제할 어린 양은 어디 있느냐'고 물었을 때, 아들의 그 말이 비수가 되어 심장에 박히고, 하늘이 무너지고, 가슴이 찢어지는 쓰디쓴 고통이 그를 엄습하지 않았겠습니까! 그러나 그때에도 아브라함은 하나님께서 그 아들을 통해 그의 자손이 하늘의 별과 같이 많게 하실 것이라고 하신 약속의 말씀을 의심하지 않았습니다. 자신의 손으로 아들을 죽일지라도 하나님께서 그 죽은 아들을 다시 살리실 것이라고 믿었습니다.(히 11:17-19) 그러므로 아브라함은 지체하지 않고 묶여 있는 아들에게 칼을 들이댔습니다. 그때에 여호와의 사자가 급히 아브라함을 불러 그의 행위를 멈추게 하셨습니다. 하나님이 아브라함에게 두 손 두 발 다 들었습니다. 늘 불신앙하고 불순종하는 사람인 줄만 알았는데 하나님도 감당할 수 없는 믿음의 사람으로 변해 있는 아브라함을 보시고 크게 감동하셨습니다.

하나님을 신뢰한다는 것은 무엇일까요? 온전한 순종이란 어떤 것일까요? 혹독한 시련과 고난과 역경과 좌절과 절망 앞에서도 나를 사랑하시는 그 하나님의 신실하심을 끝까지 신뢰할 수 있을까요? 내 믿음의 수준은 어느 정도나 될까요? 하나님이 아브라함을 다 아셨으면서도 "이제야 네가 하나님을 경외하는 줄을 아노라"고 하신 말씀의 뜻은 무엇일까요? 도무지 이해할 수 없는 하나님이십니다.

아브라함에게 행하신 시험을 통해 하나님은 우리에게 온전한 믿음이 어떤 것인지를 보여 주셨습니다. 믿음에도 급이 있고 결이 있고 깊이가 있습니다. 믿음은 반드시 대가를 지불합니다. 온전한 신뢰와 순종! 우리는 그 자리까지 성장해야 합니다.

2. 여호와이레(22:13-19)

번제 단 위에서 죽어야만 했던 이삭을 대신하여 "번제할 양은 하나님이 자기를 위하여 친히 준비하시리라"고 말한 아브라함의 말대로 하나님께서 자신을 위하여 어린 양을 준비하셨습니다. 아브라함은 그 땅 이름을 '여호와 이레' 라 불렀습니다. 그로부터 수천 년 후에 하나님께서 죽어야 할 우리를 대신해서 하나님께 온전히 순종할 독생자를 준비하셨습니다. 이삭은 예수 그리스도의 모형으로 나타납니다. 예수님께서 친히 아브라함의 번제 단 위에 올려져 죽었던 이삭(비유컨대)과 이삭을 대신해 죽은 어린 양이 되셔서 그 모리아 산 위에서 죽으셨습니다. 그리하심으로 하나님께서 아브라함에게 "네 씨로 말미암아 천하 만민이 복을 얻으리라"고 하신 말씀을 마침내 성취하셨습니다. 하나님은 우리를 위해 예수님을 보내셨습니다. 예수님은 우리에게 참된 '여호와 이레' 가 되십니다.

3. 리브가가 대답하되 "가겠나이다!"(24장)

아브라함이 그의 종을 메소포타미아로 보내 이삭의 신붓감을 구하여 오게 했습니다. 하나님께서 아브라함과 아브라함의 종에게 은혜를 베풀어서 순적하게 이삭의 아내가 될, 아브라함의 조카딸 리브가를 만나게 하셨습니다. 아브라함의 종에게서 아브라함과 이삭에 관한 소식을 다 들은 리브가는 생면부지 이삭의 아내가 되겠다고 따라나섰습니다. 가족은 리브가를 며칠이라도 더 집에 머물게 하고 싶었지만 아브라함의 종은 지체할 수 없다고 했습니다. 그 일로 브두엘은 가족회의를 소집하였고 당사자인 리브가의 대답을 들어 보기로 했습니다.

리브가는 종을 따라 당장 이삭에게로 시집가겠다고 대답했습니다! 리브가는 참으로 위대한 신앙의 결단을 했습니다. 천만인의 어미가 되고, 원수의 성문을 얻으신 예수 그리스도의 조상이 되는 길을 택했습니다. 이후에 리브가는 중대한 고비마다 신앙을 선택함으로 하나님을 기쁘시게 하는 믿음의 길을 갔습니다. 리브가는, 그를 맞이하기 위해 멀리서 배회하고 있던, 신랑이 될 이삭을 즉시 알아보고 약대에서 내려 면박을 취하여 스스로 얼굴을 가림으로써 이삭을 그의 신랑으로 맞이했습니다!

리브가의 이야기는 그리스도의 신부인 교회가 어떤 믿음을 가지고 신랑 되신 예수 그리스도께 나아가야 하는지 말씀합니다. 주님을 만나기 위해 교회는 언제나 주저하지 않고 믿음의 결단을 해야 하며 신랑 되시는 그리스도에게 절대적인 순종을 보여야 합니다. 리브가는 '족쇄'라는 뜻입니다. 교회는 스스로 족쇄가 되어 오직 예수 그리스도께만 붙어 있어야 합니다. 주님만을 위해 살겠다고 결단해야 합니다. 그럴 때 천만인의 어미로 살게 되며 대적의 문을 얻는 축복을 누리게 됩니다. 무슨 일을 만나든지 신앙을 선택하고 믿음의 결단을 합시다.

1. 장자의 권리를 누가 취할 것인가!(25장)

아브라함이 175세를 일기로 죽었습니다. 이제 하나님의 언약이 그의 아들 이삭에게 흘러가게 되었습니다. 그런데 이삭의 아내 리브가가 후사를 얻지 못했습니다. 이일로 이삭이 하나님께 기도함으로 하나님께서 그의 간구를 들어주셔서 리브가가 아이를 갖게 되었습니다. 이렇게 하나님께서는 인간의 무능함을 깨닫게 하시고 하나님의 크신 은혜에 의지해서 살아가야만 하는 인생임을 알게 하셨습니다.

하나님께서 리브가에게 두 아이를 주셨는데 그들은 뱃속에서부터 싸웠습니다. 리브가가 아이들의 싸움이 걱정이 되어 여호와께 기도했더니 여호와께서 말씀하셨습니다.(창 25:21-23) 비록 형이 육신적으로 장자이나 하나님께서 영적 장자의 권리를 동생에게 주겠다고 하셨습니다. 동생 야곱은 장자의 권리를 차지하는 일에 많은 관심을 가지고 있었습니다. 그러므로 형 에서가 사냥에서 돌아와 허기진 상태에 있을 때에 붉은 죽 한 그릇으로 장자의 명분을 넘겨받았습니다. 장자의 권리는 하나님께서 약속하신 가나안에 대한 기업의 상속과 아브라함의 가문을 타고 흐르는 하나님의 언약과 그 언약을 상속받는 자가 하나님의 복을 소유하게 되는, 약속의 후손에 대한 권리였습니다. 그러므로 이 권리를 누가 차지하는가는 한 인생의 운명을 결정하는 중대한 일이었습니다. 그런데 에서는 이 장자의 권리를 경홀히 여겼습니다. 당장 눈앞에 보이는 팥죽 한 그릇이 그에게는 더 크게 보였습니다. 그러므로 그 신비하고 오묘한 장자의 권리를 동생에게 넘겨버리고 말았습니다.

하나님께서는 이 영적인 장자의 권리를 하나님의 교회에게 주셨습니다. 교회로 하여금 하나님의 영원한 생명과 참된 가나안인 천국을 소유할 수 있게 했습니다. 교회는 하나님께서 예수 그리스도 안에서 주신 영적 장자권을 소중하게 여겨야 합니다. 당장 나의 배를 채워 주고 나를 유익하게 하는 세상의 붉은 팥죽 한 그릇을 탐하여 하나님께서 주신 신령한 축복을 소홀히 해서는 안 됩니다. 하나님은 이스라엘을 당신의 장자라고 말씀하셨고 교회를 장자들의 총회라고 부르십니다. 그 장자들을 보호하시고 그들에게 복을 주십니다.(출 4:22-23, 히 12:23-24)

우리는 하나님께서 우리에게 주신 이 장자의 권리를 지키기 위해 계속해서 믿음의 싸움을 싸워야 합니다. 장자의 권리의 소중함을 아는 사람은 세상의 팥죽에 정신을 빼앗기지 않습니다. 세상의 축복을 다 누려도 이 장자의 축복을 누리지 못하면 헛된 인생이 되고 맙니다. 형 에서는 자신의 힘만 의지하여 살아가다가 마침내 하나님의 약속에서 멀어진 인생이 되고 말았습니다. 세상의 그 팥죽 앞에서 우리 또한 얼마나 자주 넘어지고 실패합니까? 팥죽이 크게 보이고 하나님의 약속은 한없이 초라하고 가치 없게 보일 때가 얼마나 많습니까. 그러나 하나님의 약속은 반드시 성취되고야 맙니다. 믿음의 사람만이 그것을 누리게 됩니다.(합 2:2-4) 하나님이 우리에게 주신 영적 장자의 권리를 절대 포기하지 맙시다.

2. 이삭의 불신앙과 리브가의 믿음(27장)

이삭이 나이 많아 기력이 쇠하자 죽기 전에 그의 아들 에서를 축복함으로써 그가 장자의 축복을 이어받기를 원했습니다. 그러므로 에서에게 사냥한 짐승으로 그가 평소에 좋아하던 별미를 만들어 오라고 했습니다. 그것을 먹고 에서를 축복할 참이었습니다. 그렇게 함으로써 이삭은 자신의 불신앙을 여지없이 드러내고 말았습니다. 그는 분명히 자녀들이 리브가의 뱃속에서 싸울 때에 리브가에게 하셨던 하나님의 말씀을 들어서 알고 있었습니다. 그럼에도 불구하고 '큰 자가 어린 자를 섬길 것이라' 는 하나님의 말씀을 마음에 두지 않고, 육신적인 생각으로 에서를 축복하고자 했습니다.

그러나 리브가는 하나님의 말씀을 마음에 간직하고 있었습니다. 세상의 어느 부모가 자기의 태에서 나온 자녀를 사랑하지 않겠습니까? 또 큰아들에게 장자의 권리가 있다는 것을 당연하게 여기지 않겠습니까? 그러나 리브가는 하나님 앞에서 그 일을 생각했습니다. 변함없는 사랑으로 큰아들 에서를 사랑했지만 그보다 하나님께서 하신 말씀을 가슴 깊이 새기고, 인간적인 생각을 뛰어넘어 하나님의 말씀에 순종하고자 했습니다. 그러므로 야곱을 형으로 위장시켜 이삭의 축복이 야곱에게 돌아가게 했습니다. 하나님 말씀을 순종하고자 한 리브가의 결단은 칭찬받을 만합니다.

리브가는 야곱에게 이렇게 말했습니다. '아들의 저주를 자신이 다 받는 한이 있더라도 아브라함과 이삭의 대를 잇는 축복이 반드시 야곱에게 돌아가야만 한다.' (창 27:12-13) 참된 믿음은 하나님의 말씀을 온전히 신뢰하고, 그 말씀에 순종하기 위해서 어떤 희생이라도 감수하겠다는 결단에 있습니다. 매 순간 리브가는 인간의 생각이 아닌 하나님의 절대적인 주권과 선택을 믿고 그 하나님의 말씀에 순종함으로써 자신의 믿음을 보여 주었습니다.(롬 9:10-13)

1월 10일 | 창세기 28-30 장

1. 벧엘의 하나님(28장)

야곱이 아버지 이삭으로부터 장자의 축복을 받은 대가는 혹독했습니다. 그는 형에서의 낯을 피하여, 밧단 아람에 살고 있는 외삼촌 라반의 집으로 도망을 가야만 했습니다. 성경은 야곱이 도망가던 때의 일을 자세하게 기록하고 있습니다. 야곱이 사랑하는 어머니와 생이별을 하고 외삼촌의 집을 향해 가던 어느 날 들판에서 잠을 자다가 꿈을 꾸었습니다. 하늘과 땅을 연결한 긴 사닥다리가 있었고 그 위를 하나님의 사자들이 부지런히 왔다 갔다 하고 있었습니다. 그 사다리 끝 하늘에는 하나님이 계셨는데 하나님께서 그에게 말씀하셨습니다.(창 28:13-15)

야곱이 꿈에 하나님을 만났습니다. 그는 형의 낯을 피하여 자기 혼자 도망가고 있다고 생각했지만 하나님께서 그와 함께 계셨던 것입니다. 그는 그 밤에 베게하고 자던 돌을 가져다가 기둥으로 세우고 그 위에 기름을 부었습니다. 그리고 그곳 이름을 벧엘(하나님의 집)이라고 불렀습니다. 외롭고 무서운 밤을 지내던 야곱에게 하나님께서 찾아오셨습니다. 그를 위로하시고 땅과 자녀의 복을 주시고 어디를 가든지 함께하겠다고 약속하셨습니다.

우리 하나님은 우리를 성전 삼으셔서 우리 안에 계시며 모든 위로의 아버지가 되십니다. 우리의 형편과 처지를 아시고 가장 적절한 때에 찾아오셔서 말씀하십니다. 힘과 용기를 주시고 복을 주십니다. 우리는 어렵고 힘든 일을 만날 때, 외로움과 고난의 날들을 보낼 때 하나님께서 나를 돕지 않으신다고 생각합니다. 혼자뿐이라고 생각하곤 합니다. 그러나 하나님은 항상 우리와 함께하시고 우리에게 복을 주십니다. 야곱이 꿈에 본 사닥다리는 하늘과 땅을 연결하기 위해 오신 예수 그리스도의 예표입니다. 주의 사자는 항상 그 사닥다리 위를 왔다 갔다 하며 우리에게 하늘의 소식을 전해 주고, 땅의 형편을 하나님께 보고합니다. 우리는 주의 사자들처럼 예수 그리스도를 통해 하나님께로 나아갑니다. 예수님을 통해 우리의 형편과 처지를 고하고 하나님의 음성을 듣습니다.(요 1:51)

2. 우물가에서 만난 사랑(29장)

야곱이 외삼촌 라반이 살고 있는 동네에 도착하여 우물가에 앉아 있다가 물을 길러 온 라헬을 만났습니다. 라헬은 나중에 야곱의 아내가 되었습니다. 옛날에 아브라함의 종이 우물가에서 언약의 후손인 이삭의 신부 리브가를 만났듯이, 그날 야곱이 우물가에서 기다리고 있다가 그의 신부를 만나게 된 것입니다.

하나님은 늘 우물가에서 소중한 만남들을 허락하시고 그 만남을 통해 당신의 구원의 역사를 이루어가십니다. 아브라함의 종이 우물가에서 이삭의 신부 리브가를 만나고, 야곱이 그의 신부 라헬을 만나고, 모세가 우물가에서 그의 아내 십보라를 만났습니다. 그리고 예수님이 우물가에서 사마리아 여인을 만나 그에게 구원을 선물하시고 그를 당신의 교회 즉 신부로 맞이했습니다.(창 24:11, 29:2, 출 2:15, 요 4:6) 이러한 사건들을 통해 하나님께서는 신랑이신 예수님이 어떻게 신부인 교회를 맞이하게 되는지를 보여 줍니다. 우물가에 간 여자들은 모두 자신들의 필요를 채우기 위해서 갔습니다. 신랑을 만나리라고는 전혀 기대하지도 않았습니다. 그런데 그곳에 신랑이 있었습니다. 그곳에 자신들의 필요를 채우러 갔던 여자들이 모두 그 참 생수가 되시는 신랑(예수)에게 속하는 자들이 된 것입니다. 이러한 그림은 우리의 구원의 현실이 어떤 것인지를 잘 보여 줍니다. 구원은 이처럼 하님께서 우리를 사랑하셔서 우리에게 찾아오시는 것이지 우리가 하나님을 찾아가는 것이 아닙니다. 예수님께서 말씀하셨습니다.(요 4:13-14; 7:37-38) 그러니 우리는 모두 다 우물가에서 참 생수가 되시는, 신랑이신 예수님을 만남으로 수지맞은 인생들이 되었습니다. 우리는 항상 이 구원의 우물에서 목마르지 않는 생수를 길어 날라야 합니다.(사12:3)

3. 넘치는 하나님의 은혜

야곱이 외삼촌의 집에 살면서 두 아내를 얻었습니다. 그리고 그들을 통해 자녀들을 얻었습니다. 그런데 야곱의 아내인 레아와 라헬의 자녀 낳기 경쟁은 민망할 정도로 지저분하고 추악했습니다. 그들은 지지 않으려고 자기들의 몸종을 남편에게 주면서까지 자녀 낳기 경쟁을 벌였습니다. 또한 하나님의 언약의 자손인 야곱은 그러한 아내들의 자녀 낳기 경쟁의 한 복판에서 아무 생각 없이 아내들이 준 여종들을 덥석 받아들여 계속해서 자녀들을 낳았습니다. 이렇게 해서 야곱은 모두 12아들을 얻게 되었습니다. 야곱이 외삼촌의 집에서 재물을 모으는 방법도 치졸했습니다. 그는 어떻게 해서든지 자기의 재산을 늘리는데 혈안이 되어 가능한 모든 수단과 방법을 동원했습니다. 이렇게 해서 야곱은 거부가 되고 이스라엘의 12지파의 조상이 되는 자녀들을 얻었습니다.

　야곱의 이러한 모습은 오늘 우리의 모습을 그대로 보여 줍니다. 믿음의 백성이라고 자부하는 하나님의 자녀들이 이 땅을 살아가는 모습들을 보면 고개를 저을 일들이 한두 가지가 아닙니다. 하나님께서 불의하고 부조리하고 치졸하고 사악하기까지 한 사람들의 모든 불의를 물리치셔야만 하는데 그렇게 하지 않으시고 대부분 그대로 놓아두십니다. 우리는 여기에서 사람의 생각과 하나님의 생각이 어떻게 다른지를 보게 됩니다. 우리는 우리가 하나님 앞에서 무슨 선한 것들이 있어야만 하나님의 복을 받아 누리며 살 자격이 있다고 생각합니다. 그러나 하나님은 우리의 모자람에도 불구하고 우리에게 한없는 은혜와 복을 베푸시는 분입니다. 하나님께서는 죄인들에게 저항할 수 없는 은혜를 쏟아부어 주십니다. 우리는 야곱의 일들을 보면서 그렇게 살아도 별문제 없겠다고 생각해서는 안 됩니다. 오히려 연약하고 모자란 내게 하나님께서 부어 주시는 은혜가 한이 없음을 발견해야 합니다. 하나님께서 내게 베푸신 은혜가 그런 것임을 깨달아야 합니다. 하나님께서 죄와 허물로 죽었던 나를 살리기 위해 당신의 아들을 보내 주셨습니다. 그 아들을 십자가에 못 박아 죽이심으로 나의 모든 죄와 허물을 도말하시고 나에게 영원한 구원을 선물로 주셨습니다. 우리 하나님은 그런 분입니다. 그러니 그 하나님께 감사하고 하나님을 기쁘시게 하는 삶을 살아야 하지 않겠습니까!

1월 11일 | 창세기 31-33 장

1. 드라빔을 찾아 나선 라반(31장)

야곱은 고향으로 돌아가고자, 가족과 재물을 이끌고 몰래 외삼촌 라반의 집을 떠났습니다. 그때에 야곱의 아내 라헬이 아버지 집에서 드라빔을 훔쳤습니다. 드라빔은 여자의 모습을 하고 있는 가정 수호신입니다. 사흘 후, 야곱이 도망친 것과 또 자기 집의 수호신인 드라빔이 없어진 것을 알게 된 라반은 7일 길을 쫓아가 야곱을 만났습니다. 라반이 그들을 쫓아간 가장 큰 이유는 드라빔이 없어졌기 때문입니다. 도대체 드라빔이 뭐길래 7일 길이나 쫓아갔을까요?

당시는 집 지키는 수호신을 소유한 사람이 그 집의 소유권을 주장할 수 있었습니다. 그러므로 라반은, 그들이 드라빔을 훔쳐감으로써 나중에 혹시라도 자기 집의 소유권을 주장할까 봐 염려되었던 것입니다. 실제로 야곱의 아내 라헬이 아버지의 드라빔을 도적질하여 숨기고 있었습니다. 야곱을 만난 라반은 "네가 네 아비 집을 사모하여 돌아가려는 것은 가하거니와 어찌 내 신을 도적질하였느냐"고 따져 물었습니다. 그러나 그들은 야곱에게서 드라빔을 발견하지 못했습니다. 그래서 라반은 돌을 기둥으로 세우고 야곱과 언약을 맺었습니다. 어떤 경우에도 언약의 증거로 세운 이 돌을 넘어와 자기를 해하지 않아야 한다고 했습니다. 드라빔을 잃어버림으로 혹시라도 발생할지 모르는 후환을 라반은 두려워했던 것입니다.

라헬이 그러한 사실까지 인지하고 드라빔을 훔치지는 않았을 것입니다. 라헬은 아버지가 섬기던 우상을 끊어내지 못하고 여전히 그것이 자신과 가정을 지켜 줄 것이라고 믿었습니다. 라헬의 이러한 불신앙은 야곱에게 큰 위협을 안겨 주었습니다. 하나님의 간섭하심이 아니었다면 야곱 집이 큰 어려움에 빠질 뻔했습니다.

지난번 쿠바 선교답사를 갔을 때, 전도하기 위해 들렀던 한 가정에서 이와 같은 광경을 목격했습니다. 집으로 들어서자 현관 의자에 앉아 있는, 하얀 옷을 차려입은 소녀 우상이 제일 먼저 눈에 띄었습니다. 여주인에게 물었더니 그 우상이 자기 집과 가족의 건강을 지켜 준다고 했습니다. 나는 그녀에게 그의 가정과 건강을 지켜 주시는 참 하나님과 하나님의 아들 예수 그리스도가 계심을 증거했습니다. 그날 여주인이 예수를 믿었습니다! 하나님이 참으로 우리 가정을 지키시고 우리의 기업에 영원한 보장이 되십니다.

2. 군대를 보내시는 하나님(32장)

야곱이 길을 가다가 그와 함께 동행하는 하나님의 군대(마하나임)를 만났습니다. 하나님께서 야곱에게 당신의 군대를 보내신 것입니다. 고향으로 돌아가는 야곱의 발걸음은 한없이 무겁고 두려웠습니다. 그는 20년 전에, 형에게서 비열하게 장자의 명분을 빼앗았습니다. 그때 자기를 죽이려고 했던 형, 에서의 모습이 머릿속에서 떠나지 않았습니다. 그래서 그는 자기 사자들을 먼저 에서에게 보내 '형이 은혜받기를 바란다'고 전하라 했습니다. 그러나 에서에게 갔다가 돌아온 야곱의 사자들이 불길한 소식을 전했습니다. 형 에서가 군사 400명을 거느리고 야곱을 만나러 오고 있다는 것입니다. 야곱은 어찌할 바를 몰라 하나님께 기도했습니다. 전에 자기와 맺었던 언약을 기억해 달라고 호소했습니다. 그리고 가족을 보호하기 위한 여러 가지 안전장치를 해 놓았습니다. 그래도 야곱의 마음은 두렵기만 했습니다. 그래서 모든 가솔들을 인도하여 얍복나루를 건너게 하고 자기 홀로 남았습니다. 그런데 어떤 사람이 찾아와 밤새도록 야곱과 씨름을 했습니다. 그 사람은 하나님이었습니다. 하나님께서 야곱과 씨름을 하셨으나 이기지 못하자 그의 환도뼈를 비틀어 버리셨습니다. 그리고 그날 야곱의 이름을 '이스라엘'로 바꾸어 주셨습니다.

하나님께서 한 순간도 야곱을 놓치지 않고 그의 길에 동행하고 은혜를 베푸셨습니다. 언약에 신실하신 하나님께서 야곱의 모습이 어떠하든지 상관하지 않고 그를 위해 군대를 동원하고 직접 찾아와 그를 만나 주셨습니다. 하나님과 맺은 언약은 이렇게 확실합니다. 하나님께서 우리의 인생길에 함께하시고 군대들을 보내서 보호하시고, 환도뼈를 비틀어 버리는 일이 있더라도 계속해서 감당할 수 없는 은혜를 베풀어 주십니다. 이스라엘이라는 이름은 '하나님과 겨루어 이김'이라는 뜻입니다. 참 불경스러운 이름입니다. 어떻게 사람이 하나님과 겨룰 수 있으며 또 어떻게 하나님을 이길 수 있단 말입니까? 그러나 이렇게 하나님은 늘 우리에게 져 주시고 우리와 함께하시고 우리의 길을 인도해 주십니다. 하나님을 만난 야곱이 당당하게 형을 만났듯이 두려워하지 말고 세상을 향해 믿음의 발걸음을 힘차게 내딛읍시다.

1. 잔해하는 기계들, 그들을 품으시는 하나님(34장)

야곱의 딸 디나가 하몰의 아들 세겜에게 강간당한 사건은 야곱의 집에 엄청난 회오리를 몰고 왔습니다. 시므온과 레위가 주동이 되어 하몰 집안의 모든 남자들을 할례받도록 함으로써 그들이 고통당할 즈음에 기습 공격하여 모든 남자들을 죽이고 그 집의 물건들을 약탈하는 일이 벌어졌습니다. 이러한 소용돌이 속에서 야곱은 아무 영향력도 행사하지 못했습니다. 오히려 하몰의 집을 쓸어버리고 돌아온 시므온과 레위를 꾸짖으며 자기의 안위를 걱정했습니다.(창 34:30-31) 일견 시므온과 레위가 행한 일은 정당해 보였습니다. 그러나 그들은 하나님의 언약의 상징인 할례를 욕되게 하는 죄를 범했습니다. 야곱은 죽기 전에 그의 아들들을 불러 모으고 그들이 후일에 당할 일들에 관해 유언했습니다. 그때에 야곱은 시므온과 레위에게 화가 있을 것을 말했습니다.(창 49:5-7)

그러나 하나님께서 그들의 화를 복으로 바꾸어 주셨습니다. 하나님의 언약을 복수의 도구로 사용한 불의한 자들이었지만 그들을 품어 안으셨습니다. 하나님께서 시므온을 유다 자손의 기업의 보호 아래 두셨고, 레위를 당신의 기업으로 삼으셨습니다.(민 3:44-45, 수 19:1-9) 우리는 하나님의 언약의 백성으로 살아가면서도 계속해서 그 언약을 욕되게 하는 죄를 범하며 살아갑니다. 그러나 하나님은 우리를 당신의 품으로 품으시고, 한량없는 은혜로 우리의 모든 허물과 죄를 덮으십니다.

2. 벧엘로 올라가라(35장)

하나님께서 야곱을 벧엘로 불러 올리셨습니다. 야곱은 인생의 쓰디쓴 고통을 경험한 후 그 집안을 새롭게 했습니다. 모든 우상들을 버리고 가족들을 이끌고 벧엘로 올라가 그곳에서 하나님께 제사를 드렸습니다. 하나님께서 야곱이 벧엘로 가는 길을 지키시고 보호하셨습니다.(창 35:4-7)

야곱이 형 에서의 낯을 피하여 도망갈 때에 벧엘에서 하나님을 만났고 하나님께서는 그를 다시 그 땅으로 돌아오게 하실 것이라고 하셨었습니다. 야곱은 20년 전에 하나님께서 하신 말씀을 까마득히 잊고 있었지만 하나님은 그 일을 기억하고 계셨습니다. 그리고 벧엘에서 다시 야곱을 축복하셨습니다.

벧엘은 언약의 백성이 있어야만 하는 자리입니다. 우리는 꼭 어려운 일을 만나야만 깨닫고 하나님을 찾습니다. 그러나 실상은 하나님께서 우리에게 찾아오시고 말씀하십니다. 우리가 해야 할 일은 무슨 일을 만나든지 항상 그 자리에서 우리의 구원을 확인하고, 우리의 구원자이신 예수 그리스도께로 돌아오고, 신령과 진정의 예배를 회복해야 하는 것입니다.

3. 에서의 형통을 부러워하지 말자(36장)

창세기36장은 에서의 톨레도트(족보)에 대해 말씀합니다. 에서가 여러 여자들을 아내로 맞이하고 그들 사이에서 많은 민족과 족장들이 나왔다고 말씀합니다. 에서 가문의 번성은 야곱의 가문과는 비교할 수 없을 정도로 대단했습니다. 에서의 형통은 하나님의 약속의 성취였습니다.(창 16:8-11; 21:13)

하나님께서 말씀하신 대로 에서를 형통하게 하셨습니다. 그 자손이 크게 번성하여 그 수가 많아 셀 수 없는 복을 그에게 주셨습니다. 우리는 언약의 백성인 야곱보다 훨씬 더 강하고 번성한 에서의 형통을 보고 부러워할 때가 많습니다. 그러나 에서의 형통은 이 땅에서의 한시적인 형통입니다. 하나님은 야곱과 언약을 맺으시고 야곱에게 언약의 복을 허락하셨습니다. 그 복은 세상의 복과는 비교할 수 없이 풍성하고 신령하고 영원한 복입니다. 성도는 이 언약의 복을 사모하며 사는 사람들입니다. 우리가 세상의 형통함 앞에서 기죽거나 주눅들지 말고 당당하게 살아가야 하는 이유는 하나님 없는 세상의 형통은 한시적이기 때문입니다. 하나님을 의지하는 것이 진정한 형통이고 복입니다.(시 37:1-6; 84:10-12)

1. 요셉의 꿈(37장)

야곱이 노년에 얻은 아들 요셉이 꿈을 꾸었습니다. 형제들이 밭에서 곡식 단을 묶는데 요셉의 단은 일어서고 형제들의 단은 요셉의 단을 둘러서서 절하는 꿈이었습니다. 요셉은 그것을 형들에게 말했습니다. 요셉이 다시 꿈을 꾸었습니다. 해와 달과 열한 별이 요셉에게 절하는 꿈이었습니다. 이번에는 요셉이 그 꿈을 아버지와 형제들에게 고했습니다. 그 꿈은 보통 꿈이 아니었습니다. 야곱 가문의 미래사에 관한 꿈이었습니다. 그 꿈으로 인해 요셉은 형들의 미움을 받고, 그의 인생길이 험난하게 되었습니다. 요셉은 자기가 꾸고 싶어서 꿈을 꾼 게 아닙니다. 하나님께서 그에게 꿈을 주셨습니다. 하나님이 주신 꿈은 절대 사그러들지 않습니다. 반드시 꿈은 이루어집니다.

요셉은 채색옷을 입었습니다. 야곱이 요셉을 사랑하여 그에게 입혀 준 것입니다. 요셉은 그 옷을 자랑스럽게 입고 다녔습니다. 형들은 그것을 싫어하고 아버지의 사랑을 독차지한 요셉을 시기 질투했습니다. 결국 요셉은 형들의 미움을 받아 구덩이에 던져졌습니다. 그런데 유다가 요셉을 구출하는데 지대한 공을 세웠습니다. 유다의 지혜로 요셉이 죽지 않고 이스마엘 장사꾼의 손에 넘겨져 애굽으로 팔려 갔습니다. 하나님을 신뢰하는 믿음을 가진 사람은 어떤 경우에도 당당하고 무슨 일이든지 담담하게 받아들입니다. 다른 사람들에게 무엇을 스스럼없이 자랑할 수 있습니까? 오직 예수 그리스도의 십자가를 자랑하고 그것을 의지해야 합니다.

2. 유다와 다말(38장)

유다가 자녀를 낳았는데 그들이 장성하여 다말이라는 여자에게 장가갔습니다. 그러나 유다의 두 아들은 하나님 앞에서 악을 행함으로 죽임을 당했습니다. 유다는 남은 셋째가 어리다는 구실로 그를 다말에게 주지 않고 다말을 친정으로 보냈습니다. 그러나 셋째 셀라가 장성하여도 자기에게 주지 않자 다말이 꾀를 내어 창녀로 자신을 위장했습니다. 그리고 그의 시아버지와 동침했습니다. 그 일로 다말은 임신하게 되고 생명이 위태로운 지경까지 내몰렸습니다. 다말에 대한 평가가 다양하지만 하나님 앞에서 다말은 위대한 일을 했습니다. 인간적인 잣대로 볼 때 다말의 불륜행위는 수치스럽고 용납될 수 없는 일이었습니다. 그러나 다말은 수치를 무릅쓰고 유다와 그의 가문을 구원하기 위해 시아버지와 동침하는 길을 선택했습니다. 다말이 아니었다면 어떻게 메시야의 계보가 이어져 갈 수 있었겠습니까! 다말은 불에 타 없어질 절체절명의 순간에 시아버지에게서 받아 두었던 증표를 보여줌으로써 생명을 보존하고 가문의 영광을 이어 갈 수 있게 되었습니다. 유다는 그 일로 자신을 부끄럽게 여기고, 다말의 행위가 옳았음을 인정했습니다.(창 38:25-26)

다말이 아니었다면 어떻게 예수님이 이 세상에 올 수 있었겠습니까? 이렇게 다말은 하나님의 구원사에 있어서 중요한 한 획을 그은 인물이 되었습니다. 다말이 수치와 부끄러움을 감수하며 기어이 유다를 구원의 반열에 서게 한 것처럼 예수님께서 나의 허물과 죄를 담당하시고 내게 구원을 주시기 위해 부끄러움을 개의치 아니하고 십자가를 지셨습니다. 하나님의 일을 먼저 생각하는 사람에게는 늘 핍박과 고난이 따르게 됩니다. 그러나 고난과 핍박을 통해 연단된 믿음은 하나님의 인정을 받습니다.(룻 4:12)

1. 하나님의 시간표(40장)

요셉이 감옥에서 바로 왕의 술 맡은 관원장과 떡 맡은 관원장의 꿈을 해석해 주고, 술 맡은 관원장에게 자신의 억울함을 풀어 달라고 요청했습니다. 그러나 술 맡은 관원장은 누명을 벗고 전직을 회복하자 요셉의 요청을 잊어버렸습니다. 자신이 풀려날 것을 기대하고 있었던 요셉은 그 후 2년 동안 어떤 소식도 받지 못했습니다. 날마다 좋은 소식을 기대했을 요셉에게는 크나큰 실망이 아닐 수 없었을 것입니다. 그런데 만 2년이 지난 후에 이번에는 바로 왕이 꿈을 꾸었는데 아무도 그 꿈을 해석할 수 없었습니다. 그때에야 술 맡은 관원장이, 과거에 감옥에 있을 때 요셉이 그의 꿈을 해석해 준 일과 요셉의 해몽대로 자신이 복직된 일을 기억하고 바로에게 고했습니다. 이 일로 요셉은 감옥에서 나와 바로의 꿈을 해석해 줌으로써 애굽 전국을 다스리는 총리의 직에 오를 수 있었습니다. 그것이 요셉을 향한 하나님의 시간표입니다.

우리는 사람을 의지하고 사람에게 기대했다가 많은 실망을 경험합니다. 그러나 하나님은 뜻하지 않는 곳에서 역사하시고, 우리의 생각과 전혀 다른 길을 주기도 하십니다. 하나님이 역사하실 때 사람의 일도 도움이 되고 문제해결의 방편이 됩니다. 우리는 언제나 하나님을 의지하고 하나님의 도우심을 구해야 합니다. 하나님은 언제나 우리를 위해 가장 좋은 길, 좋은 사람을 준비하십니다. 오늘 기대했던 일이 내 뜻대로 풀리지 않는다고 너무 낙심하지 말고 실망하지 말고 하나님께 맡기고 인내로써 하나님의 인도하심을 구합시다.

2. 기근 - 하나님의 뜻을 이루는 방편(41장)

애굽 전국에 기근이 임했습니다. 당시의 중동 전체를 뒤덮은 세계적인 기근이었습니다. 가나안 땅에 살던 야곱의 집도 기근을 피할 수 없었습니다. 야곱은 식량을 구하기 위해 그의 자녀들을 애굽으로 보냈습니다. 그런데 그 기근의 때에 죽은 줄만 알았던 요셉이 애굽의 총리가 되어 있을 줄 누가 알았겠습니까! 하나님께서 아브라함과 이삭과 맺은 언약을 기억하시고 기근을 그 언약을 이루는 방편으로 사용하셨습니다. 기근으로 인해 요셉은 형제들을 만날 수 있었습니다. 하나님께서는 기근의 때에 야곱의 가족을 애굽에서 보호하고자 하셨습니다. 기근은 인생을 고통스럽게 하지만 하나님은 그것을 통해 하나님의 뜻을 이루셨습니다. 하나님은 모든 것을 하나님의 선을 이루는 도구로 사용하십니다.

우리가 인생을 살다가 여러 가지 기근을 만날 때가 있습니다. 그때에 우리가 기억해야 할 것은 하나님의 뜻 밖에서 일어난 일은 아무것도 없다는 것입니다. 애굽 사람들에게 기근은 고통 그 자체였습니다. 그러나 하나님 언약의 백성들에게는 그 기근이 언약 성취의 도구가 되었습니다. 때때로 하나님께서 사랑하는 자녀들에게 기근을 주기도 하십니다. 그럴 때에 우리는 신실하신 하나님의 언약을 의지해야 합니다.

3. 그를 내 생명으로 담보하겠나이다!(43장)

형제들이 진실로 그의 동생을 사랑하는지 알아보기 위해 요셉이 집요하게 형제들을 시험했습니다. 유다의 진심어린 변론이 결국 요셉의 마음을 감동시켰습니다. 유다는 요셉의 마음뿐만 아니라 막내아들 베냐민을 잃는 것을 두려워하는 아버지의 마음까지 감동시켰습니다. 유다는 베냐민을 다시 데리고 오지 못하는 일이 있으면 자기 목숨으로 대신하겠다고 했습니다. 유다의 각오를 들은 아버지 야곱은 마침내 아들을 잃어버릴 각오를 하고 베냐민을 애굽으로 보냈습니다.(창 43:8-11) '내가 영원히 죄를 지리이다' 는 말씀은 '내 목숨으로 대신하겠다' 는 말입니다. 형제의 일로 목숨을 담보하는 일이 쉬운 일이었겠습니까! 그러나 유다는 자기 생명을 대신해서라도 반드시 베냐민을 지키겠다고 했습니다. 요셉 앞에서 자기 동생을 변론하는 유다의 변론은 단연 압권입니다. "[창 44: 32] 주의 종이 내 아비에게 아이를 담보하기를 내가 이를 아버지께로 데리고 돌아오지 아니하면 영영히 아버지께 죄를 지리이다 하였사오니 [33] 청컨대 주의 종으로 아이를 대신하여 있어서 주의 종이 되게 하시고 아이는 형제와 함께 도로 올려 보내소서. [34] 내가 어찌 아이와 함께하지 아니하고 내 아비에게로 올라갈 수 있으리이까. 두렵건대 재해가 내 아비에게 미침을 보리이다." 생명을 건 유다의 변론을 듣고 요셉의 마음속의 빗장이 풀렸습니다. 마침내 요셉은 형제들과 뜨거운 포옹을 했습니다.

누가 형제를 위해 이렇게 자신을 희생할 수 있을까요? 하나님께서 유다를 사랑하시고 그를 통해 하나님의 언약을 성취하셨습니다. 유다의 희생은 우리 주 예수 그리스도의 십자가의 희생을 예표합니다. 우리의 구세주이신 예수 그리스도께서 유다의 후손으로 오신 일은 우연이 아닙니다. 그 유다의 후손으로 오신 예수 그리스도께서 우리를 죄와 사망의 권세에서 건져내기 위해 자기 목숨을 십자가에 내어놓으셨습니다. 하나님의 아들의 희생으로 인해 우리의 모든 죄와 허물이 용서되고, 우리가 사망에서 생명으로 옮겨졌습니다. 과연 유다는 하나님의 언약을 이어갈 후계자가 되기에 충분했습니다. 우리가 형제를 이렇게 사랑하는 것이 마땅합니다.

1. 브엘세바의 밤(46장)

이스라엘이 요셉이 보낸 수레에 올라타 온 가족을 이끌고 애굽으로 가는 도중에 애굽과 가나안의 경계인 브엘세바에 이르러 하나님께 제사를 드렸습니다. 아들을 만나고 싶은 마음이 간절했지만 그의 마음에 정리되지 않은 생각이 있었습니다. 그것은 꿈에 그리던 아들, 죽은 줄만 알고 가슴에 묻고 살았는데 지금까지 살아서 애굽의 총리의 자리에 앉아 있는, 그 아들을 만나자고 하나님께서 약속하신 가나안 땅을 등지고 애굽으로 내려가야만 하는가 하는 것이었습니다. 하나님의 언약을 생명처럼 붙들고 살아온 야곱으로서는 결정하기 쉽지 않은 일이었습니다. 그의 어깨에는 한 가문의 미래뿐만 아니라 전체 언약 백성의 미래가 지워져 있었던 것입니다. 하나님께서 이스라엘의 이런 무거운 마음을 아시고 이상 중에 나타나셔서 그에게 말씀해 주셨습니다. 두려워 말고 애굽으로 내려가라고 하셨습니다. 거기서 이스라엘로 하여금 큰 민족을 이루게 하시고 다시 올라오게 하겠다고 하셨습니다. 야곱은 하나님께서 주신 말씀을 믿고 하나님의 그 언약을 이루기 위해 마침내 애굽 땅으로 들어갔습니다. 야곱 가문이 새로운 역사를 시작하는 획을 긋는 사건이었습니다.

이것이 성도의 삶입니다. 우리가 무슨 일을 하든지 하나님을 제쳐놓고 생각할 수 없습니다. 하나님의 뜻이 어디에 있는지 기도하며 물어야 합니다. 야곱처럼 하나님께 예배하며 하나님의 뜻을 알기 위해 고뇌하는 브엘세바의 밤이 있어야 합니다. 애굽의 수레가 내 앞에 준비되어 있을 때에라도 하나님의 백성은 하나님의 음성에 귀를 기울여야 합니다. 나의 믿음의 결정이 나와 내 가정, 그리고 내가 섬기는 교회의 미래를 바꾸는 일이 될 수도 있음을 기억해야 합니다. 하나님 백성의 책임은 그만큼 막중합니다.

2. 각인의 분량대로 축복함(49장)

야곱이 죽기 전에 그의 아들들을 불러 모으고 한 사람 한 사람씩 그들이 후일에 당할 일을 알려 주었습니다. 야곱은 죽을 때까지 은혜가 충만하고 끝까지 하나님의 언약을 붙들고 살았습니다. 사람은 죽음 앞에 섰을 때 그 진가가 드러납니다. 인생의 종착점에서 믿음으로 자녀들을 축복하는 것은 아무나 누릴 수 있는 복이 아닙니다. 자녀에게 좋은 말로 유언하고 싶은 것이 부모의 한결같은 마음일 것입니다. 그러나 야곱은 그렇게 하지 않았습니다. 자녀들의 믿음의 분량대로 축복했습니다. 그 축복이 어떤 자녀에게는 저주와 같고 심판과 같은 것도 있었습니다. 정말 그렇게 말하고 싶지 않았을 것입니다. 그러나 그는 하나님께서 보여 주신 대로 담담하게 선포했습니다. 인생의 결국은 하나님께 있음을 믿었기 때문입니다.

야곱의 자녀들은 그들 믿음의 분량대로 축복을 받았습니다. 우리는 야곱이 자녀들에게 한 축복의 말씀을 읽으면서 이 땅에서 어떤 믿음을 가지고 살아야 할지를 배우게 됩니다. 오늘 나의 믿음의 분량은 어느 정도 된다고 생각하십니까? 믿음을 가지고 살아가는 삶은 결코 헛된 법이 없습니다.

3. 막벨라 굴에 장사하라(49장)

야곱의 마지막 유언은 "자기가 죽거든 애굽 땅에 장사하지 말고 그의 할아버지 아브라함이 헷 사람에게 값을 주고 산 가나안 땅의 막벨라 굴에 장사하라"는 것이었습니다. 그곳은 아브라함과 사라, 이삭과 리브가, 그리고 그의 아내 레아가 묻혀 있는 곳이었습니다. 그 유언을 마치고 야곱은 눈을 감았습니다. 그의 나이 147세였습니다. 그가 애굽의 바로 왕 앞에서 고백했듯이 그의 삶은 참으로 파란만장한 삶이었습니다. 그러나 야곱은 끝까지 믿음으로 살았습니다. 그의 삶은 참으로 영광스러운 삶이었고 복된 죽음이었습니다.

야곱의 죽음에 관한 말씀을 읽으면서 우리의 마지막을 생각하게 됩니다. 야곱의 삶과 죽음이 한없이 부럽습니다. 마지막까지 믿음을 지키고, 믿음으로 자녀들을 축복하고, 믿음으로 가나안 땅을 사모했던 야곱입니다. 인생은 유한하지만 하나님과 그의 언약은 영원합니다. 막벨라 굴에 묻히기를 사모했던 야곱처럼, 우리의 언약이 성취될 영원한 하나님의 나라를 잊지 말아야 합니다. 그럴 때 우리가 이 땅에서 어떻게 살아야 할지 더욱더 분명하고 확실해집니다.

4. 아버지의 길을 따라간 요셉(50장)

야곱이 죽자 요셉이 아버지의 얼굴에 자기의 얼굴을 파묻고 울며 입을 맞추었습니다. 그리고 40일에 걸친 입관절차를 마치고 마침내 아버지의 유언을 따라 시신을 장사 지내기 위해 가나안 땅으로 올라갔습니다. 바로의 모든 신하와 바로 궁의 장로들과 애굽 땅의 모든 장로와 요셉의 온 집과 그 형제들과 그 아비의 집이 그와 함께 올라갔습니다. 참으로 영광스러운 장례행렬이었습니다. 성도의 죽음은 이렇게 영광스럽습니다. 비록 세상에서의 우리 삶이 초라할 지라도 하나님 앞에 서는 날 우리는 천군 천사들의 호위를 받으며 영광스러운 천국으로 입성하게 될 것입니다.

이제 요셉도 세상을 떠날 날이 왔습니다. 그는 110세를 살고 죽었습니다. 죽기 전에 이스라엘 자손에게 유언했습니다.(창 50:24-26) 아버지의 총애를 한몸에 받았던 요셉, 아버지 인생의 노년에 큰 버팀목이 되었던 요셉이 마침내 아버지의 길을 따라갔습니다. 그 길은 믿음의 길, 소망의 길, 하나님의 인도를 받는 길이었습니다. 우리가 우리의 자녀들에게 모범으로 보여 주어야 할 길이 바로 이 길입니다. 우리 모두 함께 야곱처럼 요셉처럼 그렇게 믿음의 길을 걸읍시다.

1월 16일 | **출애굽기 1-3 장**

1. 출애굽기에 대하여

출애굽기는 하나님께서 아브라함에게 언약하신 대로, 그의 씨로 말미암아 큰 민족을 이루게 하심을 보여 줍니다. 그들이 애굽에서 어떻게 큰 민족을 이루게 되었는지, 자기 백성을 약속하신 땅으로 인도하기 위해 하나님께서 어떻게 애굽에서 구원해 내시고 광야 길로 인도하시는지 말씀합니다.

아브라함과 하신 언약을 이루기 위해 하나님께서 모세를 택하셨습니다. 그를 훈련시켜서 민족의 지도자로 삼으시고, 애굽 땅에서 고난받던 이스라엘 백성들을 이끌고 약속의 땅으로 가게 하셨습니다. 이스라엘 백성들이 출애굽하여 광야의 길을 가는 동안 하나님께서 그들과 언약을 맺으셨습니다. 그들에게 십계명을 주심으로 어떻게 하나님을 섬겨야 할지 말씀하셨습니다. 또한 성막을 주셔서 하나님께서 친히 그들과 함께하셨습니다. 출애굽기는 우리가 예수 그리스도 안에서 얻게 된 구원과 그 구원의 현실이 어떠한지 보여 주심으로써 우리에게 예수 안에 있는 영원한 구원과 하나님의 나라를 사모하게 하십니다.

2. 갈대 상자 속의 구원(2장)

야곱과 함께 애굽으로 내려갔던 70명의 이스라엘 자손이 400년 만에 '생육이 중다하고 번식하고 창성하고 심히 강대하여 온 땅에 가득하게 됨'으로써 마침내 하나님께서 아브라함에게 하셨던 언약이 성취되었습니다. 그러나 이스라엘은 애굽 땅에서 많은 핍박을 받았습니다. 애굽의 바로 왕은 언약의 후손들의 씨를 말리기 위해 태어나는 사내아이마다 다 죽이라는 명을 내렸지만 하나님께서 히브리 산파들에게 은혜를 주심으로 그들의 수는 더욱더 많아졌습니다.

이러한 때에 레위 가문에 모세라는 사내아이가 태어났는데 그의 부모가 더이상 그를 숨길 수 없게 되자 갈 상자를 가져다가 역청과 나무진을 칠하고 그 안에 아이를 담아 하수에 떠내려 보냈습니다. 하나님께서 그를 바로 왕의 공주의 눈에 띄게 하고 불쌍히 여기는 마음을 갖게 하셨습니다. 그 아이는 공주의 아들로 자라게 되었습니다. 그의 이름은 이스라엘 민족을 구원의 길로 이끈 '모세' 입니다. 모세는 '물에서 건져냈다' 는 뜻입니다. 모세가 심판의 물에서 구원을 받게 된 것입니다.

갈대 상자는 하나님이 임재하시는 성전을 상징합니다. 모세가 성전에 계시는 하나님으로 말미암아 죄와 심판과 저주를 상징하는 물에서 구원을 받게 된 것입니다. 모세의 구원사건은, 노아가 방주에 들어가 구원을 받고 제자들이 풍랑이 이는 바다에서 예수님으로 말미암아 구원을 받았듯이 하나님의 택한 백성들이 어떻게 죄와 심판과 사망에서 구원을 얻게 되는지를 상징적으로 보여 줍니다.(창 7:1, 요 6:1621, 계 21:1)

3. 산 자의 하나님(3장)

왕궁에서 쫓겨난 모세가 미디안 광야에서 양을 치다가 하나님의 산 호렙에서 꺼지지 않고 계속 타고 있는 떨기나무를 보았습니다. 하나님의 성령의 불이었습니다. 여호와의 사자가 그 떨기나무 불꽃 가운데서 모세를 부르고 그에게 '민족 구원' 이라는 중차대한 사명을 부여했습니다. 마침내 하나님께서 애굽의 압제에서 신음하는 이스라엘 백성들의 신음소리를 들으시고 그들을 구원하기로 작정하신 것입니다. 하나님께서는 이스라엘의 모든 것을 보고 계셨습니다.(출 3:7-8)

떨기나무는 황폐한 우리 인생을 상징합니다. 그런데 그 떨기나무에 하나님의 불이 붙었습니다. 하나님께서 그곳에 찾아와 임재해 계셨습니다. 죽은 자의 하나님이 아닌 산 자의 하나님의 되셔서, 자기 백성 이스라엘을 구원하기 위해 호렙산 떨기나무 가운데서 모세를 만나셨습니다. 모세는 그곳에서 인생의 놀라운 변화를 경험하고 사명자가 되었습니다. 비록 가시떨기 같은 인생일지라도 하나님을 만나면 변화됩니다. 죽은 것이 살아나고, 변하여 새사람이 됩니다. 하나님께서 하지 못하실 일은 아무것도 없습니다.(막 12:26)

예수님께서 생명의 불을 붙이기 위해 세상에 오셨습니다. 1년 1독 성경읽기에 참여한 모든 사람들이 떨기나무 불꽃 가운데서 말씀하시는 하나님을 만나기를 소망합니다. 하나님을 만나면 인생이 달라집니다.

1월 17일 | 출애굽기 4-7 장

1. 피 남편(4장)

이스라엘 백성들을 구원하라는 소명을 받고 애굽으로 가던 모세를 하나님께서 길의 숙소에서 죽이려고 하셨습니다. 이때 모세의 아내 십보라의 현명한 대처로 생명을 건집니다. 십보라는 문제의 원인이 할례에 있음을 알아차리고 미처 할례를 행하지 않았던 자기의 아들에게 할례를 행했습니다. 할례는 하나님의 언약의 백성이라는 표시였습니다.(출 4:24-26)

하나님의 갑작스러운 행동처럼 보였지만 하나님께서 언약을 얼마나 소중이 여기시는지를 보여 준 사건입니다. 십보라가 그의 자녀에게 행한 할례를 인하여 모세의 생명이 안전할 수 있었습니다. 이 사건은 우리의 피 남편이 되시는 예수 그리스도께서 십자가에서 피 흘려 죽으심으로 인해 신부인 교회가 생명을 얻게 됨을 보여주는 상징적인 사건입니다. 영적 지도자가 되는 일은 영광스러운 일입니다. 그러나 그 직분에는 엄중한 하나님의 기준이 있습니다. 우리의 열심도 좋고, 순종도 좋고, 남다른 헌신으로 하나님의 마음을 기쁘시게 할 수 있을지라도 하나님의 가장 중요한 관심은 우리에게 예수 그리스도의 십자가 피의 증거가 있는가 하는 것입니다.(창 17:13-14) 할례 없는 백성은 하나님의 백성으로 간주되지 못합니다. 세상에 속한 자를 구원하는 유일한 길은 예수 그리스도의 십자가 밖에 없습니다.

2. 바로의 마음을 강퍅하게 하시는 하나님(6장)

모세가 이스라엘 백성들을 애굽에서 건져내는 일은 쉽지 않았습니다. 400년 동안 종으로 부리던 백성들을 호락호락 내어 줄 바로 왕이 아니었습니다. 그러나 하나님께서 애굽에 많은 재앙을 더하심으로써 결국 바로 왕이 항복했습니다. 애굽에 계속된 재앙은 하나님께서 보내신 것이었고 또한 바로의 마음을 강퍅하게 하신 분도 하나님이셨습니다. 하나님은 모든 인생들의 주가 되십니다. 하나님께서 하시고자 하면 단 한번에 애굽의 바로를 굴복시킬 수도 있었지만 하나님께서는 그렇게 하지 않으시고 계속해서 애굽에 많은 재앙들을 보내셨습니다. 그 재앙은 애굽 백성들뿐만 아니라 이스라엘 백성들에게도 많은 고난을 안겨 주었습니다.

그럼에도 불구하고 하나님께서 이렇게 하신 이유가 있습니다. 이스라엘 백성들에게, 애굽의 속박에서 구원받는 것이 얼마나 소중한 일인지 그리고 하나님께서 인정하시는 구원의 길은 무엇인지를 분명하게 보여 주시고자 하셨던 것입니다. 그래서 하나님은 애굽에 9가지 재앙들을 내리심으로써 그들이 믿는 신들이 허망한 신이었음을 증거하셨습니다. 오직 어린양의 피만이 죄와 사망의 그늘에서 신음하는 백성들을 구해 낼 수 있다는 것을 보여 주신 것입니다. 그 구원의 소중함을 깨우치기 위해 하나님께서 일부러 바로의 마음을 강퍅하게 하시고 이스라엘 백성들의 마음을 졸이게 했던 것입니다.

우리는 하나님의 방법에 대해서 뭐라고 할 말이 없습니다. 하나님의 구원의 행위는 언제나 최선이기 때문입니다. 하나님께서 우리 인생을 다루시는 방법도 그렇습니다. 우리 앞에 있는 장애물들을 모두 제거해 주시면 얼마나 좋겠습니까? 그러나 일부러 장애물들을 주시고 그것들을 통과하게 함으로써 하나님의 구원의 소중함을 깊이깊이 깨닫게 하십니다. 세상은 우리에게 많은 구원의 길들을 제시하지만 하나님이 포기하라고 하면 포기하는 것이 최선이고 내 생각과 다를지라도 하나님이 가라고 하시면 가는 것이 최선입니다. 그러니 우리는 무슨 일을 만나든지 하나님의 유일한 구원의 길인 예수 그리스도만 붙들어야 합니다.

1월 18일 | 출애굽기 8-12 장

1. 열 가지 재앙(8-11장)

하나님께서 애굽에 내린 열 가지 재앙은 피, 개구리, 이, 파리, 악질, 독종, 우박, 메뚜기, 흑암, 장자의 죽음입니다. 이 재앙은 모두 당시 애굽 사람들이 믿고 있던 신들에게 내린 심판입니다. 가장 먼저 강물을 마실 수 없는 피로 변하게 함으로써 강을 생명의 근원으로 경배하던 애굽인들에게 하나님이 생명의 근원임을 보여 주십니다. 풍요와 다신의 상징인 개구리재앙을 통해 그러한 신앙의 헛됨을 깨우치시고, 또한 이재앙과 파리재앙을 통해 땅의 신을 벌하시고, 악질재앙을 통해 다산의 상징인 소와 생축들을 죽이십니다. 독종재앙을 통해 그들이 믿고 있던 마술과 치료의 신들이 얼마나 헛된 것인지를 보여 주십니다. 우박재앙과 메뚜기재앙을 통해 곡물을 주관하고 날씨를 주관하고 있는 신들을 믿는 것이 얼마나 허망한 일인지를 말씀하십니다. 흑암재앙을 통해, 세상에 빛을 주는 신인 애굽의 최고신 라(Ra)를 믿는 그들의 믿음이 헛된 것임을 보여 주십니다. 마지막 열 번째 재앙을 통해, 바로 왕이 자신의 죽은 아들마저도 살려 내지 못하는 거짓된 신임을 온 천하에 드러내십니다. 당시 애굽 백성들은 바로 왕이 생명을 가져다주는 신(오시리스, 라)의 화신이라고 믿고 있었습니다. 우리는 그러한 거짓된 신들이 아닌 우주 만물을 창조하고 주관하고, 인생들의 생사화복을 주장하시는 생명의 근원이신 하나님을 믿습니다. 세상의 미혹의 영들은 여러 가지로 현혹하여 교회를 핍박하지만 하나님께서 하나님의 교회에게 최후의 승리를 주십니다.

2. 유월절 어린양과 교회(12장)

애굽에 있는 모든 사람과 생축의 장자들의 죽음은 하나님의 심판의 결정판입니다. 이스라엘 백성들도 그 재앙에서 예외가 될 수 없었습니다. 그러나 하나님께서 모세에게 이스라엘의 장자가 죽지 않는 길을 알려 주셨습니다. 어린 양을 잡아 그 피를 우슬초 묶음에 적셔 집의 문설주와 인방에 바르면 죽음의 사자가 지나갈 때에 그 피를 보고 넘어가게 하겠다고 하셨습니다. 과연 이스라엘 백성들은 이렇게 하여 장자의 죽음을 면할 수 있었습니다. 여기서부터 유월절이 유래되었습니다.(출 12:13-14) 하나님께서는 어린 양의 피를 바름으로 죽음의 재앙을 피하고 살아남은 이스라엘을 일컬어 '장자들의 총회' 라고 부릅니다.(출 4:22-23, 히 12:22-24)

하나님께서 당신의 교회를 살리기 위해 그의 아들이신 어린양 예수 그리스도의 핏값을 지불하셨습니다. 그러므로 우리의 구원은 천지가 변해도 바뀔 수 없는 확실한 것입니다. 장자는 힘과 능력의 상징입니다. 하나님께서 힘과 능력의 상징인 세상의 장자들은 죽이시고, 예수 피가 아니면 살 수 없다고 고백하는 하나님의 장자들을 살려 내셨습니다.

1. 부정한 짐승 나귀의 운명(13장)

이스라엘 백성들이 가나안에 들어갈 때 모든 생축의 초 태생을 여호와께 돌리라고 하십니다. 그중에 나귀를 대속할 때는 어린 양으로 대속하라고 하십니다. 당시에 나귀는 매우 흔한 동물이었고 농사에 요긴하게 사용되는 가축이었습니다. 그런데 하나님께서는 나귀를 부정한 짐승으로 분류하셨습니다. 부정한 것을 받지 않으시는 하나님께서 나귀 대신에 어린 양으로 대속하라고 하신 것입니다. 하나님께서 창조한 동물을 어떤 것은 정한 것으로, 어떤 것은 부정한 것으로 구별하신 것은 그러한 것들을 통해 하나님의 백성들에게 중요한 교훈을 주시기 위함입니다.

우리는 모두 다 나귀와 같이 하나님 앞에 설 수 없는 부정한 자들이었습니다. 나귀의 운명은 어린 양의 희생 여부에 달려 있습니다. 어린 양으로 대신하지 않으면 목이 꺾여 죽임을 당했던 나귀처럼 우리는 모두 하나님 앞에서 그렇게 죽을 인생들이었습니다. 그런 우리를 구원하기 위해 어린양 되시는 예수 그리스도께서 대신 죽으심으로 영원히 사는 자들이 되었습니다. 예수님은 나귀와 같은 우리를 사랑하시고 우리를 그리스도의 신부인 교회로 삼아 주셨습니다. 하나님의 놀라운 은혜가 아니고 무엇이겠습니까!

예수님이 나귀를 타고 예루살렘에 입성하시는 장면은 우리를 흥분하게 합니다. 부정한 짐승으로 여김받은 그 나귀를 타고 입성하심으로 나귀에게 최고의 영광을 안겨 주셨습니다. 나귀 같은 나를 사랑하시고 나를 대신하여 죽으신 우리 주님을 위해 내가 드릴 수 있는 최선을 드려야 하지 않겠습니까!(요 12:14-15)

2. 바다 가운데 육지로 행하라(14장)

애굽에서 나온 이스라엘 백성들을 하나님께서 홍해 길로 인도하셨습니다. 이스라엘을 내어 준 바로 왕은 마음을 돌이켜 그들을 추격했습니다. 그들을 다시 종으로 삼기 위해서입니다. 홍해 앞에서 쫓아오는 애굽의 군대와 맞닥뜨린 이스라엘은 대혼란이었습니다. 앞으로 나아갈 수도 없고 그렇다고 뒤로 물러나 다시 바로의 종이 될 수도 없었습니다. 그때 하나님께서 모세에게 하신 말씀은 앞으로 나아가라는 것입니다. 모세의 손에 들린 지팡이를 내밀면 바닷물이 갈라질 것이라고 하셨습니다. 그리고 이스라엘 백성들을 그 길로 들어가라고 하셨습니다. 하나님께서 홍해 한 가운데로 길을 내시고 그 길로 이스라엘 백성들을 건너게 하셨습니다. 뒤따라 오던 애굽의 군대는 물 가운데에 모두 수장되었습니다. 성경은 이 사건을 세례 사건이라고 말씀합니다.(고전 10:1-2)

그 길은 구원받은 자들만 걸어갈 수 있는 길입니다. 구원받지 못한 자들은 모두 그 물에서 죽어야만 했습니다. 성경에서 바다는 죄와 저주와 심판을 상징합니다. 홍해 물을 가르듯이 하나님께서 예수 그리스도의 죽으심을 통해 죄와 저주와 심판을 갈라내시고 우리에게 영원한 구원을 선물로 주신 것입니다. 그러나 애굽의 군대는 그 물 속에서 죄와 저주와 심판을 받았습니다. 우리는 애굽의 마병을 두려워할 자들이 아니라 하나님의 이 엄청난 구원을 누리는 자들입니다.(시 51:9-10)

1. 말씀으로 사는 인생(16장)

애굽에서 나올 때에 가지고 나온 음식이 떨어지자 이스라엘 백성들은 모세와 아론을 원망하며 애굽을 그리워했습니다. 애굽에서는 고기도 먹고 떡도 먹었는데 이제는 광야에서 먹을 것이 없어 죽게 되었다고 했습니다. 이때에 하나님께서 저들을 위해 하늘 양식을 준비하셨습니다. 하늘에서 만나를 비 같이 내려 백성들의 일용할 양식을 공급하고, 또 그들에게 고기도 주셔서 배불리셨습니다. 하나님께서 그 일을 40년 동안 행하셨습니다. 이스라엘에게 참으로 신실하신 하나님이셨습니다.(수 5:10-12)

하나님께서 만나를 내려 주지 않았다면 200만 명이 넘는 이스라엘 백성들은 모두 광야에서 굶주려 죽었을 것입니다. 하나님께서 만나를 내려 주신 중요한 목적이 있습니다. 육신의 것들을 주심으로 영적인 것에 관해 교훈하고 깨우치기 위함입니다. 거칠고 힘든 광야 길로 인도하신 이유는 자기 백성을 낮추기 위함이고, 하늘에서 만나를 내려 먹이신 것은 사람의 생명이 하나님의 입에서 나오는 말씀을 먹음에 있음을 깨닫게 하기 위함입니다. 우리가 육의 양식을 먹을 때마다 항상 신령한 영의 양식이 있음을 기억하고, 이 땅을 살아가는 동안 하나님의 말씀을 생명의 양식으로 삼아야 합니다.(신 8:2-3)

2. 여호와 닛시(17장)

광야를 행진하여 가는데 아말렉이 이스라엘에게 시비를 걸어왔습니다. 그로 인해 르비딤에서 전쟁을 치르게 되었습니다. 이스라엘 백성들이 출애굽하여 처음 치른 전쟁이었습니다. 전쟁의 성패는 군사의 숫자나 무기의 다소에 있지 않았습니다. 모세가 손을 들어 하나님께 기도하면 이스라엘이 이기고 모세가 손을 내리면 아말렉이 이기는 일진일퇴의 공방전이 계속되었습니다. 이때 그 전쟁을 유심히 관찰하는 사람이 있었는데 아론과 훌입니다. 아론과 훌은 전쟁의 성패가 하나님을 향해 손을 드느냐 들지 않느냐에 있는 것임을 알고 각각 모세의 양팔을 하나씩 잡아 붙들어 올렸습니다. 그 결과 이스라엘은 대승을 거둘 수 있었습니다. 모든 싸움은 항상 영적인 특성을 가집니다. 그리고 언제나 그 싸움의 최고의 무기는 기도입니다.(엡 6:10-13, 고후 10:3-5)

오늘 싸워야 할 싸움이 있습니까? 그 싸움을 기도함으로 시작합시다. 내가 기도하면 하나님이 그 싸움터에 승리의 깃발을 꽂으십니다.

1월 21일 | 출애굽기 19-21 장

1. 우리가 잊어서는 안 되는 것들(19장)

　이스라엘 백성들이 애굽에서 나온 지 3개월째 되던 때에 시내 광야에 장막을 쳤습니다. 하나님께서 모세를 산으로 불러 말씀하셨습니다. 이스라엘 모든 백성이 마음에 새기고 간직해야 할 말씀이었습니다. 하나님께서 이스라엘을 구원하실 때 애굽 사람에게 어떻게 행했는지, 이스라엘을 어떻게 인도해 내셨는지 기억하라고 하셨습니다. 하나님께서 애굽의 왕에게 심판을 행하시되 철저하게 심판하셨습니다. 이스라엘 백성들을 구원하기 위해 애굽의 모든 장자들을 죽이시고, 애굽의 모든 군대를 물로 심판하셨습니다. 이스라엘 백성에게는 독수리가 그 새끼를 날개에 태워 인도하듯이 하나님께서 그렇게 행하셨습니다.

　하나님은 우리에게 말씀하십니다. 구원의 은혜를 절대로 잊어서는 안된다고! 하나님이 독수리 날개로 나를 업으시고 보호하시고 인도하시므로 어떤 경우에도 하나님을 신뢰하라고! 그런데 우리는 얼마나 쉽게 그 은혜를 잊고 지냅니까! 새 중의 왕인 독수리 날개는 강한 사랑과 힘을 상징합니다.(신 32:11-12)

　하나님께서는 우리를 사랑하셔서 때때로 우리의 삶을 흔들기도 하십니다. 그러나 거의 바닥에 떨어져 죽게 될 때에 다시 들어 올리십니다. 오직 하나님만 의지하는 자녀로 만드십니다. 때로 하나님께서 우리의 인생 여정에 큰 상처를 남기기도 하십니다. 그러나 하나님의 자녀에게 주어지는 시련과 역경, 고난과 상처는 하나님께서 우리에게 남겨 놓으신 사랑의 흔적들입니다.

2. 시내산 언약(20장)

　하나님께서 시내산에서 이스라엘 백성들에게 십계명을 주셨습니다. 그들을 제사장 나라의 거룩한 백성이 되게 하겠다고 하셨습니다. 죄인들이 거룩하신 하나님을 대면하는 엄숙한 시간이었습니다. 이제 하나님과 언약을 맺었으므로 그 언약을 충실하게 지켜야 할 의무가 이스라엘 백성들에게 주어졌습니다. 하나님께서 모세와 말씀하실 때에 백성들은 두려워 벌벌 떨었습니다. 하나님께서 이스라엘을 언약의 굴레 아래 가두셨습니다. 실제로 율법의 심판은 무서운 것입니다. 하나님은 언약을 어기고 범죄한 자들에게는 "생명은 생명으로, 눈은 눈으로, 이는 이로, 손은 손으로, 발은 발로, 데운 것은 데운 것으로, 상하게 한 것은 상함으로, 때린 것은 때림으로 갚으라."고 말씀하셨습니다. 그러나 새언약의 중보이신 예수님이 오셔서 우리를 그 무시무시한 언약의 굴레에서 해방시키고 자유를 주셨습니다. 우리가 기쁨으로 하나님 앞에 나아갈 수 있게 되었습니다.

1. 시내산에서 주신 율법(22장)

하나님께서 모세를 시내산으로 부르시고 이스라엘과 세우실 율례의 말씀을 주셨습니다. 십계명뿐만 아니라 일상생활 가운데서 발생될 수 있는 이웃과의 문제 또는 하나님과의 관계에 있어서의 문제들을 어떻게 처리해야 하는지 말씀하셨습니다.

하나님께서 세우신 율례의 본질은 단지 어떤 잘못에 대해서 얼마만큼의 보상을 해 주어야만 적당한지에 관한 사건 해결의 기준 제시가 아닙니다. 이러한 율례들을 세우신 가장 중요한 목적은 우리가 무슨 일을 행하든지 하나님 앞에서 양심을 지켜야 할 것과, 이웃을 먼저 생각하고 하나님을 사랑하는 마음이 우리에게 있어야 한다는 것입니다. 사람은 늘 자기 이익을 먼저 생각합니다. 그러다보니까 탐심을 떨쳐낼 수 없고, 정직하게 행할 마음을 갖지 않게 됩니다. 우리가 믿음으로 사는 것은 단지 열심히 성경을 읽고, 열심히 기도하고, 주일 예배 빠지지 않고 잘 드리는 것만이 아닙니다. 참된 믿음은 오히려 하나님을 경외하고 이웃 사랑을 실천하는 삶을 통해 고백해야 하는 것입니다. 참 믿음의 사람은 아무리 작고 사소한 일일지라도 자신이 그 일을 함으로써 이웃에게 어떤 영향을 미치고 하나님 앞에서 어떤 평가를 받을지 생각하고 행동합니다. 우리의 믿음은 말이 아닌 삶으로 고백하는 믿음이어야 합니다.

2. 허망한 풍설을 전파하지 말며…(23장)

"허망한 풍설을 전파하지 말고, 악인과 연합하여 무함하는 증인이 되지 말고, 다수를 따라 악을 행치 말고, …뇌물을 받고 말을 굽게 하지 말고, 나그네를 압제하지 말라"고 하십니다. 이웃과의 관계에 관한 말씀입니다. 이러한 말씀들은 믿는 사람뿐만 아니라 불신자들 사이에서도 반드시 지켜져야만 하는 것들입니다. 인간관계의 왜곡을 가져다주는 심각한 문제들이기 때문입니다. 성경은 그런 자와는 사귀지도 말라고 말씀하며(잠 20:19), 항상 남을 나보다 더 낮게 여기라고 합니다.(빌 2:3)

우리는 하나님의 언약 백성으로 이 땅을 살아갑니다. 하나님을 경외하는 삶을 연습합시다. 말뿐이 아닌 겸손한 행함으로 우리의 신앙을 고백합시다.

1. 성막

　하나님께서 모세에게 성막을 만들라 말씀하시고 성막의 모양을 알려 주셨습니다. 그 성소는 하나님께서 이스라엘 백성들 가운데 거할 '하나님의 집' 입니다. 온 천지에 충만하신 하나님이시므로 굳이 거하실 집이 따로 있을 필요가 없습니다. 그런데도 하나님께서 이스라엘 백성들 가운데 계신다는 것을 그들의 눈으로 직접 볼 수 있게 하기 위하여 성막을 지으라고 하셨습니다. '백번 귀로 듣는 것보다 한 번 눈으로 보는 것이 낫다' 는 말이 있듯이 하나님께서 친히 이스라엘과 함께하심으로 하나님의 임재를 보여 주시고 백성들로 하여금 하나님을 신뢰하도록 하셨습니다. 이 성막은 장차 육신을 입고 이 세상에 오실 예수 그리스도를 상징하는 것입니다. 하나님께서 이스라엘 백성들을 특별하게 사랑하셨습니다.

　성막을 지을 재료들은 모두 백성들에게서 나왔습니다. 하나님께서 이스라엘 백성들이 애굽에서 나올 때에 애굽 백성들로부터 물품들을 취할 수 있도록 은혜를 베풀었던 것입니다. 백성들은 하나님께서 은혜로 주신 것들을 기쁜 마음으로 바침으로써 하나님이 거하실 집을 짓도록 도왔습니다. 하나님은 언제나 기쁨과 자원함으로 드리는 예물을 받으시고 그 사람 안에 거하면서 하나님의 하나님 되심을 나타내십니다. 하나님은 이제 우리 몸을 당신의 성전으로 삼으시고 우리와 함께 사십니다. 우리는 측량할 수 없는 하나님의 은혜와 사랑을 받은 자들입니다. 그러므로 이제 우리 몸으로 하나님을 기쁘시게 해 드려야 합니다. 내 안에 있는 최고의 보석을 하나님께 드려야 합니다. 그 보석은 우리의 믿음입니다. 눈에 보이지 않는 하나님을 보는 것처럼 섬기며 살아가는 사람은 진실로 복 있는 사람입니다.

1월 24일 | 출애굽기 28-30 장

1. 구별된 제사장과 그들이 입을 옷(28장)

하나님께서 이스라엘 백성들 중에서 하나님을 섬기는 제사장 직분을 행할 사람을 선택하셨는데 아론과 아론의 아들들이었습니다. 하나님께서는 그들을 구별하게 하시고 그들에게 거룩한 옷을 지어 입혀 영화롭고 아름답게 하라고 하셨습니다. 제사장의 옷은 에봇, 겉옷, 속옷, 흉패, 허리띠, 머리에 쓰는 관까지 모든 것이 엄청 화려했습니다. 하나님은 그 옷을 '거룩한 옷'이라고 하셨습니다. 제사장은 반드시 그 옷을 입어야만 하나님께 나아갈 수 있었습니다.

옷은 중요한 상징적인 의미가 있습니다. 어떤 옷을 입었는지 보면 그 사람이 어떤 사람인지 알 수 있습니다. 학생은 학생복을 입고, 경찰은 경찰복을 입고, 군인은 군복을 입습니다. 그 옷을 입고 있는 동안 입은 옷에 맞는 일을 하고 행동합니다. 우리가 입고 있는 옷을 보고 그 사람이 어떤 사람인지 알아차리듯이 아론과 그 아들들도 하나님께서 특별하게 구별하여 지어 주신 제사장의 의복을 입음으로 백성들은 그 옷을 입은 제사장들이 하나님 앞에서 중재자의 직무를 감당하고 있음을 알아차렸습니다.

이 제사장의 의복은 우리 주 예수 그리스도를 상징하는 의복입니다. 우리는 예수의 옷을 입은 자들이 되었습니다. 예수 그리스도의 피 묻은 십자가의 옷을 입고 있는 자들은 모두 주님을 대신하여 일하는 이 세상의 제사장들입니다. 군복을 입은 사람은 나라를 지켜야 하고, 학생복을 입은 사람은 열심히 공부를 해야 하듯이, 예수 그리스도로 옷 입은 하나님의 백성들은 하나님이 기뻐하시는 일을 해야 합니다.

옷은 또한 소속감과 자부심을 줍니다. 나는 별 볼일 없어도 그 옷 때문에 내가 존귀하게 보이고 다른 사람에게 부러움의 대상이 되기도 합니다. 예수 그리스도로 옷 입고 사는 것에 자부심을 느끼십니까? 하나님 나라의 백성이라는 소속감으로 충만한가요? 우리는 항상 우리 자신을 시험해 보아야 합니다. 예수 믿는 것이 부끄러우면 안 됩니다. 아론과 그의 아들들은 부러움의 대상이 되었습니다. 하나님을 위해 섬길 수 있는 것이 얼마나 영광스러운 특권이었겠습니까! 우리는 자나 깨나 항상 예수 그리스도로 옷 입고 하나님의 자녀라는 고귀한 신분의식과 자부심을 가지고 합당한 믿음의 삶을 살아야 하겠습니다.

2. 분향 단에 드려질 향(30장)

"[출 30:1] 너는 분향할 단을 만들지니 곧 조각목으로 만들되 [2]장이 일 규빗, 광이 일 규빗으로 네모반듯하게 하고 고는 이 규빗으로 하며 그 뿔을 그것과 연하게 하고 [3]단 상면과 전후 좌우면과 뿔을 정금으로 싸고 주위에 금테를 두를지며 [4]금테 아래 양편에 금고리 둘을 만들되 곧 그 양편에 만들지니 이는 단을 메는 채를 꿸 곳이며 [5]그 채를 조각목으로 만들고 금으로 싸고 [6]그 단을 증거궤 위 속죄소 맞은편 곧 증거궤 앞에 있는 장 밖에 두라. 그 속죄소는 내가 너와 만날 곳이며 [7]아론이 아침마다 그 위에 향기로운 향을 사르되 등불을 정리할 때에 사를지며 [8]또 저녁때 등불을 켤 때에 사를지니 이 향은 너희가 대대로 여호와 앞에 끊지 못할지며 [9]너희는 그 위에 다른 향을 사르지 말며 번제나 소제를 드리지 말며 전제의 술을 붓지 말며 [10]아론이 일년 일차씩 이 향단 뿔을 위하여 속죄하되 속죄제의 피로 일년 일차씩 대대로 속죄할지니라. 이 단은 여호와께 지극히 거룩하니라."

하나님께서 향을 사를 향단을 지극히 거룩하다고 말씀하십니다. 그리고 그 향단에 드려질 향은 유향에 소합향, 나감향, 풍자향을 섞어 만든 향입니다. 이 향은 사람이 사사롭게 만들 수 없었습니다. 만약 그리하면 그 사람은 죽임을 당해야만 했습니다.(출 30:34-37)

하나님께서는 그 향을 법궤 앞에 두라고 하십니다. 법궤는 하나님이 임재하시는 곳입니다. 하나님께서 가장 가까운 곳에서 그 향을 맡으시겠다는 것입니다.

우리는 모두 그리스도의 향기입니다.(고후 2:14-16). 성도에게서는 그리스도의 향기가 나야 합니다. 다른 향기가 나면 곤란합니다. 그리스도의 향기보다 더 좋은 향기는 없습니다. 성경은 그 향기를 '성도들의 기도'라고 했습니다.(계 5:8)

1. 제사장 위임식(29장)

"[출 19:5] 세계가 다 내게 속하였나니 너희가 내 말을 잘 듣고 내 언약을 지키면 너희는 열국 중에서 내 소유가 되겠고 [6] 너희가 내게 대하여 제사장 나라가 되며 거룩한 백성이 되리라 너는 이 말을 이스라엘 자손에게 고할지니라."라는 말씀처럼 마침내 아론과 그의 자녀들이 이스라엘 백성들을 대표해서 제사장이 되었습니다. 이것은 앞으로 모든 하나님의 백성이 제사장이 될 것을 상징적으로 보여 준 사건입니다. 제사장은 하나님과 하나님의 백성들 사이에 중재자가 되어 백성들의 모든 문제들을 가지고 하나님 앞에 나아가고, 또 하나님의 뜻을 백성들에게 전달하는 역할을 하는 사람들입니다. 그런 의미에서 아론과 그 자손들의 책임은 막중했습니다.

이제 우리는 더이상 아론과 그 자손들처럼 하나님 앞에 임명된 제사장을 필요로 하지 않습니다. 모든 성도는 하나님 앞에서 제사장입니다. 우리는 우리의 문제들을 가지고 직접 하나님 앞에 나아가 기도할 수 있고, 또 하나님을 직접 예배할 수 있습니다.(벧전 2:9) 또한 우리의 영원한 대제사장이 되시는 예수 그리스도께서 우리를 나라와 제사장으로 삼으심으로써 하나님께서 아론과 그 아들들에게 주었던 영광스러운 제사장 직분이 모든 성도들 안에서 온전한 성취를 이루었습니다.(계 5:7-10)

우리가 예수를 믿을 때 제사장으로 위임받습니다. 이제 우리 모두는 하나님 앞에서 우리 자신과 세상을 하나님께로 인도할 제사장들입니다. 먼저 나 자신이 제사장으로서 합당한 삶을 살아내야 하고, 또한 세상이 하나님을 알 수 있도록 제사장의 사명을 잘 감당해야 합니다.

1. 목이 곧은 백성(32장)

모세가 산에서 더디 내려오자 이스라엘 백성들의 마음이 불안해졌습니다. 그래서 그들을 인도할 신을 만들어 달라고 아론에게 요청했습니다. 아론은 백성들의 귀에서 빼어낸 금 고리를 가지고 송아지 형상의 우상을 만들었습니다. 백성들은 그 우상을 섬기면서 그것이 자기들을 애굽 땅에서 인도해 낸 신이라고 했습니다.

하나님께서 이스라엘 백성들이 하는 일을 보고 계셨습니다. 하나님께서 시내산에서 백성들의 행복을 위한 말씀을 모세에게 주고 계셨는데 백성들은 우상을 만들어 놓고 그 앞에 제사를 드리며 먹고 마시며 뛰어놀며 광란의 축제를 벌였습니다. 하나님은 이런 백성들을 더이상 상대하고 싶지 않았습니다. 하나님은 이스라엘 백성들을 일컬어 '내 백성'이라 말씀하지 않고 '네 백성'이라고 하셨습니다. 그리고 그들을 '목이 곧은 백성'이라고 규정하셨습니다.(출 32:7,9)

이스라엘 백성들을 더이상 하나님의 백성으로 간주하고 싶지 않으셨던 것입니다. 하나님은 하나님 외에 다른 신을 섬기는 것을 가장 싫어하십니다. 그런데 그들은 그 일을 행한 것입니다. 하나님께서는 거듭해서 이스라엘 백성들을 '목이 곧은 백성'이라고 하셨습니다. '목이 곧다'는 말은 교만하다는 말입니다. 겸손히 하나님의 명령에 순종하지 않고 자기의 생각을 고집스럽게 주장하는 태도입니다. 하나님의 뜻을 모를 때는 겸손하게 기다리면서 하나님의 인도하심을 구해야 합니다. 이스라엘 백성들은 기다릴 줄 모르고 눈에 보이지 않는 하나님을 눈에 보이는 신으로 만들어 달라고 했습니다. 이스라엘 백성의 금송아지 숭배는 목이 곧은 행동이었습니다.

2. 모든 것을 버린 중보자(33장)

우상 숭배의 일로 인해 이스라엘 백성들 중에서 3천 명 가량이 여호와의 편에 서 있던 레위 자손들에 의해 죽임을 당했습니다. 더이상 이스라엘 백성들과 함께 가지 않겠다고 하셨습니다. 모세는 이스라엘 백성들의 죄를 사해 달라고 하나님께 간청했습니다. 백성들의 죄를 사해 주시지 않을 거면 차라리 자기 이름을 주의 생명책에서 지워달라고까지 했습니다. 목숨 건 모세의 기도를 하나님께서 들어주셨습니다. 이스라엘 백성들과 함께 아브라함과 이삭과 야곱에게 주겠다고 맹세하신 땅으로 올라가겠다고 하셨습니다.

모세의 중보기도로 이스라엘 백성들이 하나님 앞에서 긍휼히 여김을 받게 되었습니다. 모세처럼 우리 주님께서 우리의 허물과 죄를 몽땅 끌어안고 하나님 앞에 중보자가 되시고 목숨을 내어놓는 희생을 감당하셨습니다. 예수님께서 친히 자신의 생명을 버리심으로써 우리의 참 중보자가 되셨습니다. 우리는 예수 그리스도의 희생적인 중보로 인해 모두 하나님 앞에 산 자들이 되었습니다. 그리고 성령께서는 지금도 우리를 위하여 기도하고 계십니다.(히 9:27-28, 롬 8:26-27)

하나님 앞에서 목이 곧은 백성이 되지 않아야 합니다. 우리는 영이신 하나님을 신령과 진정으로 예배합시다.

1. 모세의 얼굴에 난 광채(34장)

이스라엘 백성들의 우상 숭배로 인해 첫 번째 언약의 돌판이 깨졌습니다. 하나님께서 모세에게 두 번째 언약의 돌판을 만들러 시내산으로 올라오라고 하셨습니다. 모세는 40일 40야를 시내산에 있으면서 하나님과 교제했습니다. 하나님께서 모세가 깎아 만든 두 번째 돌판에 처음과 동일한 그 언약의 말씀을 새겨 주셨습니다. 증거의 돌판을 들고 시내산에서 내려오는 모세의 얼굴에서는 광채가 났습니다. 이스라엘 백성들은 두려워 그 광채를 바라볼 수 없었습니다. 모세는 이스라엘 백성들과 말할 때마다 수건으로 자기의 얼굴을 가려야 했습니다.

모세의 얼굴에서 나는 광채는 하나님의 영광의 광채였습니다. 하나님과의 깊은 교제를 통해 모세는 하나님의 형상을 닮은 사람으로 변했습니다. 하나님을 사랑하고 하나님과 가까이 하는 사람에게서는 빛이신 하나님의 영광이 드러나게 되어 있습니다. 하나님의 영으로 충만한 사람은 그 모습 속에서 하나님의 영광을 반영하는 빛이 납니다. 그러나 세상의 영으로 가득한 사람은 세상의 어둠이 그를 덮어 모든 빛을 잃게 됩니다.

모세의 얼굴에 난 광채는 우리 주 예수 그리스도의 영광의 광채를 예표하는 빛입니다. 모세의 얼굴에 난 광채는 율법의 광채이고, 모세가 가린 수건은 그리스도 안에서 없어질 것이라고 했습니다.(고후 3:7-17)

우리는 모세의 광채보다 훨씬 밝고 영광스러운 예수 그리스도의 광채를 가진 자들입니다. 누구든지 주께로 돌아오면 그 수건이 벗어지리라고 했습니다. 성령께서 우리 안에 계셔서 율법의 굴레에서 우리를 해방시키고 우리에게 참된 빛이 되십니다.(고후 4:6-7)

2. 자원하는 예물로(36장)

하나님이 거하실 처소인 성막을 짓기 위하여 여러 가지 재료가 필요했습니다. 성막을 만들 재료는 이스라엘의 소유 중에서 여호와께 드리는 것으로 충당하도록 했습니다. 하나님께서는 백성들의 소유 중에서 받으시되 감동된 마음, 자원하는 마음으로 바친 것들만 받아 그것으로 성막을 지으라고 하셨습니다. 또한 성막을 지을 사람까지도 마음이 지혜롭고 총명하며 그 일을 하려고 마음에 원하는 자로 하라고 하셨습니다.

자원하는 사람들이 가져온 예물들은 하나님께서 명하신 일에 쓰기에 충분했습니다. 주님의 일을 하는데 있어서 가장 중요한 것은 자원하는 마음입니다. 무슨 일이든지 억지로 하지 말아야 합니다. 하나님은 자원하는 예물을 받으시고 자원하는 사람의 수고와 헌신을 통해 영광받기를 기뻐하십니다. 우리가 이 땅을 살아가면서 주님을 섬길 때에 마음과 뜻과 정성을 다해 섬겨야 합니다. 말씀을 읽을 때도 자원하는 마음, 사모하는 마음을 가지고 읽으면 훨씬 더 풍성한 은혜가 임하게 됩니다.(출 36:3-7)

1. 여호와께서 명하신 대로 되느니라(39장)

브살렐과 오홀리압과 여호와께 지혜와 총명을 받은 사람들에 의해서 마침내 성막이 완성되었습니다. 모세는 이미 만들어 놓은 성막의 모든 기구들을 하나하나 각자의 위치에 갖다 놓았습니다. 그 성막의 기구들이 하나하나 제 위치에 놓일 때마다 "여호와께서 모세에게 명하신 대로 되니라"고 말씀합니다. 이렇게 해서 모세는 여호와께서 명하신 대로 성막의 모든 역사를 끝마쳤습니다. 그렇게 했을 때 구름이 성막에 덮이고 여호와의 영광이 성막에 충만했습니다. 마침내 하나님께서 성막 가운데 거하신 것입니다. 이스라엘 백성들 가운데 하나님이 임재하신 것입니다. 온 이스라엘 백성들에게 이보다 영광스럽고 복된 순간이 또 있겠습니까! 세상에 이와 같이 하나님을 자기의 하나님으로 모신 민족이 어디에 있습니까! 하나님께서 이스라엘을 사랑하시고 그들을 언약의 백성으로 삼으셔서 이제 그들은 하나님과 함께하는 백성이 되었습니다. 하나님이 그들 가운데 계시고 그들의 하나님이 되셨습니다!

하나님께서 우리에게 이런 과분한 은혜와 사랑을 베푸시고 우리를 하나님이 거하시는 성전으로 삼으시고 우리 안에서 임마누엘로 임재하여 계십니다! 성막의 원형이 되시는 예수 그리스도께서 하나님의 모든 요구를 순종하셨습니다. 이제 하나님은 사람의 손으로 만든 성막이 아닌 예수의 핏값으로 구속받은 우리 몸을 하나님의 거하시는 처소로 삼으시고 우리와 함께 계시며 우리를 영원히 버리지 않고 떠나지 않으십니다! 여호와의 영광의 구름으로 우리를 덮으시고 우리의 인생길을 인도하십니다!

2. 새로운 출발(40장)

성막은 정월 초일일에 세워졌습니다. 그날은 달의 시작인 유월절이 있는 달입니다. 그 유월절에 유월절 어린양 되시는 예수 그리스도를 상징하는 성막이 이스라엘 백성들 가운데 세워지게 된 것입니다.(출 12:1-2)

정월 초일일은 모든 사람에게 중요합니다. 새로운 결심을 하고 새롭게 출발하기 때문입니다. 이제 이스라엘 백성들에게 새로운 시대, 즉 하나님이 임재하시는 성막 시대가 열렸습니다. 하나님께서 인류 역사상 처음으로 이 세상에 당신이 거할 집을 지으시고 그곳에 친히 임재하셨습니다. 이 일은 하나님의 구원 역사의 새로운 시작을 알리는 중요한 일입니다. 인류 전체에게 축복을 가져다주는 첫 날이 시작된 것입니다. 이제 이스라엘은 광야 길을 하나님과 함께 걷게 되었습니다. 하나님이 함께하시는 인생, 하나님과 함께 걷는 인생 길, 생각만 해도 가슴이 설렙니다.

내가 예수를 믿고 걸어가는 이 길은 하나님의 성령이 나와 함께하시는 길입니다. 생명의 길, 영생의 길입니다. 험한 광야 길을 이스라엘 혼자 걷게 하지 아니하시고 하나님이 친히 함께하심으로 걸어갈 수 있게 하셨듯이, 우리가 살아가는 오늘 하루 성령님께서 동행하시고, 성령의 인도를 받는 삶이 되게 하십니다. 오늘도 주님과 함께 믿음의 길을 갑시다.

1월 29일 | 레위기 1-3 장

1. 레위기에 대하여

레위기는 "제사장들의 법, 또는 레위인들의 책"이라는 뜻인데 원래 히브리어 명칭은 "그가 부르셨다" 입니다. 레위기는 주로 제사 제도와 모든 이스라엘 백성들의 거룩에 관해 말씀합니다.(레 11:45)

레위기는 이스라엘 백성들이 가나안 땅에 들어갔을 때 어떻게 하나님께 예배를 드려야 하며 또 어떤 삶을 살아야 할 것인지를 보여 주신 말씀입니다. 하나님께서 이스라엘 백성들을 세상 가운데서 구별하시고 그들을 불러 거룩한 삶을 살도록 하셨습니다. 성도는 늘 거룩에 깊은 관심을 기울여야 하고, 하나님의 자녀로써 어떻게 거룩한 삶을 살 수 있을지 생각해야 합니다. '구약의 복음' 이라고 일컫는 레위기를 통해 하나님의 마음을 배우고 하나님의 마음을 닮기 위해 날마다 우리 자신을 하나님 앞에서 점검하고 세워 나가야 합니다.

레위기의 주제는 "거룩"입니다. 레위기는 전체 27장으로 되어 있는데 1-10장까지는 여러 가지 제사제도에 관해서, 11-27장까지는 거룩의 법들(절기 규례, 깨끗한 것과 부정한 것의 규례, 성 도덕에 관한 규례, 복과 화에 관한 말씀)에 관해서 말씀합니다. 하나님의 백성이 이 땅에서 하나님과 어떤 관계를 맺고 살기를 원하시는지 보여 줍니다. 특히 레위기는 구약의 5대 제사인 다섯 가지 제사들(번제, 소제, 화목제, 속죄제, 속건제)의 규례에 관해 상세히 설명하고, 열 가지 절기들(안식일, 월삭, 유월절과 무교절, 초실절, 맥추절, 나팔절, 속죄일, 수장절, 안식년, 희년)에 대해서도 말씀합니다. 각 제사들과 절기들은 모두 예수 그리스도의 속죄와 관련하여 영적인 의미들을 가지고 있습니다.

2. 5대 제사

레위기에 나오는 5대 중요 제사는 번제, 소제, 화목제, 속죄제, 속건제입니다. 이 외에 제사장들의 위임식 때 드리는 위임제가 있습니다. 번제는 예수 그리스도의 온전한 헌신과 속죄사역 그리고 우리의 완전한 헌신을 상징합니다. 소제는 예수 그리스도의 온전한 순종과 우리가 하나님께 어떻게 감사해야 할지 말씀합니다. 화목제는 예수 그리스도의 속죄와 화목을 통한, 우리와 하나님과의 화목과 교제의 회복을 상징합니다. 속죄제는 우리를 위한 예수 그리스도의 대속의 사역을 상징합니다. 속건제는 예수 그리스도의 속죄사역과 우리의 죄와 허물을 대신해서 치르신 죄의 보상에 대해서 말씀합니다. 속죄제와 속건제는 둘 다 대속의 제사인데 속죄제는 우리가 갚을 수 없는 죄의 대속에 대한 제사이고 속건제는 배상이 가능한 허물에 대하여 드리는 제사입니다.

제사를 드리는 방식에는 화제, 거제, 요제, 전제가 있습니다. 5대 제사는 모두 제물을 불에 태워 드리는 화제입니다. 거제는 제물을 손으로 높이 들어 올려서 드리는 제사방식을(레 7:32), 요제는 제물을 사방으로 보이게 흔들어서 드리는 제사방식을(레 7:30), 그리고 전제는 포도주나 기름 등을 부어 드리는 제사방식(출 29:40)을 말합니다.

5대 제사 중 번제는 하나님께 대한 완전한 헌신의 의미인데 제물을 단에서 모두 재가 되도록 태워 하나님께 드렸습니다. 소제는 피 없이 드리는 제사입니다. 농사지어 얻은 소산물 가운데서 구별하여 고운 가루를 내어 기름과 유향을 섞어 드렸습니다. 화목제는 예수 그리스도를 통한 하나님과 우리의 화목을 상징하는 자원의 제사입니다. 짐승을 드릴 때는 암·수 구별 없이 드리게 함으로써 하나님께서 모든 사람과 화목하기 원하심을 보여 줍니다. 이스라엘 백성들은 위와 같은 제사를 끊임없이 드려야만 했습니다. 그들은 제사를 드릴 때마다 피가 없이는 죄 용서를 받을 수 없음을 상기했습니다. 그런데 예수 그리스도께서 오셔서 십자가 위에서 피 흘려 죽으심으로써 이스라엘 백성들이 드렸던 그 모든 제사들을 단번에 완성하셨습니다. 예수 안에서 더이상 반복된 제사를 드릴 필요가 없게 되었습니다. 이제 우리는 날마다 예수 그리스도의 이름을 의지하여 하나님께 나아갑니다.

3. 향기로운 냄새(1장)

하나님께 드리는 제사 가운데 제일 먼저 번제에 대해서 말씀합니다. 번제는 완전히 태워서 하나님께 올려 드리는 제사입니다. 구약의 제사들은 오늘날 우리가 하나님께 드리는 예배와 같은 것입니다. 번제는 하나님께 드리는 헌신의 예배인데 번제를 드리는 사람은 그 제물에 안수한 후 짐승을 잡고, 제사장은 그 피를 회막문 앞단 사면에 뿌렸습니다. 예수 그리스도의 십자가의 피가 우리의 죄를 깨끗케 함을 말씀합니다. 피를 흘림으로 죄를 용서받고 하나님과 가로막혔던 관계를 새롭게 회복하게 됩니다. 번제물은 칼로 잘라 각을 내고 내장과 정강이는 물로 씻습니다. 그리고 그것을 단 위에 올려 불사릅니다. 이는 하나님께 우리 자신을 구별하여 정결하게 하고 완전한 헌신을 고백하는 제사입니다. 피를 뿌리는 일을 제외하고 모든 것을 본인이 직접 했습니다. 그때 하나님께서는 그 화제의 향기를 흠향하시고 그 사람을 받아주시는 것입니다. 바울은 우리 자신을 거룩한 산제사로 드리라고 했습니다.(롬 12:1) 우리가 하나님 앞에 예배드릴 때에 가장 중요한 것은 하나님께 구별된 우리의 마음입니다. 하나님은 온 마음을 다해 드리는 헌신을 향기로운 냄새로 흠향하십니다.

예배는 구약 창세기에서부터 시작하여 마지막 계시록까지 하나님 앞에서 아주 중요한 의식입니다. 어떤 사람은 예배를 잘 드림으로써 하나님께 인정받아 복을 누렸고, 어떤 사람은 형식적인 예배를 드림으로 하나님께 배척당했습니다. 예배는 우리 인생의 성패가 달린 중요한 문제입니다. 하나님께서는 온전한 예배를 흠향하시고 신령과 진정으로 예배드리는 자를 찾으십니다. 우리의 예배가 하나님 앞에 향기로운 냄새가 되게 하고, 예배를 통해 우리의 마음이 기쁨으로 충만케 해야 하겠습니다.

번제는 주로 아침과 저녁에 드려졌습니다. 하루를 시작하는 아침에도 헌신으로 시작하고, 저녁에도 헌신의 제사를 드림으로 하루를 마무리했습니다. 하나님은 우리의 모든 삶이 헌신의 삶이 되기를 원하십니다. 번제를 드리는 사람은 하나님 앞에 나올 때마다 정한 예물을 가지고 왔습니다. 제물은 삶의 형편을 따랐습니다. 부자는 소를 드리고 가난한 사람은 비둘기를 드렸습니다. 양의 많고 적음보다 정성이 중요했습니다. 생활비 전부를 넣은 과부의 두 렙돈을 귀하게 여기시는 하나님이십니다.(눅 21:2-4) 번제를 드리는 사람은 짐승 중에서 흠 없고 좋은 것을 고르고 그것을 가지고 나와 제사를 드렸습니다. 우리가 예배드릴 때 언제나 준비된 마음을 가지고 드려야 합니다. 우리가 정성껏 준비할 때 하나님께서 은혜를 주십니다. 드릴 예물이 있으면 미리 감사의 기도로 준비하고 정성을 다해 드리면 그것이 하나님 앞에 향기로운 예물이 됩니다. 준비 없이 대충대충, 허겁지겁 드리지 말고, 은혜를 사모하며 정성껏 구별된 예배를 드립시다.

4. 소제를 드리자(2장)

소제는 '선물'이라는 뜻으로 곡식을 불살라 드리는 감사와 충성의 제사입니다. 유일하게 피 없이 드리는 제사였습니다. 이 제사는 대개 번제와 화목제와 함께 드리는 경우가 많았습니다. 소제는 고운 곡식가루나, 또는 그것을 화덕에 구운 것, 철판에 부친 것, 솥에 삶은 것 등을 기름에 섞어 화제로 드렸습니다. 중요한 것은 소제를 드릴 때에는 그 속에 누룩이나 꿀을 넣어서는 안 된다는 것입니다. 누룩은 죄를 상징하고, 꿀은 세상의 쾌락을 상징합니다. 하나님은 깨끗하고 사모하는 마음으로 교제하기를 원하십니다. 소제를 드릴 때는 고운 가루로 예물을 드렸습니다. 제일 좋은 곡식을 빻아 정성껏 채로 걸러서 고운 가루를 내어 부드럽게 하고 그 위에 기름을 붓고 유향을 놓아 제사장 앞으로 가지고 옵니다. 제사장은 그것의 얼마를 취하여 단 위에서 화제로 불사름으로 하나님께 향기로운 냄새를 올려드립니다. 그리고 나머지는 제사장의 몫이 되었는데 그것은 화제 중에서 지극히 거룩한 것으로 구별됩니다. 가루는 우리 육신의 죽음과 우리 마음의 온유한 심령을 상징합니다. 고난을 통해 우리의 모든 부분들이 깨어지고 하나님이 받으실 만한 온유한 심령으로 변화되어 가는 것입니다. 하나님께서 그 인내의 과정을 통해 영광을 받으십니다. 소제물에는 기름과 유향과 소금을 넣으라고 했습니다. 이런 것들은 맛을 내기 위해 사용되었는데, 기름은 성령을 상징하고 유향은 성도의 기도를 상징하며 소금은 화목을 상징합니다. 우리가 성령 충만한 삶, 기도가 있는 삶, 하나님과 사람들로 더불어 화목하는 삶을 살 때 그것이 곧 하나님께서 기쁘게 받으시는 제사가 되고 향기로운 삶이 됩니다. 이렇듯 제물에 첨가되는 재료들 하나하나에 우리와 하나님 사이에 온전한 관계를 위한 깊은 영적 의미가 담겨 있습니다.

5. 화목의 제사(3장)

화목제도 번제처럼 소, 양, 염소 등으로 드렸습니다. 화목제 희생의 피는 제단에 뿌려졌고, 기름과 콩팥은 태워서 화제로 하나님께 드렸습니다. 나머지 제물은 일단 제단에 드렸다가 다시 거두어 가슴과 우편 다리는 제사장과 성막에서 봉사하는 사람들의 몫으로 돌렸고, 그 나머지는 드린 사람이 그 가족과 가난한 이웃들과 더불어 성막 뜰에서 먹었습니다. 화목제는 하나님과 사람 사이, 성도와 성도 사이의 화평과 친교를 상징하는 제사입니다. '화목'은 '번영, 축복, 평화'의 뜻으로써 제사보다는 잔치의 성격이 더 강합니다. 그래서 화목제는 주로 국가 경축일이나, 칠칠절, 제사장의 성별식, 나실인의 서원식을 할 때 드렸습니다. 화목제의 종류에는 감사제, 헌신제, 자원제, 서원제 등이 있었습니다.

하나님께서는 화목제를 통해 사람들이 번영과 기쁨과 축복과 평화를 누리기 원하셨습니다. 예수님은 우리에게 오셔서 화목제물이 되셨습니다. 우리가 예수님의 희생을 통해 하나님과 평화를 누리고 성소에 들어갈 담력을 얻었습니다. 뿐만 아니라 제물을 제사장과 사람들과 함께 나누게 하심으로 이웃과 화목하게 하셨습니다. 여기에 참된 감사와 기쁨이 있습니다. 하나님은 우리가 하나님과 화목하기를 바라실 뿐 아니라 성도들이 서로 사랑을 나누도록 초대하십니다. 그러므로 하나님께 받은 복을 성도들과 더불어 나누기를 힘써야 합니다. 우리가 우리의 이웃을 위하여 손을 펴되, 특별히 어려운 사람들에게 깊은 관심을 기울이고 그리스도의 사랑을 나누도록 해야 합니다. 하나님께서 우리에게 베푸신 은혜는 헤아릴 수 없이 크고 많습니다. 가진 것을 서로 나눌 때 신령한 은혜와 충만한 기쁨과 행복이 깃듭니다.

1. 속죄제(4장)

성경에 다섯 가지 제사-번제, 소제, 화목제, 속죄제, 속건제-가 있습니다. 번제와 소제와 화목제는 자원하여 드리는 제사이지만, 속죄제와 속건제는 죄를 지었을 때 반드시 드려야만 하는 제사입니다. 하나님 앞에서 모든 사람이 죄인이고, 또 누구나 죄를 짓지 않고 살 수 없으므로 모든 사람이 속죄제나 속건제를 드렸습니다.

속죄제는 제사장, 회중, 족장들, 평민들 각각의 죄를 분류하여 제물을 각기 달리 했습니다. 제사장과 회중은 수송아지를, 족장은 숫염소를, 평민은 암염소를 제물로 드렸습니다. 짐승에게 안수하고 잡아서 피를 뿌릴 때에도 제사장이나 회중은 성소 휘장과 분향 단에 뿌렸고, 족장이나 평민은 성막 뜰 번제 단에 뿌렸습니다. 피 뿌림에서 제외된 사람은 아무도 없었습니다. 속죄제는 하나님께서 금하신 것들을 범하는 죄를 부지중에 짓고 나서 그것을 깨닫게 된 경우에 드렸습니다. 하나님께서 백성을 위해 법을 정해 놓으셨습니다. 어떤 것은 하라고 하고, 어떤 것은 하지 말라고 했습니다. 하지 말라고 한 것을 한 것도 죄이지만, 하라고 한 것을 하지 않는 것도 죄가 됩니다. 하나님은 우리를 복 주시고, 우리에게 유익하도록 어떤 것은 하라고 하셨고 어떤 것은 하지 말라고 하셨습니다. 죄가 생각날 때 그것을 깨닫고 그리스도의 십자가 앞으로 나아오는 것은 하나님의 은혜입니다. 내 삶에 죄가 있음에도 불구하고 인정하지 않고 거역하면 하나님께서 은혜를 거두십니다. 죄는 빨리 회개할수록 좋습니다. 신속하게 하나님과의 바른 관계를 회복해야 합니다.

족장이나 평민이 부지중에 하나님 앞에 죄를 범하여 허물을 깨달았을 때 숫염소 또는 암염소를 제사장에게 가지고 나가, 그 머리에 안수한 후 번제소에서 그것을 잡아 그 피를 제단 뿔에 바르고 나머지 피는 단 밑에 쏟도록 했습니다. 그리고 기름은 단 위에서 불살라 여호와께 향기로운 냄새가 되게 하고, 제사장이 그 사람을 위하여 속죄함으로써 사함을 얻었습니다. 제사장의 죄는 하나님께서 사해 주시고, 회중과 족장과 평민의 죄는 제사장이 속죄함으로 사함을 받을 수 있었습니다. 제사장과 회중의 죄가 공동체적인 죄라면 족장과 평민의 죄는 개인적인 죄라고 하겠습니다. 개인의 죄 못지않게 공동체적인 죄가 하나님 앞에서 엄중합니다. 감사한 것은 어떤 죄든지 하나님께서 우리와 온전한 관계를 회복하기 위한 길을 마련해 놓으셨다는 것입니다. 예수님은 우리의 영원한 대제사장이 되셔서 친히 자신의 희생의 피를 우리를 위해 흘리심으로 우리의 모든 죄를 단번에 영원히 속죄하셨습니다.

번제단에서 불살라 드린 기름과 콩팥과 간에 덮인 꺼풀 외에 모든 고기와 머리와 다리와 내장을 비롯한 제물 전체는 진 바깥, 재 버리는 곳으로 가져다가 불로 나무 위에 살라서 버렸는데, 이는 죄를 멀리하고 완전하게 포기하라는 말씀입니다. 예수님께서는 우리에게 완전히 거룩함을 주시기 위해 영문 밖에서 죽으셨습니다. 영문 밖에서 완전히 버림받으신 그리스도를 만나고, 죄를 버리는 것입니다. 예수님의 십자가가 능력입니다.

2. 속건제(5장)

속죄제가 하나님께 범한 죄에 대해 드리는 제사라면, 속건제는 사람이나 성물에 대해 잘못한 죄에 대해서 드리는 제사입니다. 속건제에는 다른 사람에게 끼친 손해에 대해 배상을 해야 하는 조건이 따릅니다. 속건제는 부지중에 또는 무심중에 지은 죄를 모르고 있다가 그것이 죄라고 깨닫게 되었을 때 드립니다. 죄는 어떤 것이든지 하나님께서 그것을 간과하지 않으시고 반드시 그 책임을 물으십니다. 그렇게 함으로써 죄의 심각성을 깨우치고 앞으로는 죄를 무섭게 여겨 그런 잘못을 행하지 않도록 하기 위함입니다.

증인이 되어 바로 증언하지 않은 경우, 부지중에 부정한 것들을 만진 경우, 사람의 부정에 연루된 경우, 부지중에 악한 맹세를 한 경우, 여호와의 성물에 대하여 범과한 경우, 여호와의 금령을 부지중에 범한 경우 등에 속건제를 드리라고 했는데, 속건제의 경우 무의식중에 또는 부지중에 범한 죄까지도 범죄로 보았다는 것입니다. 거룩하신 하나님 앞에서 자신의 죄를 발견하지 못할 사람이 아무도 없습니다. 그 죄를 깨닫는데 우리의 영적 민감함이 요구됩니다. 부지중에 우리의 형제나 이웃에게 범하는 죄가 많습니다. 무심코 한 말 한마디, 부주의한 행동 하나가 가까운 이웃의 마음에 큰 상처를 남기지만 우리가 그것을 죄로 인식하지 못하는 경우가 많습니다. 그러나 하나님 앞에 우리의 마음이 깨어 있을 때 그러한 죄들이 생각나고, 우리가 그것을 마음 아파합니다. 그럴 때에 즉시 하나님께 죄를 고백하고, 상처받고 손해를 입은 이웃에게 나아가 용서를 구하고 그 잘못에 대해 응분의 보상을 해야 합니다. 하나님은 우리가 이웃과 온전한 관계를 맺기 원하십니다.

하나님 앞에서 범과한 경우는 제물을 가지고 와서 제사를 드리면 사함을 얻게 되지만, 사람에게 잘못한 경우에는 속건제 외에 그 사람에게 입힌 손해에 대해서, 할 수 있는 대로 원 상태로 다시 돌려주어야 했을 뿐만 아니라 끼친 손해에 대해서도 20%의 배상을 해 주어야만 했습니다. 사람과의 관계 속에서 범한 죄는 '남의 물건을 맡거나, 전당 잡거나, 강도질하거나, 늑봉하고도 사실을 부인하거나, 남의 잃은 물건을 얻고도 사실을 부인하여 거짓 맹세하는 일' 등입니다. '늑봉'은 남의 것을 강압적으로 협박하여 빼앗는 것을 말합니다. 모두 남의 것을 자기의 것으로 돌리는 죄입니다. 탐심 때문에 짓게 되는 죄로써 도덕적이고 윤리적인 문제에 속한 죄입니다. 우리가 하나님 앞에서 진실하지 못하고, 하나님의 형상을 닮아가고자 하는 열심이 없을 때에 이웃의 소유에 대하여 욕심을 품게 되고 결국 이웃과의 좋은 관계를 깨뜨리는 죄를 범하기 쉽습니다. 이웃과의 관계는 하나님과의 관계를 평가하는 잣대입니다. 하나님께서 우리에게 주신 계명을 좇아 진실한 마음으로 이웃을 사랑한다면 그런 죄를 지을 수 없습니다. 5분 1을 배상하도록 한 조치는 이웃과 깨어진 관계를 다시 회복하라는 하나님의 명령입니다.

사랑은 율법의 완성이라고 했습니다. 예수님께서 십자가에서 죽으시고 우리의 죗값을 치러 주심으로 속건제물이 되어 주셨습니다. 우리가 하나님을 사랑할 뿐 아니라 또한 우리의 이웃을 사랑함으로써 예수님의 사랑을 배우도록 해야 하겠습니다.

3. 불을 꺼뜨리지 말라(6장)

번제는 아침과 저녁에 드리는 헌신의 제사입니다. 그런데 번제를 드릴 때에 제사장들이 중요하게 취급해야 할 것 가운데 하나가 불을 꺼뜨리지 않는 것입니다. 불이 없으면 제물을 사를 수 없었기 때문입니다. 불을 간수하는 일은 여간 힘든 일이 아니므로 최선을 다해야 했습니다. 하나님께서는 '불을 꺼지지 않게 하라'고 세 번이나 반복해서 말씀하십니다. 그 불은 하나님께서 주신 것입니다. (레9:24)

불이 꺼지지 않게 해야 하는 이유는 끊임없이 하나님과 만나기 위함입니다. 하나님은 제사를 통해 당신의 백성을 만나기 원하시고, 백성들의 죄를 사하고 거룩하게 하기를 원하십니다. 우리의 삶 속에 하나님께 드리는 예배가 중단되어서는 안 됩니다. 불이 꺼졌다는 것은 하나님과의 교제가 끊어졌음을 의미합니다. 하나님을 사랑하는 불같이 뜨거운 마음이 있을 때에 우리가 계속해서 하나님과 교통할 수 있습니다. 예배를 생명처럼 소중하게 여기지 않을 때 불 꺼진 예배, 관계가 단절된 예배가 됩니다. 예배에는 끊임없는 헌신이 요구됩니다. 제단에 불이 꺼지지 않게 해야 했듯이 우리 마음의 제단에 하나님을 향한 헌신과 열심이 불타올라야 합니다. 심령의 불이 꺼지지 않도록 해야 합니다. 열심과 헌신이 식어지면 불이 약해지고 꺼지게 됩니다. 우리 마음속에 거룩한 불이 꺼지면 다른 불이 붙게 됩니다. 나답과 아비후는 다른 불을 드리다가 죽었습니다.(레 10:1-2) 늘 깨어 있어서 하나님이 주신 불, 성령의 불이 계속해서 타오르게 해야 하겠습니다.

소제는 감사와 충성의 제사입니다. 곡식을 빻아 고운 가루를 만들고 향을 놓아 불살라 드리기도 하고, 요리한 것을 드리기도 했습니다. 소제의 예물은 하나님께 구별된 거룩한 것이었으므로 누룩이 섞여서는 안 됩니다. 사람들이 소제를 가지고 오면 제사장은 그것을 받아 한 줌만 제단에서 태워 하나님께 드리고 나머지는 그들 가족의 양식으로 삼음으로 그들의 소득이 되었습니다. 하나님께서 소제의 제물을 제사장에게 돌림으로써 그들의 생명에 필요한 육적인 양식을 공급하셨습니다. 하나님 앞에 충성되게 일할 때에 하나님의 일꾼을 위한 양식을 하나님께서 책임지십니다. 하나님을 위해 살도록 우리를 왕 같은 제사장으로 부르신 하나님이십니다. 하나님의 나라와 의를 구하면 모든 것을 책임지시겠다는 확실한 주의 말씀이 우리에게 있습니다. 무슨 일에든지 하나님의 주권을 인정하고, 어떻게 하는 것이 하나님의 뜻에 맞는 삶인지 돌아보아야 합니다. 우리의 생각과 말과 행위와 삶이 세속적인 것이 될 때에 하나님이 그것을 기뻐하지 않으십니다.

제사장도 기름부음을 받을 때에는 소제를 드렸는데 제사장의 소제는 온전히 여호와께 불살라 드려야만 했습니다. 아론과 그 자손이 기름부음을 받을 때 드리는 소제는 남김없이 드려야 한다고 했습니다. 일반 백성들과는 다른 특별한 제사를 요구하셨습니다. 우리가 모두 하나님 앞에서 헌신의 삶을 살아야 하지만, 특별히 하나님 앞에서 직분을 맡은 자들에게는 더욱더 온전한 헌신이 요구됩니다. 나의 헌신이 하나님께 향기로운 냄새가 되게 해야 하겠습니다.

　속죄제는 제사장, 회중, 족장, 평민이 드리는 제물이 각각 다른데, 이 제사에는 특별이 '거룩'이 강조되고 있습니다. 거룩은 특별한 목적을 위해 구별된 것을 말합니다. 제물이 구별되고, 제단이 구별되고, 사람이 구별되고, 고기를 삶는 토기가 구별됩니다. 그것 자체는 거룩하지 않지만 하나님께 바쳐진 것은 무엇이든지 거룩한 것으로 간주하십니다. 그래서 교회가 거룩하고, 성도 한 사람 한 사람이 거룩하고, 주의 이름으로 드리는 예물과 수고와 희생이 거룩합니다.

　제사장이 제사를 드릴 때는 짐승을 잡아야 했으므로 그 피가 옷에 묻을 수 있습니다. 제사장은 그 옷을 거룩한 곳에서 빨아야 합니다. 아무데서나 옷을 빨 수 없습니다. 제사장의 옷에 묻은 피 한 방울까지 소중하게 생각하신 하나님이십니다. 피는 생명입니다. 우리가 그리스도의 보혈을 이렇게 소중하게 여겨야 합니다. 예수님께서 우리를 위해 생명을 내어놓으셨습니다. 그 피로 인해 우리가 거룩하게 되었습니다. 우리가 하나님 앞에서 구별된 삶을 살고 예수님의 십자가 흔적을 가지고 살아야 합니다. "고기를 토기에 삶았으면 그 그릇을 깨뜨릴 것이요 유기에 삶았으면 그 그릇을 닦고 물에 씻을 것"이라고 말씀하는데, 유기그릇은 스며들지 않지만 토기는 스며듭니다. 토기는 아무리 씻어도 흔적이 남게 됩니다. 그러므로 깨뜨려야만 합니다. 거룩에 대해서 이렇게까지 세밀하게 신경을 쓰시는 하나님이십니다. 우리는 얼마나 하나님 앞에서 거룩한 삶을 살고 있습니까? 생각, 말, 행동, 삶 전체가 하나님께서 받으실 만한 것이 되도록 구별하여 살아가고 있습니까? 날마다 예수의 피로 우리의 심령을 적시고 오직 십자가만 의지하도록 합시다.

1. 속건제와 화목제(7장)

속건제는 크게 세 가지 범주에 속한 죄에 대해 드리는 제사입니다. 여호와의 성물을 범한 경우, 여호와의 금령을 범한 경우, 사람들 사이에서 발생한 죄의 경우에 속건제를 드립니다. 하나님 앞에 범과한 경우는 제물을 가지고 와 제사를 드리면 사함을 얻게 됩니다. 사람에게 잘못한 경우에는 속건제 외에 입힌 손해에 대해서, 그것을 원상태로 되돌려야 합니다. 뿐만 아니라, 손해의 20%를 배상해 주어야 합니다. 속건제를 드릴 때에 제사장은 거룩한 곳에서 그것을 잡고 피를 단 사면에 뿌립니다. 모든 기름은 구별하여 단 위에서 불살라 여호와께 화제로 드리고, 제물은 제사장이 먹습니다. 제물은 모두 제사장의 몫이고, 제물을 가지고 나아온 사람은 아무것도 취할 수 없습니다. 자신의 죄에 대해서 온전하게 되갚아야만 합니다. 더욱이 이웃에게 끼친 피해에 대해서는 반드시 되돌리고 5분 1을 더해 배상해야만 합니다. 회개에 당한 열매가 있어야 하고, 말로만 하는 회개가 아니라 행함으로 그 증거를 나타내야 합니다. 속건제 규례에서 강조되는 것은 번제의 희생입니다. 피는 생명을 의미합니다. 피 흘림이 없이는 죄사함이 없다고 했습니다. 예수님이 피 흘려 죽으심으로 우리의 모든 죄를 용서하셨습니다. 우리가 정직하게 의롭게 살려고 하지만 하루도 온전한 삶을 살지 못합니다. 그러므로 날마다 십자가를 바라보고, 그 피를 믿어야 합니다. 죄를 마음에 쌓아놓고 살 수 없습니다. 형제와 화목할 일이 있으면 손을 내밀어야 합니다. 십자가가 헛되지 않도록 입술의 고백과 더불어 내 잘못에 대해서 용서를 구해야 합니다. 형제와의 관계가 막히면 하나님과의 관계가 막히게 됩니다.

화목제는 하나님과 사람 사이, 사람과 사람 사이에 화평과 친교를 위해 드리는 제사입니다. 제물은 소나 양이나 염소를 드렸습니다. 화목제를 드리는 절차에 대해서는 레위기 3장에서 말씀하고 있습니다. 여기서는 화목제의 종류와 그것을 드리는 예법에 대해서 말씀합니다. 화목제는 세 가지로 드려졌는데 감사해서 드리는 감사제와, 서원해서 드리는 서원제, 그리고 자원함으로 드리는 자원제입니다.

화목제는 하나님과 사람, 사람과 사람 사이의 관계에 있어서 중요한 것이 무엇인지를 보여 줍니다. 감사, 서원, 자원은 모두 제사를 드리는 사람의 마음에서부터 우러나온 자발적인 제사의 행위입니다. 제물도 사람도 모두 정결해야 합니다. 감사의 제사는 하나님께서 베푸신 사랑과 은혜에 감사해서 드리는 제사입니다. 정성껏 떡을 준비해서 제물과 함께 드렸습니다. 또한 화목제물은 제사를 드리는 제사장에게도 주어 함께 먹었습니다. 감사의 제물은 당일에 다 먹어야 하고, 서원제와 자원제의 예물은 이튿날까지 먹을 수 있습니다. 우리가 감사해야 할 것이 많습니다. 모든 것이 하나님의 은혜이고, 하나님께서 복 주신 것들을 누리며 삽니다. 늘 감사한 마음을 가지고 살아야 하고, 무엇보다 하나님께서 예수 그리스도 안에서 우리에게 베푸신 구원에 대해 날마다 감사해야 합니다. 서원제는 마음에 결단하고 드리는 제사입니다. 하나님 앞에 어떤 것을 하겠다고 마음으로 결심하는 것입니다. 하나님의 뜻대로 살겠다고, 형제를 사랑하겠다고, 말씀을 사모하겠다고, 죄를 끊겠다고 결단하고 하나님 앞에서 그것을 서원하는 것입니다. 자원제는 무슨 일이든지 억지로가 아니라 감사함으로 자원해서 하는 헌신의 표시입니다. 우리 주님께서 우리를 위해 자원하여 화목제물이 되셨듯이 우리도 주님을 위해 살겠다고 자원하는 것입니다. 오늘 하나님 앞에 드릴 어떤 감사와 서원과 자원의 제목들이 있습니까?

2. 제사장 위임식(8장)

제사장 위임식에 대해 말씀합니다. 제사의 직분은 아론과 그 아들들에게 주어졌습니다. 제사장의 직분은 거룩한 것입니다. 제사장은 하나님을 대신하여 하나님과 백성들 사이에 중재자가 되어 백성들을 하나님 앞으로 인도해야 합니다. 그러므로 제사장이 이 직분을 행하기 전에 먼저 해야 할 것은 그들 자신을 하나님 앞에서 정결하게 하는 것입니다. 그들도 역시 죄인들이기 때문입니다. 모세는 아론과 그 아들들을 백성들 앞에 세우고 그들을 물로 씻기고 제사장의 의복을 입혔습니다. 모세가 제사장들의 몸을 씻기고 그들에게 거룩한 의복을 입혔듯이, 우리의 죄를 씻기시는 분은 예수님이십니다. 예수님께서 우리를 당신의 피로 깨끗하게 하시고 세상 가운데서 구별하여 왕 같은 제사장으로 삼으셨습니다. 세례를 받는 것은 그러한 구원을 확인하고 인치는 것입니다. 그런 사람이 하나님의 일에 봉사하고 헌신할 수 있습니다.

몸을 물로 씻은 제사장들이 입은 옷은 곧 하나님 백성의 거룩한 행실을 의미합니다. 입고 있는 옷을 보면 그 사람의 신분을 알 수 있습니다. 하나님의 백성은 예수 그리스도로 옷 입은 사람입니다. 모세는 제사장들의 몸을 씻기고, 옷을 입힌 후 기름을 가져다가 먼저 성막과 그 안에 있는 모든 것들에 발라 그것들을 거룩하게 하고, 또한 그 기름을 아론의 머리에 붓고 발에 발라 거룩하게 했습니다. 기름부음은 거룩과 성령의 충만을 의미합니다. 거룩은 어떤 외적인 모양에 있지 않고 내적인 기름부음에 있습니다. 하나님께서 주신 능력으로 하나님이 기뻐하시는 일을 할 수 있습니다. 우리의 봉사와 헌신에 성령의 기름 부으심이 있기를 사모해야 합니다.

3. 나와 백성들을 위한 제사(9장)

제사장의 위임식을 다 마친 후 이제 본격적으로 아론과 그 아들들이 제사장으로써의 공적인 임무를 시작하게 되었습니다. 모세는 아론과 그 아들들과 이스라엘 장로들을 부르고 아론에게 제사장 임무를 수행하게 했습니다. 모세는 아론에게 흠 없는 송아지와 흠 없는 숫양을 취하여 여호와 앞에 드리라고 했습니다. 아론은 단에 나아가 자신을 위한 속죄와 번제의 희생물을 잡고 여호와께서 모세에게 명하신 제사의 예법을 따라 제사를 드렸습니다. 제사장이 해야 하는 일은 매일 백성들의 죄를 사하는 제사를 드리고 백성들에게 축복의 말씀을 전하는 것입니다. 그 일을 하기에 앞서 아론과 그 아들들은 자신들의 죄를 위해 하나님께 속죄제와 번제의 희생을 드렸습니다. 그렇게 함으로써 제사장의 직무를 수행하는 자신들의 죄를 먼저 깨끗케 했습니다. 비록 백성들의 죄를 용서하는 직무를 감당하지만 그들 역시 죄인들이었으므로 하나님 앞에서 깨끗함을 받아야 할 필요가 있었던 것입니다. 하나님께서 우리를 왕 같은 제사장으로 부르시고 이 세상에 하나님의 구원을 전할 사명을 주셨습니다. 그러나 중요한 것은 우리가 어떤 일을 하기에 앞서 먼저 우리 자신을 돌아보고, 하나님과의 관계를 새롭게 하는 것입니다. 우리가 사역의 중요성을 인식하고 열심을 내어 헌신하지만 그보다 더 중요한 것은 하나님과의 관계입니다. 내가 먼저 하나님 앞에 나 자신을 드려 하나님과의 관계를 새롭게 하고, 하나님의 일을 하기에 합당한 자인지를 돌아보아야 합니다. 사역보다 중요한 것이 하나님과의 바른 관계입니다.

아론과 그 아들들이 하나님 앞에서 자신들을 정결케 하는 제사를 마친 후 모세의 명을 좇아 백성들을 위한 공식적인 제사의식을 행했습니다. 백성들이 가지고 나온 제물로 백성들의 허물과 죄를 위해 속죄제와 번제, 화목제와 소제의 제사를 드렸습니다. 그들은 철저하게 하나님께서 모세에게 지시하신 방법과 절차를 따라 의식을 진행했습니다. 모든 제사를 마친 후 아론은 백성들을 향하여 손을 들어 그들을 축복했습니다. 이렇게 함으로써 모든 제사가 마무리되었습니다. 하나님께서 우리를 왕 같은 제사장으로 부르시고 세상에 하나님의 복을 증거하게 하셨습니다. 우리가 무슨 말을 하든지 축복의 말을 해야 합니다. 말에 권세가 있으므로 복을 선언할 때 복이 임하게 됩니다. 예수님께서도 제자들을 보내시면서 누구의 집에 들어가든지 먼저 그 집을 축복하라고 하셨습니다. 하나님은 오늘도 나의 순종과 헌신을 통해 당신의 영광을 나타내고 싶어 하십니다. 축복의 사람이 되어야 하겠습니다.

4. 여호와의 명하시지 않은 다른 불(10장)

거룩한 제사장 위임식을 마치고 제사장으로써 그들의 임무를 시작한지 얼마 되지 않았는데 아론의 아들 나답과 아비후가 죽임을 당하는 일이 발생했습니다. 여호와께서 명하지 않은 다른 불을 향로에 담아 분향했기 때문입니다. 번제단에서 불을 가져와 그 불로 향을 피워야 했지만 그렇게 하지 아니하고 다른 불을 담아 왔다가 하나님께 치심을 당했습니다. 마땅히 하나님의 말씀대로 순종해야 할 제사장들이 하나님의 뜻을 무시하고 자신들의 소견에 옳은 대로 행함으로 하나님의 진노를 샀습니다. 아론은 졸지에 두 아들을 잃었습니다. 눈에 넣어도 아프지 않을 자녀들이었습니다. 그 마음에 얼마나 큰 슬픔이 있었겠습니까! 그러나 모세는 슬퍼하는 아론에게 하나님께서 그에게 주신 말씀을 엄중하게 전달했습니다. "이는 여호와의 말씀이라. 이르시기를 나는 나를 가까이 하는 자 중에 내가 거룩하다 함을 얻겠고 온 백성 앞에 내가 영광을 얻으리라 하셨느니라."

나답과 아비후는 술에 취하여 다른 불을 드렸습니다. 하나님께서는 아론에게 경고하시기를, "너와 네 자손들이 회막에 들어갈 때에는 포도주나 독주를 마시지 말아서 너희 사망을 면하라. 이는 너희 대대로 영영한 규례라. 그리하여야 너희가 거룩하고 속된 것을 분별하며 부정하고 정한 것을 분별하고 또 여호와가 모세로 명한 모든 규례를 이스라엘 자손에게 가르치리라.”고 하셨습니다. 우리가 세상의 연락과 술에 취하면 분별력을 잃게 되고 망령된 일을 행하게 됩니다.

나답과 아비후가 죽은 후 모세가 아론과 그 남은 아들 엘르아살과 이다말에게 “여호와께 제사 드리고 남은 제물을 누룩을 넣지 말고 단 곁에서 먹으라.”고 했습니다. 화목제의 희생 제물이었습니다. 이 제물은 제사장의 몫으로써 그들은 그것을 먹을 권한이 있었습니다. 그러므로 구별된 장소에서 먹도록 했던 것입니다. 그러나 아론과 그 아들들은 모세의 말을 듣지 않았습니다. 그 제물을 모두 불살라버렸습니다. 모세는 지극히 거룩한 희생 제물을 먹지 않고 불사른 엘르아살과 이다말에게 화를 냈습니다. 그때 아론이 모세에게 제물을 먹지 않은 이유를 설명했습니다. “죽은 두 아들이 속죄제와 번제를 드렸어도 그런 일이 일었는데 어떻게 그 고기를 먹을 수 있겠느냐.”고 했습니다. 자식을 잃은 아버지의 슬픈 마음이 담겨 있는 가슴 아픈 말입니다. 비록 제사장이지만 사랑하는 자식을 잃고 어떻게 아무 일도 없다는 듯이 그 제물이 자신들의 몫이라고 하여 먹을 수 있었겠습니까? 슬픔을 당하고도 아론과 그 아들들은 슬픔을 드러낼 수 없었습니다. 아론의 아들들은 머리를 풀거나 옷을 찢거나 회막문에 나갈 수도 없었습니다. 그들의 슬픔을 백성들에게 보여서는 안 되기 때문입니다. 아론과 그 아들들은 비록 그 제물이 자신들의 몫으로 주어졌음에도 불구하고 먹기를 거부했습니다. 그것을 먹었다면 ‘하나님께서 결코 선하게 여기지 않으셨을 것’이라고 했습니다. 아론의 말을 들은 모세는 그들의 행위를 좋게 여겼습니다. 하나님께서 행하신 일이기 때문에 아론과 그 아들들은 입을 열지 않고 잠잠했습니다. 슬픔을 참고 견디었습니다. 하나님 앞에서 자신들을 돌아보았습니다. 이 일을 통해 자신들에게 주어진 직분이 얼마나 중요한 것인지를 생각했을 것입니다. ‘곤고한 날에는 생각하라’고 했습니다. 우리 때문에 자기 아들을 십자가에 내어 주신 하나님 아버지의 슬픔은 아론의 슬픔보다 더했을 것입니다. 이렇게 하나님을 섬기는 일에는 언제나 무거운 책임이 따릅니다. 우리가 주를 위해 살아갈 때에 하나님의 뜻과 하나님께서 기뻐하시는 방법이 무엇인지 잘 분별합시다.

2_월

레위기 (11-27), 민수기, 신명기

2월 1일 | 레위기 11-13장

1. 정한 것과 부정한 것(11장)

레위기 11장은 짐승과 새, 물에서 사는 생물과 땅에 기어다니는 생물 가운데서 정한 것과 부정한 것에 대하여 말씀합니다. 짐승 중에 발에 굽이 갈라지지 않았거나 되새김질하지 않는 짐승은 부정하므로 먹지 못하게 하셨고, 물고기 중에서는 지느러미나 비늘이 없는 것은 가증하므로 먹어서는 안 되며, 새 중에서는 짐승을 잡아먹는 맹금류와 고독한 새들, 더러운 것을 먹고 사는 새들은 먹으면 안 된다고 하셨습니다. 곤충 중에서는 메뚜기류 외의 다른 곤충들은 먹지 말라고 하셨습니다. 뱀 같은 파충류는 부정하다고 하셨습니다. 부정한 것들은 죽은 사체를 만지기만 해도 부정하게 된다고 하셨습니다.

왜 하나님께서 창조하신 피조물들을 어떤 것은 정하다 하시고 어떤 것은 부정하다 하셨을까요? 필시 우리에게 영적인 교훈을 주시기 위함일 것입니다. 정한 것과 부정한 것에 대한 규정들을 읽을 때 우리는 먼저 하나님을 생각해야 합니다. 하나님께서 부정하다 하시면 그것은 부정한 것이고, 하나님께서 정하다 하시면 그것은 정한 것입니다. 정한 것과 부정한 것은 우리가 판단하는 것이 아니라 하나님께서 정하십니다. 하나님께서는 일상에서 흔히 목격하는 것들의 정함과 부정함을 정해 놓으심으로써 우리가 하나님을 어떻게 섬겨야 할지를 보여주십니다. 하나님은 예수 믿는 사람을 의인이라 하시고, 예수 믿지 않는 사람을 죄인이라 하십니다. 세상에는 하나님이 보실 때 의인이 있고 죄인이 있으며, 정한 것이 있고 부정한 것이 있는 것입니다.

그러나 어떤 부정한 것도 예수 그리스도를 믿으면 다 정하게 됩니다. 그래서 하나님께서는 베드로에게 환상 중에 부정한 짐승들을 보여 주면서 그것을 잡아먹으라고 하셨습니다. 베드로는 절대 그럴 수 없다고 했지만 하나님께서는 '하나님이 깨끗하게 하신 것을 네가 부정하다고 하지 말라'고 하셨습니다. 이 환상을 보고 베드로는 이방인 고넬료의 집에 가서 그에게 하나님 나라의 복음을 전했습니다.(행 10:9-16)

이처럼 하나님께서는 정한 것과 부정한 것을 구별하심으로써 장차 그 부정한 것들이 예수 그리스도 안에서 정하게 될 것을 기대하게 하시고, 모든 부정한 것들이 깨끗하게 되는 하나님의 거룩한 복음이 온 세상에 전파되게 하신 것입니다. 이제 예수 그리스도 안에서 우리는 더이상 정한 것과 부정한 것을 구별할 필요가 없게 되었습니다.

2. 출산의 부정에 관하여(12장)

레위기 12장은 여자가 아이를 출산할 때의 부정에 대해 말씀합니다. 아들을 낳으면 40일 동안 부정하고 딸을 낳으면 80일 동안 부정하다고 하십니다. 그 부정의 기간이 지나면 산모는 속죄제와 번제를 드리고 그 후부터 성소에 출입할 수 있습니다. 딸을 낳으면 아들을 낳았을 때보다 두 배나 부정하다고 하신 이유는 무엇일까요? 자식은 다 같은 자식이 아닌가요? 그러나 하나님께서는 이 말씀을 통해서도 우리에게 영적인 교훈을 주고자 하십니다. 하나님께서 창조하신 아담과 하와가 범죄했을 때에 여자인 하와가 먼저 선악을 알게 하는 나무의 열매를 먹고, 그것을 아담에게 주었습니다. 그러므로 하나님께서는 여자에게 큰 고통을 허락하셨는데 해산의 수고를 크게 더하시고, 남편을 사모하고 남편의 다스림 아래 있게 하셨습니다.

바울은 교회에서 여자는 잠잠하라고 말씀하면서 여자가 뱀의 꼬임에 속아 죄에 빠졌던 것을 상기시킵니다.

"[딤전 2:11] 여자는 일절 순종함으로 종용히 배우라 [12] 여자의 가르치는 것과 남자를 주관하는 것을 허락지 아니하노니 오직 종용할지니라 [13] 이는 아담이 먼저 지음을 받고 이와가 그 후며 [14] 아담이 꼬임을 보지 아니하고 여자가 꼬임을 보아 죄에 빠졌음이니라."

여자아이가 태어나면 사내아이가 태어났을 때보다 정결하게 되는데 걸리는 기간이 배나 더하게 함으로써 하나님 앞에서 우리가 큰 죄인임을 깊이 자각하게 하신 것이 아닐까요? 그러나 이제는 예수 그리스도 안에서 모든 차별이 없어졌습니다. 예수의 피는 모든 사람의 죄를 용서하시고, 40일이나 80일 동안 기다릴 필요 없이 즉시 하나님께 나아가게 합니다. 할렐루야!

2월 2일 | 레위기 14-16 장

1. 유출병을 앓는 사람(15장)

하나님께서 유출병을 앓는 사람은 부정하다고 하셨습니다. 유출병은 남자나 여자의 몸에서 피나 어떤 액체가 흐르는 병을 일컫습니다. 이 병을 앓는 사람은 자신만이 그것을 알고 다른 사람은 알아보기가 쉽지 않습니다. 그런데 하나님께서는 그 병을 앓는 것을 부정하다 하시고 그 병을 앓는 사람이 접촉한 모든 것도 부정하다고 하십니다. 이 유출병은 사람의 숨겨진 죄악을 상징합니다. 하나님은 밖으로 드러난 죄뿐만 아니라 숨은 죄까지도 살피는 분이십니다. 남모르게 숨겨진 은밀한 죄가 없는 사람이 없습니다. 그 죄도 반드시 용서를 받아야 합니다.(마 15:19-20)

유출이 있는 자는 부정하며 정결함을 얻어야 했고 유출이 있는 자와 접촉한 자도 물로 몸을 씻고 저녁까지 부정했습니다. 이렇게 하나님은 죄에 대하여 민감하십니다. 그러니 이런 율법의 요구에서 벗어날 사람이 누가 있겠습니까? 신약성경 누가복음에 보면 열두 해 동안 혈루증을 앓던 여자가 몰래 예수님을 만짐으로 즉시 고침을 받은 사건이 있습니다. 이 여자는 율법의 관례를 깨고 예수님을 만짐으로써 자신의 병이 나았을 뿐만 아니라 예수님께 죄 용서함을 받고 구원을 받았습니다.(눅 8:43-48)

예수 그리스도의 보혈은, 몸과 마음으로 지은 우리의 모든 죄를 씻고 하나님 앞에 정결한 자가 되게 하십니다.(슥 13:1, 요일 1:9)

2. 아사셀을 위한 염소(16장)

해마다 대 속제일이 되면 두 마리의 흠 없는 염소가 선택됩니다. 그 염소를 제비 뽑아 하나는 하나님을 위하여 희생시키고 하나는 아사셀을 위하여 남겨 둡니다. 제사장은 하나님을 위하여 제비뽑은 첫째 염소를 여호와를 위하여 제사 드립니다. 그리고 아사셀을 위하여 준비된 둘째 염소에게 백성들의 죄를 전가하고 그것을 광야로 몰아내어 굶어 죽게 하거나 들짐승에게 찢겨 죽게 합니다.(레 16:8-22)

염소가 백성의 죄를 짊어지고 아사셀이 있는 광야에서 죽으므로 아사셀은 더이상 백성들의 죄를 물을 수가 없게 됩니다. '아사셀' 이란 '쫓겨난 귀신' 이라는 뜻의 히브리어 '아잘젤' 에서 유래한 말인데 타락한 천사의 우두머리인 사탄을 나타냅니다. 염소를 아사셀에게 보내는 것은 그렇게 함으로써 백성들의 죄가 모두 사해졌음을 사탄에게 선포하고 그 사탄의 참소를 무력화시키기 위한 목적입니다. 원래 사탄은 밤낮 쉬지 않고 이스라엘 백성의 죄를 참소하는 자입니다. 그러한 사탄의 참소로부터 오는 죄책감에서 우리를 구원하시기 위해 흠 없고 깨끗한 염소를 광야로 보내어 아사셀 앞에서 굶어 죽거나 찢겨 죽임당하도록 하셨습니다. 하나님의 백성에게는 사탄의 참소가 아무 소용이 없음을 증거하신 것입니다.(계12:10-11)

'아사셀을 위한 염소' 는 우리 주 예수 그리스도를 상징합니다. 예수님께서 영문 밖 골고다 언덕에서 십자가에 달리시고 피 흘려 죽으심으로 우리의 모든 죄를 용서하시고 사탄의 모든 참소를 잠재우셨습니다. 예수님의 보혈은 우리의 죄를 용서하실 뿐만 아니라 날마다 우리를 참소하는 사탄의 참소를 헛된 것으로 돌리시는 능력이 됩니다.(히 13:11-12)

1. 짐승을 잡는 규례(17장)

먹기 위해 짐승을 잡을 때는 먼저 회막에서 화목제를 드려야 한다고 말씀합니다. 짐승을 회막문 여호와께로 끌어와 피는 여호와의 단에 뿌리고 기름은 불살라 여호와께 향기로운 냄새가 되게 해야 합니다. 또한 어떤 경우에도 짐승의 피를 먹으면 안 됩니다. 이유는 육체의 생명이 피에 있고, 피가 죄를 속하기 때문입니다.

하나님께서 이렇게 명하신 이유는 우선, 무슨 일을 하든지 먼저 하나님을 생각하라는 것입니다. 전에 그들은 우상으로 섬기던 숫염소에게 제사한 일이 있습니다. 다시는 그렇게 하지 말라고 하십니다. 하나님을 사랑하는 사람은 언제나 하나님을 먼저 생각하고 하나님을 최우선의 자리에 두어야 합니다. 어떻게 하나님께 귀한 것을 드릴까 생각해야 합니다. 그래서 짐승뿐만 아니라 곡식도 첫 단을 하나님께 바치고, 소득의 첫 열매도 하나님께 바치게 하셨습니다.

또한 피를 먹지 말라고 하신 이유는 피는 생명을 상징하기 때문입니다. 함부로 피를 마시는 행위는 생명을 업신여기는 행위와 다름없습니다. 하나님께서 짐승을 먹도록 허용은 하셨지만 피는 먹으면 안 된다고 이미 말씀하셨습니다.(창세기 9장) 그러나 피를 먹지 말아야 할 보다 중요한 이유는 피는 죄를 사하기 위한 수단으로 사용되어야 하기 때문입니다.(레 17:11)

이 피는 우리 주 예수 그리스도의 대속의 피를 상징합니다. 사람의 죄가 사함을 받기 위해서는 반드시 예수 그리스도의 피가 흘려져야만 했습니다. 하나님의 백성들이 피를 마심으로 피의 가치를 망각해서는 안 됩니다. 어떤 경우에도 피는 단 밑에 뿌려져야만 합니다. 하나님의 속죄의 제단에 뿌려진 예수의 피는 우리의 모든 죄를 용서하고 하나님 앞에 서게 합니다. 우리는 피를 볼 때마다 예수 그리스도의 십자가의 피를 생각합니다. 그러므로 어떤 경우에도 피를 마시는 일을 해서는 안 되었던 것입니다.

2. 거룩과 이웃 사랑(19장)

레위기 19장은 우리에게 두 가지를 명합니다. '너희는 거룩하라' 와 '이웃 사랑하기를 네 몸과 같이 하라' 입니다.(레 19:1-2, 18) 이 두 명령은 예수님께서 우리에게 가르쳐주신 계명이고 십계명의 정신입니다.

'거룩' 은 '특별한 용도를 위해서 구별하다', '가락지, 반지' 라는 뜻을 가지고 있습니다. 하나님을 위하여 사람이나 물건을 구별하는 것이 거룩인데 우리가 거룩하다는 것은 하나님을 위해 살도록 구별되었다는 뜻입니다. 그래서 예수 믿는 사람을 '성도' 라고 부릅니다. 뿐만 아니라 반지는 소속을 의미합니다. 신랑과 신부가 결혼을 하면 서로 반지를 주고받음으로써 서로에게만 소속된 자가 되었음을 고백합니다. 거룩하신 하나님이 우리에게 거룩하라고 말씀하십니다. 하나님은 자기 백성만 사랑하십니다. 절대 다른 것에 마음을 두지 않으십니다. 그러므로 우리도 하나님 앞에 우리의 거룩을 나타내야 합니다.

또한 '하나님은 사랑이십니다' 우리가 이웃을 사랑하는 것은 하나님의 형상을 닮는 일입니다. 우리는 이웃을 사랑함으로써 하나님 앞에 거룩하게 구별된 자임을 증거하게 됩니다. 그러므로 거룩과 사랑은 뗄 수 없는 관계를 가지고 있습니다. 이웃에게 무관심한 사람이 하나님 앞에 거룩할 수 없습니다. 거룩은 우리의 일상생활에서 이웃과의 관계를 통해 나타나야 합니다.(마 7:21)

1. 제사장이 지켜야 할 규례들(20장)

레 21장은 성소에서 제사를 집례하는 제사장들에 대한 규례를 말씀합니다. 시체를 만지면 안 되고, 부정한 창녀나 이혼당한 여인이나 과부를 취하면 안 되고, 신체에 결함이 있으면 제사장이 못되고⋯ 등등 금지조항을 자세하게 말씀합니다. 이러한 규정은 흠 없는 대제사장이신 우리 주 예수 그리스도를 예표합니다.(히 7:26) 예수 그리스도는 죄 없으신 대제사장으로 우리를 위한 대속제물로 자신을 드리셨고 우리의 거룩과 의가 되셨습니다.

이제 우리는 왕 같은 제사장들이므로 우리가 하나님 앞에서 어떻게 우리 자신을 구별해야 하는지 말씀합니다.(벧전 2:5-9) 제사장들이 지켜야 할 여러 가지 규례에 관한 말씀을 읽으면서 우리는 하나님의 제사장들로서 흠도 없고 점도 없고 책망할 것이 없는 거룩한 백성이 되어야 합니다. 그리고 우리의 교회가 거룩한 교회가 되어야 함을 깨닫습니다.

2. 성물에 대한 규례(22장)

제사장들은 자신들의 유업과 땅을 받지 않았습니다. 그들은 하나님 성소의 일을 하면서 백성들이 드린 십일조와 각종 제사의 제물들을 먹고 살았습니다. 그렇지만 하나님께 드린 성물을 먹음에 있어서도 절차와 법도가 있습니다. 제사장들은 성소에 나아가고 성물을 먹을 수 있는 특권이 있었지만 부정한 자는 제외되었습니다. 거룩한 것은 거룩하게 취급되어야 했기 때문입니다.(레 21:1-3) 하나님은 거듭하여 '나는 그들을 거룩하게 하는 여호와니라' 고 말씀합니다. 성도의 성도다움은 '거룩'에 있습니다.(롬 6:19, 벧전 1:14-16)

하나님 앞에 예물을 드릴 때도 흠 없는 것으로 드려야 합니다. 하나님께 드리는 우리의 모든 드림과 예배가 흠 없는 것이어야 합니다. 우리 자신을 거룩한 예물로 하나님께 드릴 뿐 아니라 우리의 예배가 하나님 앞에서 흠 없는 예물이 돼야 합니다.(요 4:24, 시 96:8-9)

또한 구별하여 드린 것을 취급할 때에도 신중해야 합니다. 거룩한 것을 속되게 취급할 때 공동체의 거룩과 정결은 타락하게 됩니다. 교회는 세상의 원리가 아닌 하나님의 법에 더 깊은 관심을 기울여야 합니다. 목적을 위해 드려진 것은 목적에 맞게 사용되어져야 합니다. 말씀의 원리가 올바르게 시행되지 않으므로 고통을 당하는 교회들을 보면서 그것을 타산지석으로 삼고, 하나님의 말씀에 순종할 것을 다시 한 번 다짐해야 합니다.

1. 여호와의 절기들(23장)

'여호와의 절기'란 하나님과 만날 수 있도록 '지정된 시간'을 말합니다. 7개의 절기가 있었는데 이 절기가 되면 하나님과 백성들의 공식적인 만남이 이루어졌습니다. 7개의 절기는 안식일, 유월절, 초실절, 칠칠절, 나팔절, 대속죄일, 초막절입니다. 하나님께서는 이 모임을 '성회' 즉 '거룩한 모임'이라고 말씀하셨습니다. 하나님께서 이 날을 기다리시고 백성들도 이 날이 오기를 기다렸습니다. 하나님께서는 이 날에 하나님의 백성들을 만나 그들에게 복 주시기를 기뻐하셨습니다. 백성들은 이 날에 하나님을 만나고 하나님이 주시는 은혜와 복을 누리게 됩니다. 이 날들은 모두 우리의 구원과 구원의 현실이 어떤 것인지를 보여주는 절기들입니다. 이 절기의 주인은 우리 주님이시고 주님께서 우리에게 은혜를 베푸시는 것입니다.

안식일은 엿새 동안 힘써 일하고 하나님 안에서 쉼을 얻는 날입니다.

유월절은 어린 양의 피로 사망의 심판에서 구원받은 것을 기념하여 지키는 절기로써 하나님의 은혜를 기억하고 감사하는 절기입니다. 예수님이 유월절 어린양으로 우리를 위해 십자가에서 죽으셨습니다.(고전 5:7)

초실절은 농사하여 얻게 된 첫 열매에 대한 감사의 절기입니다. 이 초실절은 죽은 자들 가운데서 부활하시고 잠자는 자들의 첫 열매가 되신 예수 그리스도의 부활을 예표하는 절기입니다.

칠칠절(오순절)은 초실절 후 7주가 지난 다음날, 50일째에 지키는 절기로 예수님이 승천하신 후 성령이 강림하심으로 구원의 열매들이 맺힐 것을 예표하는 절기입니다.(행 2:1-4, 행 2:41, 롬 8:23)

나팔절은 대속죄일을 예비하는 절기입니다. 대속죄일은 자신을 '스스로 괴롭게 하는 날'로써 예수 그리스도의 대속사역을 상징하는 날입니다.

초막절은 곡식 추수를 끝내고 드리는 감사의 절기입니다. 또한 우리가 광야에서 하나님의 은혜를 누리며 살아가는 존재임을 기억하고 영원한 하나님의 나라를 소망하며 살아야 하는 존재임을 깨닫게 하는 절기입니다.(레 25:23, 대상 29:15, 마

13:30)

이렇게 지정된 시간에 하나님을 만나는 성회는 하나님의 백성에게 있어서 최고의 감사와 기쁨과 소망의 날입니다. 특별히 무교절과 오순절과 초막절에는 절기를 지키기 위해서 20세 이상의 이스라엘 남자들은 모두 예루살렘으로 올라가야만 했습니다. 장정들이 삶의 터전을 비우고 하나님을 만나기 위해 올라가는 일은 국가적으로 위기가 될 수도 있었습니다. 그러나 이 절기를 지킴으로써 이스라엘 백성들은 하나님께서 그들을 지키시고 보호하심을 고백하였습니다.

우리는 매 주일 하나님을 만나는 거룩한 모임에 참석하여 예배를 드립니다. 하나님의 은혜에 감사하고 구원의 감격을 누리는 날이 되었으면 좋겠습니다.

2. 안식년(25장)

인식년은 6년 동안 농사를 지은 후에 7년째에는 농사를 쉼으로 땅으로 하여금 쉼을 누리게 하는 해입니다. 그러나 안식년의 참된 목적은 단지 땅의 안식에 있지 않습니다. 안식년 기간 동안 이스라엘 백성들을 쉬게 함으로써 그들이 오직 하나님만 의지하게 하셨습니다. 농부가 1년을 쉬는 것은 쉽지 않은 일입니다. 하나님께서는 6년째 되는 해에 3년 치 양식을 주겠다고 약속하셨습니다. 그러나 이스라엘 백성들은 이 하나님의 말씀을 지키지 않았습니다. 그러므로 하나님께서는 땅을 쉬게 하기 위해 이스라엘 백성들을 다른 나라로 쫓아내셨습니다.(대하 36:17-21)

하나님은 우리의 삶 속에서 항상 온전한 믿음을 요구하십니다.

3. 희년(25장)

안식년이 7번 지난, 50년 만에 돌아오는 해가 희년입니다. 희년은 자유를 선포하는 해로써 희년이 되면 이스라엘 백성들이 모든 기업을 원래대로 되돌려야만 합니다. 사람이 가난하여 부득이 집이나 밭 같은 기업을 팔았더라도 희년에는 그 기업을 다시 돌려받을 수 있습니다. 그래서 하나님께서는 이스라엘 백성이 땅이나 집을 매매할 때에는 희년을 기준으로 하여 땅값과 집값을 정하도록 하셨습니다. 희년까지 기간이 많이 남았으면 값을 많이 받게 하고 적게 남았으면 적게 받게 하셨습니다.

희년은 예수 그리스도 안에서 누리게 될 참된 자유가 어떤 것인지를 보여 줍니다. 예수님께서 이 세상에 오셔서 희년을 선포하셨습니다. 예수님은 사단에게 매여 있던 모든 사람들을 풀어 주시고 하나님의 자녀로 살아갈 수 있는 희년의 복을 주셨습니다. 그러나 많은 사람들이 예수님이 주시는 희년을 받아 누리지 않습니다.(눅 4:16-21)

1. 나는 여호와 그들의 하나님이라

레위기 26, 27장은 시내산 언약을 마무리하는 말씀입니다. 자기를 위하여 우상을 만들지 말며, 여호와의 안식일을 지키며, 성소를 공경하며, 여호와의 규례와 계명을 준행하라고 말씀하십니다. 이스라엘 백성들이 하나님께서 말씀하신 것들을 순종할 때 하나님께서 그들의 모든 일에 복을 주실 것이라고 하십니다. 그러나 여호와를 청종하지 않으면 감당하기 어려운 심판이 있을 것이라고 경고하십니다. 이스라엘 백성들에게 계명을 주신 하나님은 그들이 순종하지 않을 것을 이미 알고 계셨습니다. 그럼에도 불구하고 이렇게 말씀하심으로 하나님께서 그들을 얼마나 사랑하시는지를 보여 주신 것입니다. 불순종하는 자들을 그 땅에서 쫓아내고 대적의 땅에 살게 하겠다고 말씀하신 하나님이 그 대적의 땅으로 쫓겨난 그들을 따라가 아브라함과 이삭과 야곱과 세운 언약을 기억하고 그들을 권고하겠다고 하십니다.

하나님은 언제나 이스라엘의 하나님이 되기를 원하십니다. 그래서 하나님의 독생자 예수 그리스도께서 육신을 입으시고 죄인들에게 오시고 그들과 피로써 새 언약을 맺으셨습니다. 예수 그리스도의 언약 안에 있는 사람은 하나님의 특별하신 간섭하심과 보호하심 아래 살게 됩니다. 하나님께서 이제와 영원토록 우리에게 이 복을 주십니다! 어떤 상황 속에서도 하나님은 자기 백성과 맺으신 언약을 기억하십니다. 예수님은 하나님께서 모세와 맺으신 그 시내산 언약을 완성하신 분이십니다. 그러므로 우리가 새 언약의 중보자가 되시는 예수 그리스도를 온전히 신뢰하고 마음과 뜻과 정성을 다해 하나님의 말씀을 순종하며 거룩한, 구별된 하나님의 백성으로 살아가야 합니다.

2월 7일 | 민수기 1-2 장

1. 민수기에 대하여

  민수기는 원래의 책 제목(베미드바르, 광야에서)처럼 이스라엘 백성들의 광야의 삶을 기록한 성경입니다. 민수기에는 두 번의 인구조사가 나오는데 우리 성경은 고대 헬라어 번역 성경인 70인 역(숫자들)을 따라 민수기라고 이름붙였습니다. 민수기는 이스라엘 백성의 광야 40년간의 역사를 기록하고 있는데, 한마디로 불신앙, 원망, 불평, 불순종의 반복된 역사였습니다. 모세는 민수기를 통해 인간의 전적 부패성을 고발하고, 그렇게 부패한 인간을 끝까지 참으시고 은혜로 붙드시고 인도하시는 하나님의 사랑을 말씀합니다. 이스라엘 백성들은 하나님께 불순종함으로 40년 동안 광야에서 고난의 삶을 살았습니다. 민수기는 크게 세 부분으로 나눌 수 있는데, 1-12장은 시내 광야에서 있었던 일들에 관하여, 13-21장은 백성들의 불신앙으로 인해 40여 년 동안 광야에서 방황하며 모압 평지까지 이르게 된 일들을, 그리고 22-36장은 모압 평지에서의 일들을 증거합니다. 한마디로 민수기는 이스라엘 백성들의 '광야 체험기' 입니다.

2. 가나안 땅으로 들어가기 위한 인구조사와 행군대열

  하나님께서 모세에게 시내 광야에 있던 이스라엘 백성들을 계수하라고 하셨습니다. 그런데 모든 사람들의 숫자를 다 계수하지 않고 20세 이상으로 싸움에 나갈만한 남자들의 숫자만 계수하게 하셨습니다. 그리고 그 숫자를 이스라엘 백성들의 숫자로 간주하셨습니다. 그들의 수는 모두 육십만 삼천 오백 오십 명이었습니다. 레위 자손들은 백성들의 계수에서 제외되었습니다. 하나님께서 싸움에 나갈 만한 자를 계수하게 하고, 각 지파를 넷으로 나누어 진을 편성하게 하신 것은 가나안 땅까지 가는 여정에서 만나게 될 대적들과의 싸움을 효과적으로 하기 위해서였습니다. 이러한 일을 통해 하나님의 백성들은 모두 영적 싸움을 싸우는 전사들임을 가르치셨습니다. 하나님의 백성들은 철저하게 군대 조직으로 편성되어 나아가야만 했습니다. 그리고 이스라엘 백성들이 광야를 행진하는데 있어서 하나님이 그들 진의 중앙에 계시고, 그들의 모든 행진을 진두지휘하셨습니다.

이스라엘 백성들의 진 편성은 우리의 신앙의 삶에 중요한 의미를 줍니다. 우리가 하나님의 백성으로 살아가는 삶은 언제나 전투적인 삶이 되어야 합니다. 우리는 영원한 가나안 땅인 천국에 들어갈 때까지 영적 전쟁을 치르며 살도록 부름받았습니다. 군인은 항상 지휘관의 명령에 복종하고, 지휘관의 명을 따라 전쟁을 수행해야 합니다. 우리의 총 지휘관은 하나님이십니다. 그러므로 매일매일 하나님 중심으로 살아가야 합니다. 하나님이 우리의 길을 가장 잘 아시고 우리를 가장 바른길로 인도하십니다. 우리는 늘 하나님 중심으로 살고, 하나님의 몸 된 교회 중심으로 살고, 하나님의 말씀인 성경 중심으로 살아야 합니다. 영적 싸움을 위한 준비를 제대로 했는지 자신을 점검하고 하루를 시작합시다.

1. 레위인이 맡은 것들(3, 4장)

이스라엘 백성들은 성막 중심의 삶을 살았습니다. 하나님께서 그들 가운데 레위 자손들을 하나님의 소유로 삼으시고 그들에게 성막을 관리하는 일을 맡기셨습니다. 그 가운데 아론 자손들은 제사장의 일을 맡도록 구별하시고 고핫, 게르손, 므라리 가문에게는 성막을 맡기셨습니다. 성막을 중심으로 움직이는 이스라엘은 하나님의 거룩한 공동체였으므로 성막에서 섬기는 일은 귀하고 소중한 일이었습니다. 성막 섬기는 일은 2만 2천 명 레위 자손들 중에서 30세부터 50세까지의 남자 팔천 오백 팔십 명이 감당했습니다.

고핫 자손들이 맡은 것은 성소 안의 여러 기구들과 성소에서 사용하는 기름이나 향품 소제물 같은 것이었습니다. 그들은 특별히 조심하여 성막 안의 기구들을 다루어야 했습니다.

게르손 자손들이 맡은 것은 성막 기구들 즉 회막, 덮게, 휘장, 문장 등이었습니다.

므라리 자손들이 맡은 것은 성막을 지탱하는 널판이나 기둥들, 받침들, 말뚝들, 줄들, 기타 등등이었습니다. 그들은 진을 옮길 때마다 자기들이 맡은 것들을 조심스럽게 운반했습니다. 그리고 아론의 아들들은 이 모든 일들을 총괄하여 관리 감독하는 일과, 제사 드리는 일을 맡았습니다.

이렇게 각자 맡은 일들은 달랐지만 어느 것 하나 중요하지 않은 것이 없었습니다. 성막에서 섬기는 일은 모두 중요했습니다. 오늘 우리가 주님을 섬기는 일도 그렇습니다. 하나님께서 각 사람에게 은사를 주셔서 하나님을 섬기게 하십니다. 어떤 직책도 하찮은 것이 없습니다. 하나님 앞에서 모두 귀한 것입니다. 성실하게 잘 감당해야 합니다. 예배를 주관하는 목사의 일도 중요하지만 식당에서 봉사하는 섬김의 일도 중요합니다. 예배당을 청소하는 일도 하나님 앞에서 소중합니다. 무슨 일을 맡았든지 충성되게 그 일을 감당하면 됩니다. 우리의 일상의 삶도 그렇습니다. 우리가 각자의 직업에 충실해야 하는 것은 하나님께서 허락하신 거룩한 일이기 때문입니다.(벧전 4:10-11)

2. 의심의 소제(5장)

어떤 사람의 아내가 그릇 행하여 부부관계의 순결을 깨뜨렸다고 생각될 때 그 남편은 아내를 제사장에게로 데리고 가서 의심의 소제를 드리게 했습니다. 불륜에 대한 물증은 없고 심증만 있는데도 불구하고 그렇게 한 이유는 뭘까요?

하나님께서는 부부의 순결을 무엇보다 중요하게 여기십니다. 얼마나 중요했으면 물증은 없고 심증만 있는데도 그것에 근거해서 의심의 소제를 드리라고 했겠습니까! 하나님께서는 부부의 순결을 7계명을 통해 천명하셨습니다. 그런데 레위기 5장 11절 이하의 말씀을 읽을 때에 여성들은 상당히 부담을 느낄지도 모릅니다. 사실 부인보다는 남편이 더 부정을 행하는 경우들이 많은데 남편의 부정에 대해서는 말하지 않고 부인의 부정만 엄하게 다루는 것 같아 섭섭한 생각이 들기도 합니다. 특히 여성의 권리신장을 위해 노력하는 사람들에게는 이 본문이 아주 불공평하게 보일 수도 있습니다. 그러나 성경이 여성의 순결을 강조한 이유가 있습니다. 성경은 남성 우월적인 시각에서 기록된 것이 아닙니다. 우리는 모두다 하나님 앞에서 참남편이신 그리스도의 신부들입니다. 성경은 그리스도의 신부로서 우리가 하나님 앞에서 얼마나 거룩하고 정결하게 살아야 하는지 가르쳐 주는 것입니다. 그것이 너무 중요했으므로 하나님께서 성경 '아가서'를 통해 신부인 교회의 아름다움과 거룩함과 존귀함에 대해서 말씀하셨습니다.(아 4:9-12, 요 3:29, 계 21:9)

하나님은 부정한 것을 멀리하시고 죄를 싫어하십니다. 하나님은 하나님의 백성이 거룩한 신부로 살아가기를 원하십니다. 우리가 온전히 그리스도께 연합한 자가 되면 더이상 죄악을 생각하게 하는 의심의 소제는 필요 없게 됩니다.

2월 9일 | 민수기 6-8 장

1. 대제사장의 축복기도(6:24-26)

민수기 6장24절부터 26절은 아론과 그의 아들들이 이스라엘 백성을 위해 해야 할 축복기도의 말씀입니다. 우리는 흔히 축복기도라고 하지만 사실은 '하나님의 복의 선포'입니다. 이 복은 언약 백성들에게 주시는 하나님의 복입니다.(민 6:22-27)

하나님은 이스라엘 백성들을 사랑하시고 그들에게 복 주기를 원하십니다. 대제사장은 백성들을 하나님께로 인도하는 중보자입니다. 대제사장이 하나님의 복을 선포하면 하나님께서는 자기 백성들에게 복을 주십니다. 축복기도를 받은 이스라엘 백성들은 참으로 행복한 자들이었습니다.

아론은 축복기도를 통해 하나님 백성들의 육신의 삶과 영혼과 심령의 복을 선포했습니다. 얼마나 귀한 복의 선포입니까! 우리는 교회에서 매주일 예배를 드릴 때에 목사가 선포하는 축복기도(축도)를 받으며 예배를 마칩니다. 목사가 축복기도를 하면 하나님께서 하나님의 백성들에게 복을 주십니다. 나는 목사로서 아론의 축복기도로 축도를 한 적이 아직은 없습니다. 이제는 자주 아론이 이스라엘 백성들에게 했던 축복기도로 성도들에게 하나님의 복을 선포하려고 합니다. 축복기도를 받지 않고 황급히 예배당을 나서는 성도들이 더러 있는데 이는 신령한 하나님의 복 받기를 거절하는 것과 같습니다. 마지막까지 남아 하나님의 복을 받읍시다.(신 22:29, 시 115:15; 118:26)

2. 12지파 족장들이 드린 예물(7장)

민수기 7장은 성막이 세워진 후 각 지파의 족장들이 드린 봉헌예물에 대한 말씀입니다. 하루에 한 지파씩 12일 동안 계속되었는데 모두 똑같은 예물을 준비하여 여호와의 단에 드렸습니다. 이 예물은 레위지파의 사람들이 성막을 섬기는 일을 하는데 사용되었습니다. 하나님께서는 성막을 섬기는데 지도자들이 앞장서서 본을 보이게 하셨습니다. 우리가 주님의 몸 된 교회를 섬기는 일도 그렇습니다. 언제나 영적 지도자들, 직분자들이 먼저 헌신, 충성, 봉사, 섬김과 사랑의 본이 되어야 합니다.

그리고 목사는, 모세가 속죄소의 두 그룹 사이에서 말씀하신 하나님의 말씀을 들었듯이 항상 하나님의 말씀을 받고 그 말씀을 백성들에게 선포해야 합니다. 이런 교회는 참으로 복된 교회입니다.

2월 10일 | 민수기 9-11 장

1. 뼈를 꺾지 말라(9:1-14)

유월절은 죄와 사망을 상징하는 애굽의 압제에서 이스라엘 백성들이 구원받은 것을 기념하여 지키는 절기입니다. 유월절은 이스라엘 백성들에게는 달의 시작으로 삼을 만큼 중요한 절기였습니다. 그래서 모든 이스라엘 백성들은 반드시 유월절을 지켜야만 했습니다. 유월절 기간에 여행 중인 사람은 한 달 후인 2월 14일에 지키도록 규정했습니다. 유월절을 지키지 않으면 그 백성 중에서 끊어 버리겠다고 말씀하셨습니다. 그만큼 유월절 지킴을 중요하게 여겼던 것입니다. 이는 유월절 어린양 되시는 예수 그리스도로 말미암아 얻게 된 우리의 구원이 얼마나 소중한 것인지를 기억하게 하기 위함입니다.

그런데 유월절 양을 잡아서 먹을 때에 고기 전부를 먹되 뼈는 꺾지 말라고 말씀하십니다. 하나님께서는 왜 그런 말씀을 하셨을까요? 이 말씀은 예언의 말씀입니다. 이 말씀은 신약성경과 연결하여 읽을 때 그 뜻이 분명해집니다.(민 9:12, 요 19:31-36) 당시 로마의 법은 사람을 십자가에 달면 그 위에서 죽을 때까지 놔두었다고 합니다. 그런데 유대인들은 안식일 이전에 부정한 시체를 치우고 안식일을 지키는 것이 법이었습니다. 그러므로 뼈를 꺾게 요청했습니다. 혹시라도 살아있을지 모를 죄수의 죽음을 완전하게 하기 위해 뼈를 부러뜨리도록 요청한 것입니다. 두 죄인은 그렇게 뼈를 부러뜨렸습니다. 그런데 예수님께 이르러는 이미 죽었음을 알았으므로 더이상 뼈를 부러뜨릴 필요가 없었습니다. 예수님은 뼈를 부러뜨릴 필요도 없이 스스로 우리의 죄와 허물을 대신 지고 십자가에서 완전하게 죽으신 것입니다. 예수님은 하나님 앞에 죽을 죄인인 우리의 모든 죄와 허물을 대신 지시고 십자가 위에서 완전하게 죽으심으로 우리의 죗값을 치르셨습니다.

2. 광야 길을 인도하신 하나님(9-10장)

유월절을 지키고 나자 마침내 제 이 년 이월 이십 일에 증거막을 덮고 있던 구름이 떠올랐습니다. 하나님께서 이스라엘 백성들에게 광야 여정을 시작하게 하신 것입니다. 앞서 나가는 여호와의 궤를 따라 이스라엘 백성들이 여정을 시작했습니다. 하나님께서 낮에는 구름으로 밤에는 불로 그들과 함께하시면서 광야 길을 인도하시고 보호하셨습니다. 또한 은나팔 둘을 만들게 하여 그것으로 백성들을 소집하고 진행하고 멈추고 전쟁하는 신호를 보내게 하셨습니다. 궤가 떠나거나 머무를 때마다 모세는 하나님께 이렇게 기도했습니다.

"[민 10:35] 궤가 떠날 때에는 모세가 가로되 여호와여 일어나사 주의 대적들을 흩으시고 주를 미워하는 자로 주의 앞에서 도망하게 하소서 하였고 [36] 궤가 쉴 때에는 가로되 여호와여 이스라엘 천만 인에게로 돌아오소서 하였더라"

우리는 광야와 같은 인생길을 걸어가고 있습니다. 그 길에 하나님의 인도하심과 보호하심이 필요합니다. 하루의 삶을 시작하고 마치면서 모세처럼 기도함으로써 하나님의 인도하심을 구합시다.

1. 바란 광야 가데스에서 일어난 일(13-14장)

이스라엘 백성들이 바란 광야 가데스에 이르렀을 때, 하나님께서 모세에게 가나안 땅으로 정탐꾼을 보내 그 땅을 탐지하게 하셨습니다. 모세가 여호와의 명대로 각 지파에서 한 명씩 12명의 두령을 뽑아 가나안 땅에 보냈습니다. 그들이 부여받은 임무는 이러했습니다. "[민 13:17] 모세가 가나안 땅을 탐지하러 그들을 보내며 이르되 너희는 남방 길로 행하여 산지로 올라가서 [18] 그 땅의 어떠함을 탐지하라 곧 그 땅 거민의 강약과 다소와 [19] 그들의 거하는 땅의 호불호와 거하는 성읍이 진영인지 산성인지와 [20] 토지의 후박과 수목의 유무니라. 담대하라. 또 그 땅 실과를 가져오라 하니 그때는 포도가 처음 익을 즈음이었더라."

10명의 정탐꾼들은 40일 동안 가나안 땅을 탐지한 후에 돌아와서 모세에게 이렇게 보고했습니다. "[민 13:27] 모세에게 보고하여 가로되 당신이 우리를 보낸 땅에 간즉 과연 젖과 꿀이 그 땅에 흐르고 이것은 그 땅의 실과니이다. [28] 그러나 그 땅 거민은 강하고 성읍은 견고하고 심히 클 뿐 아니라 거기서 아낙 자손을 보았으며 [29] 아말렉인은 남방 땅에 거하고 헷인과 여부스인과 아모리인은 산지에 거하고 가나안인은 해변과 요단 가에 거하더이다."

"그러나"로 시작된 28절 이하, 10명의 정탐꾼들의 보고는 가나안 땅을 탐지하는 40일 내내 그들의 마음이 어떠했는지를 적나라하게 보여 줍니다. 젖과 꿀이 흐르는 땅인 것을 두 눈으로 똑똑히 보았음에도 불구하고 그들의 마음속에 하나님과 하나님을 신뢰하는 믿음이 없었습니다. 이후 그들은 계속해서 부정적인 보고를 했습니다. 마침내는 그 젖과 꿀이 흐르는 땅을 악평하여 '거민을 삼키는 땅'이라고 했습니다. 그리고 가나안 땅에는 거인의 후손인 '아낙 자손들'이 살고 있는데 그들 앞에서 자신들은 '메뚜기' 같이 보였다고 했습니다. 그들의 보고를 요약하면 '가나안 땅으로 들어가지 말고 다시 애굽으로 돌아가는 것이 낫겠다.' 는 것입니다. 참으로 기막힌 보고였습니다.

여호수아와 갈렙은 10명의 정탐꾼들과 전혀 다른 보고를 했습니다.

"[민 14:6] 그 땅을 탐지한 자 중 눈의 아들 여호수아와 여분네의 아들 갈렙이 그 옷을 찢고 [7] 이스라엘 자손의 온 회중에게 일러 가로되 우리가 두루 다니며 탐지한 땅은 심히 아름다운 땅이라. [8] 여호와께서 우리를 기뻐하시면 우리를 그 땅으로 인도하여 들이시고 그 땅을 우리에게 주시리라. 이는 과연 젖과 꿀이 흐르는 땅이니라. [9]오직 여호와를 거역하지 말라. 또 그 땅 백성을 두려워하지 말라. 그들은 우리 밥이라. 그들의 보호자는 그들에게서 떠났고 여호와는 우리와 함께하시느니라. 그들을 두려워 말라."

하나님보다 사람과 환경이 더 크게 보이면 '안 된다, 어렵다, 불가능하다, 못한다, 우리는 메뚜기다' 와 같은 말을 하지만, 내 앞에 있는 현실보다 하나님이 더 크게 보이면 '된다, 쉽다, 가능하다, 할 수 있다, 그들은 우리의 밥이다' 라고 말하게 됩니다. 신앙과 불신앙은 하늘과 땅 차이를 만들어 냅니다.

우리는 날마다 우리의 능력 이상의 환경들을 만나고, 나보다 훨씬 더 기골이 장대한 사람들을 상대하며 살아갑니다. 부정적인 일에 익숙한 사람은 그런 것들을 보면서 과장하여 말하기를 좋아합니다. 몇몇 아낙 자손들을 보았는데 마치 그 땅에 살고 있는 모든 사람이 다 아낙 자손들인 것처럼 과장하여 말하고, 몇 사람의 부정적인 의견을 듣고 그것이 마치 공동체 전체의 의견인양 호들갑을 떱니다.

하나님은 한 번도 우리의 길에 장애물이 없을 것이라고 말씀하지 않으셨습니다. 오히려 무슨 일을 만나든지 앞서 행하시는 하나님을 믿고 나아가라고 말씀하십니다. 우리는 어떤 상황 속에서도 믿음을 발휘할 준비를 하고 있어야 합니다. 그렇지 않으면 매사에 두려움으로 벌벌 떠는 '메뚜기' 같은 인생이 되고 맙니다.

믿음의 사람은 칠흑 같은 어두움 속에서도 한 줄기 빛을 봅니다. 무슨 일을 만나든지 긍정적이고 소망 있는 생각을 가지고 그 일을 대면합니다. 하나님은 갈렙과 여호수아 같은 사람을 통해 하나님의 일하심과 함께하심을 보여 주십니다. 내 인생의 참 주인은 하나님이십니다.(민 14:24, 딤후 1:7, 시 27:1-3)

우리의 삶에 염려와 걱정이 몰려올 때가 있습니다. 그러나 너무 염려하고 걱정하지 맙시다. 갈렙과 여호수아처럼 '너는 내 밥이다' 라고 믿음으로 선포하고 앞으로 나아갑시다. 불신앙은 나와 가족과 내가 속한 공동체 전체를 무너뜨리지만, 신앙은 모든 것을 세웁니다.

2월 12일 | 민수기 15-17장

1. 고라당의 반역사건이 주는 교훈(16장)

민 16장은 레위 자손 고라와 르우벤 자손 다단과 온이 당을 짓고 250명의 족장을 선동하여 모세와 아론을 거스르고 대적했다가 하나님께 심판받은 사건을 기록하고 있습니다. 고라 자손은 레위인들로 성막 일에 수종드는 자들이었습니다.(민 3:30-31) 그런데 그들이 제사장의 일을 맡은 아론과 그 자녀들에게 불만을 품고 동조자를 모아 모세와 아론을 대적했습니다.

그들의 주장은 '우리도 받은 은사가 많고 또 얼마든지 제사장의 직무를 감당할 능력이 있는데 왜 아론과 너희 자녀들만 제사장 일을 독차지하여 사람들의 주목을 받고, 우리는 이렇게 음지에서 험한 일만 해야 하느냐, 우리에게도 제사장 일을 할 수 있는 기회를 달라'는 것이었습니다.

제사장의 직분도, 성막 일에 수종드는 직분도 모두 하나님께서 지정하여 주신 것인데 고라 자손은 그 사실을 망각했습니다. 중요한 것은 어떤 직분을 맡았느냐가 아니라 자신이 맡은 직분을 어떻게 충성스럽게 감당하느냐입니다. 고라 자손은 하나님께서 자신들에게 맡겨 준 직분에만 충실하면 되었습니다. 레위인으로 성막 일에 봉사할 수 있는 특권을 얻은 것이 얼마나 영광스러운 일입니까! 레위 자손들은 원래 '잔해하는 기계들'로서 하나님의 심판이 예비되어 있었던 자들이었습니다.(창 49:5-7) 그런데 하나님의 특별한 은혜를 입어 성막에서 봉사할 수 있는 자들이 되었던 것입니다.

우리도 모두 레위처럼 하나님의 심판을 받아 마땅한 자들이 아니었습니까? 그런데 하나님께서 우리를 사랑하고 은혜를 베푸셔서 하나님의 자녀가 되게 하시고 하나님을 섬기는 자로 살게 하셨습니다!

하나님 앞에서는 제사장의 일만 중요한 것이 아니고 성막의 물품을 옮기는 일도 중요한 일입니다. 사람마다 하나님께 받은 은사와 직분이 다르지만 이 은사와 직분들은 모두 소중합니다. 중요한 것은 하나님께서 나에게 맡겨 주신 일을 충성된 마음을 가지고 하는 것입니다.(딤후 2:20-21, 고전 4:1)

고라는 자신만 불만을 품지 않고 여러 사람들과 그 불만을 나누고 세력을 형성하여 모세와 아론을 대적했습니다. 그는 모세와 아론을 반역하는 일에 유명한 족장 250명의 동조를 이끌어 낸 참으로 대단한 설득력을 가진 사람이었습니다. 그가 자신의 그러한 설득력을 선한 일에 사용했더라면 얼마나 좋았을까요? 고라와 그의 반역에 참여한 무리들은 결국 하나님의 심판을 받았습니다. 참으로 안타까운 일입니다.

2. 아론의 싹 난 지팡이(17장)

고라 당의 반역 사건으로 인해 그들이 심판받은 것을 보았음에도 불구하고 이스라엘 백성들이 모세와 아론을 불평하자, 하나님께서 모세에게 각 종족이 지팡이 하나씩을 취하고 레위 지파의 지팡이에는 아론의 이름을 쓰라고 하였습니다. 그리고 그 모든 지팡이들을 증거궤 앞에 두게 하시고 하나님께서 택한 사람의 지팡이에는 싹이 나게 하겠다고 하셨습니다. 하나님께서 세우신 권위에 이의를 제기하지 않도록 하기 위한 조치였습니다. 하나님께서 단 하루 만에 아론의 지팡이에서만 싹이 나고 꽃이 피고 살구 열매가 맺히게 하심으로 백성들로 하여금 아론의 권위가 하나님께로부터 나온 것임을 각인시켜 주셨습니다.(민 17:10-11)

하나님이 우리에게 '성도'의 권세를 주시고 귀한 '직분'들을 세우셔서 주님의 몸 된 교회와 세상을 섬기는 자로 살게 하셨습니다. 우리에게 어떠한 부르심이 있든지 그 부르심 자체를 귀하게 여기고 불평과 원망 대신에 감사와 기쁨으로 섬기도록 합시다.

1. 붉은 암송아지의 재(19장)

이스라엘 백성들의 정결 규례로써 붉은 암송아지를 태워 그 재로 부정을 깨끗하게 하는 물을 만들어 그것으로 정결케 하라고 하십니다. 제사장은 이스라엘 백성이 끌고 온 온전하고 흠 없고 멍에 메지 아니한 붉은 암송아지를 진 밖으로 끌어내서 잡았습니다. 그 피를 손가락으로 찍어서 회막 앞을 향하여 일곱 번 뿌리고 암송아지 전부를 불사르게 했습니다. 이때 백향목과 우슬초와 홍색실을 취하여 그 불 가운데 던지라고 하셨습니다. 특히 시체를 만진 자의 부정에 대해서 말씀하는데 붉은 암송아지를 태운 재로 만든 잿물에 제 3일과 7일에 씻어 정결케 하라고 하십니다. 사람이 부정하고도 스스로 정결케 아니하면 여호와의 성소를 더럽힌 죄인으로 간주되어 총회 가운데서 끊어지게 될 것이라고 하십니다. 하나님께서 이렇게 시체에 대해서 민감하게 말씀하신 것은 이스라엘 백성들이 가데스에서 불신앙했던 대가로 40년 동안 20세 이상의 모든 남여를 죽이시겠다고 하셨는데, 그들은 광야 길을 가는 동안 날마다 수많은 시체를 장사지내야만 했습니다. 또 반역함으로 하루 동안에 수없이 많은 사람들이 죽임을 당했습니다. 그 시체들을 처리하는 일이 보통이 아니었을 것입니다. 그러므로 시체를 만진 자는 붉은 암송아지의 재를 섞은 물에 옷을 빨고 몸을 씻어야만 했습니다.

진 밖에 끌려 나가 불사름을 당한 이 붉은 암송아지는 영문 밖에서 고난을 당하신 예수 그리스도를 상징합니다. 우리는 모두 예수님께서 십자가에 달려 흘리신 피로 말미암아 죄사함과 영원한 생명을 선물로 받았습니다. 세상 속에서 부정하게 될 때마다 우리는 계속해서 회개하고 붉은 암송아지의 잿물인 예수 그리스도의 보혈로 씻음을 받아야 합니다.

2. 백성들의 원망과 모세의 혈기(20장)

이스라엘 백성들이 신광야 가데스에서 모세와 아론을 원망했습니다. 그들은 먹고 싶은 과일도 못 먹고 물도 없다고 심하게 불평했습니다.(민 20:2-5) 그들은 전에 르비딤에서도 마실 물이 없어 불평했었는데 이번에는 그때보다 훨씬 심한 불평을 쏟아 냈습니다. 하나님께서는 모세에게 지팡이를 가지고 회중들을 모아 그들의 목전에서 반석에게 명하여 물을 내라고 하셨습니다. 그런데 모세는 하나님의 말씀대로 하지 않고 이스라엘 백성들 앞에서 망령되게 행했습니다. 하나님께서는 모세와 아론이 이스라엘 백성들 앞에서 여호와의 거룩함을 나타내지 않았다고 심하게 책망하시고 그들을 가나안 땅에 들어가지 못하게 하겠다고 하셨습니다. 모세와 아론에게는 청천벽력 같은 말씀이었습니다.(민 20:10-12)

백성들의 불평 앞에서 엎드렸던, 온유함이 지면의 모든 사람보다 승했던 모세가 왜 그 일로 하나님의 영광을 드러내지 않았을까요? 참으로 안타까운 일입니다. 전과 같이 그냥 반석을 향하여 물을 내라고 명령만 했더라면 되었는데, 말이 필요가 없었는데 왜 그렇게 했을까요? 여기서 우리는 인간의 연약함과 한계를 보게 됩니다. 많은 말, 많은 변명이 때로는 하나님의 일을 그르칠 수 있습니다. 최선의 방책은 모든 것을 하나님께 맡기고 기도하는 것입니다. 지도자는 자기에게 무슨 능력이라도 있는 것처럼 망령된 말을 하지 말아야 합니다. 무슨 일을 하든지 혈기 부리지 말고 하나님의 은혜에 의지합시다.(시 141:3)

1. 장대에 달린 놋뱀(21장)

이스라엘 백성들이, 에돔 족속의 땅을 우회하여 홍해 길로 돌아가게 되자 원망과 불평을 터뜨렸습니다. 에돔을 돌파하고 곧바로 가도 힘든 길인데 멀리 돌아가야만 했으니 얼마나 마음이 상했겠습니까? 그들은 원망과 불평을 넘어 하나님께서 매일 주시는 만나를 '박한 식물'이라며 싫어했습니다. 하나님께서 이스라엘의 원망과 불평을 보시고 불뱀을 그들 가운데 보내 물어 죽이게 하셨습니다. 불뱀으로 인해 많은 사람들이 죽었습니다. 모세가 백성들의 중재자가 되어 하나님께 기도하자 하나님께서 놋뱀을 만들어 장대에 매달게 하시고 불뱀에 물린 자들이 그 놋뱀을 쳐다보면 죽지 않고 살게 될 것이라고 하셨습니다.

놋뱀은 하나님의 저주를 상징하는데 장대 위에 달린 놋뱀은 장차 놋뱀처럼 저주를 받아 십자가 위에 매달리실 예수 그리스도를 예표하는 것입니다.(요 3:14-16)

우리는 모두 불뱀에 물린 이스라엘 백성들처럼 우리의 죄로 인해 죽을 자들이었습니다. 그런데 하나님께서 우리를 사랑하시고 우리를 위해 당신의 독생자를 보내주시고 십자가에 달려 죽게 하셨습니다. 십자가에 달리신 예수를 믿는 사람은 누구나 죽지 않고 영생을 누리게 됩니다.(고전 1:18)

1. 거짓 선지자 발람(25장)

민수기 22-24장은 모압 왕 발락과 거짓 선지자 발람이 이스라엘에게 행한 일들을 기록하고 있습니다. 그리고 민수기 25장은 발람의 꼬임에 넘어간 이스라엘이 하나님 앞에 범죄함으로 인해 받게 된 징계를 기록합니다. 이스라엘 백성들이 모압 평지에 이르렀을 때에 모압 왕 발락이 거짓 선지자 발람과 함께 꾀하여 이스라엘을 저주하려고 했습니다. 그러나 하나님께서 그것을 허락지 아니하시고 발람 선지자로 하여금 오히려 이스라엘을 축복하게 하고, 이스라엘의 영광스러운 먼 미래를 예언하게 하십니다. 모압 왕 발락은 많은 예물로 발람의 마음을 얻고 그를 자기편으로 끌어들여 이스라엘을 저주하려 했지만 하나님의 역사로 인해 번번이 실패하고 말았습니다. 그러나 발람은 여전히 모압 왕이 제시한 예물에 탐심을 품고 있었습니다. 결국 발람은 모압 왕 발락에게 이스라엘을 곤경에 빠뜨릴 수 있는 방책을 알려 줍니다. 이스라엘 백성들에게 우상을 숭배하게 하고 모압 여인들과의 음행에 가담하게 함으로써 그들에게 하나님의 징계와 심판을 초래할 수 있다고 했습니다. 발람의 조언대로 발락은 모압 여인들을 동원하여 이스라엘로 하여금 우상 숭배의 죄에 빠져들게 하고 모압 여인들과 음행하게 하는데 성공했습니다.(계 2:14-16, 벧후 2:15-16)

하나님께서는 이스라엘의 음행으로 인해 진노하시고 그들 가운데 염병을 보내 이만 사천 명이나 죽게 하셨습니다. 그러나 비느하스가 시므온 지파의 족장 시므리와 미디안 두령의 딸 고스비를 간음의 현장에서 창으로 찔러 죽임으로 여호와께서 진노를 거두시고 염병을 멈추셨습니다. 음행으로 인해 염병의 심판을 받은 시므온 지파의 인구는 현저하게 줄어들었습니다. 그리고 비느하스에게는 하나님께서 평화의 언약을 주시고 그 후손에게 영원한 제사장의 직분을 수행할 수 있게 하셨습니다.

발람의 속임수는 오래 가지 못했습니다. 이스라엘의 범죄에 깊이 연루되었던 발람은 결국 하나님의 치심을 받고 죽었습니다.

우리는 음행의 덫을 조심해야 합니다. 음행은 우리의 영혼을 병들게 하고 죽이는 무서운 죄악입니다. 선줄로 생각하는 자는 넘어질까 조심하라고 했습니다. 하나님

앞에 근신하고 깨어 경성해야 합니다.(민 31:16-17, 수 13:22)

2. 슬로브핫의 딸들(27장)

므낫세 자손 중에 슬로브핫이라는 사람에게 다섯 명의 딸들이 있었습니다. 그들의 이름은 말라, 노아, 호글라, 밀가, 디르사이었습니다. 그들이 회막문에서 모세와 제사장 엘르아살과 족장들과 온 회중 앞에 나아와 자기 아버지 형제의 기업을 달라고 담대하게 요구했습니다. 원래 기업은 아들에게만 돌아가도록 되어 있었습니다. 그러나 하나님께서는 슬로브핫의 딸들의 요구를 정당한 것으로 받아들이시고 그들에게 아비의 기업을 주어 잇게 하셨습니다.(민 27:7) 하나님의 말씀대로 슬로브핫의 딸들은 결국 그 아비의 기업을 이어받게 되었습니다.(민 36:6-12)

하나님께서 슬로브핫의 딸들에게 기업을 허락하신 이유는 하나님의 자녀들이 어떤 경우에도 자기에게 주어진 영적 기업을 가볍게 여겨서는 안 되며 하나님 앞에서 그 기업을 끝까지 주장해야만 함을 알게 하기 위함이었습니다. 하나님께서는 하나님의 나라를 우리에게 영원한 기업으로 주셨습니다. 우리는 하나님의 나라에 갈 때까지 슬로브핫의 딸들처럼 그 기업을 소중하게 여기고 담대하게 나의 것으로 주장하며 살아야 하는 것입니다.

1. 미디안에게 원수를 갚으라(31장)

하나님께서 미디안에게 이스라엘 자손의 원수를 갚으라고 말씀하십니다. 모세에게 주어진 마지막 임무였습니다. 하나님께서는 끝까지 죄를 추적하십니다.

미디안의 죄는 무엇입니까? 미디안의 거짓 선지자 발람이 꾀를 내어 싯딤에서 이스라엘 백성들이 모압 여인과 음행하며 그들이 섬기는 신을 좇게 했습니다. 하나님은 미디안을 '이스라엘 자손의 원수' 라 하시고 모세는 그들을 '여호와의 원수' 라고 했습니다. 우상 숭배를 철저하게 배격하고 죄를 보응하시는 하나님이십니다. 그러므로 미디안의 모든 남자들과 다섯 왕들과 선지자 발람과 또 남자들과 함께 동침한 여자들은 다 죽임을 당하였습니다.

우리는 피 흘리기까지 죄와 더불어 싸워야 합니다. 우리는 더이상 이스라엘 백성들처럼 우상을 숭배하지 않는다고 말할 수 있습니까? 그러나 우상 숭배는 어떤 형상을 만들어 놓고 섬기는 것만이 아닙니다. 성경은 탐심을 우상 숭배라고 말씀합니다.(골 3:5-6) 이스라엘 백성들이 모압 여인을 탐하여 죄를 짓고 그들이 섬기던 신을 섬겼던 것입니다. 하나님은 그들에게 진노하시고 24,000명이나 죽이셨습니다. 우리는 매일같이 미디안에 둘러싸여 살아갑니다. 음행을 조장하는 환경들이 우리를 두르고, 온갖 정욕들이 우리를 유혹하고 있습니다. 하나님께만 소망을 두지 않으면 우리는 항상 미끄러지게 됩니다.(요일 2:15-16) 내 안에서 나를 미혹하는 미디안은 무엇인지 우리 자신을 냉정하게 돌아보고 죄의 길에서 돌아섭시다.

1. 광야 여정의 회고(33장)

민수기 33장은 이스라엘 자손이 모세와 아론의 인도로 애굽 땅에서 나와, 군대 대오를 갖추고 가나안이 바라다 보이는 모압 평지까지 이르게 된 노정路程을 기록합니다. 이스라엘 백성들의 노정은 하나님께 불순종하고 반역한 참으로 파란만장한 삶이었습니다. 그들이 걸었던 광야 길은 한마디로 험난한 고난의 길이었습니다. 그들의 노정을 통해 우리는 불신앙으로 점철된 인생이 얼마나 덧없는지를 깨닫게 됩니다. 또 한편 하나님은 한없이 은혜롭고 자비로운 분이심도 배우게 됩니다. 이스라엘 백성들을 애굽에서 이끌고 나와 광야 길을 인도했던 모세는 시편 90편에서 인생의 덧없음을 고백했습니다.(시90:9-12)

10명의 정탐꾼들의 불신앙적 보고는 이스라엘 전체를 곤경에 빠뜨렸습니다. 광야 40년 동안 이스라엘 백성들의 삶은 수고와 슬픔으로 보낸 날들이었고, 하나님을 신뢰하지 않았던 그들은 모두 광야에서 삶을 마감했습니다. 그러나 하나님께서는 변함없이 신실하셔서 이스라엘 자손을 징벌하면서도 그들에게 신실한 지도자를 주시고, 불기둥과 구름기둥으로 인도하시고, 만나와 메추라기로 먹이시며, 반석에서 물을 내시고, 신발이 닳아지지 않게 하시고 옷이 헤지지 않게 하셨습니다. 하나님은 항상 자기 백성에게 신실하십니다. 지금도 우리의 삶을 구름과 불로 인도하시고 자상하게 돌보십니다. 여호수아와 갈렙처럼 하나님께 소망을 품고 인내로써 천국에 이를 때까지 우리의 믿음을 경주합시다. 이스라엘 백성들의 광야의 삶을 떠올리면서 조용히 시편 23편의 말씀을 묵상합시다.

"[시 23:1] 여호와는 나의 목자시니 내가 부족함이 없으리로다. [2] 그가 나를 푸른 초장에 누이시며 쉴만한 물가으로 인도하시는도다. [3] 내 영혼을 소생시키시고 자기 이름을 위하여 의의 길로 인도하시는도다. [4] 내가 사망의 음침한 골짜기로 다닐지라도 해를 두려워하지 않을 것은 주께서 나와 함께하심이라. 주의 지팡이와 막대기가 나를 안위하시나이다. [5] 주께서 내 원수의 목전에서 내게 상을 베푸시고 기름으로 내 머리에 바르셨으니 내 잔이 넘치나이다. [6] 나의 평생에 선하심과 인자하심이 정녕 나를 따르리니 내가 여호와의 집에 영원히 거하리로다."

2. 므낫세 지파의 요구(36장)

민수기를 마무리하면서 다시 한 번 슬로브핫의 딸들이 민수기 27장에서 요구했던 아버지 기업의 상속에 관해 말씀합니다. 그것이 얼마나 중요했기에 아직 가나안 땅에 들어가지도 않았고 또 실제로 땅이 그들에게 주어진 것도 아닌데 이렇게 집요하게 자신들의 기업이 보존되기를 요구했을까요? 므낫세 지파는 슬로브핫의 딸들이 땅을 상속받은 후 다른 지파의 남자에게 시집감으로써 그 기업이 다른 지파에게로 넘어갈 것을 깊이 우려했습니다. 하나님께서는 므낫세 지파의 기업을 보존하기 위한 방책으로 슬로브핫의 딸들이 오직 자기 지파의 남자와만 결혼해야 한다고 하셨습니다. 그렇게 하면 그들의 기업이 다른 지파에게로 넘어감으로 감삭되게 되는 일이 없게 될 것이라고 하셨습니다. 슬로브핫의 딸들은 모세의 명을 따라 자기 지파의 남자들과만 결혼함으로써 아버지의 기업, 그 지파의 기업을 보존할 수 있게 되었습니다.(민 36:10-12)

우리는 이 말씀을 통해 우선 이스라엘이 아직 기업을 얻지 못했지만 마치 그것을 얻은 것처럼 하나님께서 가나안 땅을 주실 것을 확고하게 믿었음을 보게 됩니다. 믿음은 우리의 눈에 보이는 것을 붙잡는 것이 아니라 하나님의 약속을 붙잡고 사는 것입니다. 하나님은 우리에게 하나님을 신뢰하는 믿음을 갖도록 격려하십니다.(히 11:1)

한편 이 말씀이 주는 더 깊은 영적인 교훈이 있습니다. 그것은 우리가 우리의 영원한 기업인 하나님의 나라를 결코 포기해서는 안 된다는 것입니다. 슬로브핫의 딸들이 그들의 아버지 기업을 지키기 위해서 오직 자기 지파의 남자에게만 시집가야 했듯이, 우리가 하늘의 기업을 상속받기 위해 우리의 남편인 예수 그리스도께만 소망을 두어야 합니다. 다른 것을 믿고 의지할 때 우리는 영원한 기업을 잃어버리게 됩니다. 우리는 슬로브핫의 딸들이 보여 준 그 담대한 믿음과 순종의 모범을 따라 우리의 영원한 기업이 되시는 참 남편이신 예수 그리스의 거룩한 신부로만 살아가도록 합시다.

신명기

2월 18일 | 신명기 1-3 장

1. 신명기에 대하여

신명기(Deuteronomy)는 '두 번째 율법' 이라는 뜻입니다. 신명기의 저자는 모세입니다. 신명기는 가나안 입성을 앞두고 있는 출애굽 2세대인 이스라엘 백성들에게 출애굽기와 레위기 율법을 다시 강론하고 언약을 갱신하는 내용을 담고 있습니다. 모세는 세 번의 긴 설교를 통해 하나님께서 주신 율법에 순종하라고 강조합니다.(신 5:32-33; 6:4-5; 10:12-13; 11:26-28; 28:1)

신명기는 모세 이후의 이스라엘 역사에 지대한 영향을 끼쳤습니다. 여호수아, 사사기, 사무엘서, 열왕기서는 하나님의 말씀에 순종했을 때 어떻게 복을 받고, 불순종했을 때 어떻게 화를 당했는지 말씀합니다. 신약 성경은 80번 이상 신명기를 인용하고 있습니다. 예수님께서도 금식하신 후 사탄을 물리치실 때에 세 번 모두 신명기 말씀을 인용하여 물리치셨습니다.(마 4:1-11) 예수님께서도 신명기의 말씀을 암송하고 있었을 정도로 신명기는 이스라엘 백성들에게 중요한 위치를 차지하고 있습니다.

2. 우리의 말을 들으시는 하나님(2:13-16)

가데스 바네아에서 이스라엘 백성들은 가나안 땅을 탐지하기 위하여 12명의 정탐꾼들을 보냈습니다.(민 13장) 가나안 땅을 정탐하고 돌아온 정탐꾼들 가운데 갈렙과 여호수아를 제외한 10명의 정탐꾼들이 가나안 땅을 악평하고 그 땅에 대하여 부정적인 보고를 했습니다. 그들의 말을 듣고 이스라엘 백성들이 하나님께 원망과 불평을 하자 하나님께서 그들을 40년 동안 광야에서 고생하게 하셨습니다. 가데스 바네아에서 출발한 이스라엘 백성들이 40년 만에 모압 평지에 이르게 되었을 때 하나님의 말씀을 불순종했던 1세대들은 한 사람도 남지 않고 다 죽었습니다. 하나님께서 이스라엘 백성들에게 하셨던 말씀이 완전한 성취를 보게 된 것입니다.(민 14:34-35)

하나님께서는 40년 동안 한순간도 그때의 일을 잊지 아니하시고 말씀하신 대로 한 사람도 가나안 땅에 들어가지 못하게 하셨습니다. 심지어 40년 동안 광야에서 이스라엘을 인도했던 모세까지도 가나안에 들어가는 것을 허락받지 못했습니다. 모세는 가나안 땅에 들어가게 해 달라고 하나님께 간청했지만 하나님께서는 그의 청을 물리치셨습니다.(신 3:25-27)

이렇게 하나님의 말씀이 확실하게 이루어지듯이 예수 그리스도의 십자가에 죽으심과 부활을 믿는 우리에게 베푸신 하나님의 구원도 의심할 바 없이 확실합니다. 또한 하나님께서 언약하신 대로 우리를 영원한 가나안 땅인 천국으로 인도해 들이실 것이 분명합니다.

가데스 바네아에서 하나님께서는 백성들이 하나님을 멸시하는 말을 들으시고 그들의 말대로 그들을 가나안 땅으로 인도해 들이지 않으시고 모두 광야에서 죽게 하셨습니다. 하나님은 우리가 하는 모든 말들을 들으십니다. 말은 그 사람의 인격이고 신앙입니다. 마음에 불신앙이 가득하면 불신앙적인 말을 하고, 믿음이 충만한 사람은 믿음 있는 말을 합니다. 우리는 어떤 말을 즐겨합니까? 갈렙과 여호수아처럼 하나님을 기쁘시게 하는 말을 합시다.(민 14:27-30)

2월 19일 | 신명기 4-6 장

1. 첫 설교의 결론(4, 5장)

모세는 첫 번째 설교를 통해 이스라엘 백성들의 광야 여정을 회고하면서, 하나님의 말씀인 규례와 법도를 준행하며, 가감하지 말고 여호와의 명령을 지키며, 여호와 경외함을 배우며 그 자녀에게 가르치라고 합니다.(4장) 하나님께서 이스라엘 백성에게 주신 말씀의 핵심은 십계명에 요약되어 있습니다. 모세는 가나안 1세대들에게 주어졌던 십계명을 출애굽 2세들에게 다시 강조하여 말씀합니다.(5장) 출애굽기 20장에 기록된 십계명과 신명기 5장에 기록된 십계명의 내용은 동일합니다. 그런데 계명을 강조하는 차이점이 있습니다. 제4계명인 안식일을 지켜야 할 이유에 관한 내용입니다. 출애굽기에서는 안식일을 지킬 이유를 하나님께서 6일 동안 천지를 창조하시고 7일째에 쉬셨기 때문이라고 합니다. 한편 신명기에서는 하나님께서 이스라엘 백성들을 애굽의 속박에서 자유케 하신 일 때문에 안식일을 지켜야 한다고 말씀합니다. 즉 이스라엘 백성들의 구원에 더 초점을 두고 있는 것입니다. 애굽에서의 구원은 이스라엘 백성들이 마음속에 영원히 간직해야 할 하나님의 구원사적 사건입니다. 모세는 안식일을 단지 하나님의 창조 사역에 근거해서만 지킬 것이 아니라 그 역사적 사실 속에 감추어진 더 깊은 하나님의 뜻, 즉 우리 안에서 모든 것을 새롭게 하시는 하나님의 온전하신 구원을 인해 지켜야 함을 강조하는 것입니다.(출 20:8-11, 신 5:12-15)

우리는 더이상 안식일을 문자적으로 지키지 않습니다. 오히려 십자가에서 죽으시고 부활하심으로써 우리를 구원하시고 우리에게 참된 안식을 주신 예수 그리스도의 구원을 기억하며, 예수님께서 부활하신 날을 기념하여 지키는 것입니다. 모세는 이미 신명기 말씀을 통해 우리에게 안식일 준수의 참된 의미를 가르쳐 주었습니다.

2. 이스라엘아 들으라(6:4-9)

"[신 6:4] 이스라엘아 들으라. 우리 하나님 여호와는 오직 하나인 여호와시니 [5] 너는 마음을 다하고 성품을 다하고 힘을 다하여 네 하나님 여호와를 사랑하라 [6]

오늘날 내가 네게 명하는 이 말씀을 너는 마음에 새기고 [7] 네 자녀에게 부지런히 가르치며 집에 앉았을 때에든지 길에 행할 때에든지 누웠을 때에든지 일어날 때에든지 이 말씀을 강론할 것이며 [8] 너는 또 그것을 네 손목에 매어 기호를 삼으며 네 미간에 붙여 표를 삼고 [9] 또 네 집 문설주와 바깥문에 기록할지니라."

신명기 6장4절-9절의 말씀은 '쉐마(들으라)' 본문으로 유명한 말씀입니다. 하나님을 사랑하고 하나님의 말씀을 마음에 새기고 자녀에게 가르치고 어디에서든지 기회 있을 때마다 그 말씀을 강론하고 그것을 손목에 매어 기호를 삼고 미간에 붙여 표를 삼으며 집 문설주와 바깥문에 기록하라고 합니다. 삶 전체가 하나님의 말씀에 의해서 인도되고 지배받아야 함을 말씀합니다. 이것이 신명기의 정신이고 성경 전체를 관통하는 핵심적인 내용입니다. 신명기 이후의 모든 성경들은 하나님의 백성들이 이 신명기의 말씀에 대해 어떤 반응을 보였는지, 그리고 하나님께서 그들을 어떻게 다루셨는지 보여 줍니다.

우리는 마음과 성품과 힘을 다해 즉, 전 인격적으로 하나님을 사랑해야 할 뿐 아니라 그 말씀을 삶으로 실천하고 가르칠 수 있어야 합니다. 하나님의 말씀을 지켜 행하면 우리의 날이 장구하고 우리가 복을 얻으며 번성하게 된다고 약속하셨습니다.(시 1:1-3)

하나님의 말씀을 사랑하고 그 말씀에 귀를 기울이며 말씀을 삶으로 살아내는 사람에게는 진실로 복이 있습니다. 날마다 귀를 기울여 하나님의 말씀을 듣고 또 삶을 통해 말씀을 살아냅시다!

1. 그들을 진멸하라(7장)

하나님께서 이스라엘 백성들이 가나안 땅에 들어갈 때 그곳에 살고 있는 7족속-헷, 기르가스, 아모리, 가나안, 브리스, 히위, 여부스-을 진멸하라고 하십니다. 그들과는 어떤 언약도 맺지 말고 불쌍히 여기지도 말고 혼인도 하지 말라고 하십니다. 하나님께서 이렇게 말씀하신 이유는 가나안 족속들로 인하여 이스라엘이 하나님을 버리고 우상 숭배에 빠질까 염려하셨기 때문입니다. 혹자는 신명기 7장을 읽으면서 하나님께 대한 거부감이 들지도 모릅니다. '사랑의 하나님께서 왜 가나안 땅에 살고 있는 모든 사람들을 멸하라고 하셨는지, 그들도 하나님께서 창조하신 자들인데 왜 무자비하게 진멸하라고 하셨는지 도무지 이해가 되지 않습니다. 구약의 하나님은 무자비한 하나님인 것 같다'고 하는 말을 불신자들뿐 아니라 믿는 사람들로부터도 가끔 듣습니다. 이런 말은 하나님이 어떤 분이신지 부분적으로만 알고 있기 때문에 생긴 오해에서 비롯된 말입니다. 하나님은 사랑의 하나님이십니다. 그러나 동시에 하나님은 공의의 하나님이십니다. 사랑과 공의 모두 하나님의 속성입니다. 하나님은 사람들을 사랑하시지만 또한 그들의 악행을 간과하지 않으십니다.

하나님께서 가나안 족속을 이유 없이 진멸하라고 하지 않으셨습니다. 가나안 땅에 살고 있던 7족속이 멸망당한 이유는 그들의 죄악이 하나님 앞에 사무쳤기 때문입니다.(신 9:5, 창 15:15-16)

하나님께서는 가나안 7족속들뿐만 아니라 하나님께서 특별히 택하신 이스라엘도 하나님 앞에 범죄했을 때 다른 민족들의 손을 빌려 그들을 징계하셨습니다.(대하 36:15-17)

한편 하나님께서 가나안 족속을 진멸하라고 하신 더 깊은 이유는 하나님의 택한 백성인 이스라엘이 그 땅의 신들을 섬김으로 하나님의 진노를 사지 않게 하기 위함이었습니다. 우리는 죄를 가볍게 여기지 말아야 합니다. 내 안에 있는 우상을 완전히 진멸해야 합니다. 하나님은 우상 숭배를 가장 싫어하십니다.

2. 광야 길을 걷게 하신 이유(8장)

하나님께서 이스라엘 백성들에게 40년 동안 광야의 길을 걷게 하셨던 이유는 그들을 낮추고 그들의 마음이 어떤지 그들이 하나님의 명령을 지키는지 아니 지키는지 알아보기 위함이었다고 하십니다.(신 8:2-6) 우리의 인생길에서 하나님은 항상 우리를 시험하십니다. 잘하면 형통한 길을 주시지만 잘못하면 그 잘못을 깨달을 때까지 고난을 허락하기도 하십니다. 우리는 항상 겸손한 마음으로 하나님을 신뢰해야 합니다. 지혜로운 사람은, 40년 동안 광야를 통과했던 이스라엘 백성들의 발자취를 보면서 하나님 앞에서 어떻게 살아야 하는지 깨닫게 됩니다.

또한 하나님께서 그들에게 40년 동안 만나를 먹이신 것은 '사람이 떡으로만 사는 것이 아니라 여호와의 입에서 나오는 모든 말씀으로 사는 줄을 그들로 알게 하기 위함이라'고 하십니다. 우리 하나님은 언제나 우리에게 신실하신 분이십니다. 우리 육신의 모든 필요를 아시고 때를 따라 공급하시는 분이십니다. 이스라엘 백성들이 광야 길을 걸어간 40년 동안 하나님께서 그들의 의복이 해지지 않게 하셨고 그들의 발이 부릍지 않게 하셨습니다. 의식주 문제를 모두 해결해 주셨습니다. 우리의 인생길에도 이런 하나님의 은혜가 있습니다.

하나님께서 이스라엘 백성들에게 이렇게 하신 것은 그들을 사랑하기 때문입니다. 또한 하나님께서는 그들의 일상적인 육신의 필요들을 채워 주심으로써 그들이 신령한 것들에 더욱더 관심을 갖게 되기를 기대하셨습니다. 우리는 우리의 육신의 삶을 통해 항상 하나님이 어떤 분이신지 배우기를 힘써야 합니다. 내가 부요함을 누릴 때 하나님을 잊어버린 채 그것에 내 몸과 마음을 빼앗기지 않도록 합시다. 항상 하나님을 생각하고 하나님께 감사하고 하나님을 기쁘시게 하는 삶을 삽시다.(고전 10:31, 골 3:7, 벧전 4:11)

1. 하나님을 예배하라(12장)

신명기 12장은 이스라엘백성들이 가나안 땅에 들어가서 행할 규례와 법도에 대해 말씀합니다. 특별히 하나님을 어떻게 섬길 것인지, 하나님께 어떻게 제사를 드릴 것인지 말씀합니다. 구약의 제사와 같이 신약의 예배는 성도가 하나님을 섬기는데 있어서 해야 할 가장 중요한 일입니다.

먼저, 하나님이 정해 주신 곳으로 가서 제사를 드리라고 말씀합니다. 정해진 곳으로 가라는 말씀은 혼자 제사 드리지 말고 함께 드리라는 것입니다.(신 12:5) 하나님은 무소부재하신 분이시지만 이스라엘 백성들에게 말씀하실 때는 하나님이 거하시기 위해서 정해 놓은 장소가 있다고 말씀하십니다. 그곳은 하나님의 성전이 있는 곳, 예루살렘입니다. 이스라엘은 성전이 있는 예루살렘에서 제사 드리는 것을 당연하게 여겼습니다. 하나님이 어디에나 계시니 내가 편한 곳 아무데서나 예배만 드리면 되지 않느냐고 생각하는 사람들이 많습니다. 그러나 하나님께서는 택한 그곳으로 찾아 나아가 그곳에서 제사를 드리라고 하십니다. 제사를 드리는 데는 반드시 수고가 있어야 한다는 것입니다.

우리는 모든 것을 편의주의적으로 생각하는 시대에 살고 있습니다. 예배도 마음 내키는 대로 내가 드리고 싶은 곳에서 내 마음대로 드리면 된다고 생각합니다. 그러나 성경은 모이기를 힘쓰라고 말씀합니다.(히 10:25) 부득이하게 그렇게 하지 못할 수도 있지만, 정해진 장소에서 하나님의 백성들이 함께 모여 예배를 드리는 것이 중요합니다. 편리함을 추구하다 보면 우리의 예배의 태도가 하나님 앞에서 바르지 못하게 되기 쉽습니다. 예배는 단순히 설교만 듣는 것이 아닙니다. 예배에는 찬양도 있고, 기도도 있고, 교제도 있습니다. 모두 다 중요합니다. 우리는 함께 모여 예배함으로 하나님께 우리의 신앙을 고백합니다.

둘째는, 하나님께서 정해 주신 곳으로 나아가 제사를 드릴 때에 반드시 예물을 가지고 가서 드리라고 합니다.(신 12:6,11) 번제와 희생과 십일조와 거제와 서원예물, 낙헌예물, 우양의 처음 난 것을 가지고 가라고 거듭 말씀하십니다. 그리고 예물

을 드릴 때는 즐거움으로 드리라고 합니다.(신 12:7, 12)

하나님께서 베풀어 주신 은혜에 보답하는 마음으로 드리는 것입니다. 이 즐거움은 우리가 인위적으로 만들어 내는 그런 즐거움이 아닌 내적인 즐거움입니다. 하나님께 받은 은혜를 기억하고 반응하는 즐거움입니다. 나는 늘 부족하고 허물이 많은데 하나님이 변함없이 사랑하시고, 하나님의 자녀 된 권세를 누리며 살게 하시고, 말씀을 통해서 늘 깨우침을 주시고, 기도할 때에 깨달음을 주시고 은혜를 주시고, 많은 형제들의 관심과 사랑 속에 살게 하십니다. 세상이 줄 수 없는 신령한 은혜와 복을 주시는 하나님입니다. 그 하나님께 감격으로 드리는 감사의 예배가 되어야 합니다.

예배에 있어서 가장 중요한 것은 신령과 진정으로 예배하는 것입니다. 성령의 감동이 있는 예배, 예수 그리스도의 십자가를 의지하여 드리는 예배가 되어야 합니다. 세상의 가치들은 끊임없이 변합니다. 그러나 세상이 아무리 변해도 예배의 가치보다 소중한 것은 없습니다.

1. 하나님에게서 떠나 다른 신을 섬기게 하는 자(13장)

하나님을 떠나 다른 신들을 섬기도록 유혹하는 자는 그가 선지자든지 꿈꾸는 자든지 가족 식구든지 가까운 친구든지 무론하고 그들을 멀리하고 죽이라고 말씀하십니다. 우리는 사람과 관계를 맺고 살아갑니다. 하나님께서 관계의 기준을 제시해 주셨는데 하나님을 섬기는지 아니면 하나님을 버리고 우상을 섬기는지가 그 기준이라고 하십니다. 선지자나 꿈꾸는 자들이 기사와 이적으로 현혹할지라도 그들을 멀리하며, 가장 가까운 부부나 형제나 생명을 함께하는 친구일지라도 하나님을 버리고 우상을 섬기도록 유혹하는 자들 앞에서는 단호하게 거절하라고 말씀하십니다. 심지어는 나와 상관없는 잡류들이 일어나 다른 신을 섬기자고 유혹할지라도 면밀히 조사해 보고 그것이 사실인 것이 확인되면 그 사람뿐만 아니라 그 일에 관계된 모든 것들을 칼날로 진멸하라고 하십니다.

우리 하나님은 질투하는 하나님이십니다. 하나님께서 이스라엘 백성들을 세상 만민 중에서 특별히 택하여 자기 백성 삼으시고 그들에게 구원의 은혜와 복을 베풀어 주셨습니다. 하나님의 백성은 그 하나님의 사랑과 은혜에 응답하며 살아야 합니다. 영적 이스라엘인 믿는 자들도 그들과 동일한 은혜를 받았습니다. 하나님은 우리를 사랑하시되 세상에 사랑할 사람이 하나밖에 없는 것처럼 그렇게 사랑하십니다. 우리를 위하여 독생자 예수 그리스도를 십자가에서 죽게 하셨습니다. 우리를 하나님에게서 멀어지게 하는 어떤 시도나 말이나 행위나 생각조차도 철저하게 물리쳐야 합니다.

우리는 지금 종교 상대주의를 표방하는 세상 속에서 살아가고 있습니다. 산 정상은 하나이지만 그 정상에 오르는 길은 여러 가지가 있다고 유혹합니다. 결국 진리는 하나이므로 종교 간에 대화를 해야 한다고 합니다. 산 정상에 오르는 길은 여러 가지가 있을 수 있습니다. 그러나 구원에 이르는 길은 오직 한 길 예수뿐입니다. (요 14:6, 행 4:12)

2. 뚫린 귀(15:16-18)

신명기 15장은 히브리 종에 대한 규례를 말씀합니다. 출애굽기 21장의 말씀을 다시 반복합니다. 이스라엘 백성은 가난한 자기 동족을 종으로 삼았을 경우 6년간만 그를 종으로 부리고 제7년 면제년에는 종을 자유케 해야 합니다. 그리고 종을 자유하게 할 때에는 그에게 곡식과 포도주 등을 후하게 주어 돌려보내게 했습니다. 그런데 어떤 종이 그 주인의 집과 주인을 사랑하여 자기의 자유를 포기하고 계속 주인과 함께 살기를 원하는 경우 주인은 송곳으로 그 종의 귀를 문에 대고 뚫어서 영원한 종 된 표를 삼으라고 합니다. 주인이 종의 가정을 얼마나 사랑하고 또 그에게 잘 대해 주었으면 종이 이런 결단을 내릴 수 있겠습니까! 귀를 뚫음으로써 종은 이제 영원히 주인에게 속한 자가 되고 주인의 말만 들어야 합니다.

예수님께서는 죄에게 종노릇하며 살아가던 우리를 사랑하시고 자기의 생명을 내어 주심으로 우리를 구원하시고 자유케 하셨습니다. 우리는 그 주님의 사랑에 반응하여 영원한 주님의 종으로 살아가는 자들이 되어야 마땅합니다. 사람들은 액세서리를 달기 위해 귀를 뚫습니다. 그러나 우리는 주님의 귀한 말씀을 듣고 순종하기 위해 귀를 뚫어야 합니다. 주님만 순종하며 살기로 결단하고 귀를 뚫었습니까? 우리가 자원하여 주님의 종으로 살아갈 때 주님 안에서 참 자유를 누리게 됩니다.(시 40:6)

1. 이스라엘이 지킬 3대 절기(16:1-22)

모세는, 이스라엘 성인 남자가 1년에 세 번은 반드시 여호와께서 그 이름을 두시려고 택하신 곳인 하나님의 성전이 있는 중앙 성소에 올라가 절기(무교절, 칠칠절, 초막절)를 지키라고 말씀합니다. 모세는 이미 출애굽기에서 이 세 절기를 지킬 것을 강조하여 말씀했고, 레위기에서도 언급했는데 신명기에서 다시 강조하여 말씀합니다.(신 16:16-17, 출 23:14-23)

이스라엘 백성들이 지켜야 할 절기들이 많이 있었습니다. 그런데 이 세 절기만은 반드시 지켜야 한다고 강조한 이유는 무엇일까요? 절기를 지키라고 하는 것은 무엇보다 그 절기들이 가지고 있는 의미를 잊지 않고 기억하게 하기 위함입니다.

무교절은 애굽에서 건짐받은 사건을 영원히 잊지 않고 기억하게 합니다. 이때에 그들은 누룩 없는 떡 즉 고난의 떡과 쓴 나물을 먹으면서 애굽에서의 고난을 기억합니다. 그리고 하나님께서 그들을 애굽의 고난에서 신속하게 구원해 내신 은혜에 감사합니다.

칠칠절은 가나안 땅에서 농사하여 수확한 것에 대해 하나님께 감사하는 절기입니다. 이 절기에 그들은 애굽에서 종 되었던 자신들의 과거를 기억하고 약자들(자녀, 노비, 레위인, 객, 고아, 과부)을 돌보면서 그들과 함께 하나님 앞에서 즐겁게 절기를 지킵니다.

초막절은 모든 추수를 끝내고 지키는 감사의 절기입니다. 하나님께서는 이 절기에 7일 동안 초막을 짓고 그곳에서 생활하게 함으로써 40년 광야생활 동안 하나님께서 그들을 어떻게 인도하셨는지 잊지 않고 기억하게 하십니다.

이렇게 절기들을 지키게 하신 것은 하나님의 구원하심과 인도하심을 기억하게 함으로써 잊지 않고 하나님을 섬기고 하나님께 감사하게 하기 위함입니다. 우리는 하나님께서 우리를 죄와 사망의 올무에서 건져 주신 것을 항상 기억하고 감사해야 합니다. 또한 광야와 같은 인생길을 살아가는 동안 하나님께서 지키시고 보호하시고 인도하실 것을 믿고 기쁨으로 살아가야 합니다.

2. 나와 같은 선지자(18:15-22)

하나님께서 호렙산에서 출애굽한 이스라엘 백성들에게 율법을 주실 때에, 그들은 우뢰와 번개와 나팔소리와 산의 연기를 보고 두려워 떨면서 모세에게 '하나님께서 말씀하게 하지 마시고 당신이 우리에게 말씀하면 우리가 당신의 말을 듣겠다.' 했습니다. 하나님께서 그들의 말을 들으시고 모세를 그들 가운데 선지자로 세워 하나님의 말씀을 대변하게 하셨습니다.

이제 모세는 더이상 이스라엘 백성들과 함께할 수 없게 되었습니다. 모세는 하나님께서 자기와 같은 선지를 일으키실 텐데 이스라엘 백성들이 그 선지자의 말을 들어야 한다고 했습니다. 그의 말대로 하나님께서는 이스라엘을 위하여 많은 선지자들을 일으키시고 백성들에게 하나님의 말씀을 전하게 하셨지만 이스라엘은 선지자들의 말씀을 듣지 않았습니다. 그러나 하나님께서 여전히 자기 백성을 사랑하셔서 마지막 날에 한 선지자를 보내주셨는데 그 선지자가 예수 그리스도이십니다.(행 3:20-24)

우리는 모세보다 더한 참 선지자이신 예수 그리스도를 우리의 주님으로 모시고 삽니다. 선지자의 말을 듣고 그 말씀에 순종하여 사는 사람은 진실로 복 있는 사람입니다. 누가복음에 보면 지옥에 간 부자가 아브라함에게 간청하기를 죽은 나사로를 보내 자기 형제들을 구원하게 해 달라고 간청하는 장면이 나옵니다. 그때 아브라함은 '죽은 자가 다시 살아나는 기적을 보아야 사는 것이 아니라 선지자의 말을 들어야 산다.' 고 했습니다.

헛된 것들에 소망을 두지 마십시오. 우리에게 오셔서 영원한 선지자가 되어 주신 주님께만 소망을 두며 그 주님을 찬양하고, 참 선지자 되신 주님의 말씀을 듣고 순종하기를 힘씁시다.

2월 24일 | 신명기 19-21 장

1. 동해보복법(19:15-21)

어떤 사람이 악을 행하여 손해를 끼쳤을 때 그 손해의 정도에 따라 동일하게 보복을 하라는 말씀입니다. 그래서 생명은 생명으로, 눈은 눈으로, 이는 이로, 손은 손으로, 발은 발로 갚으라고 하십니다. 모세는 이미 출애굽기 21장에서도 동일한 법을 말씀했습니다. 하나님께서 시내산에서 주신 말씀입니다.(출 21:23-25)

우리는 이 말씀을 대할 때마다 상당히 불편함을 느낍니다. '아니 사랑의 하나님께서 어떻게 이런 무자비한 법을 주실 수 있을까? 이 말씀은 하나님의 사랑에 배치되지 않는가?' 라고 의아하게 생각될 때가 있습니다. 그러나 언제나 하나님께서 주신 법의 정신은 사랑입니다. 하나님께서 동일하게 보복하라고 말씀하신 것은 자신이 받은 피해에 대하여 그 이상의 보복을 하지 말라는 것입니다. 죄악된 사람의 마음속에는 늘 자신이 받은 피해 이상을 보복하려는 경향이 있습니다. 하나님께서는 그렇게 하지 말라고 하십니다. 그래서 피해를 받은 만큼만 피해를 입히라고 하신 것입니다.

또한 하나님께서 이 법을 주신 더 깊은 뜻은 이웃을 해치지 말고 사랑하라는 것입니다. 이웃의 생명을 소중하게 여겨야 한다는 말씀입니다. 하나님의 말씀을 문자적으로 이해하여 지금도 어떤 나라들에서는 자신이 받은 피해에 대하여 동일하게 보복하는 일들이 일어나고 있음을 봅니다.

이 '동해보복법'의 말씀을 가장 온전하게 해석해 주신 분은 예수님이십니다. 예수님께서는 이 말씀을 인용하여 그 말씀의 참된 뜻이 무엇인지 말씀해 주셨습니다.(마 5:38-42) 우리가 말씀을 읽을 때에 표면적으로만 이해하지 말고 그 말씀 속에 깃든 하나님의 진의를 파악하려고 노력해야 합니다. 신약의 빛 아래서 구약 성경을 읽으면 많은 오해들이 풀리게 됩니다.

2. 겁내지 말며 두려워 말며 떨지 말며 놀라지 말라!(20:1-9)

가나안 정복전쟁을 앞두고 있는 이스라엘 백성들을 향해 모세는, 하나님이 함께

하시기 때문에 그 땅의 백성들을 두려워하지 말고 담대하게 나가 싸우라고 격려합니다. 가나안 정복 전쟁은 단지 땅을 뺏고 영토를 확장하는 전쟁이 아니라 그 땅의 악한 신들과 대적하는 영적 전쟁의 성격을 띠고 있었습니다. 그러므로 하나님께서 앞서 나가 대적을 치시며 이스라엘에게 승리를 주실 것이라고 말씀합니다. 전쟁에 참여하는 모든 이스라엘 백성들은 대적 앞에서 마음으로 겁내거나 두려워하거나 떨거나 놀라서는 안 된다고 했습니다. 전쟁의 승패를 가르는데 있어서 중요한 요소는 군대의 숫자나 무기의 성능이나 전략 전술보다 군인들의 사기가 크게 좌우하는 경우가 많습니다. 아무리 적보다 월등한 전력을 가지고 있어도 정신적인 무장이 제대로 되어 있지 않으면 그 전쟁을 승리로 이끌기가 쉽지 않습니다.

그래서 하나님께서는 전쟁에 나가는 자들 가운데 새 집을 짓고 아직 낙성식을 행하지 못한 자, 포도원을 만들고 그 과실을 먹지 못한 자, 여자와 약혼하고 그를 취하지 못한 자, 두려워 마음에 겁내는 자는 돌려보내라고 말씀합니다. 이런 사람들은 그 속에 두 마음을 품고 있어서 온전히 전쟁에 집중할 수 없기 때문입니다.

우리는 하나님 나라의 전사들로서 날마다 세상 속에서 영적 전투를 치르며 살아갑니다. 전쟁에 임하는 자로서 우리의 마음가짐을 가다듬어야 합니다. 두 마음을 품지 말고 오직 예수만 바라보아야 합니다. 겁내거나 두려워하거나 떨거나 놀라지 말고 임마누엘 되시는 주님을 의지하면서 담대하게 나아가야 합니다. 하나님께서 승리를 주십니다.(눅 9:61)

2월 25일 | 신명기 22-24 장

1. 거룩한 가정(22:12-29)

부부 사이에서 일어난 갈등에 대해 말씀합니다. 어떤 남편이 아내가 싫어져서, 자신의 아내가 처녀가 아니라며 비방거리를 만들어 쫓아내려고 할 때 그 아내의 부모는 자기 딸의 처녀인 표적을 장로들에게 보임으로써 입증해야만 했습니다. 그러면 부인을 비방했던 남편은 징계받고 벌금을 내며 평생 동안 그 부인을 버릴 수 없습니다. 그러나 처녀의 표적을 보이지 못하면 그 아내는 죽임을 당해야 했습니다.

또한 어떤 남자가 결혼한 여자를 강간한 경우 두 사람 모두를 죽이라고 합니다. 여자의 경우 피해자인 것이 분명한데도 강간당할 때에 소리 지르지 않았다는 이유에서입니다. 약혼한 여자가 강간을 당한 경우는 남자만 죽이라고 합니다. 약혼하지 아니한 처녀를 강간한 경우 남자는 그 여자를 자기의 아내로 맞이하여 평생 동안 버리지 못하게 했습니다.

이러한 일련의 내용들은 오늘날 말하기조차도 부끄러운 일들입니다. 우리는 거의 매일같이 매스컴을 통해 성범죄에 대한 소식들을 접합니다. 성범죄의 경우 대부분 피해자는 여성입니다. 그런데도 여성들이 더 많은 비난을 받는 경우들이 허다합니다. 2차 피해를 입기도 합니다. 국가가 여성 인권을 보호하기 위해 노력하고 있지만 근본적으로 문란해진 성 질서는 많은 문제를 야기하고 그로 인해 가정의 건강과 행복이 크게 위협받고 있습니다. 하나님께서 성적인 부도덕에 대해 강경하게 말씀하시는 이유는 그만큼 가정의 순결이 중요하기 때문입니다. 거룩한 부부의 관계는 하나님의 창조 질서입니다. 성적 타락은 하나님의 창조 질서를 거스르는 중대한 범죄입니다.

하나님께서 부부의 순결을 강조하신 더 깊은 이유는 예수님의 신부인 교회는 항상 하나님 앞에서 더럽힘이 없이 정결해야 한다는 것입니다. 성적으로 타락한 세상 속에 살아가면서 우리는 가정의 거룩을 지키고 또한 주님의 거룩한 신부로 살기를 더욱 힘써야 합니다. 우리의 참 남편이신 예수님은 신부인 우리를 목숨 다해 사랑하시고 여전히 변함없이 사랑하고 계십니다.(창 2:20-25, 마 19:3-8, 엡 5:22-33)

1. 첫 열매를 드리라(26:1-11)

이스라엘 백성들이 가나안 땅에 들어가 농사하여 토지 소산의 맏물을 거둘 때 그것을 가장 먼저 하나님께 드리라고 합니다. 이스라엘이 어떻게 애굽 땅으로부터 나와 가나안 땅에 정착하게 되었는지 회고하며 하나님께서 베푸신 구원을 감사하라고 합니다. 그들의 조상 야곱은 본래 유리하는(떠돌이) 아람 사람이었습니다. 그는 70명의 가족을 데리고 애굽으로 내려갔는데 그곳에서 번성하여 장정만 60만 명이 넘는 큰 민족을 이루게 되었습니다. 그들이 애굽의 학정에 시달릴 때 하나님께서 강한 손과 편 팔과 큰 위엄과 이적과 기사로 애굽의 종살이에서 건져내시고 젖과 꿀이 흐르는 가나안 땅으로 인도하여 들이시고 그 땅을 기업으로 주셨습니다. 그러므로 그들은 하나님의 구원의 은혜를 인정하고 감사하며 첫 열매를 하나님께 정성껏 드림으로써 하나님께서 주신 모든 복을 인해 레위인과 객들과 함께 즐거워해야 했습니다. 오늘 나의 나 된 것은 하나님의 은혜입니다. 은혜를 아는 사람은 반드시 감사하게 됩니다.

2. 제3년 십일조(26:12-19)

신명기 26:12-19은 제 3년에 드리는 셋째 십일조에 대해 말씀합니다. 십일조 규례는 레위기 27:30과 민수기 18:21에서 규정하고 있습니다. 그리고 신명기 14:28-29에는 제 3년 십일조에 대해 말씀하는데 신명기 26장에서 다시 반복합니다.(신 14:28)

십일조는 레위인들을 위한 것이었지만 제 3년 십일조는 레위인들뿐 아니라, 객과 고아와 과부를 위해 추가적으로 십일조를 드리라고 합니다. 이 십일조는 구제의 성격을 띠는 십일조입니다. 하나님은 항상 이웃 사랑에 관심이 많으십니다. 우리가 이 땅에서 하나님의 은혜로, 주시는 복을 누리며 살 때 항상 이웃들을 사랑하며 약한 자들을 돌아보는 일에 깊은 관심을 가져야 합니다. 이웃을 사랑하는 것은 우리가 하나님을 사랑한다는 가장 구체적인 증거입니다.(행 2:44-47)

1. 우리 앞에 놓인 두 길(30장)

성경은 우리에게 두 가지 인생이 있다고 말씀합니다. 축복받는 인생과 저주받는 인생입니다. 하나님께서는 우리가 하나님 말씀에 순종하면 복을 받고, 순종하지 않으면 저주를 받는다고 아주 명료하게 말씀하십니다. 성경의 역사 전체가 하나님께서 말씀하신 대로 이루어졌음을 증거합니다. 하나님 말씀에 순종했던 사람들은 모두 복을 받지만 순종하지 않은 사람들은 모두 저주를 받았습니다. 성경은 하나님의 백성들이 가나안 땅에 들어간 후 사사시대와 왕정시대를 거치면서 그들이 어떻게 하나님의 복을 받고 또 어떻게 하나님께 저주를 받았는지를 극명하게 보여 줍니다. 아무리 나라가 어렵고 힘들어도 하나님의 말씀에 순종한 왕이 다스릴 때에는 위기 가운데서도 힘을 얻고, 대적을 이기고, 백성들이 평안함을 누렸습니다. 반면에 태평성대를 누리던 때라도 하나님의 말씀을 무시하는 왕이 다스리면 어김없이 위기가 찾아오고 대적들이 쳐들어와 나라를 황폐화시키고 백성들이 무수한 고난을 당했습니다.

이것은 단지 이스라엘의 역사에서만 볼 수 있는 것이 아닙니다. 하나님께서 모든 인류에게 주신 보편적인 역사법칙입니다. 하나님은 우리를 복 주시기 위해 예수 안에서 부르셨습니다. 우리는 하나님의 말씀에 순종하는 것을 즐거움으로 삼고, 하나님이 주시는 복된 길, 생명의 길, 영생의 길로 가야 합니다.(신 30:19-20)

생명의 길, 복된 길로 가는 것이 쉽지 않습니다. 그 길에는 많은 위험과 고난과 도전과 시험과 유혹이 도사리고 있습니다. 매일매일 온 마음을 다해 생명의 길, 복된 길을 선택하지 않으면 안 됩니다. 비록 좁고 험한 길일지라도 그 길을 택하면 하나님께서 우리 앞서 행하시며 길을 여시고 능히 이기게 하실 것입니다.(마 7:13-14)

많은 사람들이 찾는 넓은 길이 아닌, 찾는 사람이 적은 협착한 길로 갑시다. 그 길은 자기를 부인하고 자기 십자가를 지고 가는 길입니다. 우리 예수님께서 우리 앞서 그 길로 가셨습니다. 복된 길로 가기 위해 오늘 결단해야 할 것은 무엇입니까? 손해와 희생을 감수하지 않고, 또 수고와 헌신 없이 그 길을 갈 수는 없습니다.

2월 28일 | 신명기 31-34 장

1. 이스라엘이여, 너는 행복자로다!(33장)

신명기 33장은 하나님의 사람 모세가 죽기 전에 이스라엘 자손들을 축복한 말씀입니다. 창세기 49장에는 야곱이 이스라엘 12지파를 축복했는데, 모세가 그의 죽음을 앞두고 다시 축복의 말씀을 반복합니다. 야곱의 축복과 모세의 축복에 나타난 두드러진 차이는 시므온과 레위에 관한 부분입니다. 야곱은 시므온과 레위를 '잔해하는 기계' 라며 저주에 가까운 축복을 했습니다. 그런데 모세는 레위를 크게 축복합니다. 한편 시므온 지파에 대해서는 일체 언급하지 않았습니다.(창 49:5-7)

모세의 축복에서 레위 지파에 대한 축복이 두드러진 위치를 차지합니다. 하나님께서는 저주받을 레위 지파를 당신의 분깃으로 삼으시고 하나님을 섬기는 지파로 구별하셨습니다. 이에 레위 자손들은 이스라엘이 금송아지 우상 숭배의 죄를 범하여 심판을 받게 되었을 때 하나님께 크게 헌신했습니다.(출 32:26-29, 신 33:9)

레위는 여호와의 편에 서기를 결단하고 이스라엘 가운데서 금송아지 우상 숭배에 빠진 사람들은 비록 부모이든지 형제이든지 친구이든지 무론하고 모두 칼로 쳐서 3,000명가량을 죽였습니다. 모세는 그 일을 매우 귀하게 여기고 그들이 '여호와께 헌신' 했다며 레위를 크게 축복했습니다. 하나님의 은혜가 아닐 수 없습니다. 우리가 무슨 일을 만나든지 레위 자손들처럼 '여호와의 편' 에 서야 합니다. 하나님이 기뻐하실 일에 헌신하는 것을 하나님께서 귀하게 보시고 그들에게 하나님의 복을 주십니다.

이처럼 이스라엘은 하나님께 복을 받은 백성들이었습니다. 그들은 모두 하나님의 구원을 누리는 자들이었습니다. 하나님께서 그들을 애굽에서 건져내시고 광야에서 인도하시고 이제 약속하신 가나안 땅을 기업으로 주려고 하십니다. 불평과 원망과 불순종의 삶을 살았던 그들에게 말입니다. 하나님께서 그들을 사랑하셨습니다. 그런 백성들을 바라보는 모세의 마음은 감격과 기쁨으로 충만했습니다. 이스라엘 12지파를 축복한 후 모세는 이렇게 외쳤습니다. "[신 33:29] 이스라엘이여 너는 행복자로다 여호와의 구원을 너 같이 얻은 백성이 누구뇨 그는 너를 돕는 방패시요 너의 영광의 칼이시로다 네 대적이 네게 복종하리니 네가 그들의 높은 곳을 밟으리로다"

예수 그리스도의 피의 공로로 구원받은 우리야말로 진실로 행복한 자들입니다. 하나님의 구원을 누리며 사는 것이 얼마나 복된 일입니까! 하나님께서 우리를 하나님의 백성으로 살게 하시고 우리에게 영생의 복을 주시고 우리의 삶에 우리와 함께하시고 도우시고 마귀의 궤계를 대적하며 이길 수 있는 힘을 주십니다.(시 133:1-3)

2. 모세의 퇴장(34장)

하나님께서 모세를 비스가산 꼭대기로 데리고 가셨습니다. 그리고 그곳에서 이스라엘 백성들이 들어가 살게 될 가나안 땅을 바라보게 하셨습니다. 모세는 건너가게 해 달라고 하나님께 많이 간구했지만 하나님께서는 모세의 가나안 입성을 허락치 아니하시고 대업을 여호수아에게 맡기셨습니다.(신3:25-28) 모세는 하나님의 말씀에 순종하여 여호수아에게 안수하고, 그에게 이스라엘 백성들을 이끌 대업의 바톤을 넘겨주고 조용히 역사의 무대에서 퇴장했습니다. 그는 참으로 위대한 하나님의 사람이었습니다.(신 34:9-13)

하나님의 일을 하는데 '나 아니면 안 된다'는 생각은 하나님 앞에서 교만입니다. 하나님은 시대에 맞는 사람들을 택하여 세우시고 그들에게 소임을 맡기십니다. 우리는 항상 겸손한 마음을 가지고 지금 나에게 맡겨진 일에 충성을 다해야 합니다.

3 월

1년 1독 성경읽기를 시작한 지 두 달 만에
모세오경(창세기, 출애굽기, 레위기, 민수기, 신명기)을
독파했습니다.
말씀을 온전히 이해하기에는 미흡하기 짝이 없었지만
그래도 말씀의 의미들을 조금씩 맛보며
여기까지 달려왔습니다.
이제 다시 호흡을 가다듬고 12권의 역사서에 도전합시다.

여호수아, 사사기, 룻기, 사무엘상·하
열왕기상(1-7)

3월 1일 | 여호수아 1-3 장

1. 여호수아서에 대하여

12권의 역사서(여호수아, 사사기, 룻기, 사무엘상·하, 열왕기상·하, 역대상·하, 에스라, 느헤미야, 에스더) 중 첫 번째 책이 여호수아입니다. 여호수아서는 신명기 역사관(하나님의 백성이 하나님께 순종하면 복을 받지만 불순종하면 징계를 받는다는)에 입각하여 기록된 첫 번째 책이기도 합니다. 모압 평지에서 모세가 죽은 후 여호수아가 새로운 지도자가 됩니다. 그는 이스라엘 백성들을 이끌고 가나안으로 들어가 그 땅들을 정복하고 각 지파에게 분배합니다. 여호수아서는 그 역사를 기록하고 있습니다. '여호수아' 는 '여호와는 구원' 이라는 뜻을 가지고 있습니다. 또한 여호수아는 '호세아', '예수' 와 같은 의미를 가지고 있는데, 여호수아서는 구원자 예수가 하나님의 백성을 영원한 가나안 땅으로 인도해 들이심을 상징하고 예표합니다.

여호수아서는 하나님의 신실하심과 조상들에게 약속하셨던 언약을 어떻게 이루셨는지를 보여 줍니다. 당시에 가나안 땅에 7족속이 살고 있었는데 그들은 모두 우상 숭배의 죄를 범하고 있었습니다. 역사와 우주의 주인이신 하나님께서 그들을 멸하시고 이스라엘에게 그 땅을 주셨습니다. 이제 이스라엘은 그 땅에서 하나님만 섬기고 하나님의 말씀을 순종하며 살아야 했습니다.(수 3:10)

2. 요단을 건너가라(1장)

여호와의 종 모세가 죽은 후 이제 처음으로 하나님의 말씀이 여호수아에게 주어졌습니다. "이제 너는 이 모든 백성으로 더불어 일어나 이 요단을 건너 내가 그들 곧 이스라엘 자손에게 주는 땅으로 가라." 엄위하신 하나님의 명령이었습니다. 하나님께서 여호수아의 어깨에 가나안 정복의 소임을 지워 주신 것입니다. 하나님께 임무를 부여받는 것은 영광스러운 일입니다. 그런데 여호수아는 하나님의 말씀에 엄청난 부담을 느꼈습니다. 모세도 없는데 혼자서 백성들(끊임없이 원망과 불평을 쏟아내고 하나님께 대하여 반역을 일삼는)을 이끌고 가나안 땅으로 들어가는 것이 엄두가 나지 않았습니다. 그는 두려워 떨고 있었습니다.

하나님께서 여호수아의 마음을 아시고 "내가 모세와 함께 있던 것 같이 너와 함께 있을 것이라."고 격려하셨습니다. "마음을 강하게 하고 담대히 하며 두려워 말고 놀라지 말라."고 하셨습니다. 가나안 땅에 들어가서 모세가 전해 준 율법을 다 지켜 행하고 좌로나 우로나 치우치지 아니하면 어느 길로 행하든지 평탄함을 주고 형통하게 해 주시겠다고 말씀하셨습니다.

하나님의 말씀에 힘을 얻은 여호수아는 두려움을 떨치고 일어났습니다. 그리고 백성들에게 가나안 입성을 준비하도록 명령했습니다. 하나님은 오늘도 우리에게 담대함을 주십니다. 두렵고 떨리는 일이 있습니까? 나를 바라보고 내 환경을 쳐다보면 아무것도 못합니다. 하나님이 함께하심을 믿으십시오. 말씀을 신뢰하십시오. 하나님께 기도하십시오. 그리고 결과는 하나님께 맡기고 앞으로 나아가십시오!!(수 1:5-6, 딤후 1:7)

3. 기생 라합의 믿음(2장)

가나안 정복에 앞서 여호수아는 두 사람을 뽑아 가나안 땅을 정탐하게 했습니다. 두 정탐꾼이 몰래 여리고 성으로 들어가 라합이라는 기생의 집에 유숙했습니다. 그러나 그들의 정체는 가나안 사람들에게 곧 포착되었습니다. 가나안 왕이 라합에게 기별하여 그 집에 있는 정탐꾼을 끌어내라고 했습니다. 큰일이 난 것입니다. 이때에 라합이 그 두 사람을 숨기고 기지를 발휘하여 왕이 보낸 사자들을 돌려보냈습니다.

라합은 왜 이런 일을 했을까요? 여호수아 2:8-13을 다시 한 번 읽어봅시다.

"[수 2:8] 두 사람이 눕기 전에 라합이 지붕에 올라가서 그들에게 이르러 [9] 말하되 여호와께서 이 땅을 너희에게 주신 줄을 내가 아노라. 우리가 너희를 심히 두려워하고 이 땅 백성이 다 너희 앞에 간담이 녹나니 [10] 이는 너희가 애굽에서 나올 때에 여호와께서 너희 앞에서 홍해 물을 마르게 하신 일과 너희가 요단 저편에 있는 아모리 사람의 두 왕 시혼과 옥에게 행한 일 곧 그들을 전멸시킨 일을 우리가 들었음이라. [11] 우리가 듣자 곧 마음이 녹았고 너희의 연고로 사람이 정신을 잃었나니 너희 하나님 여호와는 상천하지에 하나님이시니라. [12] 그러므로 청하노니 내가 너희를 선대하였은즉 너희도 내 아버지의 집을 선대하여 나의 부모와 남녀 형제와 무릇 그들에게 있는 모든 자를 살려 주어 우리 생명을 죽는데서 건져 내기로 이제 여호와로 맹세하고 내게 진실한 표를 내라.”

　라합은 비록 천한 기생의 신분이었지만 참으로 놀라운 믿음을 가진 사람이었습니다. 라합은 하나님께서 어떻게 애굽에서 이스라엘 백성을 큰 이적으로 이끌어 내셨는지, 하나님께서 어떻게 홍해 물을 가르시고 말리셨는지, 이스라엘이 어떻게 요단 동쪽의 아모리 사람의 두 왕, 시혼과 옥을 무찔렀는지 소문으로 들어 알게 된 후 하나님께 대한 믿음을 갖게 되었습니다. 여리고 성의 모든 사람들이 마음이 녹고 정신을 잃고 있을 때에 그는 여호와가 상천하지에 하나님이 되신다는 것과 하나님께서 가나안 땅을 이스라엘에게 주신 것을 믿게 된 것입니다. 그래서 그는 이스라엘의 편에 서기로, 아니 하나님의 백성이 되기로 결단했습니다.

　믿음은 하나님의 선물입니다. 라합이 믿음을 선물받고 멸망받을 여리고 성에서 아비의 집을 구원해내는 큰일을 했습니다. 그리고 그는 마침내 위대한 믿음의 영웅 반열에 오르는 특권을 누리게 되었습니다. 라합은 들려오는 이야기만 듣고도 믿었지만 하나님께서는 우리에게 믿음의 말씀을 주셨습니다. 오직 믿음만이 불로 심판받을 이 세상에서 우리를 구원하고 영원한 하나님의 생명을 누리게 합니다.(엡 2:8, 히 11:31)

3월 2일 | 여호수아 4-6장

1. 열두 돌의 의미(4:1-9)

이스라엘 백성들이 가나안 땅에 들어가기 위해서는 반드시 요단강을 건너야만 했습니다. 여호와의 언약궤를 멘 제사장들이 앞서가면 이스라엘은 그 뒤를 좇아갔습니다. 그런데 당시에 요단강 물은 수위가 가장 높은 때여서 물이 언덕에 넘쳐흐르고 있었습니다.(수 3:14-15)

하나님께서 여호수아에게, 제사장들에게 명해 그 요단으로 들어가게 하라고 했습니다. 제사장들이 여호수아의 명을 좇아 요단강 물에 들어서자 갑자기 강물이 갈라지는 놀라운 역사가 일어났습니다. 하나님께서는, 이스라엘 백성들이 요단강을 마른 땅으로 건널 때에 그 강에서 각 지파마다 돌 한 개씩을 취하여 그것을 가지고 가나안 땅으로 들어가라고 하셨습니다. 그것이 그들에게 표징이 될 것이라 했습니다. 이스라엘 백성들은 하나님의 말씀에 순종했습니다. 또한 여호수아는 제사장들이 서 있는 그곳에도 12 돌을 세웠습니다.(수 4:5-7)

하나님께서 각 지파마다 돌을 가지고 가게 하신 것은 그것으로 이스라엘 백성들이 요단강을 건넌 표징 즉, 증거를 삼기 위해서였습니다. 그래서 훗날에 자녀들이 거기에 세워진 돌을 보고 그 돌이 무슨 뜻이냐고 물어볼 때 하나님께서 이스라엘에게 행하신 역사를 설명함으로써 하나님의 구원을 기억하게 하기 위한 목적이었습니다. 이스라엘 자녀들은 그 돌들을 볼 때마다 그들의 마음이 다시 하나님께 끌리고 하나님의 위대한 능력을 찬양하고 자기들을 구원해 주신 하나님께 감사하게 되었을 것입니다.

'표징(증거)이 된다'는 말은 '자꾸 마음에 끌리고, 어떤 것을 간절하게 원하고 소망하게 된다'는 의미입니다. 돌을 볼 때마다 그때 그 일이 자꾸 그들의 마음에 끌리고 그들의 마음을 감동시키는 것입니다. 그것이 표징입니다. 이스라엘 백성들에게 중요했던 것은 그들의 눈에 보이는 돌 그 자체가 아니었습니다. 사실 이스라엘 백성들이 요단강에서 가지고 나온 12개의 돌들은 초라했을 것입니다. 한 사람이 돌 하나씩을 메고 나왔으니 그것이 크기가 크면 얼마나 컸겠습니까? 그 돌 12개를 한데 모아 놓아 본들 가까이 가서 살펴보지 않는 이상 사람들의 주목을 받기나 했겠습니까? 그러나 하나님의 놀라우신 구원의 역사와 그 의미에 대한 스토리텔링은 그들을 감동시키기에 충분했습니다. 그 돌을 볼 때마다 물속에 잠겨 있을 다른 12 돌도 생각하면서 하나님께로 그들의 마음이 끌리고 하나님을 더욱더 사랑하게 되었을 것입니다.

하나님은 이 증거가 우리에게 있기를 원하십니다. 우리에게는 이 증거의 돌이 있습니까? 무엇으로 우리가 믿음의 사람이라는 것을 증거할 수 있을까요? 믿음이 표징이 되고 있는지 확인하기 위해서는 예수님을 향한 열정적인 소원이 있는지, 마음이 자꾸 하나님께로 끌리고, 하나님의 말씀으로 끌리고, 하나님의 교회로 끌리고, 잃어버린 영혼에게 끌리고 있는지 보면 됩니다. 우리가 이 믿음의 돌을 우리 마음에 세우고 또 그것의 의미를 묻는 자들에게 항상 대답할 준비를 하고 있어야 합니다.(벧전 3:15)

3월 3일 | 여호수아 7-9 장

1. 아간의 탐심(7장)

여리고성을 정복한 이스라엘이 아이처럼 작은 아이성 전투에서 참패했습니다. 여호수아는 패전의 이유를 하나님께 물었고 하나님께서 그 원인을 말씀해 주셨습니다. 여리고 성 전투 때에 아간이 하나님의 말씀을 거역하고 하나님께 바칠 물건을 자기 몫으로 챙겨 두었다는 것입니다. 여리고 성을 점령할 때에 여호수아는 백성들에게 이렇게 경고했습니다.(수 6:18;7:10-11) 그런데 성경은 아간의 범죄 사실을 언급하면서 아간이 속한 지파에까지 거슬러 올라갑니다. 그리고 범죄한 아간을 찾아낼 때도 그가 속한 지파로부터 시작합니다.(수 7:1, 16-18)

하나님께서 이렇게 하신 이유는 죄가 단지 한 개인에게 국한된 문제가 아니라 공동체성을 띤다는 것을 보여 줍니다. 유다 지파는 어느 지파보다 하나님께 많은 사랑을 받은 지파입니다. 그런데 이스라엘을 괴롭게 하는 범죄자가 그 지파에서 나왔던 것입니다. 더구나 아간은 훌륭한 믿음의 가문을 가진 사람이었습니다. 아간의 조상을 거슬러 올라가면 아간-갈미-삽디-세라였습니다. 그러니까 아간은 세라의 증손자가 됩니다. 조상들의 이름을 보면 세라는 '씨를 뿌리다' '빛이 떠오르다' 는 뜻을 가지고, 삽디는 '기쁨의 선물' 이란 의미를 가집니다. 또한 갈미는 '포도원' 이라는 뜻을 가집니다. 그런데 안타깝게도 아간은 '괴롭히다. 걱정을 끼치다' 는 뜻을 가집니다. 그는 아름다운 신앙 가문의 전통에 먹칠을 하는 인물이 되었습니다.

탐심이 그와 그의 가문을 부끄럽게 만들고 말았습니다. 모두 거룩한 여호와의 전쟁을 치르고 있던 때에 시날산의 아름다운 외투 한 벌과 은 이백 세겔과 오십 세겔 상당의 금덩이 하나가 탐이 나서 그것을 도적질했습니다. 나 한 사람이 품은 탐심이 나와 내게 속한 공동체 전체를 부끄럽게 할 수 있습니다. 성경은 탐심을 일컬어 하나님께 드릴 영광을 우상에게 드리는 것과 같은 우상 숭배라고 했습니다. 우리는 이렇게 언제든지 넘어질 수 있는 연약한 자들입니다. 끊임없이 자신을 경계하며 탐심을 물리쳐야 합니다.(골 3:5)

2. 기브온 족속과 맺은 언약(9장)

여호수아 9장에는 이스라엘이 기브온과 화친의 조약을 맺은 사건을 기록합니다. 기브온은 이스라엘이 애굽에서부터 나와 여리고와 아이성 전투에서 승리한 소식을 모두 들어 알고 있었습니다. 그들은 자신들을 가나안 땅에 살지 않고 먼 나라에서 온 사람처럼 위장하고 이스라엘에게 화친을 청했습니다. 여호수아는 그들의 속임수에 속아 하나님께 물어보지도 않고 그들과 화친의 언약을 맺고 말았습니다. 3일 후에 비로소 여호수아는 속은 것을 알게 되었습니다. 기브온이 보낸 사신은 원방에서 온 것이 아니었던 것입니다. 그러나 어찌하겠습니까! 여호와 앞에서 한 번 맺은 언약을 파기할 수 없으므로 이스라엘은 그들을 살리고 자신들의 종으로 삼았습니다.

여기에는 하나님의 깊은 뜻이 있습니다. 비록 가나안 족속들을 모두 멸해야 했지만 하나님께서는 그들 가운데서도 구원받을 자를 남겨 놓으시고 기브온 족속들에게 은혜를 베풀었던 것입니다. 이 실수를 통해 여호수아는 하나님의 일을 수행하는데 있어서 더욱더 신중해야 한다는 것을 배웠지만 기브온은 구원의 놀라운 은혜를 누리게 되었습니다.

하나님은 한번 맺은 언약을 소중하게 여기고 그 언약을 신실하게 지키십니다. 또한 우리에게 언약의 신실한 이행을 요구하십니다. 이스라엘의 역사를 보면 사울 왕의 시대에 사울이, 기브온과 여호수아 사이에 맺은 언약을 잊어버리고 기브온 백성들을 학살한 일이 있었습니다. 그런데 하나님께서 그 언약을 기억하시고 기브온의 요청에 따라 사울 왕의 일곱 후손들을 처형하게 했습니다.(삼하 21:1-14) 우리는 예수 그리스도의 십자가의 희생으로 하나님과 새 언약을 맺은 하나님의 백성들입니다. 하나님께서는 우리와 맺은 언약을 절대 잊지 않으십니다. 우리도 하나님 앞에 신실한 삶을 살아갑시다.

1. 하나님이 주신 승리(11장)

범죄자 아간을 처리한 후 이스라엘은 전쟁에 나갈 때마다 계속해서 승리를 거두었습니다. 아이성 전투의 패배는 그들에게 뼈아픈 실패의 추억이 되었습니다. 이스라엘은 파죽지세로 가나안 남부와 중부와 북부를 점령했습니다. 여호수아가 가나안 땅에 살고 있던 31왕을 격파함으로써 마침내 그 땅에서 전쟁이 그치게 되었습니다. 이는 실로 하나님의 은혜였습니다. 가나안 땅을 주시겠다고 약속하신 하나님께서 여호수아와 그 백성들의 헌신을 통해 그 약속을 실현하신 것입니다. 모세 시대에 가나안 땅을 정탐하고 돌아온 정탐꾼들이 가나안 땅은 거민을 삼키는 땅이고, 그 땅에는 아낙 자손들이 살고 있고, 자신들은 그들과 비교하면 메뚜기와 같다고 했는데, 여호수아는 오직 믿음으로 그 가나안 족속들을 모두 물리치고 하나님의 언약의 성취를 가져오게 했습니다. 오직 믿음만이 하나님을 기쁘시게 합니다.(수 11:23)

여호수아의 승리는 곧 하나님의 승리입니다. 하나님이 함께하시면 어떤 싸움도 반드시 이기게 되어 있습니다. 우리의 영적 싸움도 마찬가지입니다. 십자가에서 마귀의 권세를 깨뜨리고 승리하신 예수 그리스도를 믿고 나아갈 때 이기지 못할 싸움이 없습니다. 나는 이것을 못하고, 이것이 약하고, 이것을 끊지 못한다고 말하지 말고, 내게 능력 주시는 자 안에서 내가 모든 것을 할 수 있다고 선언하고 나를 괴롭히는 것들과 전쟁을 선포합시다. 말씀을 의지하여 앞으로 나아갑시다. 주님께서 우리를 반드시 이기게 하실 것입니다.

1. 이 산지를 내게 주소서(14장)

85세 노인 갈렙이라는 사람이 여호수아에게 나아와 아낙 자손들이 살고 있는 헤브론 산지를 자기에게 달라고 요청합니다. 갈렙은 유다 지파의 사람이었는데 그는 이렇게 말했습니다.(수 14:12) 그는 45년 전에 모세가 가나안에 보낸 12명의 정탐꾼 가운데 한사람으로써 헤브론 산지를 정탐했었습니다. 그때에 그곳에는 기골이 장대한 네피림 후손들이 살고 있었고 그들의 성읍은 매우 견고했습니다. 갈렙은 누구보다 헤브론 산지가 어떤 곳인지를 잘 알고 있었음에도 불구하고 여호수아에게 나아와 그곳을 자기에게 달라고 요구했습니다. 자신이 그들과 싸워 그 땅을 취하겠다는 것이었습니다. 그가 이렇게 담대하게 요구할 수 있었던 것은 하나님께 대한 믿음이 있었기 때문입니다. 45년 전이나 지금이나 갈렙의 믿음은 변하지 않았습니다. 하나님께서 함께하시면 능히 취할 수 있고, 또 그들은 변함없이 '우리의 밥'이라는 믿음이 그에게 있었습니다. 여호수아는 갈렙의 그 믿음을 높이 평가하고 그에게 헤브론 산지를 차지할 수 있는 특권을 주었습니다. 갈렙은 헤브론과 전쟁을 벌여 마침내 그 땅을 차지하였고 그 땅에 전쟁을 그치게 했습니다.

85세의 노구를 이끌고 헤브론 정복 전쟁을 승리로 이끈 갈렙의 믿음과 용기가 한없이 부럽기만 합니다. 우리는 조금만 나이를 먹으면 모든 일에 의욕을 잃고 '안 된다. 할 수 없다. 이제는 쉴 때'라고 말하며 쉽게 단념해 버리기 일쑤입니다. 하나님은 오늘도 갈렙과 같은 믿음을 가진 사람이 나타나기를 기대하시고, 그 믿음의 사람을 통해 하나님의 나라를 세워 가기를 기뻐하십니다. 믿음은 오랫동안 쓰임받는 삶을 살게 합니다.

1. 너희 얻을 땅을 그려 오라(18-19장)

아직 기업을 분배받지 못한 7지파에게 여호수아는 땅을 그려 오라고 명령합니다. 그들은 가나안 땅에 들어왔으면서도 자기들이 살 땅을 개척하지 않고 가만히 앉아 있었습니다. 여호수아는 각 지파에서 세 사람씩 선정하여 각자 자기들의 기업에 상당한 땅을 그려 오라고 했습니다. 여호수아는 그들이 그려 온 땅을 실로에서 제비뽑기를 통해 각 지파에게 분배했습니다. 하나님의 기업을 가만히 앉아서 누릴 수는 없습니다. 계속해서 개척해 나가야 합니다. 여호수아는 불평하는 에브라임과 므낫세에게 "삼림이라도 네가 개척하라 그 끝까지 네 것이 되리라"(수 17:18)고 했습니다.

그런데 19장에 보면 시므온 지파는 유다 자손의 기업 중에서 그들의 기업을 얻었습니다. 유다 자손은 기업이 많았으므로 시므온 자손들이 자기 지파의 기업을 유다 자손의 기업 중에서 얻게 된 것입니다. 이는 하나님의 놀라운 은혜입니다. 시므온 자손은 야곱에게 축복을 받지 못했고 모세의 축복에서는 아예 그 이름조차 거론되지 않았던 지파입니다. 시므온 지파의 서러움이 얼마나 컸을지 상상이 갑니다. 레위 지파는 하나님께 구별되어 성막을 봉사하는 영광을 누리게 되었는데 시므온 지파는 그렇게 되지 못했습니다. 그런데 유다 지파가 그들을 품어 안음으로써 기업을 누릴 수 있게 해 주었습니다. 이렇게 해서 12지파는 빠짐없이 기업을 얻어 누릴 수 있게 되었습니다.

많은 기업을 차지했던 유다 지파가 저주받았던 시므온 지파에게 자기들 지파의 기업을 나누어 준 일은 우리 주 예수 그리스도께서 죄인들을 품으시는 은혜를 예표합니다. 예수님은 유다의 후손으로 오셔서 죄인들을 사랑하셨습니다. "수고하고 무거운 짐 진 자들아 다 내게로 오라"고 말씀하셨습니다. 어떤 죄인도 예수 안으로 들어가면 기업을 누리게 됩니다. 예수 그리스도께서 죄인 된 우리를 사랑하시고 우리에게 하늘의 기업을 허락해 주셨습니다.

2. 도피성을 택정하라(20장)

이스라엘 백성들에게 땅 분배가 끝났을 때 하나님께서는 도피성을 구별하게 하시고 부지중에 오살한 자를 그곳으로 도망가게 하여 살게 하라고 하십니다. 도피성으로 6군데를 지정했는데 요단 동편에 세 성읍과 요단 서편에 세 성읍이었습니다.(수 20:7-8) 이렇게 구별된 도피성은 어느 지파의 사람들이라도 쉽게 접근할 수 있는 위치에 마련되었습니다. 생명을 사랑하시는 하나님의 특별한 배려입니다. 하나님은 한 생명이라도 헛되게 죽는 것을 원치 않으시고 모두 그 생명을 누리며 살기를 원하십니다.

이 도피성은 우리 주 예수 그리스도를 상징합니다. 예수님께서는 죽을 수밖에 없는 죄인이 그에게 나올 때 그 피로 덮으시고 모든 죄를 사하시고 사망의 심판을 면하게 하시고 보호해 주십니다. 도피성으로 피한 사람들은 그해 대제사장이 죽어야만 그 도피성에서 해방을 받아 고향으로 돌아갈 수 있습니다. 예수 그리스도는 십자가에 죽으심으로써 우리에게 참된 자유를 가져다주었습니다.

3월 7일 | 여호수아 21-24장

1. 안식을 주시다(21-22장)

하나님께서 그 열조에게 언약하신 대로 이스라엘 백성들에게 가나안 땅을 주어 그들이 그곳에 거하게 되었을 때 하나님께서 그들의 사방에 안식(누아흐)을 주셨습니다. 그러므로 이스라엘을 당할 대적이 없었습니다. 르우벤, 갓, 므낫세 반 지파의 군사들은 가나안 땅에 안식이 임한 것을 보고 모세가 그들에게 준 땅으로 돌아갔습니다.(수 21:43-44)

안식은 그냥 쉬는 것이 아닙니다. 힘써 일하고 난 후에 주저앉아 쉬는 것 그것이 안식입니다. 안식을 의미하는 히브리어 '누아흐'는 '주저앉다, 숨을 고르다, 낙타처럼 무릎을 꿇다'는 뜻을 가집니다. 즉 열심히 일하고 난 다음에 주어지는 것이 안식이라는 말입니다. 안식은 하나님이 주십니다. 엿새 동안 열심히 일한 사람에게 하나님께서 일곱째 날에 안식을 주십니다. 이스라엘 백성들이 가나안 땅을 정복하는 일은 쉽지 않았습니다. 그들은 철 병거와 견고한 성을 가진 그 땅의 백성들을 물리치기 위해 열심히 싸웠습니다. 하나님께서 열심히 수고로이 일한 그들을 위로하시고 안식을 주셨습니다.

2. 너희 섬길 자를 오늘날 택하라(24장)

여호수아가, 나이 많아 죽게 되었을 때에 이스라엘 지파의 지도자들을 세겜에 불러모았습니다. 세겜은 야곱이 세겜의 아들 하몰 자손에게서 금 일백 개를 주고 산 땅이었습니다. 이스라엘은 그 세겜에 요셉의 뼈를 장사하였습니다. 여호수아는 그곳에서 간단하게 이스라엘의 지나온 역사를 회고한 후 이스라엘 백성들을 향해 마지막 유언을 남겼습니다.(수 24:14-15) 여호수아의 말을 들은 백성들은 자기들도 여호와를 섬기겠다고 다짐했습니다. 그러나 여호수아는 다짐하는 백성들을 향해 이렇게 말했습니다.

"[수 24:19] 여호수아가 백성에게 이르되 너희가 여호와를 능히 섬기지 못할 것은 그는 거룩하신 하나님이시요 질투하는 하나님이시니 너희 허물과 죄를 사하지 아니하실 것임이라 [20] 만일 너희가 여호와를 버리고 이방신들을 섬기면 너희에게 복을 내리신 후에라도 돌이켜 너희에게 화를 내리시고 너희를 멸하시리라."

백성들은 다시 한 번 여호와만 섬기겠다고 다짐했지만 여호수아는 백성들의 앞날을 크게 걱정했습니다. 그러므로 그날에 여호수아가 세겜에서 백성으로 더불어 언약을 세우고 그들을 위하여 율례와 법도를 베풀었습니다. 하나님 앞에서 다시 한 번 백성들을 믿음으로 살도록 맹세시킨 것입니다. 그리고 여호수아는 일백십 세에 눈을 감았습니다.

늘 자식 걱정으로 마음 편할 날이 없는 것이 부모입니다. 여호수아는 아비의 심장을 가지고 자녀들을 바라보았습니다. 이스라엘 백성들은 여호와만 섬기겠다고 굳게 다짐했지만 역사는 그들이 결국 실패하는 인생이 되어 많은 고난을 당했음을 증거합니다. 모든 일이 우리의 결심만으로 되는 것이 아닙니다. 하나님의 도우시는 은혜가 있어야 합니다. 그러므로 자만하지 말고 항상 하나님 앞에서 겸손해야 합니다. 우리는 매일 매 순간 하나님을 선택하고 은혜를 선택하고 믿음을 선택하며 살아가야만 하는 하나님의 자녀들입니다.

3월 8일 | 사사기 1-4 장

1. 사사기에 대하여

사사기는 여호수아가 죽은 후에 이스라엘 백성들이 가나안 땅에서 어떻게 살아가는지를 보여 줍니다. 모세와 여호수아 같은 위대한 믿음의 영웅들을 잃은 이스라엘은 중심을 잃고 갈팡질팡하며, 하나님의 말씀에 불순종하고 이방신들을 음란하게 섬김으로써 하나님의 진노를 사게 되었습니다. 그러나 하나님께서는 그들을 긍휼히 여기시고, 고난 가운데서 부르짖을 때에 사사들을 보내 구원하심으로써 하나님 한 분만이 그들의 인생에 참 소망이 되심을 보여 주셨습니다. 여호수아의 죽음으로부터 초대 왕 사울이 등장하기까지 330여 년의 이스라엘 역사를 사사기는 한 줄로 이렇게 요약합니다. "그때에는 이스라엘에 왕이 없으므로 사람마다 자기 소견에 옳은 대로 행하였더라."(삿 17:6).

하나님께서는 사사기 말씀을 통해 자기 소견에 옳은 대로 살아가다가 고난을 당한 하나님의 백성들에게 왜 하나님만이 그들의 참 왕이 되어야 하는지를 명확하게 보여 주십니다. 사사기 말씀은 오늘 우리시대에 꼭 필요한 말씀입니다. 오늘 우리 세대는 선조들이 물려준 귀한 신앙을 제대로 계승하지 못하고 자기 소견에 옳은 대로 행하는 일들이 점점 많아지고 있습니다. 하나님을 잊어버리고 세상의 가치를 따라 살아가면 필연 생명의 길을 잃고 방황하게 됩니다. 사사기는 타락과 심판, 부르짖음과 돌보심이 마치 다람쥐 쳇바퀴 돌듯 계속됩니다. 인간은 끊임없이 하나님을 반역하지만 하나님은 여전히 그들을 사랑하시고 은혜를 베푸십니다.

2. 유다와 시므온(1장)

사사기 1장은 이스라엘 백성들의 가나안 정복전쟁의 개요를 보여 줍니다. 사사기 1장을 보면 나머지 사사기 전체의 내용을 미루어 짐작할 수 있습니다. 여호수아의 죽음은 이스라엘에게 큰 충격과 슬픔을 안겨 주었습니다. 그러나 그들은 아직 정복해야만 하는 땅이 많았으므로 계속해서 싸워야 했습니다. 여호수아가 죽은 후 이스라엘 백성들이 하나님께 누가 먼저 가나안 사람과 싸워야 하는지 물었습니다. 하나님께서는 유다를 앞장세우십니다. 하나님께서 함께하셔서 유다는 싸움에서 승리를 거두었습니다. 유다는 전쟁에 나갈 때에 시므온 지파를 설득하여 그들도 함께 싸움에 임할 수 있게 했습니다.(삿 1:3) 그러나 시므온 지파가 전쟁에서 싸운 흔적은 찾아보기 힘듭니다. 모두 유다가 싸워 이겼다고 말씀합니다. 시므온 지파는 원래 이스라엘 중에서 나누임을 당하고 흩어짐을 당해야만 하는 지파였습니다.(창 49:7) 그런 시므온 지파가 유다 지파의 품에 들어와 보호받고, 또 유다 지파와 함께 싸움에 나가 별로 하는 일도 없었지만 유다 지파가 싸워 이긴 전리품을 함께 나누어 가질 수 있는 특권을 누렸습니다. 이 시므온 지파를 통해 우리는 하나님 앞에서 우리의 모습을 보게 됩니다. 우리는 모두 하나님의 심판을 받아 흩어지고 나누어져 소멸되어야 마땅한 사람들인데 하나님께서 유다 지파의 사자가 되시는 예수 그리스도의 품에 우리를 품으시고 예수 그리스도 안에서 생명의 은혜를 누리게 하십니다.

3. 쫓아내지 못하고, 쫓아내지 아니하였더라(1장)

이스라엘 백성들이 가나안 정복 전쟁을 치를 때, 싸움에서 많은 승리를 거두었지만 어떤 거민들은 쫓아내지 못하고 또 쫓아내지 않았다고 말씀합니다. 더욱이 유다 지파는 하나님께서 함께하신 전쟁을 치렀는데도 철병거가 있는 골짜기의 거민들을 쫓아내지 못했다고 말씀합니다.(삿1:19)

여호와께서 함께하셨는데 철병거가 있다고 쫓아내지 못했다는 것이 말이 됩니까? 이 말씀은 마치 하나님이 철병거를 가진 거민보다 힘이 약한 것처럼 보이게 합니다. 그러나 철병거를 가진 거민을 쫓아내지 못한 것은 하나님이 약해서가 아니라 유다가 하나님을 온전히 신뢰하지 않았음을 보여 줍니다. 가나안은 이스라엘 백성들에게 정말 매력적인 곳이었습니다. 40년 동안 광야생활만 했던 백성들은 철기문화를 꽃피우고 있던 그 땅에 입성했을 때 엄청난 문화적인 충격을 받았을 것입니다. 그리고 그 땅의 문화와 그들이 섬기고 있던 신들을 동경했습니다. 그러므로 그들을 쫓아내지 못하고 또 쫓아낼 수 있었음에도 불구하고 다 쫓아내지 않고 남겨 두었습니다. 이스라엘 백성들의 불신앙은 결국 그들이 남겨 놓은 것들로 인해 시험을 받고 큰 어려움을 당하게 됩니다.(삿 2:2-3)

4. 여호와께서 남겨 두신 열국(3장)

하나님께서 가나안 전쟁을 알지 못하는 세대들을 시험하기 위해 열국들을 남겨 두셨다고 말씀합니다. 여호와께서는 모세를 통하여 그들의 열조에게 명하신 명령들을 그들이 청종하는지 알고자 하셨습니다. 왜 하나님께서 이렇게 하셨을까요? 자기 백성들을 위하여 대적들을 다 쓸어버리셨다면 더 낫지 않았을까요? 그러나 하나님은 자기 백성들의 마음을 아시는 분이십니다. 하나님의 백성들은 원래부터 하나님 섬기기를 싫어하고 하나님의 말씀을 불순종했던 사람들입니다. 죄악된 아담의 본성을 가지고 있는 백성들에게 무엇을 준들 그들이 그것을 가지고 하나님을 영화롭게 하는 삶을 살 턱이 없는 것입니다. 그러므로 하나님께서 열국들을 남겨 놓아 그들로 이스라엘을 시험하게 함으로써 이스라엘에게 계속해서 하나님을 의지하고 어려운 일을 당할 때마다 하나님께 나아와 부르짖게 하셨습니다.

하나님은 처음부터 우리가 하나님의 말씀을 순종할 수 없는 자들임을 아셨습니다. 그러므로 당신의 백성들이 하나님의 말씀을 불순종함으로써 그들이 얼마나 교만하고 죄악된 존재들인지를 알게 하시고 하나님 없으면 안 된다는 고백에 이르게 하신 것입니다. 이스라엘 백성들은 고통을 당할 때마다 하나님께 부르짖었습니다. 그때마다 하나님께서는 그들에게 은혜를 베풀고 그들을 보호하고 승리를 가져다주심으로써 하나님이 참 하나님 되심을 알게 하셨습니다. 하나님만 신뢰하며 살게 하셨습니다. 이 하나님의 오묘한 신비를 아는 사람은 고난의 의미가 무엇인지를 비로소 깨닫고, 고난 가운데서 하나님께 더 감사하게 됩니다. 성도에게 고난은 '변장 된 축복'입니다. 우리는 인생에서 고난을 만날 때에 더욱더 하나님께 기도하며 하나님의 자비와 긍휼을 사모해야 합니다.

1. 큰 용사 기드온(6장)

이스라엘 자손들이 여호와의 목전에 악을 행하자 하나님께서 미디안을 일으키셔서 7년 동안이나 이스라엘을 괴롭히게 하셨습니다. 미디안으로 인하여 이스라엘의 삶은 피폐하게 되었습니다. 이에 이스라엘이 하나님께 부르짖었습니다. 하나님께서 그들의 부르짖음을 들으시고 여호와의 사자를 기드온에게 보냈습니다. 그때 기드온은 미디안 사람들이 두려워 그들 몰래 포도주 틀에서 밀을 타작하고 있었습니다. 여호와의 사자는 기드온에게 "큰 용사여 여호와께서 너와 함께 계시도다."라고 했습니다. 자기 민족을 구원하여 주지 않는다고 하나님께 대하여 불만을 품고 있던 기드온에게 여호와께서 하나님 되시는 표징을 보여 주시고 기드온을 이스라엘의 구원자로 세우셨습니다.

여호와의 신이 기드온에게 임하고 기드온이 미디안과 전쟁하기 위해 나팔을 불 때 사람들이 벌떼처럼 기드온에게 몰려들었습니다. 기드온은 이미 하나님을 만났음에도 불구하고 스스로 하나님을 시험하여 말하기를 '내 손으로 이스라엘을 구원하려거든 하나님께서 나와 함께하신다는 확실한 증거를 여기 모인 많은 사람들 앞에서 보여 달라.'고 했습니다. 미디안과의 일전을 앞두고 기드온이 이른바 '양털뭉치 시험'으로 하나님을 시험했습니다. 아마도 기드온은 많은 사람들 앞에서 자신이 대단한 능력의 사람, 하나님의 사람, 큰 용사임을 드러내고 싶었을 것입니다. 그러나 하나님은 기드온의 거듭된 시험을 모두 들어주셨습니다. 참으로 이스라엘을 구원하실 분은 하나님이신데 기드온은 거듭해서 "내 손으로 이스라엘을 구원하려 하시거든"이라고 했습니다. 기드온은 싸움을 자기 힘으로 하는 것이라고 생각했습니다.

우리에게는 항상, 하나님을 자기 힘을 과시하는 도구로 사용하여 스스로 큰 용사가 되려고 하는 기드온과 같은 교만함이 있습니다. 하나님을 시험해서라도 하나님을 내 편으로 끌어들이려고 합니다. 우리는 하나님을 시험하는 기드온을 통해 큰 용사가 되고 싶은 우리의 모습을 봅니다. 그러나 우리는 스스로 큰 용사의 자리에서 내려와 하나님을 신뢰함으로써 진짜 큰 용사가 되어야 합니다.

2. 300용사로 싸우시는 하나님(7장)

기드온은 3만 2천 명의 군사들로 미디안과 싸우려고 했습니다. 그러나 하나님은 그것을 기뻐하지 않으시고 300명의 군사들만 남겨 놓으십니다. 거의 대부분의 군사들을 집으로 돌려보내셨습니다.(삿 7:2) 하나님께서는 기드온에게 300명의 군사를 거느리고 가서 미디안을 치라고 하셨습니다. 하나님의 말씀에 기드온은 어안이 벙벙했습니다. '아니 300명을 데리고 어떻게 미디안 연합군의 큰 군대와 맞서 전쟁을 할 수 있단 말인가?' 그러나 하나님께서는 두려워하는 기드온을 적진에 보내 그들이 꾼 꿈과 해몽하는 것을 듣게 하시고 기드온이 담대한 마음을 가질 수 있게 하셨습니다. 마침내 기드온은 하나님의 말씀대로 삼백 명의 군사를 거느리고 전쟁에 나가 미디안 연합군을 완벽하게 물리치고 대승을 거두었습니다. 하나님이 싸우셔서 승리를 거두신 것입니다.(삿 7:22-23)

우리는 항상 우리의 힘을 과시하려고 합니다. 많은 사람, 많은 세력, 큰 권력을 자랑합니다. 그것을 성공과 승리의 척도로 여깁니다. 그러나 그런 것들로 하나님을 기쁘시게 할 수 없습니다. 왜냐하면 거기에는 언제나 인간의 교만이 자리잡고 있기 때문입니다. 하나님은 우리를 통해 하나님의 일을 하실 때에 우리가 가지고 있는 모든 힘들을 빼십니다. 그래서 자꾸 줄이고 또 줄이십니다. 두려워 떨게 만드십니다. 그래야 진정으로 하나님을 의지할 수 있기 때문입니다. 예레미야 선지자는 이렇게 말했습니다. "[렘 9:23] 여호와께서 이같이 말씀하시되 지혜로운 자는 그 지혜를 자랑치 말라 용사는 그 용맹을 자랑치 말라 부자는 그 부함을 자랑치 말라 [24] 자랑하는 자는 이것으로 자랑할지니 곧 명철하여 나를 아는 것과 나 여호와는 인애와 공평과 정직을 땅에 행하는 자인 줄 깨닫는 것이라 나는 이 일을 기뻐하노라 여호와의 말이니라" 하나님을 의지합시다. 전쟁은 여호와께 속했습니다.

3월 10일 | 사사기 9-12 장

1. 처녀로 죽은 입다의 딸(11장)

길르앗 사람 입다는 창녀의 아들이고 기드온처럼 큰 용사였습니다. 그는 이스라엘의 사사가 되어 암몬 자손과의 전쟁을 승리로 이끌고 이스라엘에게 구원을 가져다주었습니다. 그가 암몬과 전쟁을 하러 나갈 때 하나님께 서원했습니다.(삿 11:30-31) 입다가 암몬 자손에게 항복을 받아 내고 전리품을 챙겨 집으로 돌아오게 되었는데 그때 그의 무남독녀 외동딸이 입다를 맞으려고 그의 집 문밖으로 나왔습니다. 입다는 그것을 보고 크게 슬퍼했습니다.(삿 11:34-35) 서원은 하나님께 하는 것인데 한 번 서원을 하면 그 서원은 반드시 지켜야만 합니다. 그러나 서원을 지키는 것보다 더 중요한 것은 그 동기입니다. 서원은 하나님 앞에 하는 것이므로 신실한 마음으로 해야 합니다. 그리고 그 서원한 것은 즐거움으로 지켜야 합니다. 그런데 입다는 자기 딸이 자기를 맞으러 나오자 그것을 슬퍼했습니다. 전쟁에 나갈 때 하나님이 서원하라고 하신 것도 아닌데 자기 스스로 서원을 했다가 그 서원을 이행하는 대상물이 자기 딸이라는 현실 앞에서 슬퍼했던 것입니다. 아무튼 입다는 결국 자기가 서원한 대로 자기 딸을 번제로 하나님께 드렸습니다.

그러면 하나님은 왜 입다의 딸이 번제로 드려지는 것을 막지 아니 하셨을까요? 입다가 승리하고 돌아올 때 그의 딸이 아버지를 맞으러 나올 줄 하나님께서 모르고 계셨을까요? 하나님은 분명히 모든 것을 다 알고 계시는 분이십니다. 더구나 사람을 번제로 드리던 이방인의 풍습을 죄악된 것으로 여기시고 책망하시는 분이십니다. 그럼에도 불구하고 하나님은 입다의 딸을 번제로 받으셨습니다. 성경은 입다의 슬픔과는 다르게 입다의 딸은 자신이 번제로 드려지는 것을 담담하게 받아들였음을 보여 줍니다.(삿 11:36) 하나님께서 무남독녀 입다의 딸을 번제로 받으신 것은 우리의 자녀들의 생명도 취하시겠다는 그런 말씀이 아닙니다. 입다에게 있어서 무남독녀 외딸은 그의 힘이고 소망이고 그의 전부였습니다. 하나님께서는 그것을 입다에게서 거두어 가심으로써 그가 진정으로 힘을 삼고 소망을 삼고 살아야 하는 것은 하나님 한 분뿐임을 배우게 하시고 또한 죄와 더불어 살아가는 이스라엘 백성들이 하나님

한 분께만 소망을 두며 살게 하신 것입니다.

입다의 딸의 죽음은 우리 주 예수 그리스도의 죽음을 예표합니다. 우리 예수님은 하나님의 독생자이셨는데 우리의 죄를 대신해서 기꺼이 십자가에서 죽으셨습니다. 입다의 서원과 그의 가정에 임한 비극적인 일은 우리로 하여금 우리 인생이 얼마나 이기적이고 연약한 존재인지를 깨닫게 합니다. 또한 우리의 힘이 아닌 하나님만 의지하여 살아가야 함을 깨닫게 합니다. 예수님께서는 우리의 연약함을 아시고 우리에게 어떤 맹세도 하지 말라고 말씀하셨습니다.(마 5:34-37)

3월 11일 | 사사기 13-16 장

1. 턱뼈의 산에서(15장)

블레셋은 이스라엘의 원수였지만 이상하게도 이스라엘은 블레셋과 화친하며 살아갔습니다. 그러나 삼손은 블레셋을 치기 위해서 늘 기회를 엿보았습니다. 그들은 결코 하나가 될 수 없었습니다. 삼손의 장인이 삼손의 아내를 다른 사람에게 주어 버린 일로 인해 삼손은 블레셋을 치기로 결심했습니다. 여우 삼백을 붙들어서 그 꼬리와 꼬리를 매고 홰를 취하고 그 두 꼬리 사이에 홰를 달고 홰에 불을 붙여 블레셋 사람의 곡식밭으로 몰아들여 곡식밭을 망가뜨렸습니다. 그 일로 블레셋 사람들은 삼손의 아내와 그 아비를 불살라 버렸습니다.

삼손의 일로 인해 마침내 유다와 블레셋 사이에 전쟁이 있게 되었습니다. 그러나 유다 사람들은 삼손을 묶어 블레셋에 넘김으로써 블레셋의 관할 하에 살고 있던 그들의 삶의 평온을 유지하고자 했습니다. 그러나 삼손이 레히에서 성령의 충만을 받아 결박을 끊고 나귀 턱뼈로 블렛셋 사람 천 명을 죽였습니다. 그리고 그는 승리의 노래를 불렀습니다.(삿 15:16) 그런 후 삼손은 그곳 이름을 '라맛레히' 라고 불렀습니다. 라맛레히는 '턱뼈의 산' 이라는 뜻입니다. 삼손은 자신이 나귀 턱뼈 하나 가지고 천 명을 죽였다고 자랑했습니다. 그러나 그 일로 삼손은 심히 목말라 죽게 되어 부르짖었습니다. 그의 승리를 무색하게 만드는 장면이 아닐 수 없습니다.

하나님께서는 그 시체들이 가득한 레히의 한 우묵한 곳에서 물을 내심으로 삼손의 목마름을 해갈해 주셨습니다. 그곳은 '엔학고레' 가 되었습니다. 엔학고레는 '부르짖는 자의 샘' 이라는 뜻입니다. 이일은 삼손이 자기 힘으로 대적을 이긴 것처럼 여겨졌지만 하나님의 은혜가 없이는 여전히 죽을 수밖에 없는 연약한 인생임을 보여줍니다. 우리는 우리 힘으로 사는 자가 아닙니다. 십자가 위에서 친히 목마름을 경험하심으로써 우리의 목마름을 해갈해 준 예수 그리스도의 피 공로에 의지하여 사는 자들입니다. 예수님이 우리의 진정한 힘이 되시고 생명의 근원이 되십니다.

2. 들릴라를 사랑한 삼손(16장)

블레셋 사람들은 삼손을 죽이기 위해 혈안이 되었습니다. 하루는 삼손이 가사에 있는 한 기생의 집에 들어갔습니다. 그런데 그의 거처가 대적들에게 드러났습니다. 삼손은 그날 밤중에 일어나 그 성 문짝들과 두 설주와 빗장을 빼어 그것을 어깨에 메고 헤브론으로 갔습니다. 성 문을 뺐다는 것은 그 땅을 정복했다는 의미입니다. 그러나 블레셋 사람들은 계속해서 삼손을 죽이려고 했습니다. 삼손이 소렉 골짜기의 들릴라라는 한 여자를 사랑하게 되었는데 블레셋 사람들은 그 들릴라를 통해 삼손의 힘의 비결을 알아내려고 했습니다. 결국 삼손은 들릴라에게 자기 힘의 비결을 드러내고 말았습니다. 그러므로 블레셋 사람들이 삼손의 머리카락을 밀어 버려 그에게서 힘이 떠나게 했습니다. 그러나 삼손은 마지막으로 하나님께 간구해 다시 얻은 힘을 가지고 블레셋 사람들과 함께 죽었습니다. 삼손은 자기가 죽을 줄 뻔히 알면서 들릴라에게 자기 힘의 비밀을 알려줬습니다. 그 일로 인해 그는 블레셋 사람들에게 잡혀 죽게 되었습니다. 그러나 삼손은 들릴라를 원망하지 않고 오히려 그를 조롱하는 블레셋 사람에게 원수를 갚을 수 있도록 힘을 달라고 하나님께 부르짖었습니다.(삿 16:28-30)

삼손의 죽음은, 은 일천일백 개를 탐해 삼손의 힘의 비밀을 알아내어 블레셋 사람들에게 알려 준 들릴라와 같은 우리를 사랑하시고 우리를 위해 기꺼이 죽어 주신, 우리 주 예수 그리스도의 희생을 보여 줍니다. 하나님은 이렇게 인간 사사의 불완전함을 드러내심으로써 예수 그리스도가 우리의 온전한 사사가 되실 것을 예표하셨습니다.

1. 미가, 레위인, 단 자손(17, 18장)

미가가 어미의 집에서 은 일천일백을 훔쳤다가 다시 어미에게 돌려주었습니다. 그 일로 그 어미는 미가를 축복하고, 그 은을 가지고 아들을 위해 여호와의 이름으로 신상과 에봇을 만들고 드라빔을 만들었습니다. 하나님을 섬긴다고 하고, 하나님의 이름으로 말하면서 신상을 만들고 드라빔을 만들었습니다. 어떻게 해서든지 아들이 복받는 것이 목적이었으므로 수단과 방법을 가리지 않고 아들을 위해 좋은 것이라고 여겨지는 것은 다했습니다.

어느 날 미가가 한 레위인을 만나 그를 자기 집의 제사장으로 삼기로 하고 그와 계약하기를 일 년에 은 열과 의복 한 벌과 식물을 주겠다고 했습니다. 돈을 가지고 제사장을 고용한 것입니다. 그러면서 그는 말하기를 레위인이 내 제사장이 되었으니 이제 여호와께서 내게 복 주실 줄을 아노라고 했습니다. 자기 소견대로 행한 참 어처구니없는 일입니다.

그런데 이때에 단 지파는 아직 거할 기업의 땅을 얻지 못해 구하고 있었습니다. 그래서 그들은 땅을 탐지하고 살피기 위해 다섯 명의 용사를 뽑아 보냈는데 그들이 에브라임 산지에 있는 미가의 집에 들러 유숙하게 되었습니다. 그들은 그곳에서 레위인을 만나게 되었고 그 제사장에게 자신들의 길의 형통을 물었습니다. 용사들은 제사장의 말을 믿고 나아가 제사장의 말대로 좋은 땅을 탐지하게 되었습니다. 이에 미가의 집에 있던 제사장을 신통하게 여긴 단 지파가 그 가족 중 육백 명을 무장시키고 미가의 집으로 쳐들어가 그의 집에서 에봇과 드라빔과 새긴 신상과 부어 만든 신상을 취하고, 레위인에게 한 사람의 집의 제사장이 되는 것보다 이스라엘 한 지파의 제사장이 되는 것이 더 낫지 않겠느냐고 설득하여 그를 그들의 제사장으로 삼았습니다. 나중에 이 사실을 안 미가가 그들이 가져간 것을 다시 되돌리려고 했지만 단 지파의 용사들은 힘으로 그를 제지했습니다. 이후에 단 자손은 그 모든 것들과 함께 시돈 땅에 쳐들어가 그 땅을 빼앗고 그곳에 새로운 거처를 정하고, 그곳에서 제사를 드렸습니다. 그러나 하나님의 집은 여전히 실로에 있었습니다.

이 사람들이 하는 일을 보노라면 정신이 어지러울 정도입니다. 은을 훔쳐 간 사람을 저주했던 미가의 어머니가 그 은을 훔쳐 간 사람이 자기 아들임을 알게 되자 곧바로 여호와의 이름으로 아들을 축복하고 그 은으로 신상을 부어 만들었습니다. 자기 아들이 복받는 일이라고 여기면 못할 것이 없는 어미였습니다.

또한 미가의 집에서 섬기던 레위인 제사장은 단지파 사람들이 힘으로 미가를 찍어 누르고 그럴듯한 제안을 하자 곧바로 그들을 따라나섰습니다. 이는 그 시대가 영적으로 얼마나 혼탁했는지를 보여 줍니다. 하나님의 집이 실로에 있음에도 불구하고 그들은 자기들의 유익을 위해 하나님의 이름을 동원하는가 하면 우상을 만들어 섬기는 어처구니없는 일을 행했습니다.

오늘 우리 시대는 어떻습니까? 돈으로 신앙을 사고, 완력으로 자신들의 능력 있음을 과시하고, 자기의 유익을 위해 너무나도 쉽게 신의를 저버리고 있지는 않습니까? 미가와 그의 어머니, 그리고 레위인과 단 자손은 소견에 옳은 대로 행하는 우리 자신을 투영하고 있는 것만 같습니다. 하나님은 이런 세대를 보고 한탄하십니다.(삿 17:6)

2. 우리의 죄와 우리를 위해 죽으신 예수(19, 20장)

어떤 레위인이 첩을 취했습니다. 그런데 그 첩이 행음하고 남편을 떠나 자기 아버지 집으로 가버렸습니다. 레위인은 그를 찾으러 가서 장인을 만나 그의 집에 여러 날 머물게 되었습니다. 여러 날 후 집으로 돌아오는 길에 해질 무렵, 예루살렘 근교에 이르게 되었는데 그곳에서 유숙하지 않고 더 나아가 베냐민에 속한 기브아까지 갔습니다. 그곳에서 한 노인을 만났고 그 노인의 호의로 그의 집에 머물렀습니다. 그런데 그날 밤에 성읍의 비류들이 그 집을 에워싸고 그들을 욕보이기 위해 그 집에 들어온 사람들을 끌어내라고 윽박질렀습니다.

비류들이 막무가내로 요구하자 레위인이 자기 첩을 그들에게 주었고, 그 첩은 그날 저녁에 그들의 손에 죽었습니다. 화가 난 레위인은 그 첩의 시체를 열두 마디로 나누고 그것을 이스라엘 사방에 보냄으로써 이스라엘이 모두 죽을 수밖에 없는 운명에 처해 있다는 것을 보여 주었습니다. 그러나 이스라엘은 자신들의 모습을 깨닫지 못했습니다. 토막 시체를 보고 그것이 역사상 없었던 끔찍한 일이라고 하면서도 그들은 자기들의 죄는 보지 못했습니다.

토막 시체를 받아 든 이스라엘은 크게 분노했습니다. 그들은 미스바에서 총회를 열어 베냐민을 치기로 결정하고 40만 명의 군대를 모집했습니다. 이스라엘 역사상 전무후무한 일이었습니다. 한 지파를 치기 위해 열한 지파가 일어선 것입니다. 그리고 그들은 전의를 불태우기 위해 첩의 시체를 쪼개서 보낸 레위인을 불러 청문회를 열었습니다. 레위인은 자신의 행위의 정당성을 그들 앞에 주장했습니다. 자신이 그러한 행동을 한 이유는 이스라엘 중에서 음행과 망령된 일을 행하였음을 인함이라고 했습니다. 이스라엘은 그의 말을 듣고 베냐민이 참으로 망령된 일을 행한 것이라고 결론을 내리고 전쟁을 하기로 결단했습니다. 베냐민도 그들과 싸우기 위해 2만 6천 7백 명의 군대를 모집했습니다.

사람들의 행하는 일이 이와 같이 악합니다. 이스라엘은 12토막의 시체를 보았을 때 자신들의 죄악을 깨달아야만 했습니다. 하나님께서는 그들의 행음과 망령된 일을 깨닫기를 원하셨습니다. 죄악된 일들을 볼 때에 사람들은 본능적으로 자기의 죄를 감추려 하고 다른 사람들의 죄를 지적하려고 합니다. 그러나 형제의 허물을 볼 때 우리는 내 안에 있는 들보가 있음을 깨달아야 합니다. 죄의식이 마비된 곳에는 집단적인 악이 성행하게 됩니다.

이스라엘과 베냐민 사이에 비극적인 전쟁이 있었습니다. 이스라엘 백성들은 자신들이 베냐민과 싸우는 것이 당연하고, 그렇게 악한 일을 행한 자들은 반드시 징벌해야 한다고 생각했습니다. 그러므로 하나님께 나아가 자신들의 정당성을 주장하며 누가 먼저 올라가 싸워야 할지 물었습니다. 하나님께서는 먼저 유다 자손이 앞장서 베냐민과 싸우게 했습니다. 그날에 이스라엘에는 2만 2천 명의 전사자가 발생했습니다. 하나님께서 유다를 가장 먼저 전쟁에 내보내 죽게 하셨습니다.

이스라엘이 이번에는 울면서 하나님께 나아가 기도하기를 '우리가 다시 나아가서 우리의 형제인 베냐민 자손과 싸워야 합니까?' 하고 물었습니다. 하나님께서는 여전히 올라가라고 했습니다. 그러나 그들은 두 번째 전투에서도 1만 8천 명이나 죽었습니다. 다급한 이스라엘은 벧엘로 올라가 여호와 앞에서 금식하며 번제와 화목제를 드리고 하나님께 묻기를 '우리가 우리 형제 베냐민 자손과 싸울까요, 말까요?' 했습니다. 하나님께서는 이번 전쟁에서는 베냐민을 그들의 손에 붙이시겠다고 하셨습니다. 하나님은 이스라엘이 베냐민과 싸우는 것보다 먼저 자신들의 죄를 깨닫기를 원하셨습니다.

3차 전쟁에서는 하나님께서 베냐민을 마침내 이스라엘의 손에 붙이셔서 베냐민의 군대를 거의 전멸시키셨습니다. 하나님은 이스라엘의 군대를 베냐민 앞에서 두 번이나 패하게 하심으로써 그들이 깨닫지 못했던 죄악을 결코 간과하지 않으시는 하나님이심을 보여 주셨지만, 베냐민 또한 하나님 앞에서 그들의 죄를 심판받아야만 했습니다.

유다의 후손으로 오신 예수님이 십자가를 지고 죽으셨습니다. 하나님께서는 예수님의 죽음을 통해 인생들이 하나님 앞에서 얼마나 심각한 죄인인지를 깨닫기 원하십니다. 하나님은 하나님을 왕으로 삼지 않고 자기 힘과 권력을 의지하여 살면서 죄의 포로가 된 하나님의 백성들을 불쌍히 여기십니다. 이렇게 그들의 죄악을 드러내심으로써 그들의 죄악됨과 무능함을 깨닫게 하십니다. 우리가 믿음으로 살아갈 때 우리의 힘과 능력만 의지하면 필연적으로 육의 열매, 사망의 열매를 맺게 됩니다. 하나님의 백성들이 그 마음에 하나님을 버릴 때 가장 초라하고 비참한 인생이 됩니다.

룻기

3월 13일 | 룻기 1 장

1. 룻기에 대하여

룻기는 이스라엘의 사사시대에 있었던 한 가정의 가정사를 통해 자기 소견에 옳은 대로 행하던 혼탁한 시대에 하나님께서 어떻게 자기 백성을 사랑하시고 구원하시는지 하나님의 구속사를 보여 주는 말씀입니다. 룻기의 저자는 사무엘이라고 여겨집니다.

2. 무엇을 선택할까?(1장)

엘리멜렉의 가정이 기근을 피하여 모압으로 이민 갔다가 가정에 큰 위기를 만나게 되었습니다. 엘리멜렉의 아내 나오미는 그곳에서 사랑하는 남편과 두 아들을 잃었습니다. 그리고 두 며느리들과 함께 살아가다가 하나님께서 예루살렘에 양식을 주셨다는 소식을 듣고 다시 예루살렘으로 돌아가고자 결심하고 그 땅에서 나왔습니다. 나오미는 그 자부들을 각각 친정으로 돌려보내려고 했지만 한사코 시어머니를 따르겠다고 한 룻의 결심을 꺾을 수 없었습니다. 하나님께서 하신 일입니다.

하나님께서는 참 믿음을 기대하십니다. 그러므로 계속해서 당신의 백성들 가운데서 믿음을 시험하시며 그 가운데서 참과 거짓을 분별해 내십니다. 오르바와 룻이 시어머니의 신앙에 많은 영향을 받았지만 그들의 신앙의 모습은 완전히 달랐습니다. 오르바의 믿음은 세상을 사랑하는 믿음이었고, 룻의 믿음은 하나님을 사랑하는 믿음이었습니다. 우리가 결정적으로 결단해야 할 순간에 무엇을 선택하는가는 그 사람의 믿음의 본질이 무엇인지를 드러냅니다. 참 성도는 예수님께만 소망을 둡니다.

룻기 1장은 선택들로 가득차 있습니다. 베들레헴에 살던 엘리멜렉의 가정이 그 땅에 계속된 흉년을 피하여 모압으로의 이민을 선택했습니다. 룻과 오르바가 남편을 잃고 난 후 새로운 인생을 선택하게 되었는데 오르바는 친정으로 돌아가서 그들의 신을 섬기기로 선택했고, 룻은 시어머니 나오미를 따라 베들레헴으로 돌아가 하나님을 섬기기로 선택했습니다. 나오미는 베들레헴으로 돌아가기로 결심하고 자부와 함께 돌아왔습니다. 우리는 매일 어떤 선택을 하며 삽니다. 선택은 결과를 가져오기 때문에 선택(결정)을 잘해야 합니다. 육신의 생각은 사망이요 영의 생각은 생명과 평안이라(롬 8:6)고 했습니다. 선택은 인생에 중대한 영향을 미칩니다.

룻은 그의 인생에 있어서 중요한 신앙의 선택을 했습니다. 룻과 나오미는 그때 그들의 선택이 무엇을 의미하는지 몰랐지만 룻의 가문을 통해 예수 그리스도의 조상인 다윗이 태어나고 그 후손으로 예수님이 세상의 구세주로 오시게 되었습니다. 평범한 삶 속에서 일어난 일이지만 그것이 인류 구원사의 줄기를 형성하는 결정이 된 것입니다. 우리의 삶에서 굳은 믿음의 결단을 하는 것이 쉬운 일은 아니지만 그러한 선택과 결단을 통해 하나님께서는 우리의 삶을 회복시키시고 복 주십니다.

1. 나의 보아스 예수(2장)

시어머니 나오미와 함께 예루살렘으로 돌아온 룻이 보아스의 밭에서 이삭을 주었습니다. 그들이 돌아온 시기는 마침 보리 추수할 때였고, 생활이 궁핍했기 때문에 이삭을 주어야만 했습니다. 룻은 우연히 추수하는 보아스의 밭에 이르러 그곳에서 열심히 이삭을 주웠습니다. 때마침 보아스가 그 추수 밭에 왔다가 이삭을 줍고 있는 룻을 발견하게 되었고 그가 모압에서 나오미와 함께 돌아온 나오미의 며느리인 것을 알고 그를 칭찬하고 그를 후하게 대우해 주었습니다.

성도의 삶은 하나님의 인도를 받는 삶입니다. 하나님께서 당신의 사랑하는 자들을 하나님의 방법으로 인도하시고 계속해서 은혜를 베풀어 주십니다. 우리의 삶을 세밀하게 인도하십니다. 그렇기 때문에 삶의 형편이 어떠하든지 하나님의 인도에 대한 확신을 가지고 살아가는 성도는 하나님의 은혜를 누리면서 살게 됩니다. 환경이 열악하고, 만족스럽지 못해도 우리가 하나님 안에 있다면 하나님께서 반드시 우리의 삶을 바른 길로 인도하실 것을 믿어야 합니다. 이런 믿음이 있는 사람은 범사에 감사합니다. 룻을 보아스의 밭으로 인도하신 분은 하나님이셨습니다.

룻이 집으로 돌아가 시어머니 나오미에게 보아스가 베풀었던 호의에 대해서 말씀드렸습니다. 보아스는 나오미의 친족으로 그의 기업을 무를 자 중 한 사람이었습니다. 보아스는 룻이 그 시어머니 나오미에게 어떻게 행한 것과, 어떻게 하나님을 섬기기로 결단한 것을 알고 있었습니다. 그러므로 룻에게 추수를 마칠 때까지 다른 데 가지 말고 자기 밭에서 이삭을 주으라고 했습니다. 그날 보아스가 룻에게 베푼 호의는 과분한 것이었습니다. 나오미는 며느리에게 보아스의 밭 외에 다른 밭에 가서 사람을 만나지 말고 오직 보아스의 밭에서 그의 소녀들과 함께 있으라고 했습니다. 룻은 시어머니의 말에 순종하여 보리 추수와 밀 추수를 마칠 때까지 보아스의 밭에서 이삭을 주웠습니다. 성도는 영원한 보아스, 예수 그리스도의 밭인 교회를 중심으로 살아야 합니다. 예수님 한 분 만으로 만족해야 합니다.

2. 예수님의 옷자락 (3장)

나오미는 며느리 룻에 대한 안타까운 마음을 가지고 있었습니다. 아무 소망 없는 자신을 따라와서 이삭을 주우며 살아가는 룻의 어려운 생활을 안타깝게 여겼습니다. 어떻게 하면 아직 젊은 며느리를 도와주고, 이 며느리를 복되게 할 수 있을까 많이 생각했습니다. 새로운 남편을 만날 수 있도록 도와주고 싶다는 마음이 있었습니다. 그런데 이삭을 주우러 나갔다 돌아온 며느리가 이삭을 주우면서 일어났던 일에 대해 하는 말을 듣고 나오미의 마음에 큰 감동이 있었습니다. '아! 하나님이 지금 며느리를 인도하고 있구나, 하나님의 자비와 긍휼과 은혜가 저 아이에게 머물고 있구나, 하나님이 며느리에게 안식할 처소인 새로운 가정을 이루게 하시길 원하시는구나.' 깨닫게 된 것입니다. 나오미는 룻을 위한 하나님의 때가 온 것을 깨달았습니다.

그러므로 나오미는 룻이 보아스의 타작마당에서 행할 일을 알려 주었습니다. 나오미는 룻을 단장시키고, 보아스의 타작마당으로 내려가서 숨어 있으라고 했습니다. 보아스가 들어간 잠자리를 보아 두었다가 한밤중에 몰래 그의 이불 속으로 들어가 눕게 했습니다. 룻은 그대로 순종했습니다. 보아스를 신랑으로 맞이하길 원했습니다. 교회는 신랑 되신 예수 그리스도에게 은혜받고, 사랑받기 위해서 가장 거룩한 것으로 꾸미고 단장해야 합니다.

그날 밤 룻은 보아스에게 '당신의 옷자락으로 시녀를 덮으소서. 당신은 우리 기업을 무를 자가 됨이니이다.' 라고 고백했습니다. '당신의 신부가 되기를 원합니다. 당신의 그 은혜의 옷자락으로 나를 덮어서 나를 받아 주시기 바랍니다.' 라는 뜻입니다. 룻에게는 보아스의 은혜가 필요했습니다. 그에게 은혜를 입어야 진정한 안식을 누릴 수 있었기 때문입니다. 언제나 교회에는 하나님의 은혜가 있어야 하고, 하나님의 은혜를 사모해야 합니다. 하나님의 은혜의 옷자락이 교회를 덮을 때 교회가 진정한 안식과 평안을 누리게 됩니다. 우리 하나님은 은혜를 받으려고 그의 날개 아래 오는 사람들을 품으십니다. 암탉이 제 새끼를 그 날개 안에 품 듯이 따뜻하게 품으시고 위로해 주시고 격려해 주시고 복을 주십니다. 우리가 안식을 얻기 위해 우리의 보아스 되시는 예수 그리스도께 나아가야 합니다. 주님 안에 신령한 은혜와 복이 있고, 참된 안식이 있습니다. 보아스는 룻의 모든 것을 알고 있었습니다. 우리 하나님이 우리를 세밀하게 아십니다. 우리의 중심을 달아보십니다. 있는 모습 그대로 그 앞에 나오기를 간절히 기다리고 계십니다. 모든 것을 그 앞에 내놓고 고백하고 은혜를 사모해야 합니다.

3. 예수의 신부된 교회(4장)

룻이 어떻게 보아스와 결혼하여 자녀를 낳고 후손의 계보를 이어가게 되었는지에 대하여 말씀합니다. 하나님이 어떤 사람을 기뻐하시고 그에게 복을 주시는지 보여줍니다. 우리가 무슨 일이든 말씀의 원리에서 생각하고 판단할 때 하나님의 뜻을 이루는 삶을 살 수 있습니다. 믿음으로 행한 일들에는 반드시 하늘의 보상이 있습니다.

모압에서 돌아온 룻의 생활은 궁핍했습니다. 근근이 이삭을 주워 살아가고 있었습니다. 그는 그 남편의 소유로 있던 땅을 팔아야만 했는데, 엘리멜렉의 친족이었던 보아스는 나오미의 사랑스러운 며느리였던 현숙한 여인 룻을 생각해서 어떻게 하든지 그들의 소유지가 다른 사람에게 팔리지 않게 하고, 그 기업을 구속할 책임이 있는 사람을 찾아 그를 통해 사게 함으로써 결국 다시 돌려주게 하고자 했습니다. 보아스는 엘리멜렉 가문에 기업 무를 자가 되어 줌으로써 룻을 자기의 아내로 맞이했습니다. 우리 예수님께서는 자기의 생명의 핏값으로 우리를 사셨습니다. 우리를 당신의 신부로 삼으시고 친히 신랑이 되어 주셨습니다.

3월 15일 | 사무엘상 1-4 장

1. 사무엘서에 대하여

사무엘서는 솔로몬 왕 이후, 유다의 한 선지자에 의해 기록된 것으로 보입니다. 우리 성경은 사무엘 상·하로 나뉘어져 있지만 원래는 한 권의 책입니다. 사무엘상은 사사시대와 왕정시대를 연결하는 다리와 같은 역할을 하는데, 이스라엘의 초대 왕인 사울 시대의 역사를 기록합니다. 사무엘상의 주요 등장인물은 사무엘과 사울과 다윗입니다. 사울 왕은 처음에 겸손하게 시작했지만 나중에는 교만함으로 인해 하나님께 버림받았습니다. 사무엘하는 이스라엘의 두 번째 왕인 다윗 시대의 역사를 기록하고 있습니다. 다윗은 하나님의 마음에 합한 사람이었습니다. 그러나 다윗도 하나님 앞에서 범죄함으로 징계를 받기도 했습니다. 하나님께서는 다윗에게 메시야를 약속하셨습니다.

2. 시대를 살리는 기도(1장)

사사시대 말기에 '엘가나' 라고 하는 사람에게 '한나' 와 '브닌나' 라는 두 아내가 있었습니다. 한나는 남편의 사랑의 많이 받았지만 하나님께서 그에게 자녀를 허락하지 않았습니다. 한나는 자녀를 얻은 브닌나에게 괴롭힘을 당했으며 한을 품고 하나님께 자녀를 달라 기도했습니다. 자식 없는 서러움을 가지고 한 기도가 아니었습니다. 그는 하나님께 대한 예배가 무시당하는 비참한 현실을 보고 하나님 앞에서 거룩한 갈망을 가졌습니다. 엘리 제사장은 늙었고 그의 아들들은 불량하여 제사장으로서의 자격을 갖추지 못했으므로 한나는 백성들을 하나님께로 온전히 인도하지 못하는 그들을 보고 탄식했습니다. 참 하나님의 사람이 나타나 하나님과의 바른 관계를 회복시키기를 갈망했습니다.

그러므로 한나는 하나님께서 아들을 주시면 그의 평생을 하나님께 바치고 그 머리에 삭도를 대지 않게 하겠다고 서원했습니다. 한 시대를 살리기 위한 간절한 기도였습니다. 모든 사람들이 자기를 위해서만 살아가는 시대의 아픔을 보고 하나님의 긍휼을 구했습니다. 그의 자녀가 시대를 살리는 자녀가 되기를 소망했습니다.

오늘 불신앙의 현실을 보고 하나님 앞에서 거룩한 열심을 품고 살아갈 한 사람이 필요합니다. 하나님은 그 한 사람을 통해 당신의 나라를 이루어 가십니다. 우리가 시대를 살리는 기도의 사람이 될 수 있습니다.

3. 승리의 노래를 부르라(2장)

한나가 그의 아들 사무엘을 여호와께 바친 후에 감격하며 하나님께 기도하고 승리의 노래를 불렀습니다. 하나님이 그의 마음에 큰 감동과 기쁨을 주셨습니다. 어두운 시대를 붙들고 애통해하던 한 여인을 하늘의 위로로 충만하게 채워 주셨습니다. 한나는 악이 비록 성할지라도 하나님이 당신의 백성에게 구원을 베풀어 주시고, 인생의 모든 주권이 하나님께 있음을 확신했습니다. 세상이 아무리 어두워도 빛이 비추이면 모든 어둠은 물러갑니다. 한나는 사무엘이 생명의 빛으로 세상 가운데 비추이게 될 것을 소망하고, 그 속에서 참된 왕이신 메시야의 승리를 바라보았습니다.

세상에 하나님을 대적하는 일들이 아무리 많을지라도 주를 대적하는 자들은 결국 깨어지고 부서뜨림을 당하게 됩니다. 그러므로 진리를 사모하고 빛을 사모하는 마음을 가지고 하나님 앞에 나아가야 하겠습니다. 오늘 내 영혼을 짓누르는 어둠의 세력이 있습니까? 물러서지 말고 영적인 싸움을 계속합시다. 모든 무거운 것과 얽매어 있는 것들을 하나님께 맡기고 우리에게 완전한 승리를 가져다주신 예수 그리스도를 바라봅시다. 그때에 우리의 심령에서 한나와 같은 승리의 노래가 터져 나오게 됩니다.

4. 이가봇(4장)

이스라엘 백성들이 블레셋과의 전쟁에서 패해, 많은 사람들이 죽임을 당했습니다. 이에 긴급하게 장로회의가 소집되고 전쟁의 패인을 분석했습니다. 결론은 여호와의 언약궤가 자기들에게 없었기 때문에 패했으므로 실로에 있는 언약궤를 가져다가 자기들 곁에 두자는 것이었습니다. 백성들이 언약궤를 가져왔고 엘리의 불량한 두 아들 홉니와 비느하스가 그 언약궤를 지켰습니다. 그러나 언약궤가 곁에 있었음에도 불구하고 이스라엘은 다시 전쟁에 졌습니다. 궤를 지키던 홉니와 비느하스마저 죽임을 당했습니다. 두 아들의 소식을 들은 엘리는 앉아 있던 의자에서 자빠져 목이 부러져 죽었습니다. 임신 중이었던 비느하스의 아내는, 궤를 빼앗기고 남편이 죽고 시아버지가 죽었다는 소식을 듣고 갑작스럽게 아이를 낳고 죽었습니다. 사람들은 그가 아들을 낳았다고 위로했지만 그는 아이의 이름을 '하나님의 영광이 이스라엘에서 떠났다'는 뜻으로 '이가봇'이라고 지었습니다. 이렇게 하나님께서 엘리 집을 심판하셨습니다. 영적 지도자가 하나님 앞에서 깨어 있지 않을 때 온 나라에 흑암이 덮칩니다. 이스라엘은 하나님의 법궤를 자신들의 안전을 위한 도구로 사용했습니다. 하나님의 법궤만 있으면 이길 것이라고 여겼습니다. 신앙의 형식이 중요한 것이 아니라 하나님을 섬기는 바른 믿음이 있어야 합니다. 하나님을 오직 나의 유익을 위한 도구로 여기는 곳에는 하나님의 영광이 없습니다. 하나님의 영광이 떠나면 우리는 가장 비참한 인생이 됩니다. 예수님은 우리의 어둠을 밝히는 참 빛이 되십니다. 빛이신 예수를 모시고 빛 된 삶을 살아야 합니다.

1. 벧세메스로 간 소(6장)

블레셋 사람들이 하나님의 궤를 이스라엘에게 돌려주기 위한 회의를 소집하고, 그들에게 진노하신 하나님의 마음을 달래기 위해 재앙을 당한 마을의 수효대로 금 독종 다섯과 금 쥐 다섯을 만들고 그것을 젖먹이는 암소가 끄는 수레에 실어 보내기로 했습니다. 그들은 멍에를 한 번도 메어 보지 않은, 새끼 딸린 암소 두 마리를 택하여 수레를 메이고 그 송아지들은 집에 가두어 둔 후, 그 수레 멘 소들을 벧세메스로 가게 했습니다. 이는 그들이 당한 재앙이 정말로 하나님께로부터 온 것인지 시험해 보기 위한 것입니다. 하나님께서는 그 소들이 울면서 벧세메스 길로 나아갈 때에 좌우로 치우치지 않게 함으로써 블레셋 사람들의 불신앙적인 의도를 깨뜨리시고 하나님의 능력을 보여 주셨습니다.

우리의 믿음에 회의가 올 때에 하나님의 능력을 시험하려 들어선 안 됩니다. 하나님은 시험의 대상이 아니라 '믿음의 주'이십니다. 오히려 벧세메스에서 제물이 된 새끼 딸린 두 마리의 소를 기억해야 합니다. 우리 주 예수 그리스도께서는 금 독종, 금 쥐 같은 우리의 죄와 허물을 대신 지고 하나님 아버지의 뜻에 온전하게 순종하심으로써 하나님의 영광을 드러내셨습니다. 우리는 어떤 상황 속에서도 그 십자가의 주님을 의지하고 순종의 길을 가야합니다.

벧세메스 사람들이 여호와의 궤를 들여다보았다가 죽임을 당했습니다. 그러므로 그들 가운데 거룩한 두려움이 임하게 되었습니다. 그들은 기럇여아림에 기별하여 하나님의 궤를 가져가게 했습니다. 기럇여아림 사람들이 여호와의 궤를 옮겨다가 아비나답의 집에 들여놓고 그 아들 엘르아살을 거룩하게 구별하여 여호와의 궤를 지키게 했습니다. 여호와의 궤가 아비나답의 집에 20년 동안 있었습니다. 궤가 가는 곳마다 재앙이 있었는데 아비나답의 집에는 평안함이 있었습니다. 이유는 그들이 그 궤를 지킬 자를 거룩하게 구별하여 세웠기 때문입니다.

우리가 하나님을 섬길 때 어떤 중심을 가지고 섬겨야 하는지를 보여 줍니다. 우리의 예배에 하나님을 경외하는 마음이 있어야 합니다. 하나님의 은혜가 아무에게나 임하는 것이 아닙니다. 예수 그리스도를 모신 성도의 마음이 하나님 앞에서 구별되어야 합니다. 사람들은 늘 하나님을 자신의 삶의 유익을 위한 도구로 삼으려고 합니다. 그러나 하나님은 만홀히 여김을 받으시는 분이 아닙니다.

2. 미스바 영적 대각성(7장)

이스라엘 백성들을 위한 사무엘의 사역이 본격적으로 시작되었습니다. 그는 이스라엘 백성들에게 이방신들을 버리고 마음을 여호와께로 향하여 오직 여호와만을 섬기라고 도전했습니다. 이스라엘 자손들이 사무엘의 말을 좇아 바알과 아스다롯을 제하고 여호와만 섬기게 되었습니다. 하나님께서 사무엘의 말이 땅에 떨어지지 않게 하신 것입니다.

사무엘은 이스라엘 백성들을 미스바로 모이게 하고 그곳에서 민족적인 여호와 중심의 신앙 부흥 운동을 시작했습니다. 미스바에 모인 백성들 사이에 영적 각성이 일어났습니다. 문제는 블레셋이 아니라 그들의 죄에 있었음을 깨닫고 자기들의 죄를 자복하였습니다. 이스라엘이 하나님께로 돌아오자 하나님께서 그들을 위하여 블레셋을 물리쳐 주셨습니다. 언제나 신앙이 회복되는 곳에 하나님의 은혜가 임합니다. 우리의 싸움의 승패가 우리 힘에 있는 것이 아닙니다. 하나님의 은혜가 우리 안에 있을 때 모든 대적들이 물러갑니다.

사무엘은 하나님께서 전쟁을 도우신 것을 기념하여 미스바와 센 사이에 전승기념비를 세우고 에벤에셀(도움의 돌)이라 이름했습니다. 하나님께서는 사무엘의 사는 날 동안 블레셋을 막아 주시고 그들에게 빼앗겼던 성읍들을 회복시켜 주셨습니다. 하나님은 영원토록 살아 계셔서 우리의 기도에 응답하십니다. 지금 우리에게는 우리의 삶의 방향을 예수님께로 향하는 영적 대각성이 필요합니다.

3월 17일 | 사무엘상 9-12 장

1. 변하여 새사람이 되리라(10장)

베냐민 지파에 기스라 이름하는 유력한 사람에게 사울이라는 아들이 있었는데 그는 매우 준수한 청년이었습니다. 어느 날 기스는 암나귀를 잃어버렸는데 그의 아들 사울에게 잃어버린 나귀를 찾아오라고 했습니다. 사울은 한 사환과 함께 나귀를 찾으러 떠났지만 찾지 못했습니다. 집으로 돌아가려고 할 때에, 선지자에게 물어보자는 사환의 제안을 받고 선지자 사무엘을 찾아 만나게 되었습니다. 사울을 만난 사무엘은 그에게 이스라엘의 왕이 되라고 했습니다. 사울은 선지자의 뜻밖의 제안에 당황했지만 그 일은 하나님께서 계획하신 일입니다.

사울은 나귀를 찾기 위해서 선지자를 찾아갔지만 그런 일은 선지자가 할 일이 아닙니다. 그러나 하나님께서 그의 발걸음을 선지자에게로 인도하시고, 선지자를 통해 그를 이스라엘의 왕으로 세우고자 계획하셨습니다. 우리가 예수 그리스도께로 나아오면 예수님은 우리에게 삶의 진정한 목적과 의미를 발견하게 해 주십니다. 참 선지자 되신 예수님을 만날 때 인생의 방향이 바뀝니다.

사무엘이 사울에게 기름을 부어 그를 이스라엘의 왕으로 삼았습니다. 그날 사울에게는 하나님의 영이 크게 임하고 변하여 새사람이 되었습니다. 하나님의 영이 임했을 때 그가 행한 모든 일들에 하나님이 함께하셨습니다. 마침내 사울은 선지자들의 무리와 더불어 그들 중에서 예언을 하게 되었습니다. 전에 사울이 어떤 사람이었는지 알고 있던 사람들은 그의 일을 믿지 못했습니다. 하나님의 영이 임하면 사람은 진실로 변하게 되고, 하나님의 일을 하게 됩니다. 하나님의 영으로 충만한 사울은 매우 분별력 있는 사람이 되었습니다. 우리가 성령의 충만함을 받을 때 우리의 일에 대한 참된 지혜와 분별력을 얻게 됩니다.

2. 왕을 구한 백성들(11, 12장)

사울이 왕으로 세움을 받았지만 그의 왕권은 인정받지 못하고 있었습니다. 그런데 마침 암몬 사람이 길르앗 야베스를 치러 올라왔습니다. 길르앗 사람들은 화친의

182· 다시 성경으로 1

언약을 제안했지만 그들은 이스라엘의 눈을 다 빼고야 말겠다며 위협했으므로 야베스 장로들이 이 소식을 온 이스라엘에 알렸습니다. 마침 밭에서 소를 몰고 오던 사울이 이 소식을 접하고 크게 분노했고, 하나님의 신이 그에게 임하였습니다. 사울은 온 이스라엘에서 삼십삼만의 군사들을 모으고 암몬 사람과 전쟁하여 대승을 거두었습니다. 이 일로 인해 이스라엘은 마침내 그의 왕권을 인정하게 되었습니다. 사무엘은 길갈에서 왕의 대관식을 올렸습니다.

사울은 하나님을 버린 사람들의 요구에 의해서 세워진 왕입니다. 이스라엘 백성들이 하나님의 말씀을 순종하지 않고 그들 위에 왕을 세운 일을 하나님께서 기뻐하지 않으셨습니다. 비록 하나님께서 그들의 요구를 들어주시고 사울을 그들 위에 왕으로 삼아 그의 왕권을 인정해 주시기는 하셨지만 그렇다고 그들의 죄가 면죄된 것은 아니었습니다. 그러므로 밀을 베는 청명한 계절에 하나님께서 그들에게 우뢰와 비를 보내셨습니다. 이스라엘이 어떤 잘못을 범하였는지 다시 그들에게 그들의 죄를 상기시킬 필요가 있었습니다. 사무엘은, 비록 그들 앞에 그들이 세운 왕이 있기는 했지만 그 왕이 그들을 인도하는 것이 아니라 하나님이 그들을 인도하심을 분명하게 말해 주었습니다. 그리고 그는 백성들을 위해 기도하기를 쉬는 죄를 여호와 앞에서 범하지 않겠다고 결단했습니다. 하나님께서는 시대마다 지도자들을 세우시고 그들을 통해 자기 백성들을 구원하십니다. 그러나 이스라엘은 하나님이 자기들의 왕 됨을 거절하고 집요하게 새로운 왕을 구했습니다. 사무엘은 하나님께서 그들의 요구를 들어주셨지만 여전히 여호와를 섬겨야만 소망이 있다고 경고했습니다. 우리는 하나님을 인생의 진정한 왕으로 섬기고 있습니까? 우리는 이스라엘 백성들처럼 우리의 참 왕이신 하나님을 버리고 다른 왕을 구하는 어리석음을 범치 말아야 합니다.

1. 하나님과 동사하라(13, 14장)

사울이 나이 사십에 이스라엘의 왕으로 세움을 받았고 이스라엘을 다스린 지 2년에 블레셋과 전쟁을 하게 되었습니다. 전쟁을 앞두고 하나님께 제사를 드렸는데도 막강한 블레셋 군대를 본 이스라엘 군사들이 싸움을 포기하고 도망갔습니다. 다급해진 사울은 백성들의 마음을 돌이키기 위해 사무엘을 대신하여 스스로 번제와 화목제를 드렸습니다. 번제 드리기를 마치자 사무엘이 진에 당도하여 사울이 행한 일을 보고 크게 책망했습니다. 사람은 다급해지면 선악을 분별하는 분별력을 잃기 쉽습니다. 어려운 일을 당할 때일수록 인간적인 생각과 꾀를 내지 말고 하나님의 뜻이 무엇인지 깊이 생각하고 하나님의 도우심을 구해야 합니다. 왕이라고 모든 일을 다 할 수 있는 것이 아닙니다. 왕을 세우신 이는 하나님이십니다.

사울의 아들 요나단이 병기 든 자와 더불어 블레셋 사람의 부대로 올라가게 되었습니다. 그때 사울은 육백 명의 군사와 더불어 기브아 변경에 머물고 있었습니다. 요나단은 험준한 바위들을 넘어 블레셋 사람에게 가서 그들을 치려고 했습니다. 하나님께 대한 거룩한 열심이 있었으므로 어떤 장애물도 그를 가로막을 수 없었습니다. 그는 병기 든 소년에게 여호와의 구원은 사람의 많고 적음에 달리지 아니하였다고 했습니다. 하나님을 의지할 때 힘과 용기를 얻게 됩니다. 적진을 향하여 먼저 올라가는 것은 참으로 위험한 일이었지만 요나단은 '우리에게로 올라오라' 는 블레셋의 말을 하나님께서 블레셋을 그의 손에 붙이신 사인으로 여겼으므로 두려움 없이 담대하게 나아가 하나님께 헌신할 수 있었습니다.

하나님께서 요나단의 헌신을 기뻐하셨고 그날에 이스라엘에게 큰 승리를 허락해 주셨습니다. 블레셋 사람들은 각각 칼로 그 동무들을 치고, 블레셋을 위해서 싸우던 히브리 사람들도 마음을 돌이켜 이스라엘의 편이 되었습니다. 각 산지에 숨어 있던 이스라엘 백성들도 블레셋이 패했다는 소식을 듣고 싸움에 임하게 되었습니다. 하나님께서 요나단에게 사람들을 붙여 주신 것입니다. 한 사람의 헌신은 모든 상황을 바꿀 수 있습니다.

한편 그날 사울은 이스라엘 백성들에게 전쟁이 끝날 때까지 아무것도 먹지 말라고 맹세시켰습니다. 그 일로 인해 이스라엘 백성들은 피곤하게 되었습니다. 사울의 결정은 하나님의 뜻에 역행하는 것이었습니다. 대승을 거둘 수 있는 기회를 스스로 물리친 결정이고 백성들로 하여금 죄를 짓게 만드는 일이었습니다. 영적 지도자에게 필요한 것은 명령이 아니라 하나님을 신뢰하는 믿음과 하나님 앞에서의 겸손함입니다.

이스라엘의 승리에 고무된 사울은 블레셋 쫓기를 계속하기로 마음먹고 하나님의 뜻을 물었습니다. 그러나 하나님께서는 사울의 물음에 대답해 주지 않으셨습니다. 사울은 백성 중 누군가 하나님 앞에 죄를 지었으므로 하나님께서 응답하지 않으신 것이라고 여겼고 백성들 중에서 죄를 찾기에 여념이 없었습니다. 죄를 지은 자는 아들이라도 죽이겠다고 맹세했습니다. 그러나 불행하게도 그의 아들 요나단이 뽑히게 되자 맹세한 대로 자기 아들 요나단을 죽이려고 했습니다. 그러나 백성들은 요나단의 공적을 높이 사고, 왕이 이스라엘에게 큰 구원을 가져다준 요나단을 죽이지 못하게 했습니다. 하나님과 동사한(함께 일한) 요나단을 죽여서는 안 된다고 했습니다. 하나님과 동사하는 곳에 하나님의 인도하심이 있습니다.

2. 여호와의 말씀을 들으소서(15장)

하나님께서 사울에게 명령을 내려 이스라엘이 애굽에서 나올 때 길에서 그들을 대적했던 아말렉을 치라고 하셨습니다. 그들을 칠 때 모든 소유를 남기지 말고 진멸하되 남녀와 소아와 젖 먹는 아이와 우양과 약대와 나귀를 죽이라고 하셨습니다. 사울은 이십만 군대를 소집하고 아말렉 성으로 가서 성안에 있는 모든 것들을 진멸할 때에 아말렉 왕 아각은 사로잡았고 양과 소의 가장 좋은 것 또는 기름진 것과 어린 양과 모든 좋은 것을 남기고 진멸시키지 않았습니다. 그리고 돌아오는 길에 길갈에서 자기를 위한 전승기념비를 세웠습니다. 이 일은 하나님께 큰 죄가 되었습니다. 그는 그 전쟁을 하나님의 명령을 수행할 수 있는 기회가 아니라 자기의 이름을 드러낼 기회로 사용했습니다. 하나님께서는 사무엘 선지자를 보내 그의 죄를 지적하셨습니다. 그는 남겨 놓은 소와 양은 하나님께 제사하기 위한 것이라고 변명했습니다. 그러나 하나님은 사람의 중심을 감찰하십니다. 나의 욕심과 나의 뜻을 내려놓지 않으면 우리는 하나님의 말씀을 순종할 수 없습니다.

전쟁에서 사울이 보여 준 행동은 하나님의 마음을 실망시키기에 충분했습니다. 그는 탈취하는 데만 급급하여 하나님께서 악하게 여기시는 일들을 행했습니다. 그는 자기의 잘못된 행위는 백성들의 성화에 못 이겨 행한 것이라고 변명했습니다. 그러나 하나님은 제사보다, 수양의 기름보다 하나님께 순종하고 하나님의 말씀 듣는 것을 더 좋아하십니다. 내 생각 내 뜻이 아니라 하나님께서 어떻게 생각하시고 하나님의 뜻이 어디에 있는지를 살피는 것이 훨씬 중요합니다. 크고 위대한 업적을 남겼다고 그것이 모두 하나님의 마음을 기쁘시게 할 수는 없습니다. 하나님의 마음을 헤아리고 충실하게 하나님의 뜻을 따를 때 진정으로 하나님을 기쁘시게 합니다. 예수님은 십자가를 지면서까지 자기를 부인하고, 자기를 보내신 아버지의 뜻을 순종했습니다. 우리는 하나님의 말씀을 들어야 합니다.

3월 19일 | 사무엘상 17-19 장

1. 하나님의 눈으로(17장)

블레셋 사람들이 이스라엘과 싸우기 위해 그들의 군대장관 골리앗을 앞세우고 유다에 속한 소고에 진을 쳤습니다. 사울과 이스라엘은 블레셋을 마주하여 엘라 골짜기에 진을 쳤습니다. 완전 무장을 하고 나타난 골리앗은 이스라엘 군대를 향해 큰소리를 쳤습니다. '한 사람을 택하여 자신과 싸워 이기면 블레셋이 이스라엘의 종이 되어 섬기겠다.'고 했습니다. 골리앗의 말을 들은 사울과 이스라엘은 크게 놀라고 두려워했습니다. 그러나 아버지의 심부름을 왔던 다윗은 골리앗의 말을 듣고 크게 분노했습니다. 살아 계신 하나님의 군대를 모욕하는 교만한 말을 참을 수 없었던 것입니다. 다윗은 비록 어리고 작은 자였지만 골리앗과 싸울 것을 자청했습니다.

사울과 이스라엘은 골리앗이라는 눈에 보이는 현실 앞에 압도당하여 두려워 떨었지만 다윗은 하나님의 눈으로 이스라엘의 군대와 골리앗을 바라보았습니다. 그의 눈에 보인 이스라엘은 그냥 군대가 아니라 살아 계신 하나님의 군대였고 골리앗은 살아 계신 하나님의 군대를 모욕한 하찮은 존재였던 것입니다. 어떤 눈으로 현실을 보느냐에 따라 우리의 생각이 달라지고, 싸움의 본질이 무엇인지를 바로 이해하게 됩니다. 눈에 보이는 현실에 압도당하면 배후에서 역사하시는 하나님의 능력을 인식하지 못합니다. 성도는 하나님의 눈을 가지고 자신과 세상을 볼 수 있어야 합니다. 문제는 골리앗이 아닙니다. 우리가 그리스도의 마음을 가지게 될 때 세상을 이길 힘을 얻게 됩니다.

2. 전쟁은 여호와께 속한 것이다(17장)

골리앗은 자신과 싸우기 위해 막대기를 가지고 나온 다윗을 보고 심한 모욕감을 느꼈습니다. 자신이 개로 여김을 받은 것으로 인하여 분노를 삭일 수 없었습니다. 그는 자신이 섬기는 신들의 이름으로 다윗을 저주했습니다. 그러나 블레셋 앞에 선 다윗은 조금도 흔들림이 없었습니다. 다윗은 골리앗을 향하여 담대하게 "너는 칼과 창과 단창으로 내게 오거니와 나는 만군의 여호와의 이름 곧 네가 모욕하는 이스라엘 군대의 하나님의 이름으로 네게 가노라"고 외침으로써 블레셋의 간담을 서늘하게 했습니다. 진정한 담대함은 하나님을 믿는 믿음에서 나옵니다. 세상은 전쟁터와 같습니다. 우리가 어떤 싸움을 싸우든지 그 싸움이 하나님께 속한 것이라고 믿을 때, 두려움이 우리를 점령할 수 없습니다.

다윗은 전쟁이 여호와께 속하였고 여호와의 구원은 칼과 창에 있지 않다고 했습니다. 그는 자기 손에 들린 돌과 물매를 가지고 골리앗을 대적했습니다. 골리앗은 그가 가진 칼, 창, 방패 한번 사용해 보지 못하고 거꾸러졌습니다. 자신이 그토록 의지했던 자신의 칼에 목 베임 당했습니다. 하나님은 오늘도 우리를 영적 싸움의 현장으로 데리고 가십니다. 그곳에서 하나님을 바라보라고 하십니다. 우리의 싸움은 혈과 육에 속한 것이 아니라 하나님을 대적하는 모든 것과의 싸움입니다. 우리가 어떻게 날마다 대면하는 골리앗과도 같은 육신과 정욕과 세상을 대적할 수 있겠습니까?

믿음은 모든 대적들을 별것 아닌 것으로 여기게 합니다. 믿음은 세상의 힘을 의지하여 살아가는 왕과 장군들을 부끄럽게 만듭니다. 하나님을 버린 사울은 믿음의 사람 다윗과 너무나 대조되는 인물이 되었습니다. 그는 세상의 모든 권력을 다 가지고 모든 부귀영화를 다 누리고 있었지만, 정작 그의 나라는 한 믿음의 사람에 의해서 건짐을 받았습니다. 언제나 하나님의 생각, 하나님의 길은 사람의 것과 다릅니다. 다윗의 승리는 우리에게 참된 이김이 무엇으로부터 오게 되는지 보게 합니다. 믿음은 환경을 뛰어넘어 하나님을 보게 하고, 하나님을 의지하게 합니다. 불신앙은 싸움을 싸워 보기도 전에 두려워 떨게 하지만 믿음은 싸우기도 전에 승리를 누리게 합니다. 모든 싸움의 승패는 싸우기 전에 내 안에서 결정납니다. 언제나 믿음이 이깁니다. 전쟁이 하나님께 속했음을 기억합시다.

1. 다윗과 요나단, 그리고 교회와 예수

성경에 나오는 다윗과 요나단의 이야기는 쉽게 이해되지 않습니다. 사울 왕의 아들인 요나단은 다윗의 편이 되어 끝까지 그를 보호하고 안전하게 지켜줍니다. 그리고 자신에게 돌아올 왕권을 기꺼이 포기하고, 다윗이 왕이 되고 자기는 그다음이 될 것이라고 합니다. 사울은 다윗을 비호하는 아들 요나단이 못마땅해 화를 내고, 그를 죽이려 합니다. 요나단은 생명의 위협을 느끼면서까지 다윗을 사랑하고 다윗을 위해 충성합니다. 다윗에 대한 요나단의 사랑은 참으로 탁월합니다.(삼상 20:17) 오늘날은 점점 사람과의 관계가 약해져 가고 있습니다. 참된 우정을 찾기도 힘든 세상입니다. 그러나 진실한 관계만큼 중요한 것이 없습니다. 우리는 우정을 말할 때 늘 다윗과 요나단을 떠올립니다. 그들의 우정은 가히 최고의 우정으로 손꼽힐 만합니다. 끝까지 서로를 신뢰하고, 신뢰를 줄 수 있는 친구가 있다면 얼마나 좋겠습니까!

다윗과 요나단의 우정을 통해 우리는 예수 그리스도와 교회의 관계가 어떤 것인지 보게 됩니다. 요나단이 자기 목숨을 바쳐 다윗을 사랑했듯이 예수님께서 당신의 교회를 위해서 하나님의 자리에서 내려와 사람이 되시고 사람을 위해 자기의 목숨을 버리기까지 사랑하셨습니다. 요나단의 사랑과 희생이 없었다면 다윗은 생명을 부지할 수 없었습니다. 그와 마찬가지로 예수님의 사랑과 희생을 통해 우리가 생명을 얻고 하나님 자녀의 권세를 누리게 되었습니다.

요나단은 '여호와께서 주셨다' 는 뜻입니다. 즉, 여호와께서 다윗을 위해 요나단을 넘겨주셨다(내어 주셨다)는 뜻입니다. 하나님께서 죽을 우리를 대신해 독생자를 내어 주심으로 우리가 생명을 누리게 되었습니다. 친구를 위해 생명을 내어놓을 수 있는 사람은 흔치 않습니다. 그러나 우리가 목숨을 내어놓을 수는 없을지언정 생명 다하는 날까지 예수 그리스도를 사랑할 수는 있습니다. 예수님의 말씀을 순종하여 사는 사람은 예수님을 사랑하는 사람입니다. 교회와 예수님은 생명을 주고받는 관계입니다. 예수님께서 목숨 바쳐 교회를 사랑하셨듯이 교회인 우리는 오직 예수 그리스도 한 분 만을 사랑하고 주님을 위해 헌신해야 합니다.(요 15:13-14)

1. 마음에 찔려…(24장)

다윗이 엔게디 황무지에 숨어 있다는 소식을 사울이 듣고, 정예 군사 삼천 명을 거느리고 그곳으로 갔습니다. 사울이 발을 가리기(용변을 봄) 위해 한 굴에 들어갔는데 마침 그 굴 깊은 곳에 다윗 일행이 숨어 있었습니다. 다윗의 사람들은 원수를 갚을 때가 왔다며 사울을 죽이자고 다윗을 설득했습니다. 그러나 다윗은 사울을 죽이지 않았고, 그의 옷자락만 가만히 베었습니다. 여호와의 기름부음받은 자를 치는 것은 하나님께서 금하신 것임을 알았기 때문입니다. 다윗은 그 옷자락을 벤 것을 인해 하나님 앞에서 마음이 찔렸습니다.

사울이 용변을 보고 굴에서 나갔을 때 다윗이 사울을 향해 외쳐 부르며 자기의 결백을 호소했습니다. 여호와께서 왕을 자기의 손에 붙이셨지만 자기는 왕을 죽이지 않았다고 했습니다. 자기는 이스라엘 왕에 비하면 죽은 개나 벼룩 같은 존재라고 스스로 낮추었습니다. 사울이 다윗의 목소리를 듣고 감동을 받았습니다. 분명히 자신을 죽일 수 있는 상황이었는데 죽이지 않고 살려 준 것에 대해서 다윗의 진심을 이해하게 되었습니다. 사울은 다윗이 이스라엘의 왕이 되고 그의 손에서 나라가 견고해질 것을 알고 있었지만 하나님의 뜻을 거역하고 끝까지 다윗을 쫓았던 것입니다. 그러나 다윗은 모든 일에 하나님을 먼저 생각했습니다. 사울의 옷자락 벤 것조차도 하나님 앞에서 죄송하게 생각했습니다. 우리는 어떤 상황 속에서도 하나님 앞에 민감한 심령을 가져야 합니다.

2. 아비가일의 지혜(25장)

이스라엘의 영적 지도자였던 사무엘이 죽고 난 후 사람들의 관심이 점점 다윗에게로 집중되었습니다. 사울에게 쫓기고 있던 600명이나 되는 사람들이 다윗 주변에 모여들었습니다. 사람들은 그에게서 자신들과 나라에 대한 소망의 빛을 보았습니다. 하루는 다윗이 자신을 따르는 사람들의 양식을 구하기 위해 갈멜에서 양을 치고 있던 나발이라는 부자에게 사람들을 보냈습니다. 일전에 자기가 나발의 집에 호의를 베풀었던 일을 생각해서 자신들이 먹을 양식을 좀 달라고 했습니다. 그러나 그들은 나발에게 문전박대를 당하고 쫓겨났습니다. 나발은 많은 사람들이 왕을 배반하고 다윗을 따르고 있다며 다윗을 주인을 거역한 폭도 취급하며 비난했습니다. 이에 체면을 구긴 다윗은 그에게 복수할 계획을 세우고 400명의 군사들을 준비하여 나발을 치러 갔습니다.

나발의 어리석은 행위로 인해 분을 삭이지 못한 다윗은 나발의 집을 쓸어버리기로 작정했습니다. 이 사실을 나발의 아내 아비가일이 알고 급히 다윗을 위해 큰 선물-떡 이백 덩이, 포도주 두 가죽부대, 요리한 양 다섯, 볶은 곡식 다섯 세아, 건포도 백 송이, 그리고 무화과 뭉치 이백-을 준비하여 다윗에게로 가서 남편 나발의 어리석음을 용서하고 노여움을 풀라고 간청했습니다. 아비가일이 그렇게 했던 것은 자신의 집에 큰 해가 돌아올 것을 걱정했기 때문만은 아니었습니다. 하나님께서 다윗에게 주신 소명이 무엇인지를 알고, 자신의 집을 보복함으로써 그의 소명에 타격을 입을 것을 두려워했습니다. 그는 다윗이 장차 이스라엘의 구원자가 될 것을 믿고 있었습니다. 그래서 마음을 다하여 그 소명을 흠 없이 보존하려고 노력했던 것입니다.

분노는 소명을 망각하게 합니다. '노하기를 더디 하는 자는 용사보다 낫고 자기의 마음을 다스리는 자는 성을 빼앗는 자보다 낫다'(잠 16:32)고 했습니다. 우리가 무슨 일을 하든지 항상 하나님의 뜻을 먼저 생각해야 합니다. 사울의 옷자락을 베고 마음이 찔렸던 다윗이 먹을 것을 구하려다 거절당한 일로 이성을 잃는 어리석음을 범할 뻔했습니다. 우리는 매 순간 성령의 충만을 구해야 합니다. 아비가일의 지혜로 인해서 다윗은 하나님께 기름부음받은 자신의 소명을 간직할 수 있게 되었습니다.

1. 다급한 사울(28장)

사울이 블레셋과 싸우기 위해서 길보아에 진을 쳤지만 블레셋 군대를 보고는 마음에 두려움이 임했습니다. 하나님께서 이미 그를 떠나셨으므로 그가 아무리 불러도 하나님께서 응답하시지 않으셨습니다. 다급해진 사울은 자신과 나라의 운명을 알아보기 위해 엔돌이라는 곳으로 신접한 여인을 찾아갔습니다. 지푸라기라도 잡고 싶은 심정을 가지고 찾지 말아야 할 사람을 찾은 것입니다. 하나님의 영이 그에게서 떠났을 때 그는 참으로 비참한 사람이 되었습니다.

신접한 여자는 자기를 찾아온 사울을 두려워했습니다. 그러나 사울은 여호와의 이름을 빙자하여 그를 안심시켰습니다. 처음에 이 여자는 그를 찾아온 사람이 사울인지 알지 못했지만 사울의 요청대로 사무엘을 불러 올렸을 때 그가 사울임을 즉시 알아차렸습니다. 사울은 여인이 불러 올린 사람이 사무엘이라고 생각했습니다. 이후 사울과 사무엘의 대화는 사울의 마음이 어떠했는지 잘 보여 줍니다. 그는 마침내 자신이 하나님 앞에서 버림을 당하게 된 것을 알게 되었습니다.

우리는 이 말씀에서 마치 죽은 사무엘이 신접한 여인을 통해 사울에게 직접 나타난 것으로 생각하기 쉽습니다. 이 본문에 대한 두 가지 상반된 해석이 있는 것도 사실입니다. 그러나 죽은 사무엘이 귀신의 모습으로 나타났을 리가 없습니다. 더구나 신접한 여인을 죽이라고 하신 하나님께서 신접한 여인을 통해 사무엘을 사울에게 보내실 리가 없는 것입니다. 사탄은 광명의 천사로 가장하고 나타나 우리를 속이는 일을 서슴지 않고 행합니다. 사울은 이 일로 인해 마침내 전쟁터에서 죽게 됩니다. 성경은 사울의 죽음을 이렇게 말합니다.(대상 10:13) 사람이 다급하면 본능적으로 자기에게 도움을 줄 만한 대상을 찾습니다. 그러나 아무리 다급하다고 하나님께서 혐오하는 점쟁이를 찾아가서는 안 됩니다. 다급할수록 더욱더 하나님께 매달리고 하나님의 은혜를 구합시다.

2. 여호와를 의지한 다윗(30장)

다윗은 블레셋과 이스라엘이 치르는 전투에 참여하지 못하고 집으로 돌아왔습니다. 그들의 임시 거주지였던 시글락 성읍이 아말렉 사람들에 의해서 불타고 그의 처자들이 모두 포로로 잡혀가고 없었습니다. 다윗과 그의 부하들은 울 기력이 없도록 울었습니다. 다윗을 따르는 자들은 처자를 잃은 일로 인하여 다윗을 돌로 쳐 죽이려고 했습니다. 그들은 다윗이 블레셋을 도와 이스라엘을 치려고 했던 일에 불만을 품고 있었습니다. 다윗의 부당한 행동으로 인해 하나님께 버림을 당하고 처자들을 잃게 되었다고 생각하고 다윗에게 재난의 책임을 물어 죽이려고 한 것입니다.

목숨이 위태로운 상황에 처했지만 다윗은 자신을 돌로 치려고 덤벼드는 자들을 향해 어떤 변명도 하지 않았습니다. 오히려 그 문제를 가지고 하나님께 나아갔습니다. 모든 것을 잃어버린 가장 절망적인 위기의 순간에 그는 하나님을 의지하여 힘을 얻었습니다. 참 믿음은 가장 힘들고 어려운 상황 속에서도 낙심하지 않고 힘과 용기를 갖게 합니다. 우리가 인생에서 수많은 위기를 만나고 낙심된 일들을 만나지만 하나님께 우리의 신뢰를 둘 때 물러서지 않고 담대하게 앞으로 나아갈 수 있습니다. 위기의 때, 그때가 진실로 하나님을 대면할 때입니다.

다윗은 400명의 군사와 함께 아말렉을 쫓아가 빼앗긴 모든 것들과 전리품들을 챙겨 돌아왔습니다. 시글락으로 돌아온 다윗은 전리품을 나누도록 했는데 피곤하여 전쟁에 참여하지 못했던 200명에게도 똑같이 전리품을 나누어주게 했습니다. 또한 다윗은 유다 지파의 호의를 얻기 위해 전리품 중의 일부를 유다의 여러 장로들에게 선물로 보냈습니다. 그 선물은 유다와 이스라엘 사람들에게 다윗이 그들을 잊지 않고 있다는 것을 보여 주는 증거가 되었습니다. 가장 어둡고 힘든 시간들을 보내고 있던 이스라엘 백성들에게 있어서 다윗의 존재는 큰 소망이 되었습니다. 다윗이 보낸 선물은 그들 곁에 그들을 생각하고 있는 하나님의 사람이 있다는 위로를 갖게 하기에 충분했습니다. 다윗은 그가 이스라엘과 운명을 함께하고 있다는 것을 백성들에게 각인시킴으로써 운명 공동체임을 인식시켰고 이스라엘의 마음을 얻었습니다.

우리가 믿음의 싸움으로 얻은 승리의 기쁨은 혼자만의 것이 될 수 없습니다. 그것은 모든 사람들이 함께 누리는 승리의 기쁨이 되어야 하고, 모든 사람에게 소망을 주는 것이 되어야 합니다. 비록 소수의 무리들이 영적 싸움을 싸울지라도 그 승리의 기쁨은 교회 전체의 승리이고 기쁨입니다. 예수 그리스도께서는 피 흘리시기까지 싸워 이기심으로 온 세상에 소망을 가져다 주셨습니다.

3월 23일 | **사무엘하 1-3 장**

1. 다윗의 슬픔(1장)

아말렉과의 전쟁에서 이기고 돌아온 후, 한 아말렉 청년이 시글락으로 찾아옵니다. 다윗은 그에게서 사울의 죽음에 대한 슬픈 소식을 접하게 됩니다. 아말렉 청년은 다윗에게 잘 보이기 위해, 사울의 면류관과 팔찌를 내어놓으며 자신이 사울과 그 아들 요나단을 죽였다고 자랑했습니다. 사울의 패전과 그의 죽음에 대한 소식을 들은 다윗과 그 일행은 슬픔을 이기지 못하고 하루 종일 금식하며 울었습니다. 이제막 시글락을 짓밟은 원수를 보복하고 돌아왔는데 하나님께 기름부음받은 이스라엘의 왕이 죽었다는 비보를 접하게 된 것입니다. 할례 없는 백성들에 의해 여호와의 백성과 이스라엘 족속이 패배를 당하고 왕과 요나단이 죽었다는 소식은 모두에게 견딜 수 없는 슬픔이었습니다. 다윗은 사울을 자기의 원수로 생각하지 않고, 그를 여호와께 기름부음받은 이스라엘의 왕으로 여겼습니다. 그러므로 하나님 앞에서 늘 두려운 마음을 가지고 행했습니다. 다윗은 아말렉 청년을 불러 여호와의 기름부음받은 왕을 죽였다는 말에 대해 책임을 묻고, 그를 죽였습니다. 그 아말렉 청년은 자기의 안위를 위해 기회를 틈타 불의한 행동을 했다가 화를 당했습니다. 우리는 세상에서 일어나는 모든 일들, 나에게 일어나는 모든 일들을 하나님 앞에서 생각할 수 있어야 합니다.

다윗은 애가를 지어 사울과 요나단의 죽음을 애도했습니다. 그는 사울을 이스라엘의 영광이라고 했습니다. 그러므로 그들이 엎드러졌던 길보아 산을 향해 저주를 선포함으로 그의 슬픔의 극치를 보여 주었습니다. 다윗은 요나단의 용맹과 사울의 칼이 헛되이 돌아오지 않았다고, 사울과 요나단이 진실로 사랑스럽고 아름다운 자들이었다고, 독수리보다 빠르고 사자보다 강하고 용맹스러웠다고 추모했습니다. 이스라엘의 딸은 왕을 인해서 금노리개가 달린 화려한 옷을 입었다고 회상하고 자기를 향한 요나단의 사랑은 끝이 없었다고 칭송했습니다. 나라를 위한 왕의 업적의 위대함과 모든 권리를 포기하고 자기를 사랑했던 요나단의 사랑을 잊을 수 없어서 애가를 지어 불렀던 것입니다. 자기의 유익만을 생각하는 각박한 세상에서 참된 슬픔을 찾기는 쉽지 않습니다. 오늘 형제의 슬픔이 나의 슬픔으로, 형제의 아픔이 나의 아픔으로 다가오고 있습니까? 나에게 끼친 잘못보다 그가 가지고 있는 좋은 점을 보고 칭찬해 줄 수 있겠습니까? 우는 자와 함께 울고 웃는 자와 함께 웃을 수 있어야 합니다. 그리스도 예수의 마음을 품고 형제를 사랑할 때, 우리가 이웃의 아픔과 고통에 마음으로 동참할 수 있게 됩니다.

2. 사울의 집과 다윗의 집(2장)

사울과 요나단의 죽음을 애도한 후에 다윗은 자신의 거취에 대해서 하나님께 물었습니다. 여호와께서는 다윗에게 헤브론으로 올라가라고 하셨습니다. 다윗이 자기의 아내들과 따르는 권속들을 모두 데리고 헤브론으로 올라갔을 때 유다 사람들이 거기서 다윗에게 기름을 부어 유다 족속의 왕으로 삼았습니다. 사울이 죽고 난 후에 다윗이 왕이 되는 것은 당연한 것이지만 다윗은 그 일을 자기의 힘으로 이루려고 하지 않았습니다. 하나님께 묻고 하나님의 때를 기다렸습니다. 때가 되었을 때 하나님께서 백성들의 마음을 그에게 향하게 하시고 그를 왕 삼게 하셨습니다. 모든 일의 작정이 여호와께로 말미암음을 믿는 사람은 조급하게 행동하지 않고 하나님의 때를 기다립니다. 주님께서 허락하신 때, 주님께서 허락하신 길로만 가겠다는 믿음은 하나님을 바라볼 때에만 가질 수 있습니다.

다윗은 길르앗 야베스 사람들이 죽은 사울을 장사지냈다는 소식을 듣고 그들의 용기를 크게 칭찬하고 그들을 위해 하나님의 복을 빌어 주었습니다. 그렇게 함으로 다윗은 왕의 권세보다 더 큰, 사람들의 마음을 얻었습니다. 칭찬은 고래도 춤을 추게 한다는 말이 있습니다. 마음으로 주고받는 칭찬의 말 한 마디가 사람을 기쁘게 하고 마음을 열게 합니다. 나보다 남을 낮게 여기는 그리스도의 마음을 품은 사람은 언제나 선한 말로 사람을 세웁니다. 사람의 마음을 얻는 것이 재물을 얻는 것에 비교될 수 있겠습니까!

한편 사울의 군대장관 아브넬이 마하나임에서 사울의 아들 이스보셋을 이스라엘의 왕으로 삼았습니다. 이스라엘에 두 왕이 있게 된 것입니다. 이로 인해 사울의 집과 다윗의 집 사이에 피할 수 없는 전쟁이 있게 되었습니다. 결국 전쟁을 통해 다윗의 집은 점점 강해지고 사울의 집은 점점 약해졌습니다. 아브넬 곁에 훌륭한 장수들이 많았지만 그들이 다윗의 군대를 이길 수 없었습니다. 하나님께서 이스라엘을 사울의 손에서 빼앗아 다윗에게 주기를 기뻐하셨기 때문입니다. 나라를 세우고 폐하는 권세가 하나님께 있습니다. '왕의 마음이 여호와의 손에 있음이 마치 보의 물과 같아서 그가 임의로 인도하시느니라.' (잠 21:1)라고 했습니다. 하나님께서 사람의 마음과 모든 환경들을 주관하십니다. 한 개인뿐 아니라 한 나라를 움직이십니다. 나의 삶을 주관하시는 하나님이십니다. 하나님의 주권을 믿고 겸손한 마음으로 하나님을 신뢰함이 사람을 의지함보다 낫습니다.

1. 레갑과 바아나(4장)

아브넬의 죽음에 관한 소식을 들은 이스보셋과 이스라엘 백성들은 크게 놀라고 두려워했습니다. 이스보셋의 군장 레갑과 바아나는 왕의 처소에 들어가 잠자던 왕을 죽이고 목을 베어 그 머리를 헤브론에 있는 다윗 왕에게 갖다 드렸습니다. "왕의 생명을 해하려 하던 원수 사울의 아들 이스보셋의 머리를 가지고 왔다"며 마치 그들이 다윗 왕의 충성된 신하인양 거짓된 충성심을 보였습니다. 그 모습을 본 다윗은 분노를 참지 못하고 그들을 죽이고 수족을 베어 헤브론 못가에 매달았습니다. 정치적으로 매우 혼란한 시기에 여러 사람들이 불의한 방법으로 충성 경쟁을 벌였습니다.

그들은 새로운 세상에서 살아남기 위해 수단과 방법을 가리지 않고 무고한 생명의 피를 흘렸습니다. 군사의 생명은 목숨을 다해 주군에게 충성하는데 있습니다. 자신의 안위와 영달을 위해 주군을 배반하고 해치는 건 용납될 수 없는 행위입니다. 성도는 하나님의 군사로 살아가는 자들입니다. 온 마음과 뜻과 정성을 다하고 생명을 다해서 우리의 왕이신 하나님을 섬겨야 합니다. 그 사람만이 하나님 보좌의 영광을 누릴 수 있습니다. 비겁한 신앙인으로 살지 않도록 해야 합니다. 하나님이 우리의 중심을 달아보고 계십니다. 진실로 하나님을 경외하는 사람은 경거망동하지 않습니다.

2. 다윗의 나라(5장)

이스라엘의 왕 이스보셋이 죽은 후 이스라엘 모든 지파가 헤브론에 있는 다윗에게로 나아가 다윗 왕의 신민이 되기를 청했습니다. 다윗은 헤브론에서 저들과 더불어 언약을 세우고, 그들은 다윗에게 기름을 부어 그들의 왕이 되었음을 선언했습니다. 마침내 하나님께서 언약하신, 온 이스라엘의 목자가 되는 약속이 이루어지게 되었습니다. 다윗이 30세에 왕이 되었는데 헤브론에서 7년 6개월 동안 유다를 다스렸고 예루살렘에서 33년 동안 온 이스라엘과 유다를 다스렸습니다.

다윗이 온 이스라엘의 왕이 되기까지 7년 6개월이 걸린 셈입니다. 결코 짧지 않는 기간이었습니다. 그 사이에 많은 일들이 있었습니다. 신의를 저버린 사람도 있었고, 거짓된 충성을 경쟁했던 사람들도 있었습니다. 그러나 다윗은 묵묵히 하나님의 때를 기다렸습니다. 왕권에 대한 욕심도 없었습니다. 진실로 백성들을 사랑하고 그들에게만 깊은 관심을 가졌습니다. 다윗이 하나님께 그의 마음을 두었을 때 하나님께서 모든 백성들의 마음을 다윗에게로 돌리셨습니다. 모든 일들을 하나님께서 다윗을 위하여 이루셨습니다. 진실로 하나님의 주권을 믿는 사람은 인간적인 계산을 하지 않고 하나님만 바라봅니다. 하나님께서 인정하시기 전까지는 모든 일이 진실로 아무것도 아닌 것임을 알아 하나님의 때를 기다려야 합니다.

다윗의 왕국이 든든히 서 가고 있음을 본 두로 왕 히람이 자기 나라에서 인부들을 보내 다윗을 위해 집을 지어 주었습니다. 다윗의 영향력이 이웃나라에까지 퍼졌음을 보여 주는 일입니다. 예루살렘에서의 다윗의 집은 계속 흥왕해 갔습니다. 다윗은 하나님의 은혜로 나라가 형통하게 되어감을 알았습니다.

한편 다윗이 왕이 된 후에 블레셋이 다윗에게 도전해 왔습니다. 그때에 다윗은 하나님께 묻고 르바임 골짜기에서 블레셋을 쳐 격파했습니다. 그 후 다윗은 그곳 이름을 '바알브라심(격파의 주인)'이라고 칭했습니다. 다윗이 블레셋과 싸울 때에 하나님께서 친히 앞서 나아가셔서 블레셋 군대를 치셨으므로 하나님께서 주신 승리를 기념하여 붙인 이름입니다.

하나님의 백성들이 믿음의 삶을 살아가는 데에는 언제나 영적 싸움이 있습니다. 싸움의 승패는 우리의 결단과 의지에 달려 있지 않습니다. 하나님이 우리의 싸움을 싸우시도록 전심으로 하나님을 의지해야 합니다. 그럴 때에 다윗의 나라를 견고하게 하셨던 하나님께서 참된 승리를 허락해 주십니다. 우리가 예수 안에 있을 때 예수님께서 이미 이기신 승리를 누리며 살게 됩니다. 우리가 믿음의 선한 싸움을 싸울 때에 하나님께서 우리 편이 되어 싸워 주십니다. 매일매일 우리의 삶의 현장이 '바알브라심'이 되게 해야 하겠습니다.

3. 베레스 웃사(6장)

다윗이 바알레유다 아비나답의 집에 있던 여호와의 궤를 다윗 성으로 모셔 오기 위해 3만 명의 사람들을 모집했습니다. 그들이 아비나답의 집에서 하나님의 궤를 새 수레에 싣고 나왔습니다. 아비나답의 아들 아효와 웃사가 수레를 몰았습니다. 다윗과 이스라엘 백성들은 하나님의 궤가 예루살렘 성으로 들어오게 된 것을 기뻐하며 그 앞에서 온갖 악기들을 동원하여 경축했습니다. 그러나 나곤의 타작마당에 이르렀을 때에 법궤를 실은 소가 갑자기 뛰기 시작했고, 웃사가 그의 손으로 법궤를 붙들었다가 하나님의 치심을 받아 그 자리에서 죽었습니다. 이 일은 다윗에게는 매우 불행한 일이었습니다. 그는 여호와의 궤를 다윗 성으로 들여오는 것을 기뻐하지 아니하고 그것을 오벳에돔의 집으로 보냈습니다. 그리고 그곳 이름을 '베레스웃사'라 칭했습니다. 이렇게 여호와의 궤가 오벳에돔의 집에 석 달을 머물게 되었는데 하나님께서 오벳에돔과 그의 집에 큰 복을 주셨습니다. 하나님을 섬기고자 하는 뜨거운 열심이 있어야 하지만 하나님의 말씀에 대한 온전한 순종이 동반되어야 합니다. 웃사의 죽음은 다윗의 부주의에 대한 하나님의 경고였습니다. 사람의 열심보다 하나님의 방법으로 하는 것이 더 중요합니다.

하나님께서 오벳에돔의 집과 그 모든 소유에 복을 주셨다는 말을 들은 다윗은 하나님의 궤를 다윗 성으로 모셔 오기 위해 궤를 멜 사람들을 데리고 갔습니다. 기쁨으로 궤를 메고 다윗 성으로 왔습니다. 그 길에서 다윗은 제사를 드리며 힘을 다하여 춤을 추었습니다. 다윗과 온 이스라엘 족속이 즐거이 부르며 나팔을 불고 여호와의 궤를 메었습니다. 여호와의 궤를 메고 온 후에 다윗은 이스라엘 온 백성들과 더불어 축하하고 여호와의 이름으로 그들을 축복했습니다. 하나님이 머무신 곳에 복이 임하고 큰 기쁨과 즐거움이 있습니다.

다윗은 궤를 메고 오기 위해 하나님의 말씀에 주의를 기울이고 말씀대로 순종하여 그 일을 행했습니다. 하나님은 언제나 당신의 백성들에게 복 주실 준비를 하고 계십니다. 이처럼 예수 그리스도를 그 마음에 모신 사람에게는 하늘로부터 오는 기쁨과 즐거움이 있습니다. 그러나 사울의 딸 미갈은 창으로 내다보다가 다윗이 법궤 앞에서 춤을 추며 뛰노는 모습을 보고 마음으로 그 일을 멸시했습니다. 그는 법궤를 모셔오는 일이 무엇을 의미하는지 알지 못했습니다. 왕의 마음을 전혀 헤아리지 못했습니다. 신령한 일에 기쁨으로 동참할 때 하나님의 복을 누리게 됩니다. 성령의 역사에 함께 참여하고 함께 기뻐하는 것은 성도가 누릴 수 있는 귀한 축복입니다.

예수님은 우리에게 하늘의 복을 나누어주기 위해 낮고 비천한 모습으로 우리를 찾아오셨습니다. 온 마음을 다해 주님을 영접하고 하늘의 복에 참여하는 복 있는 자로 살아야 하겠습니다.

3월 25일 | 사무엘하 7-10 장

1. 나는 누구이오며 내 집은 무엇이관대…(7장)

사방의 대적들과 싸워 이겨 나라가 안정을 찾고 다윗이 왕궁에서 평안히 거할 수 있게 되었을 때 하나님의 궤를 생각했습니다. 자신은 백향목 궁에 평안히 살고 있는데 하나님의 궤가 휘장 가운데 있는 것이 마음에 걸렸습니다. 사람이 평안할 때에 어떤 마음을 가지는가는 참 중요합니다. 그 사람의 진짜 성품을 알아볼 수 있기 때문입니다. 다윗의 생각은 어려울 때나 평안할 때나 변함이 없었습니다. 목장에서 양을 지킬 때나 왕이 되어 나라를 다스릴 때나 변함없이 하나님을 그 마음에 품고 사랑했습니다.

다윗은 나단 선지자를 불러 하나님을 향한 송구스러운 마음을 전했고, 나단은 하나님이 왕과 함께 계시기 때문에 왕의 마음에 원하는 대로 하라고 했습니다. 그러나 그 밤에 나단이 하나님께로부터 받은 말씀은 달랐습니다. 하나님께서 다윗의 집을 견고하게 해 주시고 그의 이름을 존귀하게 만들어 주며 그의 위를 영원히 보존하겠다고 하셨지만 성전을 건축하는 일은 다윗의 몫이 아니라 그 아들의 몫이 될 것이라고 하셨습니다. 하나님께서 다윗의 신실함을 귀하게 여기시고 목동의 자리에서 왕의 자리에 이르게 해 주셨습니다. 또한 그의 왕권을 견고하게 하시고 그 자손을 통해 당신의 거하실 처소인 성전을 건축할 수 있는 큰 복을 약속해 주셨습니다. 다윗은 하나님을 자기 곁에 모시고 싶어 했는데 하나님께서는 영원히 함께하시겠다고 약속하셨습니다.

전쟁은 다윗이 수행했지만 오늘 말씀은 '여호와께서 사방의 모든 대적을 파하사 왕으로 궁에 평안히 거하게 하셨다.'고 말씀하십니다. 하나님께서 다윗과 함께하셔서 전쟁을 이기게 하시고 왕궁에 평안히 거할 수 있게 해 주신 것입니다. 하나님은, 당신을 신실하게 사랑하고 의지하는 자의 길을 인도하시고 은혜와 복을 베푸십니다. 우리는 하나님 앞에서 어떤 마음을 가지고 살아가고 있습니까? 하나님을 믿고 살기로 했던 처음 마음을 끝까지 유지하며 살아가는 것이 중요합니다. 하나님은 우리를 한없이 사랑하셔서 당신의 독생자를 보내 주시고 나를 성전 삼아 영원한 임마누엘로 함께하시겠다고 언약하셨습니다. 오늘 나의 삶의 자리가 어떠하든지 다윗처럼 변함없는 마음으로 하나님을 모시고 섬깁시다.

선지자를 통하여 주어진 하나님의 말씀을 듣고 다윗은 감동이 되어 하나님 앞에 나아가 "주 여호와여 나는 누구이오며 내 집은 무엇이관대 나로 이에 이르게 하셨나이까."라고 고백했습니다. 보잘 것 없는 자신을 극진히 사랑하시고 은혜와 복을 베푸신 하나님을 찬양했습니다. 우리가 주님을 믿고 순종하면 할수록 다윗의 고백처럼 한없이 겸손한 마음으로 하나님 앞에 서게 됩니다.

2. 은혜를 입은 므비보셋(9장)

다윗이 왕이 되어 많은 세월이 지난 후 사울의 집을 생각하고 사울의 집에 남은 자가 있는지 찾았습니다. 요나단과 했던 약속을 지키기 위해서입니다. 다윗은 자신이 요나단에게서 받은 사랑의 빚을 잊지 않았습니다. 사울의 종이었던 시바가 요나단의 아들 므비보셋을 소개했습니다. 므비보셋은 절름발이였습니다. 사울과 요나단의 죽음의 소식이 있었을 때, 유모가 어린 므비보셋을 안고 도망가다가 떨어뜨린 후에 절름발이가 되었습니다. 다윗은 그를 왕궁으로 불러 지위를 회복시키고 친아들처럼 대하며 그의 상에서 함께 먹게 했습니다. 므비보셋은 하찮은 존재에 불과했습니다. 그러나 다윗은 요나단과 했던 약속을 기억하고 정복자들이 일반적으로 행했던 것과는 다르게 사울의 손자에게 하나님의 은총을 베풀었습니다.(삼상 20:15-17)

다윗의 모습 속에서 예수님의 마음을 보게 됩니다. 예수님께서 므비보셋과 같이 비천한 우리를 사랑하셨습니다. 죄와 허물로 죽었던 우리를 다시 살리시고 당신의 자녀 삼으셔서 그 영광스러운 상에서 함께 먹고 마시는 신령한 은혜와 복을 베풀어주셨습니다. 우리는 늘 신실하지 못하지만 주님은 여전히 우리를 사랑하시고 우리를 잊지 않으시고 우리에게 깊은 관심을 가지고 계십니다. 그리스도의 은혜를 많이 받은 사람은 언제나 은혜를 기억하며 삽니다. 우리는 모두 예수 그리스도의 희생적인 사랑에 빚진 자들입니다. 생명을 주시고 하나님의 상에서 먹으며 하나님의 은혜를 받고 살게 하신 주님의 은혜에 보답하는 삶을 살기를 소망합시다.

1. 다윗의 실패가 주는 교훈

하나님의 은혜로 승승장구하던 다윗의 인생에 한 분수령이 되는 사건이 벌어졌습니다. 이스라엘이 암몬 자손과 전쟁을 벌였는데 다윗이 군사들을 이끌고 앞장서서 나아가야 했습니다. 그러나 다윗은 요압과 그 신복과 온 이스라엘 군대를 전쟁터에 내보내면서 자신은 예루살렘 왕궁에 머물러 있었습니다. 다윗이 낮잠을 자고 일어나 왕궁 지붕을 거닐다가 한 여인이 목욕하는 것을 보았습니다. 그 여인은 다윗의 충신 우리아의 아내 밧세바였습니다. 다윗은 자기 충신의 아내를 왕궁으로 끌어들여 죄를 범하고 말았습니다. 그 일로 인해 밧세바가 임신하게 되었습니다. 다윗은 자신의 범죄를 숨기기 위해 열심히 전쟁터에서 싸우고 있던 우리아를 빼어 내어 그의 아내와 동침하게 했습니다. 밧세바의 몸에 있는 아이가 남편의 아이인 것처럼 속이기 위한 술책이었습니다. 그러나 충신 우리아는 전쟁터에서 목숨 걸고 싸우는 병사들을 생각하며 한사코 아내와 편히 쉬기를 거절했습니다. 그 일로 우리아는 다윗의 계략에 의해 죽임을 당하고 말았습니다.

하나님 앞에서 신실했던 다윗, 하나님의 말씀 앞에 늘 두려워 떨었던 다윗, 자기 수하의 사람들을 끔찍이도 아꼈던 다윗의 모든 명성이 한 순간에 무너졌습니다. 중요한 것은 이 일이 그가 인생의 최절정에 있을 때에 일어났다는 것입니다. 사람들은 인생의 정상에 오르기 위해 많은 위기들을 감수하며 불철주야 노력합니다. 그러나 그렇게 해서 정상에 올랐을 때 그것을 지키지 못하고 무너져 버리는 일이 비일비재하게 일어납니다. 우리 인생에 있어서 최고의 위기는 늘 가장 높은 정상에 이르렀다고 여길 그때에 찾아옵니다. 사람이 정상에 오르면 자기도 모르게 방심하고 교만하게 되고 눈에 보이는 것이 없게 됩니다. 그 정상에서 해야 할 일이 무엇인지 알지 못하고 헛된 것에 마음을 쏟는 일이 많습니다.

다윗이 범죄하게 된 여러 가지 요인들이 있지만 가장 중요한 요인은 전쟁하러 나아가야 할 때에 전쟁에 나가지 않고 왕궁에서 잠을 잤다는 것입니다. 전쟁의 최고 사령관이 군사들을 전쟁터에 내보내 놓고 잠을 잤다는 것은 그의 영적, 정신적 상태가 무장해제를 당했음을 의미합니다. 그것이 그를 충신의 아내를 탐하게 만들고 돌이킬 수 없는 범죄를 저지르게 했습니다. 이것을 흔히 '밧세바 신드롬'이라고 합니다. 최고의 정상에 있을 때에 도덕성이 무너지고 타락하게 되는 경향을 일컫는 말입니다.

성도는 영적 전쟁을 위해 부름받은 자들입니다. 군인은 항상 전쟁터에 있어야하듯이 우리의 삶의 현장이 영적 전쟁터입니다. 그러므로 하나님의 전신갑주를 입어야합니다. 그렇지 않으면 수많은 유혹들이 쳐들어와 우리의 신앙을 무너뜨립니다. 영적인 방심을 경계해야 합니다. 이만하면 됐다고 생각될 때 조심해야 합니다. 언제나 하나님이 우리의 삶을 관찰하신다는 사실을 망각하지 말아야 합니다.

다윗의 행위는 여호와 보시기에 악한 것이었습니다. 하나님은 다윗의 범죄를 일컬어 '네가 나 여호와를 업신여겼다'고 말씀하십니다. 그의 모든 생각과 행위가 하나님을 두려워하지 않음에서 기인했다는 것입니다. 하나님을 삶의 최고 자리에 모시지 않을 때 우리는 언제든지 넘어질 수밖에 없는 연약한 자들입니다. 다윗의 범죄 행위를 보면서 인생이 얼마나 보잘것없는 존재인지를 깨닫게 됩니다. '선 줄로 생각하는 자는 넘어질까 조심하라'고 했습니다.(고전 10:12) 하나님의 은혜 없이는 한순간도 바로 서지 못하는 것이 인생입니다. 그러므로 늘 깨어 있어야 합니다. 하나님의 은혜 주심을 사모해야 합니다.

다행히도 다윗은 나단 선지자의 꾸지람을 듣고 자신의 죄를 순순히 인정했습니다. 그러나 그는 저지른 죄의 대가를 치러야만 했습니다. 이후에 그의 가정에 많은 어려움들이 있었습니다. 다윗의 범죄에 대한 하나님의 징계이고 심판입니다. 하나님은 다윗의 죄를 용서하셨지만 죗값은 치르게 하셨습니다. 그의 범죄의 씨앗인 밧세바가 낳은 아들이 죽었고, 그의 아들 암논이 딸 다말을 범하게 되고, 아들 압살롬이 암논을 죽이는 일들이 연달아 일어났습니다. 사람이 무엇으로 심든지 그대로 거두게 하시는 하나님이십니다. 우리는 항상 하나님 앞에서 조심해야 합니다.

1. 사람의 마음을 도적질하는 자(15장)

아버지와 화해한 압살롬이 반역을 도모합니다. 병거와 말들을 준비하고 50명의 호위병을 세우고 성문 길 곁에 서서 왕에게 송사하러 오는 사람들마다 불러 자신이 스스로 그들의 재판관이 되어 재판을 베풀었습니다. 이렇게 하여 왕에게 재판받으러 오는 사람들의 마음을 도적질하여 그의 편으로 끌어들였습니다. 예루살렘에 돌아온 지 사 년 만에 압살롬은 아버지에게 나아가 여호와께 서원한 것이 있어 그 서원을 헤브론에 가서 이루어야 함으로 그곳으로 보내 달라고 요청했습니다. 다윗은 여호와를 섬기겠다는 압살롬의 말을 믿고 헤브론으로 가도록 흔쾌히 허락해 주었습니다. 그러나 압살롬은 왕권을 가로채기 위해 치밀하게 거사를 준비했습니다. 마침내 헤브론에서 왕을 반역하고 압살롬은 스스로 왕이 되었습니다. 다윗의 모사였던 길로 사람 아히도벨도 압살롬의 반역에 가담했습니다. 이렇게 해서 압살롬은 온 이스라엘 백성들의 마음을 도적질했습니다.

압살롬은 아버지를 반역함으로써 왕이 되고자 하는 인간의 악한 마음을 여지없이 드러내 보여 주었습니다. 사람을 속여서 인기를 얻는 일은 절대 오래갈 수 없습니다. 사람들은 끊임없이 만왕의 왕이신 하나님의 권위에 도전합니다. 자신이 마치 모든 것을 판단하는 판단자인 것처럼 행동합니다. 마음이 미혹되면 진리를 분별하는 능력이 없어집니다. 기회주의적인 마음을 가지고 자신의 유익을 도모하기 위한 일에 몰두하게 됩니다. 다윗의 최측근 심복이었던 아히도벨은 이제 압살롬의 편에 섬으로써 자신의 미래가 보장될 줄 알았습니다. 사람을 잃는 것은 참 가슴 아픈 일입니다. 그러나 사람의 마음을 얻기 위해 노력하기보다는 더욱더 하나님의 마음 얻기를 힘써야 합니다.

압살롬의 반역의 소식을 듣고 다윗은 후궁 열 명을 남겨 놓고 신하들과 더불어 피신했습니다. 왕의 도피를 도운 조력자들 가운데 제사장 사독과 그와 함께한 레위 사람이 하나님의 언약궤를 메고 다윗을 따랐습니다. 그러나 다윗은 사독에게 하나님의 궤를 예루살렘 성으로 다시 메고 가라고 명했습니다. 하나님께서 은혜를 베푸시면 다시 예루살렘으로 돌아오게 될 것이라고 했습니다. 다윗은 도망가는 중에도 오직 하나님을 신뢰하며 하나님께 자신의 미래를 맡겼습니다. 이렇게 해서 사독과 아비아달이 하나님의 궤를 예루살렘으로 도로 메어다 놓고 거기 유하게 되었습니다.

다윗은 감람산 길로 피신하면서 울었습니다. 함께 가는 백성들도 울었습니다. 다윗은 하나님 앞에서 자신의 죄를 크게 뉘우쳤습니다. 하나님께서는 다윗에게 아들의 반역을 통하여 고통을 당하게 하심으로 그가 하나님 앞에 범죄했을 때 하나님의 마음이 얼마나 고통스러웠는지를 돌아보게 하셨습니다. 우리는 어려운 일을 만날 때에 먼저 하나님 앞에서 우리 자신을 돌아보아야 합니다.

2. 여러 부류의 사람들(16, 17장)

다윗이 국가적인 위기를 만났을 때 여러 부류의 사람들이 등장합니다. 다윗을 떠나지 않고 도왔던 많은 조력자들이 있는가 하면, 기회주의적인 본성을 드러낸 사람들도 있었습니다. 아히도벨, 후세, 시바, 시므이, 소비, 마길, 바르실래, 요압 등등… 그들은 각자 독특한 개성과 인품을 가진 자들이었습니다.

다윗의 모사였던 아히도벨은 밧세바의 할아버지인데 압살롬의 반역에 가담했습니다. 손녀의 가정을 파괴한 다윗에게 복수의 칼을 갈고 압살롬에게 다윗을 죽일 비책을 제시했다가 실패하자 고향으로 돌아가 스스로 목을 매고 죽었습니다.

후세는 다윗의 친구인데 다윗이 위기를 만나자 더욱더 그의 편이 되어 지략을 베풂으로써 참 친구가 무엇인지를 보여 주었습니다. 후세의 지략으로 인해 다윗을 죽이려는 아히도벨의 모략을 물리칠 수 있었습니다.

시바는 므비보셋의 사환인데 압살롬의 반역을 틈타 므비보셋을 버리고 다윗에게 달려가 다윗과 므비보셋 사이를 이간질함으로써 므비보셋에게 속한 모든 재산을 자기의 것으로 가로채는 기지를 발휘했습니다. 그는 전형적인 기회주의자였습니다.

시므이는 죽은 사울 왕의 집 족속인데 도망가는 다윗을 맞으러 나와 저주하고 다윗과 그의 신복들을 향해 돌을 던졌습니다. 하룻강아지 범 무서운 줄 모른다는 말은 이런 사람을 두고 이르는 말입니다. 그는 복수심으로 가득 차 다윗을 자기 가문을 패망시킨 원흉으로 생각했던 사람입니다.

소비, 마길, 바르실래는 도망가는 다윗과 그 일행을 위해 자신들이 가진 재물을 가지고 정성껏 숙식을 제공했던 사람들입니다. 어려움 당한 사람을 생각할 줄 아는 마음 따뜻한 사람들입니다.

요압은 다윗의 조카인데 다윗의 젊은 시절부터 함께하면서 다윗을 위해 싸워 온 훌륭한 장군입니다. 그는 평생을 다윗을 위해 충성했음에도 불구하고 왕의 마음을 온전히 읽지 못해 다윗을 크게 상심케 했습니다. 그는 결국 다윗에게 버림을 당했습니다.

고난의 때에는 언제나 이렇게 기회주의적인 사람, 복수심으로 가득 찬 사람, 충성된 사람 들이 나타나게 됩니다. 혼란한 때에는 자칫 올바른 생각과 판단을 하기 어렵습니다. 그럴 때일수록 더욱더 하나님의 뜻을 찾아야 합니다. 결국 모든 일은 하나님의 뜻 안에서 이루어지게 되는 것입니다. 시므이가 저주를 퍼붓자 스루야의 아들들이 시므이를 죽이겠다고 했습니다. 다윗은 그들을 제지하면서 "여호와께서 저에게 명하신 것이니 저로 저주하게 버려두라"고 했습니다.(삼하 16:10-12)

가장 다급한 시간에 다윗은 가장 냉철하게 생각하고 행동했습니다. 무엇보다 그는 자신이 당하고 있는 현실 속에서 하나님의 뜻을 찾는데 몰두했습니다. 정말 그는 '하나님의 마음에 합한 사람' 이었습니다. 우리는 항상 하나님의 뜻이 무엇인지 살피고, 하나님을 두려워해야 합니다. 어려울 때일수록 더욱더 그렇게 해야 합니다. 하나님의 뜻을 무시하고 행하면 필경은 실패하게 됩니다.

3월 28일 | 사무엘하 19-21 장

1. 왕의 귀환(19장)

압살롬을 잃은 다윗은 크게 슬퍼했습니다. 그의 슬픔은 전쟁에 나가 싸웠던 군사들과 백성들의 마음에 또 다른 슬픔이 되었습니다. 군사들은 승리의 기쁨을 누리기는커녕 죄인 된 심정을 가지고 조용히 마하나임 성으로 들어와야만 했습니다. 아들의 죽음 때문에 왕이 마음을 추스르지 못하고 슬퍼하는 모습을 본 백성들은 자기들이 목숨을 걸고 싸웠던 싸움이 헛된 것이었다는 생각을 하게 되었습니다. 다윗이 계속 아들의 죽음을 애통해 하자 압살롬을 죽였던 요압이 그 일을 매우 불쾌하게 여겼습니다. 왕 앞에 나아가 '왕의 애통함은 왕의 생명과 왕의 자녀의 생명과 처첩들의 생명을 구원한 모든 신복의 얼굴을 부끄럽게 하고 장관들과 신복들을 멸시하는 처사'라며 노골적으로 불만을 토했습니다. 만일 왕이 백성들 앞에 나가서 그들의 마음을 위로하지 않으면 더이상 왕을 따르지 않겠다고 했습니다. 요압의 말을 들은 다윗은 마음을 정리하고 성문으로 나아갔습니다. 그곳에서 백성들의 마음을 위로하고 그들이 이룬 승리를 축하했습니다.

자녀를 잃은 아비의 마음을 누가 알겠습니까? 오직 하나님만이 그 마음을 아시고 불쌍히 여기시고 위로해 주십니다. 다윗에게는 왕궁에서 쫓겨난 시련보다 아들을 잃게 된 슬픔이 더 컸습니다. 그것은 다윗의 마음을 칼로 찌르는 것과 같았습니다. 다윗은 아들의 죽음이 우연한 것이라고 여기지 않았습니다. 자신의 죄에 대한 하나님의 징벌이라고 생각했습니다.(삼하 16:10-11) 어쩌면 그의 슬픔은 하나님 앞에서 처절한 회개의 몸부림입니다. 아들을 십자가에 내어 주신 하나님은 우리의 슬픈 마음을 위로하시는 참 위로자가 되십니다.

다윗을 반역하고 압살롬을 따랐던 이스라엘 백성들이 전쟁에서 패하게 되자 다시 다윗에게로 돌아가고자 하는 계획을 세웠습니다. 그들은 자신들의 행위를 회개하고 자중해야 했음에도 불구하고 왕을 다시 모셔올 일에 대해서 의논했습니다. 마치 왕의 귀환이 자기들의 의사에 의해 결정되는 것인 양 교만하게 행했습니다. 깨어진 관계를 회복하는 첫 걸음은 회개하는 것으로부터 시작됩니다. 진정한 회개가 없이는 참된 화해가 있을 수 없습니다. 하나님의 자녀는 하나님 앞에서 늘 겸비한 마음을 가져야 하고, 죄를 용서하신 하나님의 은혜에 감사할 줄 알아야 합니다.

다윗은 백성들의 마음을 돌이키기 위해 그를 대적했던 자들을 마음으로 품었습니다. 사독과 아비아달을 보내 유다의 장로들을 설득하게 했습니다. 다윗은 그들을 형제와 골육이라고 했습니다. 또한 압살롬의 군장이었던 아마사를 자신의 골육과 같다고 설득하고, 요압을 대신하여 군대장관을 삼겠다고 하나님 앞에서 맹세했습니다. 한때 실수하여 자신을 등지고 원수가 되었던 자들의 잘못을 용서하고, 조건 없이 그들을 품음으로써 분열된 백성들의 마음을 하나로 모으고자 했습니다.

다윗의 유화정책은 온전하지 못했습니다. 아마사를 군장으로 삼은 것은 요압의 분노를 사게 되었고 아마사를 살해하는 일을 저지르게 만들었습니다. 그러나 다윗의 포용정책은 죄인을 향한 예수 그리스도의 마음이 어떤지 보여 줍니다. 예수님께서는 어떤 죄인이라도 당신께 돌아온 사람들의 과거를 묻지 아니하시고 한 형제로, 한 골육으로 간주해 주십니다. 우리는 주님의 마음을 배워 가는 사람들입니다. 우리 마음을 불편하게 한 자들에게 화해의 손은 내밀어야 하지 않겠습니까!

2. 시므이와 시바(19장)

다윗이 위경에 처하여 피난길에 올랐을 때 바후림에서 베냐민 사람 시므이가 다윗을 저주한 일이 있습니다. 그는 다윗 왕과 신복들을 향해 돌을 던지면서 '피 흘린 자, 비루한 자, 사울의 왕위를 빼앗은 자'라고 비난하며 하나님께서 아들 압살롬을 통해 심판하신다고 저주를 퍼부었습니다.(삼하 16:5-8) 그랬던 시므이는 다윗이 왕권을 회복할 기미가 보이자 베냐민 사람 일천 명을 데리고 급히 왕을 맞으러 나왔습니다. 그는 다윗 앞에서 자기의 잘못을 고백하고 지난날에 행했던 패역한 일로 인해서 자기의 죄를 묻지 말아 달라고 간청했습니다. 아비새는 기름부음받은 왕을 저주했던 시므이를 죽여야 마땅하다고 했지만 다윗은 시므이를 죽이지 않겠다고 맹세했습니다. 또한 사울의 사환이었던, 므보셋의 종 시바가 그 아들 열다섯과 종 스무 명을 데리고 요단강을 건너려던 다윗을 영접하러 나왔습니다. 그는 사울 집안의 재산을 관리하던 자였으나 뇌물로써 다윗의 환심을 사고 상당한 부를 축적했던 인물입니다. 다윗이 다시 왕권을 회복하게 되자 시므이와 시바는 자신의 생명과 안전을 확보하기 위해 맨 먼저 겸손한 자세로 다윗을 맞으러 나온 것입니다. 시므이와 시바는 세상적인 지혜를 가진 기회주의자들의 전형입니다. 다윗은 그들의 마음이 어떤지 알고 있지만 즉시 벌하지 않고 받아들였습니다. 진실로 회개하고 돌이킬 수 있는 기회를 주었습니다. 시므이와 시바는 오늘 우리의 모습이기도 합니다. 오늘 하나님께서 우리의 죄대로 판단하신다면 그 앞에 설 수 있는 사람이 아무도 없습니다. 모든 허물과 죄를 덮어주고 용납하시는 그리스도의 은혜가 우리에게 있습니다. 우리는 그리스도에게 일만 달란트 빚을 탕감받은 자들로서 백 데나리온의 빚을 갚지 않는다고 형제의 멱살을 잡는 일을 하지 않도록 해야 합니다. 사유하시는 주의 은혜에 감사하고 형제를 중심으로 용서해야 하겠습니다.

3. 한 여인의 지혜(20장)

한때 압살롬의 군장이었던 아마사를 높이기 위해 기회를 찾고 있던 다윗은 세바의 반란이 일어나자 그 반란을 진압하기 위해 아마사를 군장으로 임명했습니다. 반대자를 포용함으로써 요동치는 민심을 되돌리기 위한 다윗의 고육지책이었지만 유다 사람들은 반역자요 기회주의자였던 아마사를 신뢰하지 않았습니다. 그 사실을 알아차린 다윗이 세바의 반란을 진압하기 위해 다시 아비새를 군장으로 삼았습니다. 측근을 견제하고 힘의 균형을 유지하려고 했던 다윗의 행동은 백성들과 측근들에게 큰 상처를 안겨 주었습니다. 성난 요압장군은 기브온 바위 곁에서 아마사를 만나 그의 손에 쥐고 있던 칼로 아마사의 배를 찔러 죽이고 말았습니다. 그런 후 동생 아비새와 함께 세바의 반란을 진압하러 갔습니다.

요압은 성격이 과격하고 정치적인 욕망이 강한 사람이었습니다. 그는 기회 있을 때마다 다윗에게 무례하게 행동하고 자신의 진로에 걸림돌이 된다고 여겨지는 사람을 무참하게 처단함으로써 왕의 마음을 근심케 했습니다. 아마사의 죽음은 불의한 자를 향한 하나님의 심판이었습니다. 그러나 요압은 질투와 원한을 가지고 스스로 자신의 잔임함을 드러냄으로써 하나님의 의를 이루는 일에 실패하고 말았습니다. 그가 사울의 군장이었던 아브넬과(삼하 3:27) 다윗의 아들 압살롬(삼하 18:14), 압살롬의 군장이었던 아마사를 죽인 일들은 모두 다 자신의 정치적인 욕망에 걸림돌이 되는 자들을 제거한 일입니다. 힘과 권세를 자신의 사욕을 위해 사용할 때 그 결과는 언제나 비참하게 됩니다. 어떤 종류의 힘과 권세가 주어졌든지 그것을 하나님의 뜻을 이루는데 사용해야 하나님과 사람 앞에서 귀중히 여김을 받게 됩니다.

민심이 어수선한 틈을 타 반역을 일으켰던 세바와 그 일행이 아벨 벧마아가를 본거지로 삼아 다윗의 군대에 대항했습니다. 요압은 성읍을 두르고 있던 해자 언덕 위에 토성을 쌓고 그 위에서 성을 공격하여 초토화할 계획을 세웠습니다. 그때 그 성에서 지혜로운 여인 하나가 요압 장군을 불러 설득했습니다. 이스라엘 중에 화평하고 충성된 성읍을 멸하고자 하는 것은 여호와의 기업을 삼키고자 하는 불의한 일이라고 했습니다. 요압은 다윗에게 반역한 세바를 제거하는 것이 목적이라고 했습니다. 그러므로 그 성읍에 숨은 세바만 내어 주면 어떤 피해도 입히지 않고 곧 떠나겠다고 했습니다. 요압의 말을 들은 여인이 성읍에 거하는 사람들을 설득하여 비그리의 아들 세바의 머리를 베어 그것을 요압에게 주었습니다. 요압은 전쟁을 그치고 세바의 머리를 가지고 예루살렘으로 돌아와 왕에게 나아갔습니다.

성읍을 사랑하고 하나님의 공의로운 통치를 확신했던 한 여인의 지혜로운 행동이 성읍을 구했습니다. '성읍은 정직한 자의 축원을 인하여 진흥하고 악한 자의 입을 인하여 무너진다.' (잠 11:11)고 했습니다. 성읍이 멸망하게 될 절체절명의 위기 앞에서 여인의 지혜는 크게 빛을 발했습니다. 하나님을 두려워하고 사람을 사랑하는 사람은 가정을 지키고 교회를 세웁니다. 지혜가 성읍의 열 유사보다 능력이 있습니다.(잠 7:19) 성읍을 허무는 자가 아니라 세우는 자, 가정을 세우고 교회를 세우는 자가 되도록 지혜를 구해야 하겠습니다. 지혜의 왕이신 예수 그리스도와 동행할 때 생명의 길을 알게 됩니다.

3월 29일 | 사무엘하 22-24 장

1. 다윗의 마지막 노래(22장)

다윗의 마지막 노래입니다. 다윗은 파란만장한 삶을 살고 인생의 부침을 헤아릴 수 없이 많이 경험한 사람입니다. 그러나 그의 삶 중심에는 언제나 하나님이 계셨습니다. 하나님이 삶의 주인 되어 주셨고, 평생 동안 하나님의 인도하심을 받았습니다. 그 삶의 마지막 종착점에서 지나온 삶을 되돌아보면서 하나님을 찬양합니다. 그러면서 다윗은 메시아가 통치하게 될 영원한 세상을 바라보았습니다. 사람을 공의로 다스리고 하나님을 경외함으로 다스리는 자가 나와서 그의 나라를 돋는 해 아침 빛같이, 비 내린 후의 광선으로 인해 땅에서 돋아난 새 풀같이 푸르고 싱싱하게 하실 것을 바라보았습니다. 인생의 끝자락에서 다윗은 마음 가득 소망을 안고 하나님을 찬양했습니다. 하나님이 그의 집과 영원한 언약을 세우시고 모든 구원과 모든 소원을 이루게 하실 것을 확신했습니다. 메시야의 완전한 구원을 기대했습니다.

참 믿음을 가진 하나님의 자녀의 인생은 늘 소망으로 충만합니다. 하나님을 바라보는 자는 낙심하거나 좌절하지 않습니다. 내게 관계된 것을 완전하게 하실 하나님을 믿고 의지합니다. 주님께서 우리에게 주신 구원은 누구도 빼앗을 수 없이 완전하고 확실합니다. 다윗처럼 주님을 모시고 주님을 사모하는 인생은 처음과 끝이 아름답습니다. 하루하루의 삶을 완전하신 주님으로 채워 가고, 주님 한 분께 모든 소망을 두며 사는 인생은 돋는 해 아침 빛 같고, 비 내린 후의 광선으로 땅에서 움이 돋는 새싹과 같습니다. 우리 인생의 마지막이 다윗처럼 찬란하기를 소망합시다.

2. 다윗의 용사들(23장)

다윗에게 많은 용사들이 있었음을 말씀합니다. 요셉밧세벳, 엘르아살, 삼마 세 용사는 모두 용맹한 장수들로써 다윗의 호위 무사들입니다. 그들은 온 이스라엘로 더불어 다윗의 힘을 도와 왕을 삼았던 사람들입니다. 요셉밧세벳은 한때 팔백 인을 쳐죽인 군장의 두목이었습니다. 엘르아살은 다윗과 함께했던 핵심 용사 중에 하나였습니다. 그는 그의 손이 피곤하여 칼에 붙기까지 블레셋과 싸워 크게 승리를 거둔 사람입니다. 삼마는 떼를 지어 몰려온 블레셋 사람들을 보고 백성들이 두려워하며 도망갈 때에 그 백성들을 격려하고 죽기를 각오하여 싸웠습니다. 여호와께서 그들의 싸움을 도와주셨습니다. 하나님을 의지하고 죽기까지 싸웠던 그들의 헌신이 있었기에 대승을 거둘 수 있었습니다.

한 나라가 그냥 세워지지 않습니다. 피 흘려 싸운 사람들이 있기 때문에 견고하게 설 수 있게 되는 것입니다. 교회가 세워지는 것도 그렇습니다. 하나님은 언제나 충성됨을 요구하십니다. 하나님을 의지하는 충성된 사람들을 통해 하나님이 당신의 교회를 견고하게 세우시고 영광을 받으십니다. 성도는 주님의 몸 된 교회를 위해서 죽기까지 믿음의 싸움을 싸우도록 부름받은 사람들입니다. 뒤로 물러서지 않고 싸울 때에 하나님이 우리의 싸움에 함께하시고 승리를 얻게 해 주십니다.

삼십 두목 중 세 용사의 용맹에 대해서 말씀합니다. 다윗이 왕이 되었다는 소식을 들은 블레셋 사람들이 군대를 일으켰습니다. 그때 그들은 베들레헴을 점령하고 있었습니다. 산성에 진을 치고 있던 다윗은 자기 고향 베들레헴 성문 곁에 있는 우물물을 마시고 싶어 했습니다. 다윗의 그 말을 듣고, 삼십 두목 중 용맹한 세 용사가 블레셋 사람의 군대를 쳐부수고 베들레헴 성문 곁의 우물을 길어 와 다윗에게 마시게 했습니다. 다윗은 그 물이 죽음을 무릅쓰고 그 일을 해낸 자기 용사들의 피와 같은 것이라 여겼습니다. 그래서 자신이 경솔하게 말했던 것을 자책하고 그 물을 마시지 않았습니다. 하나님의 제단에 부어 드렸습니다. 세 용사(아비새, 브나야, 다른 한 사람)는 왕에게 생수를 마시게 하기 위해 자기들의 목숨을 초개와 같이 여겼습니다. 다윗은 세 용사의 공을 인정하여 그들 가운데 아비새를 그들의 두목이 되게 하고, 브나야는 시위대 장관을 삼아 그들에게 영광스러운 직분을 주었습니다. 그들의 이러한 헌신은 우리 주 예수 그리스도를 닮았습니다. 예수 그리스도께서 우리에게 목마르지 않는, 영생하는 생수를 주시기 위해 친히 십자가에서 피 흘리시고 우리를 위해 죽어 주셨습니다. 그러므로 하나님께서 주님을 높이셔서 당신의 보좌 우편에 앉게 하셨습니다.

다윗의 용사들은 도합 37명이었다고 합니다. 이들은 모두가 용맹한 사람들이었습니다. 다윗이 사울을 피하여 정처 없이 도망 다니던 때에 그에게 와서 충성함으로써 동고동락하며 나라를 세우기 위해 헌신했던 사람들입니다. 그들이 힘을 합해 충성함으로써 다윗왕국이 기틀을 다질 수 있었습니다. 그러므로 그 영광스러운 이름을 후세에 영원히 남기게 되었습니다.

영광스러운 자리에 이름을 남기는 것은 명예로운 일입니다. 하나님 나라의 생명책에 우리의 이름이 기록되어 있다면 이보다 더 큰 영광은 없습니다. 끝까지 예수 그리스도의 십자가를 붙드는 사람이 하나님나라의 백성으로 남게 됩니다. 우리가 충성스럽게 믿음의 삶을 살고 하나님 앞에 설 때에 하나님께서 우리의 이름을 부르시고 착하고 충성된 종이라고 칭찬해 주십니다. 30 용사의 명단에 요압의 이름이 빠진 것은 참으로 안타까운 일입니다. 그는 이스라엘 군대의 총대장으로서 이스라엘 나라의 기초를 세우는데 누구보다 많은 공을 세운 사람이었음에도 불구하고 늘 다윗에게 위협적인 존재였습니다. 다윗이 죽은 후에는 아도니야의 반역에 가담했다가 실패함으로써 결국 죽임을 당했습니다.(왕상 2) 하나님은 많은 업적보다 충성됨을 더 귀하게 여기십니다. 하나님의 나라는 충성된 자의 수고와 헌신으로 세워집니다.

3월 30일 | **열왕기상 1-3 장**

1. 열왕기상·하에 대하여

열왕기상·하는 다윗의 아들인 솔로몬과 그 후 왕국의 분열 그리고 앗수르에 의한 북이스라엘의 멸망, 바벨론에 의한 남유다의 멸망과 포로로 끌려갈 때까지의 스토리를 담고 있습니다. 그 시대에 두 선지자 엘리야와 엘리사가 등장합니다. 그리고 구약 선지서들의 선지자들이 이 시대에 활동했습니다. 북이스라엘은 BC 722년 앗수르에 의해 멸망당했습니다. 선지자들의 경고대로 그들은 포로가 되어 이방의 땅에 노예로 끌려갔습니다. 앗수르는 남유다까지 삼키려 했지만 이집트의 견제 세력 때문에 예루살렘을 함락시키는 데에는 실패했습니다. 요시야 왕 시대에 이집트의 바로 왕이 갈그미스에서 앗수르와 연합하여 바벨론에 대항하여 싸웠지만 바벨론이 승리를 거두었습니다. 바벨론 왕 느부갓네살은 여세를 몰아 유다를 침공했습니다. 예루살렘에 대한 바벨론의 3차에 걸친 공격으로 인해 유다는 결국 망하게 되고 백성들은 포로로 끌려갔습니다.(BC 586년)

열왕기상·하의 저자가 누구인지 알려지지 않지만 예레미야 선지자이거나 아니면 포로 시기를 경험한 무명의 유대인이었을 걸로 추측됩니다. 열왕기상·하도 신명기 사관(하나님의 말씀에 순종하면 복을 받고 불순종하면 저주를 받는다는)에 기초하여 기록된 하나님의 말씀입니다. 모세의 경고대로 결국 이스라엘은 하나님을 떠나 우상 숭배하고 타락함으로써 앗수르와 바벨론의 침략을 받아 망하게 되고 온 세상에 흩어져 종살이를 해야만 했습니다.

2. 솔로몬이 왕이 되다!(1장)

다윗이 나이 많아 늙어서 더이상 국사를 돌볼 수 없게 되었습니다. 다윗이 30세에 왕위에 올라 40년 동안 나라를 다스렸으므로 그의 나이가 70세쯤 되었습니다. 그의 인생에 많은 시련과 풍파가 있었습니다. 나라를 세우는 일을 하는 가운데 끊임없는 전쟁을 치러야만 했고, 가정의 비극도 있었습니다. 그러므로 그의 심신은 매우 약해졌습니다. 이러한 때에 학깃의 아들 아도니야가 장자권을 내세워 스스로 왕이 되고자 반역을 일으켰습니다. 그러나 이스라엘의 왕이 되는 것은 단지 서열로만 되어 질 수 있는 것이 아닙니다. 하나님은 사람의 외모를 보시지 않고 중심을 보시는 분이십니다. 아도니야는 스스로 교만한 마음을 품고 아버지의 동의 없이 제멋대로 왕이 되려고 했습니다. 그의 모의에 군대장관 요압과 제사장 아비아달이 합류했습니다. 제사장 사독과 브나야 선지자 나단과 시므이와 레이와 다윗의 용사들은 아도니야의 모의에 가담하지 않았습니다. 지도력이 교체되는 시기에는 늘 이런 일들이 발생합니다. 눈에 보이는 현실도 중요하지만 하나님 앞에서 두려운 마음을 가지는 것이 더 중요합니다. 모든 일의 결국이 하나님께 있음을 믿고 겸손하게 하나님의 은혜를 구하는 것이 지혜로운 일입니다.

아도니야의 반역 소식을 들은 선지자 나단이 솔로몬의 모친인 밧세바를 찾아가 그 사실을 알리고, 솔로몬을 왕으로 세우기 위한 계책을 알려 주었습니다. 나단의 계책은 단지 위기를 모면하고 기회를 잡기 위해 베푼 것이 아니었습니다. 다윗이 성전을 건축할 마음으로 모든 것을 준비할 때에 하나님께서 그에게 나타나셔서 성전 건축을 막으시고 대신 그의 아들 솔로몬이 왕이 되어 성전을 건축하게 될 것이라고 말씀해 주셨습니다.(대하 22:9) 다윗은 하나님께 받은 계시의 말씀을 신하들이 듣는 가운데서 밧세바에게 말했습니다.(30절) 나단은 밧세바에게 그 다윗의 맹세를 기억시키고, 왕에게 나아가 말씀드리라고 했습니다. 나단의 말을 들은 밧세바가 왕에게 나아가 아도니야가 반역한 사실과 전에 왕이 했던 맹세를 상기시키고 솔로몬을 왕으로 세워 달라고 했습니다. 밧세바의 말을 들은 다윗은 즉시 그의 말대로 솔로몬을 왕으로 세우기 위한 모든 준비를 하게 하고 솔로몬에게 기름을 부어 이스라엘의 왕을 삼게 했습니다. 위기의 때에 나단은 하나님의 언약의 말씀을 신뢰하고 그 말씀에 의지해서 솔로몬을 왕으로 추대했습니다. 무슨 일에든지 하나님의 뜻이 어디에 있는지 먼저 하나님께 기도하고 하나님의 인도하심을 기다리는 것이 아름다운 일입니다. 하나님의 인도하심이 있는 곳에는 형통함이 따릅니다.

하나님께서 솔로몬의 이름을 다윗의 이름보다 크게 하시기를 기뻐하셨습니다. 하나님께서 솔로몬이 태어났을 때 그의 이름을 '여디디야'(여호와께 사랑을 입음)라고 지어 주었는데 마침내 솔로몬이 하나님의 사랑을 입는 자가 되었습니다. 하나님의 사랑을 입은 자가 하나님의 일을 하게 됩니다. 우리 모두는 하나님의 사랑을 입은 자들입니다. 하나님께서 우리에게 '임마누엘' 되시고 우리를 통해 하나님께서 기뻐하시는 일을 하고 싶어 하십니다.

3. 새로운 시대에 필요한 인물(2장)

다윗이 그의 죽음이 임박했음을 알고 솔로몬을 불러 '왕의 길'을 가라고 명령했습니다. '힘써 대장부가 되고, 여호와의 명령을 지켜 행하고, 자손들에게 그 길로 갈 것을 가르치라'고 했습니다. 하나님은 당신의 백성들에게도 동일한 말씀을 하십니다. 우리는 모두 '왕의 길'을 가도록 부름받은 사람들입니다. 하나님께서 우리를 세상 가운데서 왕 같은 제사장으로 살아가도록 부르셨습니다.

다윗은 그의 삶에 영향을 주었던 사람들에 대한 일도 잊지 않았습니다. 스루야의 아들 요압의 죄를 가볍게 여기지 말고 그 백발로 평안히 음부에 내려가지 못하게 하라고 했습니다. 길르앗 바실래의 아들들에게는 은총을 베풀어서 왕의 상에서 먹는 자 중에 참여하게 하라고 했습니다. 바후림 베냐민 사람 게라의 아들 시므이의 죄를 기억하고 그 백발의 피를 흘려 저로 음부에 내려가게 하라고 했습니다. 다윗의 부탁은 단순한 사람의 부탁이 아닙니다. 하나님이 우리의 삶을 평가하시고 그에 상당하게 응답하심을 보여 줍니다. 하나님의 저울에 나의 삶이 달릴 때 어떤 평가를 받겠습니까? 우리의 온 마음을 다해 끝까지 하나님 앞에 충성된 삶을 살아야 합니다. 다윗은 그의 나이 70세에 하나님의 부르심을 받았습니다. 하나님 안에서 복된 죽음을 얻었습니다.

다윗이 죽은 후 학깃의 아들 아도니야가 솔로몬의 모친 밧세바를 찾아와 다윗의 첩이었던 수넴 여자 아비삭을 자기 아내로 삼게 해 달라고 요청했습니다. 태후의 힘을 빌어 수넴 여자 아비삭을 자기의 아내로 취함으로써 후일에 왕이 되고자 하는 길을 마련하려 했던 것입니다. 밧세바는 대수롭지 않는 일로 여기고 솔로몬 왕을 찾아가 아도니야에게 아비삭을 주어 아내로 삼게 하라고 했습니다. 솔로몬은 어머니의 말을 듣고 격노했습니다. 전에 솔로몬이 아도니야를 살려줄 때에 악한 것이 보이면 반드시 죽이겠다고 했는데 아도니야의 악한 의도를 간파한 솔로몬은 마침내 그를 죽여야만 하겠다고 생각하고 그의 신하 브나야를 시켜 그를 쳐서 죽이게 했습니다.

아도니야는 왕이 되고자 하는 끝없는 욕망을 버리지 못하고 반역을 도모하다가 결국 비참한 최후를 맞이하고 말았습니다. 스스로 왕이 되고자 했던 아담의 욕망에서 비롯된 죄가 인류 전체에 돌이킬 수 없는 해악이 되었듯이 인생의 불행은 자기가 높아지려고 하는 욕망에서 시작됩니다. 하나님 나라의 원리는 낮아짐에 있습니다. 왕이 되려고 하는 마음 중심에 하나님이 계실 자리는 없습니다. 예수님은 만왕의 왕이셨지만 모든 것을 포기하시고 아버지의 뜻에 온전히 복종했습니다.

아도니야의 역모에 가담했던 제사장 아비아달이 고향 아나돗으로 추방을 당했습니다. 마땅히 죽을 자였지만 여호와의 궤를 메고 다윗과 생사고락을 함께했었음으로 솔로몬 왕은 정상을 참작해 주었습니다. 대제사장 아론에게 네 명의 아들들(나답, 아비후, 엘르아살, 이다말)이 있었는데, 그중 나답과 아비후는 잘못된 분향 사건으로 인해 일찍 죽었습니다. 아비아달은 이다말의 후손이었고, 사독은 엘르아살의 후손이었습니다. 솔로몬은 아비아달을 파면함으로써 엘리 집안에 대한 하나님의 예언이 완전한 성취를 보게 되었습니다.

요압이 아비아달의 파면 소식을 듣고 두려워 장막으로 도망하여 제단 뿔을 잡았습니다. 솔로몬 왕은 브나야를 보내 장막에서 끌어내어 그를 죽이게 했습니다. 이렇게 해서 요압은 아브넬과 아마사를 죽임으로써 다윗을 슬프게 했던 죗값을 치렀습니다. 이제 이스라엘 나라에는 오직 하나의 대제사장과 군대장관만 있게 되었습니다. 요압과 아비아달 두 사람은 다윗을 도와 나라를 세우는데 큰 역할을 했던 사람들입니다. 그러나 그들의 마음은 충성되지 못했습니다. 하나님이 그들의 모든 행동을 달아보고 계셨습니다. 하나님은 끝까지 충성된 사람을 통해 새로운 시대를 여십니다.

우리 믿음의 삶이 이와 같습니다. 내 힘으로 한 것은 하나님 앞에 아무것도 인정받을 수 없습니다. 성령으로 시작하였다가 육체로 마치는 것은 불행한 일입니다. 우리는 마지막까지 예수 그리스도의 은혜만 붙들어야 합니다.

3월 31일 | 열왕기상 4-7 장

1. 솔로몬의 영화와 지혜(4, 5장)

솔로몬이 신하들을 세우고 왕실을 관장하기 위해 12 관장을 두었습니다. 나라를 효과적으로 다스리기 위해 내각을 꾸리고 행정구역을 설정했습니다. 이렇게 솔로몬의 나라는 점점 더 견고해지고, 그 땅에 백성들이 바다의 모래 같이 많았으며 그들이 왕의 치하에서 마음껏 먹고 마시며 즐거워했습니다. 하나님께서 아브라함에게 약속하셨던 복이 솔로몬의 시대에 이르러서 성취되었음을 보여 주고 있습니다. 이스라엘의 영토도 크게 확장되고 주변의 나라들이 이스라엘에게 조공을 바쳤습니다. 솔로몬은 주변의 나라들과 평화를 유지함으로 명실공히 이스라엘 평화의 시대를 열었습니다. 그 시대에 유다와 이스라엘은 단에서 브엘세바에 이르기까지 각기 포도나무 아래와 무화과나무 아래서 안연하게 살았다고 합니다. 온 나라에 평화의 시대가 도래했습니다.

하나님께서 솔로몬에게 지혜와 총명을 심히 많이 주시고 또 넓은 마음을 주시되 바닷가의 모래 같이 하셨음으로 그 지혜가 열국에 전파되었습니다. 각국의 왕들이 솔로몬의 지혜를 들으려고 예루살렘으로 모여들었습니다. 모든 일들은 하나님의 은혜로 되어졌습니다. 하나님은 우리 삶의 진정한 근원이십니다. 왕들은 지혜를 얻기 원하여 솔로몬을 찾아왔지만 하나님께서 솔로몬에게 주신 지혜는 인간의 지혜와 비교될 수 없었습니다. 여호와를 경외하는 것이 지혜와 지식의 근본이라고 했습니다. 예수님은 우리에게 영원한 생명을 얻는 참된 지혜가 되어 주셔서 세상이 줄 수 없는 것을 주시고 세상이 누릴 수 없는 영원한 생명의 복을 누리게 하셨습니다.

솔로몬이 다윗을 이어 왕이 되었을 때 두로(페니키아) 왕 히람이 사신을 보냈습니다. 히람은 다윗 왕과도 친분을 맺고 지냈었는데 그는 솔로몬과도 가까이하여 국가 간의 관계를 더욱더 가깝게 하고자 했습니다. 한편 솔로몬의 마음을 사로잡고 있었던 생각은 성전 건축이었습니다. 그는 아버지 다윗의 때에 이루지 못한 그 일을 반드시 이루고 싶었습니다. 그러므로 두로에서 축하 사절단이 왔을 때에 두로 왕 히람에게 성전 건축에 필요한 재목들과 사람들을 보내달라는 친서를 보냈습니다. 하나님의 성전을 건축하는 것을 가장 중요하게 생각했던 솔로몬 왕의 중심은 하나님을 기쁘시게 하는 것이었습니다. 우리 마음의 생각이 중요합니다. 하나님을 그 중심에 모시고 싶어 했던 솔로몬의 마음과 같은 마음을 주시도록 하나님께 구해야 합니다.

솔로몬은 성전 건축에 필요한 물자를 공급받는 대신 히람의 왕궁에 필요한 식물을 공급할 뿐 아니라 두로에서 성전 건축을 위해서 보내는 일꾼들에게도 정당하게 삯을 지불하겠다고 약조했습니다. 솔로몬의 제안은 두로 왕 히람의 마음을 크게 기쁘게 했습니다. 히람은 솔로몬이 요청한 대로 성전 건축에 필요한 귀한 백향목과 잣나무 재목을 보내고 또 일하는데 필요한 일꾼들도 보냈습니다. 솔로몬은 약속한 대로 두로의 왕궁을 위해 식물을 공급해 주었습니다. 가장 좋은 관계는 서로가 윈윈하는 관계입니다. 나의 요구를 관철하려고만 하지 말고 상대방의 필요가 무엇인지를 헤아리는 지혜가 있어야 합니다. 하나님께서 솔로몬에게 그런 지혜를 주셨습니다. 우리 주님은 지혜와 모략의 신으로 충만하신 분이십니다. 하나님께 지혜를 구합시다.

2. 하나님의 꿈을 이루다!(6, 7장)

솔로몬이 왕이 된 지 4년에 성전을 건축하기 시작했습니다. 성전의 규모는 길이가 60규빗, 넓이는 20규빗, 높이는 30규빗이었습니다. 나무와 돌들로 성전을 건축하게 하되 성전에서는 재료들을 다듬기 위한 어떤 연장소리도 들리지 않게 했습니다. 성전은 나무를 자르고 돌을 다듬어 가면서 지은 것이 아니라 미리 준비된 설계도를 따라 나무를 자르고 돌을 다듬은 다음 그것들을 가지고 와 짜맞추는 형식으로 진행되었습니다. 일꾼들은 식양을 따라 일을 하면서 완성된 성전의 모습을 그들의 마음속에 그렸을 것입니다.

성전 역사가 진행되는 가운데 하나님께서 솔로몬에게 나타나셔서 성전 건축의 목적이 어디에 있는지 말씀해 주셨습니다. 하나님의 법도를 따르고 율례를 행하며 모든 계명을 지켜 하나님께 순종하는 것이었습니다. 그것이 성전의 존재 이유입니다. 하나님은 이스라엘 자손 가운데 거하시며 그들을 기억하고 싶으셨습니다. 사람의 손으로 지은 하찮은 것에 거하실 하나님이 아니십니다. 온 우주의 주인이신 하나님이십니다. 그럼에도 하나님은 당신의 택한 백성의 마음속에 거하시기를 기뻐하십니다. 하나님의 백성들이 당신의 말씀에 순종하는 것을 보고 싶어 하십니다.

우리가 일을 하다가 일 자체에 몰두한 나머지 일의 목적을 잊어버릴 때가 종종 있습니다. 무슨 일을 하든지 하나님을 기쁘시게 하는 것이 진정한 목적이 되어야 합니다. 하나님은 우리 몸을 당신의 성전 삼으시고 우리와 함께하십니다. 그러므로 우리는 계속해서 하나님의 영광을 위해 지어 가는 성전이 되어야 합니다.

솔로몬이 왕이 된 지 4년에 성전 건축을 시작하여 11년에 대大 역사를 마무리했습니다. 성전을 건축하는데 걸린 기간이 꼬박 7년입니다. 그 기간 동안에 성전 건축에 동원되었던 사람들이 혼신의 힘을 다했습니다. 솔로몬은 성전을 건축하고 난 후에 성전 내소와 기구들을 모두 금으로 입혔습니다. 특별히 성전 내소의 단을 전부 금으로 싸고 내소 안에 그룹 둘을 조각목으로 새겨 만들고 그것을 전부 금으로 쌌습니다. 그룹의 크기는 각각 10규빗으로 지성소 전체를 가로막고 있는 모습이었습니다. 그룹들의 존재는 그곳에 하나님이 임재하고 계심을 보여 줍니다. 또한 금은 빛과 순결을 상징하는 것으로 하나님이 빛이시고 완전하심을 보여 줍니다.

성전의 겉모습은 돌과 나무로 지어진 여느 건축물들의 구성과 크게 다르지 않았습니다. 그러나 그 내면을 모두 금으로 장식함으로써 금빛으로 찬란하게 빛나는 장엄한 모습을 보여 주었습니다. 이 성전은 하나님의 백성인 교회의 모습을 보여 줍니다. 하나님을 그 마음에 모시고 살아가는 하나님의 백성은 그 심령이 늘 하나님의 영광과 거룩으로 충만해야 합니다. 우리의 모습이 보잘것없더라도 속은 날마다 새로워져야 합니다. 성도의 마음속이 예수 그리스도로 충만할 때 하나님 앞에 거룩한 자가 되어 하나님의 영광스러운 빛을 비추는 자로 살아가게 됩니다. 장차 없어질 것을 이렇게 영광스럽게 하신 것은 영원히 없어지지 않을 성도의 영광이 있음을 보여 주기 위함입니다. 하나님 앞에서 정금과 같이 순결하고 거룩한 믿음의 사람으로 드려지기 위해 날마다 거룩한 성전으로 지어져 가기를 소망합시다.

솔로몬은 두 놋기둥을 세우고 그 기둥에 각각 '야긴', '보아스'라는 이름을 부여했습니다. 야긴은 '그가 세우신다'는 뜻이고 보아스는 '그에게 능력이 있다'는 뜻으로 하나님을 향한 솔로몬의 신앙고백입니다. 솔로몬은 그의 나라를 하나님께서 세우시고, 그 하나님께 권능이 있음을 믿었습니다. 하나님은 오늘도 능력으로 나를 붙드시고 세우시는 분이십니다. 우리 인생의 참된 소망은 오직 전능하신 하나님께 있습니다.

4월

열왕기상(8-11) · 하, 역대상 · 하, 에스라

1. 형통할 때 조심해야(8-11장)

열왕기상 8장부터 10장까지는 솔로몬 왕의 부귀영화, 곧 최전성기에 대하여 말씀합니다. 그리고 11장은 그가 어떻게 무너졌는지 보여 줍니다. 이 말씀을 읽다 보면 솔로몬 시대의 부귀영화와 이스라엘의 번영이 눈에 선하게 그려지 듯이 다가옵니다. 솔로몬 시대의 부귀영화를 단적으로 보여 주는 말씀은 열왕기상 10:21-25절입니다.

부귀영화는 눈에 보이고 손에 잡힙니다. 그런 면에서 솔로몬 시대의 부귀영화는 능가할 사람이나 나라가 없을 만큼 엄청납니다. 그러나 성경은 항상 우리에게 더 중요하고 본질적인 말씀을 주십니다. 눈에 보이는 가치가 아닌 하나님의 가치가 무엇인지 보여 줍니다. 성경은 솔로몬의 부귀영화 곧 이스라엘의 부귀영화를 말씀하면서 본질적으로 중요한 말씀들을 박아 넣음으로써 우리의 정신이 번쩍 들게 합니다.

솔로몬은 왕이 되고 하나님께 제사를 드릴 때만 해도 참으로 겸손한 왕이었습니다. 하나님께서 그를 사랑하시고 그에게 지혜와 나라의 부강함을 허락해 주셨습니다. 우리가 한 가지 명심해야 할 것은 모든 일이 잘될 때 그때가 가장 조심해야 할 때이고, 또 위험한 때라는 것입니다. 나라가 부강해지는 과정 속에서 솔로몬은 중요한 사실을 놓치고 있었는데 하나님의 말씀을 가볍게 여겼다는 것입니다. 하나님께서 모세를 통해 왕 된 자가 하지 말아야 할 것 세 가지를 분명하게 말씀해 주셨습니다.(신 17:16-17) 왕 된 자는 말을 많이 두지 말아야 하고 말을 얻기 위해 애굽으로 사람을 보내서는 안 되고, 아내를 많이 두지 말아야 하고, 은금을 자기를 위하여 많이 쌓지 말아야 했습니다. 그러나 솔로몬은 그 모든 일에 있어서 실패하고 말았습니다. 그는 하나님의 말씀을 마음에 두지 않고 애굽으로 사람을 보내 좋은 말들을 많이 사들였습니다.(왕상 10:28-29) 또한 아내들을 많이 두어 그들이 섬기는 신들을 좋아 우상 숭배의 길로 나아갔습니다.(왕상 11:1-8) 그리고 자기를 위해서 많은 은금을 쌓았습니다. 금이 얼마나 흔했던지 금을 쳐서 방패를 만들기까지 했습니다.(왕상 10:14-17) 이처럼 솔로몬은 세상 왕들의 길로 신속하게 나아갔습니다. 성경은 솔로몬의 이러한 행위를 하나님을 떠난 행위로 간주하고 있습니다.(왕상 11:6-9) 솔로몬의 번영은 오히려 그에게 큰 위기를 잉태하는 시간이었습니다. 그러나 솔로몬은 현실의 부귀영화에 취하여 그것을 보지 못했습니다. 우리의 삶의 모습이 솔로몬과 크게 다르지 않습니다. 언제나 형통할 때 조심해야 합니다. 선 줄로 생각하는 자는 넘어질까 조심하라고 했습니다.(고전 10:12) 하나님의 말씀에 주의하고 순종하여 지키는 것이 부귀영화를 누리는 것보다 더 낫습니다.

1. 여로보암의 죄(13장)

여로보암이 벧엘 단 곁에서 분향하고 있을 때에 하나님의 사람이 여호와의 말씀을 듣고 예언하기 위하여 여로보암 앞에 섰습니다. 하나님의 사람이 여호와께서 그의 입에 넣어 준 말로 예언할 때 여로보암은 그의 예언을 저지하려고 하다가 손이 말라 펴지 못하게 되었고, 하나님의 사람의 예언대로 단이 갈라지고 재가 단에서 쏟아졌습니다. 여로보암 왕은 하나님의 사람에게 요청하여 자기 손을 다시 성하게 하나님께 기도해 달라고 했습니다. 하나님께서는 그날 여로보암에게 긍휼을 베풀어 그의 손을 회복시켜 주었습니다. 하나님께서 여로보암에게 권세를 주시고 이스라엘 가운데서 10지파를 떼어 그에게 주었지만 여로보암은 그 하나님을 배반하고 백성들을 우상 숭배의 길로 인도하는 죄악을 범했습니다. 하나님께서 그를 경고하시고 돌이키게 하려고 당신의 사람을 보내셨던 것입니다. 사람의 마음에 하나님을 두지 아니하면 그 마음에 두려움이 임하게 됩니다. 하나님 없이 이루려고 하는 모든 시도는 헛될 뿐입니다. 여로보암은 계속해서 하나님 앞에 범죄하고 백성들을 그릇된 길로 인도함으로써 하나님의 화를 자초하는 불행한 사람이 되고 말았습니다. 하나님의 사람이 내 곁에 있고 하나님의 말씀이 내게 주어질 때는 내 인생의 기회입니다. 말씀에 은혜를 받고 하나님 앞에 바로 행하는 것이 축복입니다.

여로보암의 범죄로 인해서 그 아들 아비야가 병들었습니다. 여로보암은 아들의 병을 고치기 위해 그의 아내를 변장시켜 실로에 있는 선지자 아히야에게 보냈습니다. 아히야는 나이 많아 눈이 어두워 사람을 알아볼 수 없었지만 하나님께서 아히야에게 말씀을 주셔서 전하게 하셨습니다. 하나님께서 이스라엘 백성 중에서 여로보암을 빼서 이스라엘 백성의 주권자를 삼으시고 다윗의 집에서 나라를 나누어 그에게 주었는데 여로보암이 하나님 앞에서 다윗이 행했던 것처럼 정직하게 행하지 않고 악을 일삼으며 우상을 만들었으므로 여호와께서 진노하시고 그를 버리셨다고 했습니다. 여로보암의 죄로 인해 그의 집에 재앙이 임하고, 결국 그의 집은 하나님 앞에서 버림을 당하게 될 것이라고 하셨습니다. 여로보암은 자기를 위해 하나님의 말씀을 버리고, 자기의 생각대로 백성들을 우상 숭배로 이끌었습니다. 하나님께서는 그 일을 기뻐하지 아니하셨습니다. 그러므로 그의 아내가 집에 도착하는 동시에 그 아들이 죽었습니다. 여로보암은 하나님께서 베푸신 은혜를 헛되이 여기고 자기의 배를 위하여 살다가 왕이 된 지 이십이 년 만에 죽게 되었습니다. 하나님을 경외하지 않는 인생의 날들은 참으로 헛됩니다. 우리는 하나님께서 주신 은혜를 귀하게 여기고 자신을 위한 삶이 아닌 하나님의 영광을 위한 삶이 되도록 힘써야 합니다.

2. 벧엘의 늙은 선지자(13장)

벧엘의 한 늙은 선지자가 하나님의 사람이 벧엘에서 행한 일에 대해서 듣고 즉시 뒤쫓아가 그를 만났습니다. 그를 자기 집으로 초청하여 함께 떡을 먹자고 했습니다. 하나님의 사람은 절대 그렇게 하지 않겠다고 했습니다. 하나님께서 그에게 주신 말씀이 있었으므로 오직 그 말씀대로 하고자 했습니다. 그러나 늙은 선지자가 그를 회유했습니다. 자신도 선지자인데 하나님께서 말씀하여 이르기를 벧엘에서 예언한 그 선지자를 집으로 데리고 가 그에게 떡과 물을 먹이라고 했다고 거짓말을 했습니다. 하나님의 사람이 그 말을 듣고 그와 함께 집으로 들어가 떡을 먹고 물을 마셨습니다.

그들이 함께 상에 앉았을 때에 여호와의 말씀이 벧엘의 늙은 선지자의 입에 임하게 되었습니다. 유다에서 온 하나님의 사람에게 주어진 심판의 말씀이었습니다. 하나님께서 떡도 먹지 말고 물도 마시지 말라 한 곳에서 먹고 마셨으니 죽음을 면치 못할 것이라는 것이었습니다. 하나님의 말씀대로 이 선지자는 길을 가다가 사자에게 죽임을 당했습니다. 벧엘의 늙은 선지자는 그의 죽은 시체를 수습하여 자기의 묘실에 장사 지냈습니다.

이 사건은 하나님의 말씀이 엄중함을 보여 줍니다. 죽은 선지자는 끝까지 자신에게 주어진 하나님의 말씀만 순종해야 했습니다. 그러나 그는 하나님의 말씀을 받았다고 속인 늙은 선지자의 말에 귀를 기울임으로써 하나님 말씀의 권위를 크게 훼손했습니다. 그는 결국 하나님의 일에 쓰임 받고 나서 버림받은 사람이 되었습니다. 하나님께서는 이런 일을 통해 여로보암이 하나님의 말씀을 순종하지 않을 때 어떻게 되는지 경고했습니다. 그럼에도 불구하고 여로보암은 끝내 하나님의 말씀을 무시하고 자기 마음대로 산당 제사장을 임명하고 하나님 앞에 돌이킬 수 없는 죄를 범함으로써 하나님의 심판을 자초했습니다. 결국 땅에서 끊어져 멸망하게 되었습니다.

3. 르호보암의 죄(14장)

솔로몬의 아들, 르호보암 유다의 왕이 화려했던 선조의 나라를 17년 동안 다스렸습니다. 그러나 그는 나라의 부귀영화가 누구에게로부터 임한 것인지를 깨닫지 못하고 여호와 보시기에 심한 악을 행했습니다. 르호보암은 우상을 섬기고 암몬 나라의 모신母神이었던 아세라 목상을 세워 섬겼습니다.

그러므로 하나님께서 르호보암을 징계하기 위해 애굽 왕 시삭을 일으키셨습니다. 르호보암이 왕이 된 지 오 년에 애굽 왕 시삭이 올라와 예루살렘을 치고 성전의 보물과 왕궁의 보물을 모두 빼앗고, 솔로몬이 만들었던 금 방패도 빼앗았습니다. 솔로몬 왕이 죽은 지 오 년 만에 나라가 비참하게 되었습니다. 하나님께서 시삭을 일으키신 것은 르호보암을 징계하시고 돌이켜 여호와를 섬기게 하려 함이었습니다. 그러나 르호보암은 하나님의 뜻을 깨닫지 못하고 신당을 만들어 어머니의 나라에서 섬기던 신을 섬긴 것입니다. 르호보암은 평생 안팎으로 전쟁에 시달리다가 인생을 마쳐야만 했습니다.

하나님은 당신의 백성들에게 진실로 복의 근원이 되십니다. 복을 받았음에도 불구하고 그것이 어디로부터 말미암았는지 깨닫지 못할 때 하나님은 그 복을 거두어 가십니다. 온 세계에 명성을 떨쳤던 솔로몬의 영화가 2대를 넘기지 못하고 한순간에 물거품이 되고 말았습니다. 하나님은 항상 우리가 하나님의 피조물임을 기억하게 하시고, 온 마음을 다해 하나님만 섬기라고 말씀합니다. 인생의 결국이 하나님의 손에 있습니다.

1. 아비얌과 아사(15장)

열왕기상 15장은 유다 왕 아비얌과 아사의 통치에 관해 말씀합니다. 아비얌은 유다의 왕으로써 3년을 통치했는데 아버지 르호보암의 죄를 본받은 악한 왕이었습니다. 하나님은 그의 마음이 그 조상 다윗과 같지 않았다고 말씀합니다. 마음이 중요합니다. 사람은 마음에 있는 생각을 드러내고, 마음먹은 바대로 살갑니다. 하나님 앞에서 악한 마음을 가진 사람은 악을 일삼고, 선한 마음을 가진 사람은 선한 삶을 삽니다. 하나님은 우리의 마음을 살피시는 분이십니다. 하나님의 마음을 가장 기쁘게 했던 왕은 다윗입니다. 하나님께서는 다윗을 선한 왕의 표준으로 삼으셨습니다.

다윗은 여호와 하나님 앞에서 온전한 마음을 가지고 살았습니다. 온전하다는 것은 아무 흠이 없이 완전함을 의미하지 않습니다. 사람은 다 흠이 있습니다. 다윗도 예외가 아닙니다. 그는 충성스러운 신하의 아내와 동침하고, 그 신하를 전쟁터에서 죽게 한 악을 행했습니다. 그러한 행위는 하나님 앞에서 씻을 수 없는 오점이 되었습니다. 그럼에도 불구하고 하나님께서 그를 온전한 자로 인정하셨던 것은 변함없이 하나님을 사랑하고 그 언약에 진실했기 때문입니다. 다윗은 하나님 앞에 납작하게 엎드려 자신이 죄인인 것을 철저하게 고백했습니다. 죄인의 완전함은 오직 예수 그리스도의 십자가를 붙드는 데 있습니다.

하나님께서는 아비얌의 죄에도 불구하고 다윗을 생각하사 예루살렘에서 저에게 등불을 주셨습니다. 예루살렘을 사랑하셔서 그에게 신실한 아들을 주신 것입니다. 하나님은 항상 당신의 교회를 생각하시고 교회에게 영원한 빛이 되시는 예수 그리스도를 주셨습니다. 그리스도의 빛 가운데 행하는 사람이 하나님의 의를 행하게 됩니다.

한편 아비얌의 아들 아사가 아버지의 대를 이어 유다의 왕이 되어 41년 동안 통치했습니다. 그는 아버지의 악정을 버리고 다윗을 길을 따라 선한 정치를 했습니다. 나라의 도덕성을 회복하고 열조들이 지었던 모든 우상들을 제거했습니다. 어머니의 우상 숭배까지도 용납지 아니했습니다. 태후의 위를 폐하고, 모든 우상들을 기드론 시내에서 불살랐습니다. 그야말로 거국적인 종교개혁을 단행한 것입니다. 그는 일평생 여호와 앞에서 온전하게 행했습니다.

우상과 단절하는 것이 바른 신앙생활의 첩경입니다. 하나님의 백성은 오직 여호와 하나님 한 분만 섬깁니다. 하나님의 마음을 기쁘시게 하는 것은 다른 데 있지 않습니다. 하나님보다 사랑하는 것이 있어서는 안 되며 온 마음을 다해 하나님만 사랑해야 합니다. 아사 왕의 결단은 하나님의 마음을 기쁘게 했습니다. 하나님께서 내게도 그런 은혜를 주시도록 기도합시다. 신앙생활은 초지일관 하나님과만 동행하는 것이 되어야 합니다. 하나님을 경외하는 사람은 언제나 자신이 하나님 앞에서 살아가는 인생임을 기억하고 범사에 하나님을 기쁘시게 하는 일에 힘씁니다. 그런 삶은 때때로 많은 희생을 감수하게 합니다. 어머니를 황후의 자리에서 내려오게 했던 아사의 마음이 많이 아팠을 것입니다. 그러나 그는 우상 숭배를 잘라 내야만 했습니다. 성경은 하나님의 신이 아사에게 임함으로써 아사가 그런 일을 할 수 있었다고 증거합니다. 성령은 우리를 진리 가운데로 인도합니다.

2. 거듭된 혼란(16장)

여호와의 말씀이 선지자 예후에게 임하여 이스라엘 왕 바아사를 꾸짖었습니다. 여호와께서 그를 진토에서 들어 하나님의 백성 이스라엘의 주권자가 되게 하셨는데 그가 여로보암의 길로 행하며 하나님의 백성 이스라엘로 범죄하게 함으로써 하나님의 노를 격동케 했습니다. 그러므로 하나님께서 바아사의 집을 쓸어버려 느밧의 아들 여로보암의 집과 같이 되게 하겠다고 하셨습니다. 하나님은 자기 백성인 이스라엘이 여호와를 경외하는 바른 길을 가기를 기대하셨고 역대 왕들에게 그런 기대를 거셨습니다. 그러나 이스라엘 왕 바아사는 선대 왕들과 다름없이 여로보암의 길로 행하여 자신뿐 아니라 하나님의 백성들을 범죄하는 길로 인도했습니다.

하나님께서는 바아사에게 24년 동안이나 돌이켜 의의 길로 행할 수 있는 기회를 주셨지만 그는 끝내 여호와의 길을 거부하고 여로보암으로 길을 택하여 나아갔습니다. 그러므로 하나님께서 그의 선지자를 바아사에게 보내 심판의 말씀을 선포하게 하셨습니다. 바아사의 집을 쓸어버리되 그가 어느 곳에 있든지 끝까지 따라가서 심판을 행하겠다고 하셨습니다. 결국 바아사는 선지자의 말대로 여호와 하나님의 심판을 받았습니다. 그의 뒤를 이어 아들 엘라가 왕이 되었지만 2년 후에 그의 신하 장관 시므리가 왕을 모반하여 쳐 죽이고 대신하여 왕이 되었습니다. 시므리는 왕권을 잡은 후 바아사의 온 집의 남자들을 그의 족속뿐 아니라 친구들까지 하나도 남기지 아니하고 다 죽였습니다. 선지자의 말대로 바아사의 집에 여호와 하나님의 심판이 임했습니다.

시므리가 모반하여 왕을 죽이고 디르사에서 왕이 되었다는 소식을 군대장관 오므리가 들었습니다. 그는 블레셋과 싸우기 위해 깁브돈에 진을 치고 있었습니다. 오므리는 즉시 이스라엘 무리를 거느리고 시므리가 거하고 있던 디르사 성을 공격하여 함락시켰습니다. 반역을 행한 것입니다. 시므리는 왕궁에 불을 지르고 자살함으로써 그의 인생을 허망하게 마감했습니다. 시므리가 왕으로 있던 기간은 불과 7일이었습니다. 그러나 그 짧은 7일 동안에 시므리는 여호와 보시기에 악을 행하여 범죄하되 여로보암의 길로 행하고 이스라엘로 범죄하게 했습니다.

오므리가 왕권을 잡았으나 백성들 가운데 절반은 오므리를 좇지 않고 디브니를 좇았습니다. 오므리와 디브니 사이에 전쟁이 있게 되었는데 결국 오므리가 승리를 거두고 혼란을 진정시켰습니다. 오므리는 왕이 되어 12년을 치리했습니다. 그러나 그도 역시 여로보암의 길을 좇아감으로써 여호와의 노를 격동하게 되었습니다. 성경은 '그가 그전의 사람들보다 더욱더 악을 행했다'고 증거합니다. 뿐만 아니라 오므리는 이스라엘의 수도를 옮기기 위해 세멜에게서 은 두 달란트를 주고 산을 사서 그곳에 성을 건축하고 그 성 이름을 '사마리아'라고 이름지었습니다. 이렇게 해서 사마리아는 이스라엘의 새로운 수도가 되었습니다. 그야말로 북이스라엘은 혼란에 혼란을 겪고 있었습니다.

오므리는 그의 왕권을 강화하기 위해서 이런 일들을 행했지만 하나님께는 마음을 두지 않았습니다. 우리의 노력이 진정으로 우리의 안전을 담보하지 못합니다. 하나님이 우리의 참된 피난처가 되십니다. 왕들 중 하나라도 국가적인 혼란의 근원이 무엇인지 깊이 생각했다면 진정으로 사는 길이 무엇인지를 고민하였을 것입니다. 인생이 혼란스러울 때 우리는 가던 길을 잠시 멈추고 하나님을 바라보아야 합니다. 하나님께 인생의 지혜를 구해야 합니다.

한편 오므리의 대를 이어 그의 아들 아합이 왕이 되었는데, 아합은 22년 동안 나라를 다스리면서 여호와 보시기에 가장 악한 죄를 지었습니다. 이스라엘의 죄는 '여로보암의 길'로 통하는데 이스라엘의 초대 왕이었던 여로보암이 벧엘과 단에 금송아지 우상을 만들어 놓고 백성들을 예루살렘으로 가지 못하도록 막아 이스라엘에게 우상 숭배의 길을 열었습니다. 아합은 여기에 더하여 사마리아에 바알 신당을 짓고 그것을 섬겼습니다. 이 일은 더욱더 하나님의 노를 격발하였습니다. 또한 그는 하나님의 말씀을 무시하고 여리고를 건축하는데 그때 히엘이 자녀들을 잃게 되었습니다.

아합이 바알 우상을 섬기게 된 것은 그의 아내 이세벨의 영향 때문입니다. 아합은 정략결혼을 통해 시돈 사람 이세벨을 아내로 맞이했습니다. 이세벨은 악한 사람이었습니다. 그녀는 자기 땅에서 섬기던 신을 이스라엘로 들여와 신당을 짓고 그것을 섬김으로 여호와의 노를 격발하였습니다. 하나님께서 아합의 죄를 더욱더 위중하게 보신 것은 이제 이스라엘 안에 다른 이방신들까지 들어오게 되어 백성들의 마음이 완전히 여호와에게서 떠나는 출발점이 되었기 때문입니다.

우리가 무슨 일을 할 때 항상 영적인 일을 염두에 두어야 합니다. 나의 신앙에 유익을 주지 않는 일은 비록 그 일이 나의 육신에 도움을 줄지라도 거절해야 합니다. 영적 퇴보를 가볍게 여길 때 인생에 혼란이 오고 하나님 앞에서 심각한 결과를 맞게 됩니다. 하나님의 눈은 항상 전심으로 하나님을 찾는 자가 있는지 살피십니다. 말씀을 버리고 자기의 소견에 옳은 대로 행할 때에 불행한 인생의 서막이 시작되는 것입니다.

3. 말씀에 순종한 사르밧 과부(17장)

길르앗에 우거하던 디셉 사람 엘리야가 아합 집에 예언하기 위해 하나님의 부르심을 받았습니다. 아합의 죄로 인해 하나님께서 이스라엘에 기근을 보내셨습니다. 3년 6개월 동안 하늘의 문을 닫아 그 땅에 비를 내리지 아니하셨습니다. 엘리야는 그릿 시냇가에 숨어 까마귀들이 날라다 주는 떡과 고기를 먹고 그 시냇물을 마셨습니다. 그러나 얼마 후에 그 시냇물도 마르게 되었습니다. 그러므로 엘리야는 시돈에 속한 사르밧으로 가서 그곳에 살던 한 과부에게 공궤를 받았습니다. 그 과부는 먹을 것이 다 떨어져 가는 가난한 과부였습니다. 그러나 과부는 엘리야의 말대로 순종하여 떡을 만들어 엘리야를 공궤했습니다.

　아합의 죄는 단순한 것이 아닙니다. 그의 죄로 인해 이스라엘 전체가 고통을 당했습니다. 하나님께서 온 이스라엘에 극심한 가뭄을 보내셨습니다. 이스라엘의 고통은 단지 마실 물이 없는 것이 아니었습니다. 그보다 더 큰 고통은 하나님 말씀의 기근이었습니다. 왕이 여호와의 말씀을 버리고 우상을 섬기며, 자기의 욕심을 따라 행할 때 그 땅에 기근이 겹치게 된 것입니다. 하나님의 말씀을 버린 영혼은 언제나 기근을 만나게 됩니다. 물이 없어 갈함을 경험하는 것보다 말씀이 없는 영적 기갈이 우리의 삶에 더 깊은 영향을 미칩니다.

　사르밧에 살던 여인은 극심한 가난으로 인해 자신과 아들에게 죽음의 그림자가 드리워졌을 때 여호와의 종의 말을 믿고 행했습니다. 그리하여 기근의 때에 통의 가루가 다하지 아니하고 병의 기름이 없어지지 않는 풍성함을 누리게 되었습니다. 예수님은 누구든지 목마르거든 내게로 와서 마시라고 말씀하십니다. 주님의 말씀을 순종하면 기근의 때에도 풍성한 은혜를 누리게 됩니다.

　엘리야가 머물고 있던 집 주인의 아들이 중한 병이 들어 죽었는데, 여인에게는 하나밖에 없는 소중한 아들이었습니다. 하나님의 사람이 머물고 있는 집에서 그런 일이 일어났습니다. 여인은 엘리야에게 나아가 탄식했습니다. 선지자로 인해 자기의 죄가 드러나고 또 그 아들이 죽었다는 것입니다. 엘리야는 여인에게서 죽은 아들을 받아 자기 방으로 옮겼습니다. 그리고 그 시체 위에 자신의 몸을 얹고 하나님께 간절하게 기도했습니다. 엘리야의 기도를 들으신 하나님께서 죽은 아들을 다시 살려주셨습니다. 하나님께서는 이 일을 통해 당신의 능력을 보여 주시고, 모든 일의 주권이 하나님께 있음을 선지자에게 확인시켜 주셨습니다. 또한 여인은 이 일을 통해 진실로 엘리야가 하나님의 사람인 것을, 또 하나님의 말씀에 권능이 있음을 믿게 되었습니다. 이제 엘리야는 하나님의 권능을 힘입고 아합과 그의 아내 이세벨을 대적할 수 있는 용기를 얻었습니다. 하나님이 함께하시면 능치 못할 일이 없음을 깨달았음으로 담대하게 나아갈 수 있었습니다. 하나님께서 그의 입에 주신 말씀은 권능이 있음으로 무슨 말을 하든지 그대로 이루어질 것이기 때문이었습니다. 하나님은 당신이 지명하여 보낸 종의 기도를 들으시고, 그가 증거하는 말씀에 권능을 부여해 주셔서 하나님의 일을 하게 하십니다. 시대가 악하고 어두운 것이 문제이지만 그보다 더 큰 문제는 하나님의 사람이 없는 것입니다. 환경을 탓하지 말고 내가 지금 하나님 편에 바로 서있는 사람인지 자신을 시험해 보아야 합니다.

1. 850:1(18장)

북 이스라엘의 아합 왕은 악한 왕이었습니다. 그는 그전의 모든 사람보다 여호와 보시기에 악을 더욱 행했습니다. 그의 아내 이세벨은 시돈 사람의 왕 엣바알의 딸입니다. 이세벨은 이스라엘에 시집오면서 시돈의 신인 바알과 아스다롯 우상을 들여와 이스라엘 온 나라에 퍼뜨린 장본인이기도 합니다. 아합 왕의 우상 숭배와 악정으로 인해 하나님께서 3년 6개월 동안 하늘 문을 닫아 북이스라엘에 비가 내리지 않게 하심으로 온 백성들이 가뭄에 고통하고 있었습니다. 3년 6개월의 기근이 있은 후에 하나님께서 엘리야를 아합에게 보냈습니다. 그런데 엘리야를 만난 아합은 엘리야를 향해 '이스라엘을 괴롭게 한 자'라고 하며 국가적인 대기근의 원인을 엘리야에게 돌렸습니다. 문제의 원인이 내 탓이 아니라 네 탓이라며 엘리야에게 책임을 돌렸습니다. 그러나 엘리야는 백성들이 어렵게 된 근본적인 원인은 왕이 하나님의 말씀을 버리고 바알 우상을 좇아 섬긴데 있다고 지적했습니다. 엘리야는 아합에게 누가 참된 신인지 증명하기 위해 이스라엘 자손들을 갈멜산에 모으라고 했습니다.

하나님의 말씀을 버릴 때 인생에게 큰 어려움이 있게 됩니다. 언제나 문제의 원인을 외부에서 찾지 말고 내 안에서 찾아야 합니다. 하나님께서 아합에게 당신의 선지자를 보냈다는 것은 아직도 이스라엘에게서 소망을 거두지 않고 계심을 보여 준 것입니다.

엘리야는 아합에게 어떤 신이 참 신인지 갈멜산에서 증명하자고 제안했습니다. 아합 왕이 바알의 선지자 450명을 갈멜산으로 불러 모았습니다. 엘리야는 송아지 두 마리를 잡아 각각 자기의 신의 이름으로 기도하고 이에 불로써 응답하는 신이 참된 신이 될 것이라고 했습니다. 마침내 갈멜산 위에서 바알과 아세라의 선지자 850명과 엘리야 한 사람의 영적 대 전쟁이 시작되었습니다.

엘리야는 먼저 바알의 선지자들에게 송아지를 잡고 그들의 신 바알에게 기도하라고 했습니다. 이에 바알 선지자들은 아침부터 낮까지 응답해 달라고 간구했습니다. 그러나 아무 소리도, 아무 응답도 없었습니다. 엘리야는 단 주위에서 뛰놀고 있던 바알의 선지자들을 조롱했습니다. 더 큰소리로 부르라고 했습니다. 그들은 하루 종일 피 흘리기까지 간구했지만 헛된 수고였습니다. 어떤 변화도 일어나지 않았습니다.

엘리야는 결과를 미리 알고 싸움을 벌였습니다. 진실로 우상은 아무것도 아니라는 것을 알았으므로 담대하게 그들 앞에서 그들의 신을 조롱했던 것입니다. 사람들이 헛된 우상을 섬기며 그것에 자신들의 운명을 맡기지만 오직 여호와 하나님만이 구하는 것에 응답하시는 분이십니다. 오늘 우리의 영적 싸움은 결과를 알고 싸우는 싸움입니다. 어떤 경우에도 두렵지 않은 것은 하나님 외에 다른 신이 없음을 알기 때문입니다. 하나님을 온전히 신뢰하는 사람에게는 항상 엘리야처럼 담대함이 있습니다.

백성들을 불러 모은 엘리야는 먼저 무너진 여호와의 단을 수축했습니다. 야곱의 12아들의 수효를 따라 열두 돌을 취하여 그 돌로 단을 쌓고 돌아가며 도랑을 만들고 단 위에 송아지의 각을 떠서 올려놓고 도랑과 번제물과 나무 위에 물을 부었습니다. 단에 물이 두루 흐르고 도랑에 넘치도록 부었습니다. 그리고 저녁 소제드릴 때에 하나님 앞에 나아가 기도했습니다. 하나님이 하나님 되심과, 자신이 하나님의 종이 됨과, 오직 주의 말씀을 좇아 행하는 자임을 알게 해 달라고 했습니다. 백성들로 하여금 주 여호와는 하나님이신 것과 주는 저희의 마음으로 돌이키게 하시는 것을 알게 해 달라고 간구했습니다.

엘리야의 기도를 들으신 하나님께서 하늘에서 불을 보내셨습니다. 번제물과 나무와 돌과 흙을 태우고 도랑의 물을 핥음으로써 여호와가 참 하나님이심을 증거하셨습니다. 마침내 모든 백성들의 입에서 하나님이 참 신이라는 고백을 받아 냈습니다. 그날 엘리야는 백성들을 명하여 기손 시내에서 바알의 선지자들을 모두 잡아 죽이게 했습니다. 거짓 신에게 속고 살았던 백성들이 그날에 살아 계셔서 역사하시는 하나님을 만났습니다. 영적 승리를 경험하는 삶은 커다란 모험입니다. 한 사람이 중요합니다. 하나님은 하나님을 신뢰하는 그 한 사람과 더불어 하나님의 일을 행하시고 하나님이 참 신이심을 증거하십니다. 하나님은 오늘도 나에게 엘리야처럼 하나님이 살아 계신 참 신이심을 증거하는 증인의 삶을 살아가라고 말씀하십니다.

4월 5일 | 열왕기상 21장-열왕기하 1 장

1. 성도의 영원한 기업(왕상 21장)

두 차례에 걸친 아람과의 전쟁을 성공적으로 치러낸 아합이 자기의 별궁 곁에 붙어있던 나봇의 포도원을 사기 위해 거래를 시도했습니다. 포도원을 주면 대신에 그보다 더 아름다운 포도원을 주든지 아니면 값을 주고 그 포도원을 사겠다고 했습니다. 그러나 나봇은 조상들에게서 유업으로 물려받은 땅을 왕에게 내어줄 수 없다며 팔기를 거절했습니다.(레 25:25-28) 이에 아합 왕이 낙심하여 집으로 돌아와 근심하고 있었습니다. 그것을 본 이세벨이 나봇의 포도원을 자기가 반드시 왕에게 돌리겠다고 약속한 후 비류 두 사람을 고용하여, 나봇이 하나님과 왕을 저주하였다는 누명을 씌워 돌로 쳐 죽게 했습니다. 이렇게 하여 이세벨은 나봇의 포도원을 빼앗고 그것을 아합 왕에게 돌렸습니다. 이세벨은 이스라엘의 기업에 대한 하나님의 말씀을 무시하고 왕이 해서는 안 될 일을 하게 함으로써 하나님의 심판을 자초하였습니다.(레 25:23, 겔 46:18) 하나님께서 엘리야 선지자를 왕에게 보내 화를 선포했습니다. 개들이 나봇의 피를 핥은 곳에서 그의 피를 핥게 하며 아합의 집을 쓸어버리겠다고 했습니다. 악한 이세벨도 개에게 먹히게 하겠다고 했습니다. 하나님의 언약을 무시하고 자기의 욕심을 채우기에 급급했던 왕과 왕비에게 내린 하나님의 심판이 엄중했습니다.

하나님께서 성도에게 주신 기업은 누구에게도 빼앗길 수 없습니다. 이세벨은 하나님의 언약의 말씀을 빙자하여 무고한 백성을 돌로 쳐죽이는 일을 서슴지 않고 행했지만 하나님께서는 그 일로 아합 집을 심판하셨습니다. 우리는 예수 그리스도께서 피 흘려 허락하신, 성도의 영원한 하늘의 기업을 소중하게 여겨야 합니다.

2. 아하시야의 질병과 엘리야 선지자(왕하 1장)

이스라엘 왕 아하시야가 그의 다락 난간에서 떨어져 병이 들었습니다. 왕은 그의 사자를 에그론의 신 바알세붑을 모신 신전으로 보내 그 신의 신탁을 물어 오게 했습니다. 하나님께서 그 일을 악하게 보셨습니다. 그러므로 엘리야를 보내 왕의 불신앙을 꾸짖기를 아하시야 왕이 그가 올라간 침상에서 내려오지 못하고 죽을 것이라고 했습니다.(왕하 1:3-4)

아하시야의 사자들이 돌아와 엘리야가 전한 예언의 말씀을 왕에게 전달했습니다. 왕은 그 예언을 한 사람이 엘리야인 것을 알고, 그를 해치려고 사자들을 보내 모셔 오게 했습니다. 그러나 하늘에서 불이 내려 아하시야가 보낸 사자들이 모두 죽임을 당했습니다. 왕은 다시 사자 오십 인을 엘리야에게 보냈지만 그들도 하늘의 불에 의해 죽임을 당했습니다. 왕이 세 번째 보낸 오십부장과 오십 인은 엘리야 앞에 나아가 자기들의 생명을 귀하게 봐 달라고 은혜를 구했습니다. 그러므로 엘리야가 그들을 따라 내려가 왕을 만나 왕의 죽음을 선언했습니다. 왕은 엘리야의 말대로 죽었습니다.

아하시야가 돌이켜 하나님을 섬길 수 있는 기회를 갖게 하기 위해 하나님께서 선지자를 보내셨지만 그는 인생의 황금 같은 기회를 놓쳐버렸습니다. 불신앙과 고집은 무서운 것입니다. 하나님의 말씀이 들려오고 깨달아지면 우리의 모든 생각과 행위를 내려놓고 말씀에 순종해야 합니다. 그래야 사는 길이 보이게 되는 것입니다. 다행히도 하나님을 두려워했던 세 번째 오십부장과 오십 인은 생명의 은혜를 누리게 되었습니다. 아하시야의 어리석음과 그가 당한 일은 하나님을 버린 사람의 종말이 어떻게 되는지 우리에게 생생한 교훈을 줍니다.

1. 우리는 무엇을 구해야 할까(2장)

엘리야가 하나님께로 갈 때가 되어 엘리사를 자신에게서 떼어놓으려 했습니다. 그러나 엘리야의 수제자였던 엘리사는 끝까지 엘리야를 떠나지 않겠다고 다짐했습니다. 선지자의 생도들은 엘리야가 죽을 때가 가까이 왔음을 엘리사에게 알렸지만 엘리사는 그들에게 잠잠하라고 했습니다. 엘리야는 자기의 겉옷을 가지고 요단 물을 쳐서 그 물을 가르고 엘리사와 함께 건넜습니다. 마침내 엘리야는 엘리사에게 '자신이 죽기 전에 구할 것이 있으면 구하라'고 했습니다. 그러자 엘리사는 지체하지 않고 '당신의 영감이 갑절이나 내게 있기를 구한다.'고 했습니다. 엘리사는 자기에게 정말 필요한 것이 무엇인지 알았습니다. 다른 어떤 것도 아닌 선생에게 있었던 그 능력을 사모했습니다. 그러므로 갑절의 축복을 구했습니다. 갑절의 축복을 구했다는 말씀은 자신에게 영적 장자의 축복을 받게 해 달라는 것이었습니다. 엘리사는 엘리야의 능력의 원천이 무엇인지 알았습니다. 무엇으로 하나님의 일을 할 수 있는지 알았습니다. 오직 성령께서 일하심을 알았습니다. 그래서 엘리야에게 역사하셨던 영적 능력을 구한 것입니다.

마침내 엘리야가 하나님의 부르심을 받았을 때 엘리사는 스승의 죽음을 애도했습니다. 그는 엘리야를 자기의 아버지, 이스라엘의 병거와 그 마병이라고 불렀습니다. 엘리사는 엘리야의 몸에서 떨어진 겉옷으로 요단 물을 쳤습니다. 그러자 요단 물이 갈라졌습니다. 그가 구했던 성령이 마침내 그에게 임한 것입니다.

선지자의 생도였던 엘리사는 무엇이 중요한 것인지를 알았습니다. 하나님의 일은 자신의 힘과 능력이 아닌 성령의 능력으로 하는 것임을 알았습니다. 그러므로 그는 엘리야의 영감이 자기에게 있기를 갈망하며 그를 붙좇았던 것입니다. 오늘 우리에게 절실히 필요한 것이 성령의 능력입니다. 교회가 하나님의 일을 할 수 있도록 성령의 능력을 구해야 합니다. 하나님의 일은 오직 하나님께서 하십니다. 그것을 아는 사람은 하나님의 은혜를 사모합니다. 성령의 충만함을 간구합니다. 엘리사처럼 우리가 영적 장자가 되기를 갈망합시다. 성령의 능력을 갑절이나 주시도록 기도합시다.

2. 믿음은 우리의 인생에 부흥을 경험케 한다(4:1-37)

한 가난한, 선지자 생도의 집에 어려운 일이 생겼습니다. 가정에 많은 빚을 남겨 놓고 세상을 떠난 것입니다. 그 집에는 아내와 두 아들만 남게 되었습니다. 빚을 받을 길이 없게 된 채주들은 두 아들을 취하여 종을 삼겠다고 했습니다. 이 딱한 사정을 들은 엘리사는 그 집을 도울 방도를 생각했습니다. 그 집에 남아 있었던 것은 오직 한 병 기름뿐이었습니다. 엘리사는 여인에게 밖에 나가 모든 이웃에게서 가능한 대로 빈 그릇들을 빌려 오게 했습니다. 그리고 방에 들어가 문을 닫고 빈 그릇에 기름을 붓고, 다 차게 되면 다른 데 옮겨 놓으라고 했습니다. 이렇게 해서 여인은 아들들이 빌려 온 그릇에 기름을 부었습니다. 놀랍게도 기름은 그치지 않고 계속해서 흘러나와 빈 그릇을 모두 채웠습니다. 선지자 생도의 아내는 그것을 팔아 빚을 갚고 남은 것으로 온 가족이 생활할 수 있게 되었습니다. 이 가정에 찾아온 위기는 이스라엘의 영적 현주소가 어떠한 지를 보여 준 상징적인 사건입니다. 오늘 우리에게 필요한 것은 성령의 기름 부으심입니다. 성령께서 역사하지 않을 때 신앙에 위기가 옵니다.

엘리사가 수넴에 이르렀을 때에 그곳에 살고 있던 한 귀한 부인이 엘리사를 초청하여 음식을 대접했습니다. 이렇게 엘리사가 그곳을 지날 때마다 여인에게서 대접을 받았습니다. 여인은 그 남편에게 청하여 집 담 위에 작은 방을 짓고 엘리사의 숙소로 사용하게 해 달라고 했습니다. 엘리사를 위하여 정성으로 대접한 수고에 감동한 엘리사는 그 여인에게 무엇인가 도움이 되는 일을 해 주고 싶었습니다. 왕이나 군대 장관의 도움이 필요하면 도와주겠다고 했습니다. 그러나 여인은 한사코 엘리사의 호의를 거절했습니다.

여인과 그 남편에게는 자식이 없었습니다. 엘리사는 여인을 불러 내년 돌이 돌아오면 여인이 아이를 안게 될 것이라고 했습니다. 엘리사의 말대로 그 여인이 마침내 아들을 얻게 되었습니다. 그러나 아이가 얼마쯤 자랐을 때 그 아버지의 곡식 베는 밭에 이르렀다가 갑자기 머리가 아파 결국 그 어미의 품에서 죽었습니다. 여인은 죽은 아이를 엘리사의 침상에 올려놓고 급히 엘리사를 만나러 떠났습니다. 갈멜산에서 엘리사를 만나 자신의 슬픔을 털어놓았습니다. 여인의 말을 들은 엘리사는 여인의 집에 있는 자기의 처소로 달려가 죽은 아이를 살려 냈습니다.

엘리사를 하나님의 거룩한 사람으로 여기고, 그 하나님의 사람의 능력을 믿었던 여인은 그 선지자를 통해 자기의 죽은 아들이 다시 살아나는 놀라운 은혜를 경험하게 되었습니다. 누구든지 예수 그리스도가 부활이요 생명인 것을 믿으면 다시 살게 되는 은혜를 누리게 됩니다.

3. 하나님께로 나가야 한다(4:38-44)

길갈에 흉년이 들어 선지자 생도들의 삶이 어렵게 되었습니다. 엘리사가 사환에게 일러 생도들을 위해 큰 솥을 걸고 국을 끓이게 했습니다. 그런데 어떤 사람이 들에 채소를 캐러 갔다가 들외를 따와 그것을 국에 넣었으므로 국이 써서 먹을 수 없게 되었습니다. 이에 엘리사가 가루를 가져오게 하여 그것을 솥에 넣었더니 독이 없어져 먹을 수 있었습니다. 또한 어떤 사람이 바알 살리사라는 곳에서 보리떡 이십과 자루에 담은 채소를 가지고 와 하나님의 사람 엘리사에게 드렸습니다. 엘리사는 그것을 무리에게 나누어 주어 먹게 했습니다. 사환은 그 작은 양의 식물이 일백 명의 생도들을 먹이기에는 턱없이 부족한 양이라고 했습니다. 그러나 엘리사는 그것을 무리에게 주어 먹게 하라고 했습니다. 엘리사는 '여호와의 말씀이 무리가 먹고 남으리라 하셨느니라' 고 했습니다. 선지자가 말한 대로 그날 온 무리가 그것을 먹고 남았습니다.

고난과 역경의 때에 인내로써 믿음을 경주하는 것이 쉽지 않습니다. 어떤 때에는 엎친 데 덮친 격으로 더 큰 고난이 닥쳐오기도 합니다. 그러한 때에 환경은 더욱더 큰 장애물로 우리 앞에 다가오곤 합니다. 사망의 독이 삶의 모든 영역에 퍼져 소망이 없어 보이기까지 합니다. 그러나 위기의 때일수록 더욱더 하나님의 은혜를 사모해야 합니다. 하나님께서 당신의 사랑하는 백성들의 필요를 공급하십니다. 한 사람이 믿음으로 드린 보리떡 이십과 채소가 모든 선지자의 생도들을 풍성하게 먹이고도 남았습니다. 예수님은 소년이 가지고 온 보리떡 다섯 개와 생선 두 마리로 오천 명을 먹이셨습니다.(마 14:12) 우리는 우리의 삶을 하나님이 간섭하시도록 하나님께 내어놓아야 합니다.

1. 나아만과 게하시(5장)

아람 나라의 군대장관인 나아만은 나라를 위기에서 구한 일로 그 왕에게 신임 받는 사람입니다. 그러나 그의 몸은 문둥병이 걸렸습니다. 하루는 그의 집에서 종살이하던, 이스라엘에서 붙잡혀 온 소녀가 그의 모습을 보고 사마리아에 있는 엘리사 선지자를 소개했습니다. 주인이 엘리사 앞에 있었다면 엘리사가 주인의 문둥병을 고쳤을 것이라고 했습니다. 그 말을 들은 나아만은 왕에게 청해 이스라엘에 갈 왕의 친서를 가지고 이스라엘 왕 앞으로 나아갔습니다. 그러나 이스라엘 왕은 아람 왕의 친서를 받고 아람이 이스라엘과 전쟁을 하려 한다고 오해하며 분노했습니다.

왕이 분노했다는 소식을 들은 엘리사는 왕에게 사람을 보내 나아만을 자기 앞으로 보내라고 했습니다. 나아만이 엘리사의 집에 도착했을 때에 엘리사는 그를 맞이하지 않고 다만 요단강에 가서 그 강물에 몸을 일곱 번 담그면 병이 나을 것이라고 전했습니다. 나아만은 자기의 예상과 다른 엘리사의 행동에 분노하며 집으로 돌아가려고 했지만 지혜로운 그의 종들의 충고를 받아들여 요단강 물에 몸을 일곱 번 담갔습니다. 그러자 나아만의 문둥병이 나았습니다.

하나님의 말씀은 권세가 있습니다. 나의 생각을 내려놓고 하나님의 말씀에 나를 맡겨야 합니다. '어떻게 요단강 물에 일곱 번 몸을 담근다고 병이 나을 수 있겠는가? 그런 물이라면 우리나라의 강물이 훨씬 더 깨끗하고 풍성하지 않는가?' 하고 자기 생각의 포로가 되었다면 나아만은 비참한 사람이 되고 말았을 것입니다.

나아만이 자신의 병 나은 일로 인해 엘리사에게 선물을 하려고 했지만 엘리사는 그것을 거절했습니다. 그러나 엘리사의 사환 게하시는 그 선물을 갖고자 하는 탐심을 품었습니다. 나아만에게 달려가 거짓말을 하고 그에게서 은 두 달란트와 의복 두 벌을 받아 냈습니다. 게하시가 받은 은과 의복을 감추어 놓고 주인에게로 돌아갔을 때 하나님께서 엘리사의 마음을 감동시키셔서 게하시가 한 일을 모두 알게 하셨습니다. 선지자가 게하시를 저주하자 나아만에게 들렸던 문둥병이 그의 몸에 있게 되었습니다. 게하시의 어리석은 행동은 값없이 주시는 하나님의 은혜를 헛된 것으로 돌리는 것이었습니다. 하나님의 은혜를 욕되게 하는 어리석은 사람이 되지 말아야 합니다. 은혜를 아는 사람은 온 마음과 정성을 다하여 하나님만 섬기고 하나님께만 영광을 돌립니다.

2. 불 말과 불 병거(6장)

선지자의 생도들이 거하는 처소가 비좁아 새로운 거처를 짓기로 하고 엘리사와 더불어 요단으로 갔습니다. 그곳에서 집을 지을 나무를 베다가 한 사람이 이웃에게 빌려 온 도끼를 물에 빠뜨렸습니다. 엘리사가 나뭇가지를 베어 물에 던져서 가라앉았던 도끼를 다시 떠오르게 하여 건져냈습니다. 그즈음에 아람 왕은 다시 이스라엘과 전쟁을 벌였습니다. 아람 왕은 그의 신복들과 더불어 이스라엘을 칠 전략을 세웠습니다. 엘리사는 아람의 전략을 알아내고 이스라엘 왕에게 기별하여 대비하게 했습니다. 이렇게 하여 아람은 번번이 이스라엘에게 패하게 되었습니다.

아람 왕은 자기들의 전략이 노출된 것이 필경은 그들 안에 스파이가 있기 때문이라 여기고 그를 색출해야 한다고 했습니다. 그러자 그의 신복 중의 한 사람이 전략이 노출되는 것은 이스라엘의 선지자 엘리사 때문이라고 했습니다. 엘리사는 왕이 침실에서 한 말까지 속속들이 알고 있다고 했습니다. 아람 왕은 엘리사를 잡으려고 요단으로 군대를 보내 성을 에워쌌습니다. 엘리사의 사환이 그 군대를 보고 놀랐습니다.(왕하 6:15) 엘리사는 두려움에 떨고 있던 사환을 진정시키며 말하기를 우리와 함께한 자가 저와 함께한 자보다 많다고 했습니다.(왕하 6:16)

엘리사가 사환의 눈을 열어 주시도록 하나님께 기도하자 사환의 눈이 열려 불 말과 불 병거가 엘리사를 두르고 있는 것을 보았습니다. 똑같은 상황 속에 있으면서도 한 사람은 영적 실제를 보았고 다른 한 사람의 눈은 막혀 있었습니다. 하나님이 함께하심을 믿고 보는 사람은 담대함을 잃지 않습니다. 믿음의 눈이 뜨인 사람은 복 있는 사람입니다. 우리는 무엇을 보고 있습니까? 믿음이 있는 사람은 주변의 사람들에게 안정감을 심어 주지만 믿음이 없는 사람은 다른 사람을 불안에 떨게 만듭니다. 성령께서 우리의 마음눈을 열어 주셔서 불 말과 불 병거를 볼 수 있게 해 달라고 기도합시다.

1. 인생의 길, 이세벨의 최후(9, 10장)

여호와 하나님께서 아합의 집을 치시기로 결정하셨습니다. 엘리사는 선지자의 생도 중 한 사람을 불러 기름병을 가지고 길르앗 라못으로 가서 님시의 손자 여호사밧의 아들 예후에게 기름을 부어 그를 이스라엘의 왕으로 삼으라고 했습니다. 엘리사의 명을 받은 생도가 길르앗 라못으로 가서 군대장관들 중 예후를 불러냈습니다. 그리고 기름을 부으며 '이스라엘 하나님 여호와께서 네게 기름을 부어 여호와의 백성인 이스라엘의 왕을 삼으시는데 너는 아합 집을 쳐 모든 남자들을 멸절하고 아합의 집을 느밧의 아들 여로보암의 집과 같이 되게 하라' 고 했습니다. 함께 모였던 장관들은 즉시 예후를 왕으로 삼고 요람 왕에 대하여 쿠데타를 일으켰습니다. 그때에 요람은 이스라엘과 더불어 길르앗 라못에서 아람나라와 전쟁을 하다가 부상을 당해 치료하기 위해 이스르엘로 들어와 있던 때였습니다. 이에 예후가 병거를 몰고 이스르엘로 가서 요람을 만나 '네 어미 이세벨의 음행과 술수가 이렇게 많으니 어찌 평안이 있으랴' 라고 화를 선포했습니다. 반역임을 알아차린 요람이 도망을 갈 때에 예후가 활을 쏘아 그의 심장을 꿰뚫어 죽이고 이스르엘 사람 나봇의 밭에 던짐으로써 하나님께서 아합의 집에 예언한 대로 되었습니다. 하나님께서는 이스라엘을 범죄케 한 아합의 길을 추적하시고 마침내 그 집을 심판하셨습니다.

한편 요람을 문안하러 왔던 유다의 왕 아하시야는 예후의 쿠데타로 인해 요람이 죽은 것을 알고 도망을 갔습니다. 그러나 예후는 도망가는 아하시야의 뒤를 따라가서 므깃도에서 그를 쳐죽였습니다. 그 후는 이스라엘을 타락의 길로 가게 한 원흉인 이세벨의 집으로 갔습니다. 이세벨은 자신을 꾸미고 창에서 예후의 옴을 바라보다가 예후가 문에 들어서자 '주인을 죽인 너 시므리여 평안하냐' 고 그를 시므리에 빗대어 모욕했습니다.(왕상 16:8-15) 그의 권세가 곧 끝나게 될 것이라는 비아냥이었습니다. 이세벨의 악담을 들은 예후는 자기의 편에 선 이세벨 수하의 두 내시를 통해 이세벨을 창밖으로 내던지게 했고, 이세벨은 길바닥에 떨어져 죽었습니다. 예후가 들어가서 먹고 마신 후에 죽은 이세벨을 찾아 장사하라고 했습니다. 사람들이 이세벨을 장사하기 위해 찾았지만 온전한 시체를 찾지 못하고 그의 머리와 발과 손바닥만 발견했습니다. 엘리야가 이세벨에게 했던 예언대로(왕상 21:23) 그의 시체가 이스르엘 성 곁에서 개들에게 먹힘을 당하고 신체의 일부만 남아 있었던 것입니다. 하나님께서 예후를 통해서 아합의 집을 심판하신 것입니다. 예후는 아합 집의 사람들을 처단하고 바알과 아세라 우상을 섬기던 악한 선지자들도 한곳에 모아 죽였습니다. 성경은 우리에게 진실로 인생의 길이 하나님께 있음을 보여 줍니다.

아합의 아내였던 이세벨은 시돈의 우상들을 이스라엘 땅에 끌어들여 이스라엘로 하나님을 떠나 우상을 섬기게 한 장본인이었습니다. 그들은 자기들의 권세가 영원할 것이라고 여겼지만 우상을 섬기는 자의 결국을 하나님께서 비참하게 하심으로써 우리에게 이세벨의 좇지 않도록 교훈을 주십니다.(계 2:18-23) 하나님은 참으로 사람의 뜻과 마음을 살피시고 그 행위대로 갚으시는 분이십니다.

4월 9일 | **열왕기하 11-13 장**

1. 제사장 여호야다의 헌신(11장)

유다 왕 아하시야가 죽자 그의 모친 아달랴가 반역을 일으켜 모든 왕자들을 죽이고 자기가 유다의 왕이 되었습니다. 그러나 그때에 아하시야의 누이 여호세바가 아하시야의 아들 요아스를, 왕자들이 죽임을 당하는 중에서 빼어내어 살렸습니다. 요아스는 아달랴가 다스리는 6년 동안 성전에 숨어 지내야만 했습니다. 6년 동안 성전에 숨겨 요아스를 보호했던 여호야다는 목숨을 걸고 혁명을 단행했습니다. 그리함으로써 다윗 자손의 유일한 씨였던 요아스를 왕위에 오르게 했습니다.

이 사건은 유다의 역사에서 매우 중요한 사건일 뿐만 아니라 인류의 구속사에 있어서도 중대한 의미를 갖는 일입니다. 아달랴는 아합과 이세벨의 딸이었는데 유다에 시집와서 유다가 우상 숭배에 빠지는데 지대한 역할을 했던 인물입니다. 이제 그는 유다의 씨를 말리고 그 땅에서 아합의 영광을 다시 이어가고자 했습니다. 그러나 하나님께서 아달랴의 악행을 묵인하지 않으셨습니다. 다윗의 씨를 통해 구세주를 보내기로 하신 하나님의 계획을 그르치려고 했던 아달랴를 심판하셨습니다. 사탄은 이 땅에서 하나님의 구원의 역사를 방해하려고 애쓰지만 예수 그리스도께서 마침내 사탄의 머리를 밟으셨습니다.

여호야다는 요아스를 왕으로 세우기 위해 치밀하게 계획하여 혁명을 일으킴으로써 스러져 가던 유다 왕국의 맥을 다시 잇는데 지대한 공을 세웠습니다. 여호야다의 헌신은 예수 그리스도께서 이 세상에 오시는 길이 끊어지지 않고 계속되게 했습니다. 신앙의 계보를 이어가는 데는 목숨 건 각오와 결단이 필요합니다. 신앙은 그 가치의 소중함을 아는 사람만이 지켜 나갈 수 있습니다. 어떤 희생을 치러서라도 믿음을 지킬 각오가 되어있습니까?

2. 선지자 엘리사의 죽음(13장)

이스라엘 왕 요아스가 나라를 다스리는 16년 동안 여호와 보시기에 악을 행하여 여로보암이 행했던 죄악을 답습했습니다. 그때에 선지자 엘리사가 죽게 되었습니다.

요아스는 병들어 죽게 된 엘리사를 찾아가 그의 죽게 됨을 인하여 슬퍼하며 울었습니다. 비록 우상을 숭배하던 요아스였지만 그는 엘리사를 향해 '내 아버지여, 내 아버지여, 이스라엘의 병거와 마병이여' 라고 슬퍼했습니다. 요아스의 말처럼 엘리사는 이스라엘의 병거와 마병이었습니다. 이스라엘 군대가 해낼 수 없는 큰일을 엘리사가 했습니다. 선지자가 곁에 있어서 그 선지자의 말을 듣는 것은 큰 복이었습니다. 그러나 요아스는 복이 복인 줄 모르고 열조의 패역한 길을 따라 행하는 불행한 왕이 되었습니다.

엘리사는 문병 온 요아스에게 마지막 하나님의 뜻을 전했습니다. 왕의 손으로 활을 잡고 쏘게 함으로써 여호와의 손이 요아스를 통해 아람 왕을 진멸하도록 할 것이라고 했습니다. 엘리사는 다시 왕이 쏜 화살을 거두고 땅을 치라고 했습니다. 요아스는 세 번 땅을 치고 그쳤습니다. 그것을 본 엘리사는 요아스에게 오륙 번을 치지 않았다고 노했습니다. 오륙 번을 쳤더라면 아람을 완전히 진멸할 수 있었을 것인데 세 번밖에 치지 않았으므로 요아스가 아람을 완전히 진멸하지는 못할 것이라고 했습니다. 마지막까지 나라의 안위를 걱정했던 엘리사는 마침내 죽어 장사 지낸 바 되었습니다. 그런데 그 지경에 이스라엘 사람이 어떤 죽은 사람을 장사하려고 하는데 모압이 침입한 것을 보고 두려워 그 시체를 엘리사의 무덤에 던져 넣었습니다. 그 시체가 죽은 엘리사의 몸에 닿자 다시 살아났습니다. 요아스는 엘리사의 능력을 믿지 못했지만, 엘리사의 죽음이 능력이 되었습니다. 이렇게 엘리사는 죽어서까지 사람을 살리는 능력의 도구로 쓰임받았습니다. 엘리사의 죽음은 이스라엘 모두에게 크나큰 손실이었습니다. 엘리사의 삶과 사역과 죽음은 우리 주 예수 그리스도의 사역을 예표합니다. 예수 그리스도의 십자가의 능력은 죽은 자를 살게 하고, 십자가의 능력에 의지하여 살아갈 때 일당백 일당천의 십자가의 용사로 살아갈 수 있습니다. 엘리사처럼 하나님 나라를 위해 쓰임받는 사람이 되게 해 달라고 갑절의 영감을 구합시다.

4월 10일 | 열왕기하 14-16 장

1. 아마샤와 여로보암 2세(14장)

열왕기하14장은 유다 왕 아마샤와 이스라엘 왕 여로보암의 교만에 대해 말씀합니다. 요아스의 아들 아마샤가 25세에 왕이 되어 29년을 치리했습니다. 그는 왕이 되어 여호와 보시기에 정직하게 행했습니다. 하나님께서는 아마샤를 기쁘게 여기시고 유다 나라를 그의 손에서 굳게 하셨습니다. 아마샤는 자기 아버지를 죽인 신복들을 죽였는데 그들의 자녀들은 죽이지 않았습니다. 아비의 죄를 아들에게 묻는 것을 여호와의 율법이 금하고 있기 때문입니다. 이렇게 아마샤는 하나님의 말씀을 순종하고 그 말씀을 따라 나라를 다스리려 했습니다. 그러므로 하나님께서 에돔 사람을 그에게 붙이시고 그들과 싸워 승리를 거둘 수 있게 해 주셨습니다. 아마샤가 에돔을 칠 때에 돈을 주고 이스라엘의 군대를 샀습니다. 그러나 이스라엘과 함께 전쟁을 하지 말라는 선지자의 말을 듣고 경제적인 큰 손해가 있었음에도 불구하고 그들을 본국으로 돌려보냈습니다.(대하 25장) 이렇게 아마샤의 처음 출발은 좋았습니다.

그러나 아마샤는 나라가 그의 손에서 부강하게 되자 교만한 마음을 품게 되었습니다. 그는 마침내 이스라엘과 전쟁을 하고, 이스라엘에게 크게 패하였습니다. 하나님께서는 아마샤가 에돔과 싸워 이기고 돌아올 때에 그들의 우상을 가져다가 자기의 신으로 세우고 그 앞에 경배하며 분향한 것에 대해 진노하시고, 유다를 이스라엘에게 붙여 패하게 하셨습니다. 아마샤가 하나님을 버린 후부터 예루살렘에서 무리가 왕을 배반하게 되었고 결국 아마샤는 도망가다가 추격꾼들에게 잡혀 죽었습니다.

한편 요아스의 아들 여로보암 2세가 이스라엘의 왕이 되어 41년을 통치했는데 그의 시대는 이스라엘의 역사에서 태평성대를 구가한 시기였습니다. 그는 여호와 보시기에 악을 행하여 이스라엘로 범죄케 한 느밧의 아들 여로보암의 모든 죄에서 떠나지 아니했습니다. 그러나 여로보암이 항상 악을 행한 것은 아니었습니다. 그의 시대에 활동했던 선지자는 요나였는데 그는 선지자의 말을 들었습니다. 그러므로 하나님께서 그로 하여금 이스라엘을 하맛 어귀에서부터 아라바 바다까지 회복시키셨습니다. 여로보암 2세의 치하에서 이스라엘의 영토는 크게 확장되었습니다. 하나님께서 그렇게 하신 이유는 이스라엘을 긍휼히 여기셨기 때문입니다. 하나님께서 이스라엘을 불쌍히 여기셔서 그들에게 복을 주시기로 계획했던 것입니다. 그러므로 여로보암의 손을 통해 그 나라를 부강하게 했습니다.

그러나 나라가 부강하게 되자 여로보암은 하나님 앞에서 교만하게 행했습니다. 선지자의 말을 듣지 않았습니다. 그 시대에 활동했던 선지자는 아모스였는데 아모스 선지자는 왕이 정의와 공의로 나라를 다스려야 한다고 호소했습니다. 그러나 여로보암은 교만하여 마음을 하나님께로 돌이키지 않았습니다.

'사람의 마음의 교만은 멸망의 선봉이요 겸손은 존귀의 앞잡이'라고 했습니다.(잠 18:12) 교만은 내가 모든 것을 했다고 주장하는 것이고, 겸손은 하나님이 모든 것을 하셨다고 고백하는 것입니다. 우리는 항상 잘될 때 조심해야 합니다. 인생의 진짜 위기는 형통할 때 찾아오는 법입니다. 우리 인생의 흥망성쇠가 전능하신 하나님의 손에 달려 있습니다.

2. 유다 왕 아사랴(15:1-7)

유다 왕 아마샤의 아들 아사랴(웃시야)가 16세에 왕이 되어 52년을 치리했습니다. 아사랴는 아버지 아마샤를 따라 여호와 보시기에 정직하게 행했던 왕입니다. 그는 하나님의 말씀에 귀를 기울이고 늘 하나님을 구했습니다. 그러므로 하나님께서 그를 형통하게 하셨습니다. 아사랴가 주변의 나라들을 쳐서 복종시키고, 그의 명성은 애굽 변방까지 퍼져 나갔습니다. 하나님께서는 언제나 당신을 사랑하는 자를 위하여 풍성한 은혜를 준비하고 계십니다. 하나님이 보시기에 정직하게 행하는 것은 항상 중요합니다. 무슨 일을 하든지 그 일을 하나님 앞에서 생각하고, 하나님 보시기에 정직한 일인지를 돌아보아야 합니다. 정직하다는 것은 변함없이 한마음을 품고, 한길로 가는 것을 의미합니다.

그러나 나라가 강성하게 되자 아사랴의 마음이 교만하게 되어 하나님 여호와께 범죄하게 되었습니다. 아사랴는 여호와의 전에 들어가 향단에 분향을 하려고 했습니다. 분향하는 일은 제사장의 몫이었는데 아사랴는 자신이 그 일을 하려 했습니다. 아사랴는 말리는 제사장의 말을 듣지 않고 화를 내다가 즉시 문둥병이 걸렸습니다. 하나님께서 아사랴를 치신 것입니다. 문둥병에 걸린 아사랴는 죽는 날까지 여호와의 전에서 끊어지게 되었고 별궁에 거하다가 쓸쓸하게 인생을 마감하였습니다. 처음 시작은 좋았는데 끝이 좋지 않았습니다. 성령으로 시작하였다가 육체로 마치는 자들이 많습니다. 우리는 언제나 하나님 앞에서 연약한 피조물인 것을 기억해야 합니다. 은혜 아니면 살아갈 수 없는 자들입니다. 끝까지 겸손하신 예수 그리스도의 마음을 배웁시다.

3. 유다 왕 아하스(16장)

유다 왕 요담의 아들 아하스가 20세에 왕이 되어 16년을 치리했습니다. 그는 아버지와 달리 악한 왕이었습니다. 그는 오히려 이스라엘 왕들이 걸어갔던 길로 행했습니다. 우상을 숭배하고, 산당과 작은 산 위와 모든 푸른 나무 아래서 제사를 드리며 분향했습니다. 심지어는 자기 아들을 불살라 죽이기까지 했습니다. 그때에 이스라엘과 아람이 연합하여 유다를 치러 왔는데 다급한 아하스는 여호와의 전과 왕궁 곳간에 있던 은금을 취하여 앗수르 왕에게 예물로 보내기까지 하여 도움을 청했지만 앗수르는 별다른 도움을 주지 않았습니다. 아하스는 앗수르 왕을 만나러 다메섹으로 갔다가 그곳에 있는 단을 보고 그 구조와 제도의 식양을 그려 제사장 우리야에게 보내 단을 만들게 하고, 여호와의 제단을 물리치고 그 단에서 제사를 드렸습니다.

아하스는 나라가 어려울 때 더욱더 여호와께 죄를 지어 유다를 쳤던 다메섹 신들에게 제사했습니다. 그 신에게 절함으로써 나라의 위기를 타개해 보고자 했지만 허사였습니다. 하나님께서는 이사야 선지자를 통해 두려워하지 말고 낙심하지 말라고 위로하셨지만 아하스는 선지자의 말을 믿지 않았습니다. 하나님께서는 아하스에게 징조를 구하라고 했지만 아하스는 하나님의 말씀을 거절했습니다. 오죽 답답했으면 하나님께서 친히 징조를 주시겠다고 말씀하셨겠습니까? 하나님께서 아하스에게 임마누엘의 징조를 주셨습니다.(사 7장) 그러나 아하스는 끝까지 하나님의 말씀을 거부했습니다. 오히려 아하스는 하나님 전의 기구들을 모아 훼파하고 또 여호와 전의 문들을 닫고 예루살렘 구석구석마다 단을 쌓고 유다 각 성읍에 산당을 세워 다른 신에게 분향함으로써 여호와의 노를 격발시켰습니다. 그는 유다에 해악만 끼치고 결국 그의 생을 마감했습니다. 사는 길을 버리고 죽는 길을 택한 것입니다. 참으로 불행한 일이 아닐 수 없습니다. 하나님은 내가 곁길로 갈 때 나에게 하나님의 사람을 붙여주시고 사는 길이 무엇인지 말씀해 주십니다. 그때 신속하게 마음을 돌이키는 것이 지혜입니다. 우리는 아하스를 반면교사로 삼읍시다.

1. 이스라엘의 종말(17:1-18)

이스라엘이 어떻게 하나님의 심판을 받게 되었는지 말씀합니다. 호세아는 이스라엘의 마지막 왕입니다. 이스라엘은 앗수르 왕 살만에셀에 의해서 망하게 됩니다. 호세아가 왕이 된 지 9년 만의 일입니다. 호세아는 왕이 된 후 처음에는 앗수르와 군신관계를 맺고 앗수르에 조공을 바쳤습니다. 그러나 뒤로는 은밀히 애굽 왕과 손잡고 앗수르 왕을 배반했습니다. 이에 분노한 앗수르 왕은 호세아를 사로잡아 옥에 가두고 사마리아를 에워쌌습니다. 3년 만에 성을 함락시키고 이스라엘 사람들을 사로잡아 앗수르로 끌고 가 여러 성읍에 두었습니다.

성경은 이스라엘이 이렇게 최후를 맞이하게 된 이유를 "이스라엘 자손이 자기를 애굽에서 인도하여 내사 애굽 왕 바로의 손에서 벗어나게 하신 그 하나님 여호와께 죄를 범하고 또 다른 신들을 경외하며 여호와께서 이스라엘 자손 앞에서 쫓아내신 이방 사람의 규례와 이스라엘 여러 왕의 세운 율례를 행하였기 때문"(7, 8절)이라고 말씀합니다. 이스라엘은 여호와의 율례와 언약과 말씀 대신에 목상, 아세라상, 산당, 우상, 금송아지, 일월성신, 바알, 복술, 사술 등 사람이 상상할 수 있는 모든 종교적 행위들을 행함으로써 하나님의 진노를 샀습니다. 하나님과의 관계가 잘못되면 필연적으로 세상 영의 지배를 받게 됩니다.

세상의 역사가 피상적인 힘의 원리에 의해서 움직이는 것처럼 보이지만 역사를 주관하시는 분은 하나님이십니다. 이스라엘은 하나님의 백성으로 살도록 부름받았음에도 불구하고 하나님 앞에서 온갖 불의한 일을 행하고, 하나님께서 가장 싫어하시는 우상 숭배를 노골적으로 자행했습니다. 하나님께서는 하나님의 백성들이 당신의 명령을 지키면 그들을 보호하고 형통한 길로 인도하실 것이라고 말씀하셨지만, 백성들은 하나님의 말씀에 전혀 귀를 기울이지 않았습니다.

이러한 일이 어디 이스라엘 백성들만의 일이겠습니까? 성경은 우리에게 두 길이 있다고 말씀합니다. 다윗의 길과 여로보암의 길이 있습니다. 우리가 두 길을 동시에 갈 수 없습니다. 반드시 한 길을 택해야 합니다. 예수님은 우리가 두 주인을 섬길 수 없다고 말씀하셨습니다. 끊임없이 불순종하려는 마음을 버리고 하나님의 말씀에 우리의 인생을 거는 결단이 있어야 합니다. 오늘 내가 걸어가는 길이 나의 미래입니다.

2. 유다 왕 히스기야(18장)

히스기야가 나이 25세에 유다의 왕이 되어 29년을 통치했습니다. 그는 유다 역사상 보기 드물게 하나님을 경외했던 왕입니다. 히스기야는 조상들이 제거하지 못했던 산당을 제하고, 주상을 깨뜨리며 아세라 목상을 찍고, 모세 시대 이후로 계속하여 섬기던 놋뱀을 부숴 버렸습니다. 개혁을 단행하는 일은 결코 쉬운 일이 아닙니다. 개혁은 혁명보다 어려운 일이라고 했습니다. 백성들의 삶에 깊이 침투해 있던 우상 숭배의 고리를 끊어내는 일은 왕의 보좌를 걸고 해야만 가능한 개혁입니다. 그러나 히스기야는 이스라엘의 하나님 여호와를 의지하여 이 일을 해냈습니다. 히스기야는 계속하여 여호와께 연합하여 떠나지 아니하고 여호와께서 모세에게 명하신 계명을 충실하게 지켰습니다. 하나님께서는 이런 히스기야와 함께하시고 히스기야가 어디로 가든지 형통함을 누릴 수 있게 해 주셨습니다.

이스라엘의 왕 호세아는 히스기야와 같은 시대를 살았으면서도 전혀 다른 길을 걸었습니다. 호세아는 하나님 여호와의 말씀을 준행하지 아니하고 그 언약을 배반하고 하나님께서 모세에게 명하신 계명을 순종하지 않음으로써 멸망의 길로 나아갔습니다. 하나님께서는 대조적인 두 왕의 길을 통해 한 나라의 운명이 사람의 손이 아닌 하나님의 손에 있음을 보여 주셨습니다. 어느 길로 가느냐에 따라 우리 인생의 내용이 달라집니다. 가장 어려울 때 믿음을 지키고, 모든 소망을 하나님께 두는 사람을 위해 하나님께서 형통한 길을 열어 놓으십니다.

3. 히스기야의 기도(19장)

앗수르의 군대장관 랍사게가 예루살렘으로 와서 히스기야에게 항복하라고 위협했습니다. 히스기야는 사신을 보내 화친을 제의했지만 아무 소용이 없었습니다. 유다 백성들에게 큰 위기가 닥쳤습니다. 이에 히스기야는 궁내대신 엘리야김과 서기관 셉나와 제사장 중 장로들에게 굵은 베옷을 입혀 이사야 선지자에게 보내 기도를 부탁했습니다. 곤란과 책벌과 능욕의 날이라고 했습니다. 아이가 임산하였으나 해산할 힘이 없다고 했습니다. 히스기야는 가장 어려운 때에 절망하지 않고 기도하기로 마음먹었습니다.

하나님께서 선지자를 통해 히스기야를 위로하시며 대적을 두려워 말라고 하셨습니다. 하나님께서 그들 속에 한 영을 주어 풍문을 듣고 본국으로 돌아가게 하겠다고 하셨습니다. 랍사게는 돌아가면서도 계속해서 편지를 보내 히스기야를 위협했습니다. 이에 히스기야는 랍사게가 보낸 편지를 들고 성전으로 올라가 하나님 앞에 그 편지를 펴 놓고 기도했습니다. 하나님을 훼방하는 저들의 말을 들으시고 구원을 베풀어 주셔서 천하만국으로 하여금 주 여호와는 홀로 하나님이신 것을 알게 해 달라고 했습니다.

인생의 여정에서 위기를 만날 때 참 하나님의 자녀는 하나님 앞에 나아가 기도합니다. 하나님이 모든 것을 아시고, 모든 것이 하나님의 손에 있음을 믿는 사람은 오직 하나님만 신뢰합니다. 내가 겪고 있는 환경보다 훨씬 더 크고 위대하신 하나님이 나의 하나님이심을 믿고 그 하나님을 온전히 신뢰하는 자리로 나아가는 자들은 진실로 하나님 안에서 힘을 얻게 됩니다. 히스기야의 기도를 들으신 하나님께서 그날 밤에 당신의 사자를 앗수르 진으로 보내셔서 군사 십팔만 오천을 쳐서 죽게 했습니다. 그리고 유다 앞에서 온갖 교만을 떨던 앗수르 왕 산헤립은 그의 신하의 칼에 죽임을 당했습니다. 하나님께서 히스기야의 기도를 들으시고 위기 가운데서 그와 백성들을 구원하셨습니다. 나라의 운명이 풍전등화와 같은 절체절명의 순간에 하나님이 개입하시고 역사하셨습니다.

어떤 상황 가운데서도 우리의 모든 소망을 하나님께 두어야 합니다. 사람의 구원이 사람에게 있지 않고 하나님께 있음을 믿고 하나님께 나아갑시다. 예수님께서 말씀하셨습니다. "구하라 그러면 너희에게 주실 것이요 찾으라 그러면 찾을 것이요 문을 두드리라 그러면 너희에게 열릴 것이니 구하는 이마다 받을 것이요 찾는 이가 찾을 것이요 두드리는 이에게 열릴 것이니라."(눅 10:9-10) 세상의 모든 문들이 막힐 때에도 하늘의 문이 열려 있음을 기억합시다. 오늘 인생 가운데서 어떤 위협적인 편지를 받았습니까? 나를 낙심케 하며 염려와 근심으로 불안하게 하는 일들이 있습니까? 두려워하지 말고 그 편지를 하나님 앞에 펴 놓고 기도합시다. 히스기야처럼 위기를 기도로 한 번 돌파해 봅시다.

1. 망각의 왕 므낫세(21장)

히스기야의 뒤를 이어 그의 아들 므낫세가 12살에 유다의 왕이 되어 55년을 통치했습니다. 그러나 그는 여호와 보시기에 악을 행하여 그의 아버지 히스기야가 헐어버린, 우상 숭배하던 산당을 다시 세우고, 또한 바알을 위하여 단을 쌓고 아세라 목상을 만들고 하늘의 일월성신을 숭배하여 섬겼습니다. 더욱이 그는 아세라 목상을 성전 안에 세웠습니다. 이렇게 므낫세는 그의 아버지 히스기야가 이루었던 모든 선한 일들을 다 잊어버리고 우상 숭배의 길로 달려갔습니다. 뿐만 아니라 그의 정적들을 죽임으로써 무죄한 피를 많이 흘렸습니다.

55년은 참으로 긴 세월입니다. 하나님을 경외하고 섬겼더라면 큰 복을 받았을 것인데 그렇지 못했습니다. 그는 그의 이름-므낫세, 잊어버리는 자-처럼 아버지가 하나님 앞에서 행한 모든 선한 일들을 망각하고 악을 행했을 뿐 아니라 백성들도 므낫세의 꼬임을 받아 악을 행함으로써 하나님의 마음을 근심케 했습니다. 하나님께서 므낫세에게 55년의 선을 행할 수 있는 기회를 주셨지만 그는 그 기회를 악을 도모하는데 사용함으로써 하나님의 심판을 재촉했습니다. 그는 결국 쇠사슬로 결박당하여 바벨론으로 끌려간 후에야 그곳에서 자신의 교만을 뉘우치고 하나님 앞에 겸비하여 기도했습니다. 하나님께서는 므낫세의 회개를 받아 주시고 그에게 다시 은혜를 베푸셨습니다.(대하 33:11-13)

우리 인생의 날이 얼마일지 우리는 알 수 없습니다. 우리는 단지 하나님께서 하락하신 삶을 살아갈 뿐입니다. 그 인생의 날 동안 해야 할 일이 있다면 항상 하나님을 경외하며 겸비한 마음으로 하나님의 뜻을 구하고 믿음으로 살아감으로써 하나님 안에서 우리의 날들을 의미 있고 풍성하게 하는 것입니다. 악을 버리고 선을 선택함으로 하나님의 복을 누리는 자들이 되어야 하겠습니다.

므낫세의 뒤를 이어 그의 아들 아몬이 22세에 유다의 왕이 되어 2년을 치리했는데 그 2년의 통치기간 동안에도 그는 부친의 행한 모든 길로 행하여 그 부친이 섬기던 우상을 섬겨 경배하였습니다. 하나님 여호와를 버리고 그 길로 행하지 않았습니다. 그는 분명 그의 아버지가 하나님 앞에 죄를 범함으로써 당한 고난을 보았고 또 아버지가 말년에 하나님 앞에 회개한 것도 알고 있었을 것입니다. 그럼에도 불구하고 그는 그것으로부터 어떤 교훈도 얻지 못했습니다. 결국 유다의 역사에서 최고의 악을 행한 므낫세와 그의 아들 아몬의 죄는 여호와의 심판의 날을 재촉하게 되었습니다.(왕하 23:26-27)

만물보다 거짓되고 심히 부패한 것이 사람의 마음이라고 했습니다.(렘 17:9) 진실로 인생은 하나님이 은혜로 붙들어 주지 아니하면 악 밖에는 내어놓을 것이 없는 존재들입니다. 내가 하나님 앞에서 조금이라도 선을 행하고 있다면 그것은 전적으로 하나님의 은혜입니다. 하나님 앞에서 나의 연약함을 고백하고 날마다 하나님의 은혜로 나를 덮어주시도록 구합시다.

2. 유다의 문이 닫히다(24, 25장)

요시야 왕이 유다를 회복시키려고 몸부림쳤지만 역부족이었습니다. 그를 이어 네 명의 왕(여호아하스, 여호야김, 여호야긴, 시드기야)이 유다를 다스렸는데 그들은 나라를 지키는데 아무 힘도 되지 못했습니다. 요시야의 아들 여호아하스가 나이 23세에 유다의 왕이 되어 3개월을 치리했는데 그는 그 짧은 기간 동안에도 열조들의 행위를 따라 여호와 보시기에 악을 행했습니다. 애굽 왕은 여호아하스를 폐하고 그의 이복형제인 엘리아김으로 유다의 왕을 삼고 그의 이름을 여호야김으로 바꾸었습니다. 여호야김 역시 11년 동안 나라를 다스리면서 열조의 행위를 본받아 여호와 보시기에 악을 행했습니다. 여호야김이 왕이 되어 다스리던 시대에 므깃도에서 애굽과 바벨론 사이에 큰 전쟁이 있었고, 마침내 바벨론이 애굽을 이기고 근동의 패자로 부상하였습니다. 이제 여호야김은 바벨론을 섬겨야만 했습니다. 그러나 여호야김은 애굽을 의지하고 바벨론을 배반함으로써 느부갓네살 왕에 의해 쇠사슬로 결박당하여 바벨론으로 잡혀가게 되었습니다.(1차 바벨론 포로, BC 602)

그때에 바벨론 왕은 성전에 있던 기구들도 함께 바벨론으로 가져갔습니다. 이렇게 강대국들의 틈바구니에서 유다는 서서히 종말을 향하여 가고 있었던 것입니다. 그 역사의 현장에서 유다의 왕들은 계속하여 여호와 보시기에 악을 행했습니다. 성도가 삶에서 시험과 환란을 겪을 때, 그때가 바로 철저하게 하나님 앞에 엎드릴 때입니다. 인생의 주권은 오직 하나님께 있는 것입니다.

여호야긴이 왕이 되어 석 달 열흘을 치리했는데 그는 그 100일 동안에도 열조들의 죄악된 행위들을 답습했습니다. 그때에 바벨론 왕의 신복들이 예루살렘에 올라와 그 성을 에워싸고 여호야긴 왕과 신하들을 붙잡았습니다. 바벨론 왕은 그들과 함께 여호와의 전의 모든 보물과 왕궁의 보물들과 1만여 명이 넘는 예루살렘의 백성들과 방백들과 용사들과 기술자들을 사로잡아 가고 예루살렘에는 빈천한 자들만 남겨 두었습니다.(2차 바벨론 포로, 597BC)

바벨론 왕은 여호야긴의 삼촌 시드기야를 유다의 왕으로 세웠습니다. 시드기야가 유다의 왕이 되어 11년을 치리했는데 그도 역시 여호와 보시기에 악을 행했습니다. 그러므로 마침내 여호와께서 유다 나라의 문을 닫으셨습니다. 시드기야가 바벨론 왕을 8년 동안 섬기다가 애굽을 믿고 바벨론을 배반했습니다. 바벨론 왕 느부갓네살은 군대를 거느리고 예루살렘을 치러 올라왔습니다. 그때에 예레미야 선지자는 바벨론에게 항복하라고 시드기야 왕을 설득했지만 시드기야는 성문을 걸어 잠그고 최후의 항전을 펼쳤습니다. 결국 예루살렘 성은 바벨론 군대에 의해서 무너졌습니다. 도망가던 시드기야는 바벨론 군대에게 붙잡혀 결박당하여 바벨론으로 끌려갔습니다. 이렇게 유다의 왕은 예레미야와 에스겔 선지자의 예언대로(렘 34:3, 겔 12:13) 비참한 최후를 맞이하게 되었습니다.(3차 바벨론 포로, 586BC)

바벨론 왕의 신하들은 예루살렘에 쳐들어와 성전과 왕궁과 모든 귀인들의 집을 불살랐습니다. 예루살렘 성벽은 헐렸고, 남은 자들은 포로로 잡혀갔습니다. 바벨론 군사들은 성전의 기구들을 깨뜨리고 쓸 만한 것들은 자기 나라로 몽땅 가지고 갔습니다. 또한 붙잡혀 간 사람들은 바벨론 왕이 머물고 있던 립나에서 죽임을 당했습니다. 바벨론 왕은 사반의 손자인 그달랴를 세워 유다를 관할하게 했습니다. 그달랴는 미스바에서 유다를 다스렸는데 왕족인 이스마엘이 와서 그달랴와 바벨론 사람들을 쳐죽이고 암몬 왕에게로 피신했습니다. 남아 있던 유다 백성들은 바벨론 사람들이 두려워서 애굽으로 도망갔습니다. 이렇게 해서 유다는 철저하게 유린당하게 되었습니다. 성경은 하나님의 영광이 떠날 때 하나님의 백성들이 얼마나 비참하게 되는지 우리에게 생생하게 보여 줍니다. 하나님께서 선지자들을 보내 계속해서 경고하시고 하나님 앞에서 바로 행하라고 말씀하셨지만 왕들과 백성들이 하나님의 선지자의 말을 듣지 않고 죄악을 일삼다가 결국 아무것도 남는 것이 없는 비참한 신세가 되고 말았습니다. "여호와께서 집을 세우지 아니하시면 세우는 자의 수고가 헛되며 여호와께서 성을 지키지 아니하시면 파수꾼의 경성함이 허사로다"(시 127:1)라고 했습니다. 진실로 우리 인생의 흥망성쇠가 하나님께 있습니다. 우리 인생의 문을 열고 닫으시는 분이 하나님이십니다.

4월 13일 | **역대상 1-4 장**

1. 역대상·하에 대하여

우리는 지금까지 왕들의 역사가 기록된 사무엘상·하와 열왕기상·하를 읽었습니다. 사무엘상·하는 이스라엘의 초대 왕이었던 사울 왕과 다윗 왕의 행적에 대해 기록했고, 열왕기상·하는 남유다와 북이스라엘 왕들의 역사를 번갈아 가며 기록했습니다. 이제 역대상·하는 바벨론 포로생활을 마치고 돌아온 이스라엘 백성들에게 새로운 소망의 메시지를 증거하면서 어떻게 해야 하나님의 백성들이 형통한 삶을 살 수 있는지 남 왕국 유다 왕들의 역사에 초점을 맞추어 기록하고 있습니다. 원래 역대상·하가 히브리 구약성경에는 제일 마지막에 배치되어 있습니다. 역대기의 저자는 에스라입니다. 포로에서 돌아온 이스라엘 백성들은 정체성의 혼란을 겪고 있었습니다. 그때 에스라는 백성들에게 그들의 뿌리가 무엇인지 알려 주어야 할 필요가 있었습니다. 그러므로 에스라는 아담으로부터 시작되는 이스라엘의 계보를 추적함으로써 이스라엘 백성들이 하나님의 언약의 백성임을 기억하고 그 언약의 백성답게 살아야 할 것을 말씀합니다. 에스라는 이스라엘 백성들이, 하나님의 형상으로 창조된 아담을 조상으로 둔 하나님의 백성임을 강조하고 있습니다. 비록 바벨론에서 70년 동안 포로생활을 하고 돌아왔지만 그들은 하나님을 조상으로 둔 하나님의 택한 백성이라는 자부심을 가질 만한 백성이라는 것입니다. 그러므로 다시 힘을 내어 그 하나님을 섬김으로 하나님께서 주시는 복을 누리는 백성으로 살아가야 한다고 강조합니다.

사람이 자신의 근본을 바로 아는 것이 중요합니다. 하나님께서 사람을 창조하셨으므로 모든 사람은 하나님을 아버지로 두고 있습니다. 우리 인생의 뿌리인 하나님을 알고 하나님을 순종하는 백성으로 사는 것이 복입니다. 교회는 항상 예수 그리스도의 은혜로 구원받은 하나님의 백성이라는 자부심을 가지고 살아야 합니다. 우리의 처지와 환경이 어떠하든지 그 정체성을 잃지 않아야 하는 것입니다.

2. 유다 자손의 계보(2장)

야곱과 그의 열두 아들의 족보, 그리고 유다와 다윗의 계보를 기록하고 있습니다. 유다는 이스라엘의 네 번째 아들이었지만 다른 아들들의 계보를 생략하고 유다 자손의 계보를 말씀합니다. 또한 이어서 이새의 말째 아들이었던 다윗의 족보를 언급합니다. 포로에서 돌아온 이스라엘 백성들의 근원과 뿌리를 알리기 위한 것입니다. 비록 나라를 빼앗기고 모든 것들이 황폐하고 비참하게 되었지만 그들은 여전히 하나님의 언약의 백성이라는 사실을 알리기 위함이었습니다.

유다의 계보는 결코 자랑스럽지 못합니다. 그는 가나안 여자를 아내로 취하여 자녀들을 낳았습니다. 그의 아들들은 여호와 앞에서 죄를 지어 죽었습니다. 다말은 시아버지와 동침하여 자녀를 낳았습니다. 또한 그의 후손인 아간은 마땅히 멸할 물건으로 인하여 이스라엘을 괴롭게 한 자라고 말씀합니다. 이렇게 하나님께서는 유다 가문이 하나님 앞에 지은 죄를 간과하지 않으시고 지적하십니다. 그럼에도 불구하고 하나님께서는 그들을 통해 하나님의 언약의 백성의 계보를 이어 가셨습니다. 참으로 놀라우신 하나님의 은혜입니다. 하나님께서는 죄를 미워하시고 죄를 심판하시는 분이시지만 그 죄인들을 사용하셔서 당신의 뜻을 이루어 가심으로써, 하나님의 경륜과 섭리를 방해할 수 있는 것은 아무것도 없음을 보여 주십니다. 예수 그리스도께서는 우리의 모든 죄와 허물을 십자가에서 담당하시므로 하나님의 은혜가 우리 안에 머물게 하셨습니다. 우리의 연약함을 아시고 당신의 아들을 보내 주셨습니다. 우리는 연약하여 넘어질 때에라도 다시 일어나 그리스도의 은혜를 붙잡아야 합니다.

3. 다윗 가문의 자손들(3장)

3장은 다윗의 계보에 관한 말씀입니다. 다윗은 헤브론에서 7년 6개월을, 예루살렘에서 33년을 치리했습니다. 다윗에게 많은 자녀들이 있었지만 하나님께서는 솔로몬을 통해 당신의 언약을 이어 가셨습니다. 주권이 하나님께 있음을 보여 줍니다. 하나님의 나라는 혈통으로나 육정으로 되는 것이 아닙니다. 하나님의 마음에 기뻐하시는 자를 택하시고 그를 통해 당신의 언약의 성취를 이루어 가십니다. 나의 모습과 상관없이 내가 전적으로 하나님의 은혜를 입은 자가 되고, 영원한 예수 그리스도의 언약에 참여하는 자가 됩니다.

하나님의 구원의 역사는 바벨론 포로 이후에도 계속됩니다. 여고냐는 바벨론으로 잡혀간 후에 여러 자녀들을 낳았고 그 자녀들이 다시 자녀를 낳았습니다. 스룹바벨은 여고냐의 손자입니다. 왕이 바벨론으로 잡혀가는 수모를 겪었지만 그곳에서도 하나님의 은혜는 계속되었고, 그 왕의 후손이 사람들을 이끌고 포로에서 돌아와 무너진 다윗의 왕조를 다시 세웁니다. 언약에 신실하신 하나님께서는 가장 척박하고 열악한 환경 가운데서 당신의 백성들을 연단하고 보호하셔서 당신의 약속을 이루어 갈 수 있게 하셨습니다.

예수 그리스도께서는 그 다윗의 후손으로 오셨습니다. 예수 그리스도 안에서 얻게 된 나의 구원은 누구도 흔들 수 없는 가장 확실한 언약입니다. 어떤 경우에도 하나님께서는 우리와 맺은 당신의 언약을 이루어 가십니다. 그러므로 어렵고 힘들수록 더욱더 주의 신실한 약속을 굳게 붙들고 주님을 의지해야 합니다. 나의 노력이 아닌 오직 하나님의 신실하심이 나를 영원한 구원으로 인도합니다.

4. 유다와 시므온(4장)

4장은 유다 자손들과 시므온 자손들에 대한 계보입니다. 유다와 시므온은 하나님의 특별한 은총을 받은 지파들입니다. 원래 그들은 하나님 앞에서 불의한 일들을 행했습니다. 유다는 하나님의 언약을 무시하고 형제들에게서 떨어져 나가 가나안 여인과 결혼하고, 또한 며느리 다말을 통하여 자손을 얻었습니다. 그런 유다를 하나님께서 긍휼히 여기시고 복 주셔서 그의 자손을 통해 당신의 아들을 보내 주셔서 세상을 구원하시기를 기뻐하셨습니다.

시므온은 디나의 일로 인하여 야곱(이스라엘)의 마음에 큰 근심을 끼쳤습니다.(창 34장) 야곱이 죽을 때에 시므온에 대해서 예언하기를 그들이 저주를 받고 야곱 중에서 나누며 이스라엘 중에서 흩어질 것이라고 했습니다.(창 49:7) 그러나 하나님께서 시므온 자손을 긍휼이 여기시고 유다 자손의 분깃을 함께 누리며 유다 자손들과 더불어 살아가게 하셨습니다. 이렇게 하나님은 죽어 마땅한 자들이지만 그들을 불쌍히 여기시고 은혜로 붙드셔서 당신의 언약의 백성이 되게 하시고 하나님의 복을 누리게 하십니다.

유다의 자손 야베스는 하나님께 기도드림으로써 하나님의 복을 받는 자가 되었습니다. 야베스는 '고통'이라는 뜻입니다. 그의 어미가 그를 낳을 때에 많은 고난을 당했다고 합니다. 그러나 그가 하나님의 은혜를 구했을 때 하나님께서 그의 이름과 상관없는 큰 복을 그에게 허락하셨습니다. 하나님의 생각은 사람의 생각과 다릅니다. 하나님의 은혜는 항상 놀랍습니다. 나 같은 죄인을 변함없이 사랑하시고 나를 위해 당신의 아들을 주셔서 영원한 생명의 복을 누릴 수 있게 해 주십니다. 우리는 모두 하나님의 은혜로 사는 인생들입니다. 날마다 베푸시는 하나님의 과분한 은혜에 감사함으로 보답하는 삶을 살아야 하지 않겠습니까!

4월 14일 | 역대상 5-8 장

1. 르우벤, 갓, 므낫세 지파(5장)

르우벤, 갓, 므낫세 반 지파는 요단강 동편에 거한 지파들입니다. 르우벤은 이스라엘의 장자였지만 아비의 침상을 더럽혔으므로 장자의 명분이 요셉에게 돌아갔습니다. 유다는 형제보다 뛰어나고 주권자가 유다로 말미암아 나올지라도 장자의 명분은 요셉에게 있다고 말씀합니다. 장자의 명분은 귀한 특권이었습니다. 요셉은 형제들보다 두 배의 복을 받았습니다. 르우벤과 유다의 행위는 하나님 앞에서 의롭지 못했습니다. 르우벤과 유다는 육체의 정욕을 이기지 못하므로 그들의 연약함을 드러냈습니다. 요셉은 고난 가운데서 하나님을 신뢰하고 하나님을 두려워하는 삶을 살았습니다.

르우벤과 갓과 므낫세 반 지파는 요단 동편에 그들의 거처를 정함으로써 하나님께서 약속하신 가나안 땅에 들어가지 않았습니다. 요단 동편은 목초지가 풍성한 땅이었습니다. 그들은 그곳에 살면서 물질적인 풍요함을 누렸습니다. 그러나 르우벤과 갓과 므낫세 반 지파는 그 땅에 살면서 하나님 앞에서 우상을 섬기는 죄를 범함으로써 하나님께서 그들에게 사람을 붙여 적국에 사로잡히게 하셨습니다. 물질적인 풍요함이 우리의 안전을 책임지지 못합니다. 성도는 육신적인 번영보다 신령한 영적인 복, 예수 안에 있는 영생의 복에 더 깊은 관심을 가져야 합니다. 하나님의 말씀을 순종하는 것이 최고의 복입니다.

2. 레위 자손의 계보(6장)

6장은 레위 자손의 계보에 관한 말씀입니다. 제사장의 일을 담당하게 된 레위 자손의 계보와 그들의 직무, 그리고 그들이 거한 성읍을 자세하게 언급하고 있습니다. 제사장의 직무가 중요했으므로 비중 있게 취급하고 있습니다. 레위 자손들은 회막과 성전의 일을 행하는 중책을 맡았습니다. 야곱의 아들이었던 레위는 디나의 일로 인해 세겜 사람들을 잔인하게 죽임으로써 야곱에게서 저주를 받았습니다.(창 49:5-7)

레위는 그 형제들 가운데 얻을 분깃조차 없었습니다. 그러나 하나님께서 그런 레위 지파를 긍휼히 여기셔서 그들을 하나님의 소유로 삼으시고 하나님이 친히 그들의 분깃이 되어 주셨습니다. 이렇게 레위는 하나님의 무조건적인 은혜를 받고 제사장의 직무를 행할 수 있는 특권을 누리게 되었습니다.

레위 자손은 이스라엘 각 지파의 땅에 골고루 흩어져 살았습니다. 그들의 성읍은 지파의 땅 중에서 가장 중요한 부분이 되었습니다. 특히 그들이 얻은 도피성은 아무도 침범할 수 없는 치외 법권 지역이었습니다. 그들은 제사의 일뿐 아니라 이스라엘 백성들을 교육하고 행정업무까지 돌보는 특권을 얻었습니다. 그들 가운데는 하나님을 찬송하는 자들이 있어 하나님의 이름을 높였습니다.

하나님께서 우리를 왕 같은 제사장으로 부르셨습니다. 허물과 죄로 죽었던 자들이었는데 예수 그리스도의 핏값을 주고 사셔서 하나님의 찬송을 부를 수 있게 하셨습니다. 자격 없는 자를 불러서 사용하시는 하나님의 은혜는 참으로 크고 놀랍습니다. 영원한 하늘나라를 기업으로 주시고 하나님에 봉사하는 백성으로 살아가게 하셨으니 날마다 우리의 입술을 열어 하나님의 은혜를 찬송하며 살아야 하지 않겠습니까!

3. 여섯 지파의 족보(7장)

7장은 이스라엘 여섯 지파의 족보를 간략하게 언급합니다. 하나님께서는 각 지파마다 분량을 따라 복을 주셨습니다. 야곱의 예언(창 49장)대로 잇사갈 지파는 힘과 용맹이 있었습니다. 베냐민 지파는 싸우기를 잘하는 지파였습니다. 그 지파에서 사사 에훗이나 이스라엘의 초대 왕이었던 사울 같은 인물이 배출되었습니다. 에브라임 지파는 그의 형 므낫세보다 큰 자가 될 것이라는 야곱의 예언처럼 그 지파에서 여호수아와 같은 인물이 배출되었습니다. 가문을 이어 가는 일은 중요한 일입니다. 그러나 그보다 중요한 것은 어떤 전통을 세우는가 하는 것입니다.

말씀에서 눈에 띄는 표현은 '큰 용사, 족장, 방백의 두목' 이라는 말입니다. 하나님께서는 늘 이런 사람들을 눈여겨보십니다. 하나님 앞에서 어떤 중심을 가지고 사는가가 중요합니다. 한 가문을 세우는 일이 저절로 되지 않고 희생과 헌신이 있어야만 하듯이 하나님의 교회를 세우는 것도 그렇습니다. 하나님 앞에서 충성된 마음을 가지고 헌신하는 사람들을 통해 하나님께서 당신의 교회를 세워 나가십니다. 하나님은 늘 그런 사람들에게 관심이 있으시고 그런 사람과 더불어 당신의 일을 행하십니다. 우리가 무엇을 하여 하나님 앞에 인정받는 자가 될 수 있겠습니까? 우리의 후손들에게 물려줄 최고의 유산은 하나님 앞에서 충성된 믿음을 가지고 살아가는 것입니다. 믿음의 큰 용사, 족장, 방백의 두목으로 살아야 하겠습니다.

4. 베냐민 지파의 후손들(8장)

베냐민 자손들은 다윗의 왕국에 대해서 늘 불만을 품고 있던 지파입니다. 그러나 그 베냐민 자손이 나중에 다윗 왕국의 훌륭한 조력자들이 되었습니다. 이스라엘의 초대 왕이었던 사울의 마음은 늘 일관성이 없었지만 그의 아들 요나단은 아버지와는 달리 하나님 앞에서 마음이 신실했습니다.

베냐민의 후손 가운데 사하라임은 두 아내 후심과 바아라를 버리고 다시 호데스와 결혼하여 그들에게서 자녀를 낳았습니다. 그 아들들은 족장들이었습니다. 그들을 통해 가문을 세웠습니다. 사하라임이 무슨 연유로 두 아내를 내어 보냈는지는 알 수 없지만 새로 얻은 아내에게서 족장들이 배출되었습니다. 사람은 늘 변덕스럽고 많은 약점을 가지고 있지만 하나님은 신실하시고 인생들의 연약함에도 불구하고 그들에게 복을 주시고 하나님의 나라를 세워 가는데 한 역할을 감당하게 하십니다.

사울의 아들 요나단은 다윗이 왕국을 세우는데 중요한 역할을 한 인물입니다. 그는 왕의 자리를 물려받을 수 있는 권리가 자신에게 있음을 알았지만 자신의 육신적인 권리보다 하나님의 뜻이 어디에 있는지를 더 중요하게 여겼습니다. 요나단은 하나님이 다윗과 함께하시고 그를 높이고자 하신다는 것을 깨닫고 자신의 권리를 포기하고 하나님의 뜻에 순종하여 다윗을 위기에서 구하고 그가 이스라엘의 왕이 되도록 도왔습니다. 베냐민 지파는 신앙의 연단을 통해 다윗의 왕국에서 귀하게 쓰임받을 수 있었습니다. 나의 약점도 하나님 앞에서 연단받을 때 요긴하게 사용될 수 있습니다. 이렇게 하나님께서는 택하신 12지파 모두에게 그들의 믿음의 분량에 걸맞은 복을 주시고 그 복을 누리게 하셨습니다. 성도는 늘 은혜를 사모하며 살아야 합니다.

1. 회막 봉사자들(9장)

바벨론 포로에서 돌아온 사람들의 명단을 말씀하고 있는데 특히 제사장 가문의 역할에 대해서 자세하게 언급하고 있습니다. 포로에서 돌아온 백성들에게 있어서 중요한 것은 하나님의 말씀을 중심으로 다시 나라를 세우는 것입니다. 그 일을 하는 데 제사장들이 중요한 역할을 감당했습니다. 내 심령에 말씀이 바로 세워지고 예배가 회복될 때 하나님 앞에서 영육 간에 신령한 은혜와 복을 누리게 됩니다. 우리는 항상 말씀에 귀를 기울여야 합니다. 하나님의 교회를 중심하여 예배하는 일에 힘쓰는 것이 복된 일입니다.

예루살렘에 정착한 사람들 가운데 회막 문지기들이 중요하게 언급되고 있습니다. 살룸과 악굽과 달몬과 아히만과 그 형제들이 문지기의 직무를 감당했습니다. 그들은 백성들이 예배를 드릴 수 있도록 회막 문을 열고 닫는 일을 했습니다. 뿐만 아니라 그런 일들이 원활하게 행해질 수 있도록 매일 여러 가지 일들을 수행했습니다. 어떤 사람은 성전 기물들을 운반하는 일을 하고, 어떤 사람은 성소의 기구와 기명과 포도주와 기름과 유향과 향품을 맡았습니다. 또 어떤 사람은 향품으로 향 기름을 만드는 일을 하고, 고라 자손 맛디댜는 남비에 지지는 것을 맡고, 또 어떤 사람은 떡을 진설하는 일을 맡았습니다. 찬송하는 자들도 있었습니다.

그들은 모두 하나님을 예배하기 위해 각자 맡은 일들을 성실하게 감당했습니다. 무슨 일을 하든지 최선을 다해 하나님 앞에서 해야 하고, 작은 일도 소홀히 하지 않아야 합니다. 우리가 맡은 일에 충실할 때 그것이 하나님을 예배하는 일이 됩니다. 우리가 바쁜 세상 속에서 살아가지만 무엇보다 하나님께 예배드리는 일에 열심을 품어야 합니다. 찬양대에서 찬양으로 봉사하는 것도, 주방에서 음식을 준비하는 것도, 안내를 담당하는 것도, 청소를 하는 것도, 처음 만난 사람에게 다정하게 인사를 건네는 것도 하나님 앞에서 하는 것은 다 예배의 행위입니다. 우리의 삶도 하나님 앞에서 살아갈 때 그것이 하나님께 드리는 예배의 삶이 됩니다. 우리 모두는 하나님 앞에서 예배자의 삶을 살도록 부름받았습니다.

2. 강성해지는 다윗의 나라(11장)

이스라엘의 왕 이스보셋이 죽은 후 이스라엘 모든 지파가 헤브론에 있는 다윗에게로 나아가 다윗 왕의 신민이 되기를 청했습니다. 그들은 사울이 이스라엘의 왕이었을 때에도 하나님께서 다윗을 이스라엘의 왕으로 세우신 것을 알고 있었습니다. 그러므로 다윗이 헤브론에서 저들과 더불어 언약을 세웠고, 그들은 다윗에게 기름을 부어 그들의 왕이 되었음을 선언했습니다. 이렇게 해서 마침내 하나님께서 다윗이 온 이스라엘의 목자가 되는 약속을 이루셨습니다. 다윗이 30세에 왕이 되었는데 헤브론에서 7년 6개월 동안 유다를 다스렸고 예루살렘에서 33년 동안 온 이스라엘과 유다를 다스렸습니다. 다윗이 온 이스라엘의 왕이 되기까지 걸린 7년 6개월은 결코 짧지 않는 기간이었습니다. 그 사이에 많은 일들이 있었습니다. 신의를 저버린 사람도 있었고, 거짓된 충성을 경쟁했던 사람들도 있었습니다. 그러나 다윗은 묵묵히 하나님의 때를 기다렸습니다. 왕권에 대한 욕심을 내려놓고 오직 백성들을 사랑하고 그들에게 깊은 관심을 가졌습니다. 다윗이 하나님께 그의 마음을 두었을 때 하나님께서 모든 백성들의 마음을 다윗에게로 돌리셨습니다. 모든 일들을 하나님께서 다윗을 위하여 이루셨습니다. 진실로 하나님의 주권을 믿는 사람은 인간적인 계산을 하지 않고 오직 하나님만 바라봅니다. 하나님께서 인정하시기 전까지는 진실로 아무것도 아닙니다. 하나님이 축복하시면 아무도 그 복을 빼앗을 수 없습니다. 성경은 "만군의 여호와께서 함께 계시니 다윗이 점점 강성하여 가니라"라고 말씀합니다. 무엇을 하든지 하나님의 인도하심이 있는 곳에는 형통함이 있습니다.

다윗에게는 많은 용사들이 있었습니다. 다윗이 사울을 피해 도망 다니던 시절에 그에게로 나아왔던 환란당한 자, 빚진 자, 마음이 원통한 자들이 다윗 왕국의 용사들이 되었습니다. 다윗은 그들을 통해 이스라엘 나라를 건설할 수 있었습니다. 다윗이 왕이 되었다는 소식을 블레셋 사람들이 듣게 되었을 때 다윗과 싸우려고 군대를 일으켰는데 그때 그들은 베들레헴을 점령하고 있었습니다. 산성에 진을 치고 있던 다윗은 자기 고향 베들레헴 성문 곁에 있는 우물물을 마시고 싶어 했습니다. 다윗의 세 용사가 그 말을 듣고 블레셋 사람의 군대를 쳐부수고 지나가서 베들레헴 성문 곁의 우물을 길어와 다윗에게 마시게 했습니다. 그러나 다윗은 그 물이 죽음을 무릅쓰고 그 일을 해낸 자기 용사들의 피와 같은 것이라 여겨 자신이 경솔하게 말했던 것을 자책하고 그 물을 마시지 않고 하나님의 제단에 부어 드렸습니다. 세 용사(아비새, 브나야, 다른 한 사람)는 이렇게 왕에게 생수를 마시게 하기 위해 자기들의 목숨을 초개와 같이 여겼습니다. 다윗은 세 용사의 공을 인정하여 그들 가운데 아비새를 그들의 두목이 되게 하고, 브나야는 시위대 장관을 삼았습니다. 그들에게 영광스러운 직분을 주었습니다. 그들의 이러한 헌신은 우리 주 예수 그리스도를 닮았습니다. 예수 그리스도께서 우리에게 목마르지 않은 영생하는 생수를 주시기 위해 친히 십자가에서 피 흘리시고 우리를 위해 죽어 주셨습니다. 그러므로 하나님께서 주님을 높이셔서 당신의 보좌 우편에 앉게 해 주셨습니다. 한 나라가 저절로 세워지지 않습니다. 충성된 사람들의 헌신을 통해서 세워집니다. 하나님의 나라인 교회도 마찬가지입니다. 다윗의 용사들처럼 우리는 항상 우리의 왕이신 주님의 마음을 기쁘게 해 드릴 준비를 하고 있어야 합니다. 하나님께서는 충성된 사람들과 일하는 것을 큰 기쁨으로 여기십니다. 언제나 사람이 중요합니다. 우리는 내가 그 용사 중 한 명이 되게 해 달라고, 주님을 위해 목숨 바치어서라도 쓰임 받는 사람이 되게 해 달라고 하나님께 기도해야 합니다. 이런 용사들이 많은 교회는 복이 있습니다.

1. 오벧에돔이 받은 복(13장)

다윗이 기럇여아림에 있던 하나님의 궤를 다윗 성으로 메어 오기 위해서 천부장들과 백부장들을 불러 의논했습니다. 사울 왕 시대에 하나님의 궤는 중요하게 취급되지 못했습니다. 사울은 나라를 다스릴 때 하나님께 여쭈지 않았습니다. 그러므로 하나님의 궤가 방치될 수밖에 없었습니다. 그러나 다윗의 마음속에는 항상 하나님의 궤가 있었습니다. 하나님의 궤는 하나님의 임재를 상징합니다. 다윗은 하나님과 함께 있고 싶어 했습니다. 그래서 다윗은 하나님의 궤를 옮겨 오고자 하는 계획을 세우고 백성들에게 물었습니다. 다윗의 제안에 온 이스라엘은 크게 기뻐했습니다. 다윗은 궤를 메어오기 위해서 백성들과 더불어 기럇여아림으로 올라가 준비된 새 수레에 궤를 싣고 돌아왔습니다. 얼마나 기뻤던지 다윗과 이스라엘은 하나님 앞에서 힘을 다하여 뛰놀며 노래하고 수금과 비파와 소고와 제금과 나팔로 주악했습니다. 그야말로 성대한 행사였습니다. 그러나 다윗은 큰 실수를 범했습니다. 원래 궤는 고핫 자손들이 어깨에 메고 운반하게 되어있는데 다윗은 부주의하게도 궤를 수레에 실어 운반했습니다. 하나님께서 그것을 기뻐하지 않으셨습니다. 수레에 싣는 것은 이방인들이 우상을 운반할 때 사용하는 방법입니다.

아니나 다를까 궤를 실은 수레가 기돈의 타작마당에 이르렀을 때 소들이 뛰었습니다. 웃사가 손을 펴서 흔들리는 궤를 붙잡았는데 그 일로 인해서 웃사는 하나님의 치심을 받아 죽었습니다. 이 사고로 다윗은 하나님 앞에 두려운 마음을 갖게 되었고, 궤를 다윗 성으로 들여오는 일을 중단하고 그것을 가드 사람 오벧에돔의 집으로 메어 가게 했습니다. 그는 하나님 앞에서 두려움을 가지고 자신을 살피게 되었습니다. 우리가 하나님 앞에서 아름답고 선한 일을 하고자 할 때 그 일을 하게 되는 동기가 중요하지만 방법 또한 무시해서는 안 됩니다. 하나님이 기뻐하시는 마음을 품고 하나님께 영광 되는 방법으로 일해야 합니다.

하나님의 궤가 오벧에돔의 집에서 그 권속과 함께 석 달을 있었는데 여호와께서 오벧에돔의 집과 그 모든 소유에 복을 내리셨습니다. 오벧에돔과 그 권속들은 하나님의 궤를 잘 받들어 모심으로써 하나님의 복을 받게 되었습니다. 하나님께서 오벧에돔에게 능력 있는 경건한 자손을 많이 주시고 그 자손들은 성 문지기 13반차를 차지하는 복을 누렸습니다.(대상 26:4-11) 다윗이 다윗 성으로 궤를 메어 오는 일을 꺼려했을 때 오벧에돔은 자원하여 하나님의 궤를 자기 집에 모시겠다고 했을 것입니다. 그는 거룩하신 하나님을 자기 집으로 모셔 들였습니다. 그 심령에 예수 그리스도를 모시고 사는 사람은 복 있는 사람입니다. 예수 그리스도를 주인으로 모신 가정은 복 있는 가정입니다. 하나님은 석 달 만에도 얼마든지 많은 복을 누리게 하십니다. 하나님의 복은 아무에게나 주어지는 것이 아닙니다. 하나님 앞에서 복 받을 만한 일을 해야 합니다. 주님의 마음을 헤아려 항상 주님을 기쁘시게 하는 삶을 삽시다.

2. 네 손에 붙이리라(14장)

하나님께서 다윗에게 은혜를 베푸셔서 다윗의 왕권이 그의 손에서 점점 강성하게 되었습니다. 두로 왕 히람은 다윗에게 사자들과 백향목과 석수와 목수를 보내 그 궁궐을 건축하도록 도왔습니다. 하나님께서 히람의 마음을 감동시키신 것입니다. 다윗은 그 일이 하나님의 은혜로 된 것임을 알았습니다. 하나님께서 다윗의 가문을 번성하게 하시고 이스라엘을 사랑하셔서 그의 나라를 크게 융성하게 하셨습니다. 하나님의 은혜로 형통하게 되는 것은 귀한 복입니다. 사람은 형통하게 될 때 교만하기 쉽습니다. 은혜를 너무 쉽게 잊어버리곤 합니다. 그러나 다윗은 범사에 하나님을 의지하고 하나님께 구했습니다.

하나님께서 다윗을 이스라엘의 왕으로 삼으시고 그 나라를 융성하게 하였다는 소식을 듣고, 블레셋이 이스라엘을 치기 위하여 올라왔습니다. 다윗은 전쟁의 여부를 하나님께 물었습니다. 하나님께서 다윗에게 블레셋을 붙이셨으므로 블레셋 사람들은 전쟁에서 크게 패하여 그들의 우상을 버리고 도망갔습니다. 다윗은 그것들을 모아다가 불살랐습니다. 하나님께서 친히 나아가셔서 블레셋 사람의 군대를 치심으로써 승리를 다윗의 손에 돌리셨습니다. 이로 인해 다윗의 명성은 열국에 퍼져나갔고 열국이 다윗을 두려워하게 되었습니다. 하나님 앞에서 살아갈 때에 언제나 영적인 싸움이 있습니다. 그러나 신실하게 하나님을 의지하면 하나님께서 대적들을 막아 주시고 승리를 주십니다. 우리의 높아지고 낮아짐이 하나님께 있습니다. 늘 하나님을 의지하고 그 앞에서 겸손해야 합니다.

3. 궤를 메어 올리라(15장)

다윗이 궁궐을 지을 때에도 그의 마음속에는 항상 하나님의 궤가 있었습니다. 그러므로 하나님의 궤를 다윗 성으로 메어오기 위해서 치밀하게 준비했습니다. 우선 다윗은 처음 궤를 메어 올 때에 어떤 잘못된 일이 있었는지 깊이 생각하고 실패의 원인을 찾아냈는데, 궤를 운반할 때에 하나님의 말씀대로 행하지 않았다는 것이었습니다. 궤를 운반할 때에는 반드시 제사장들이 그 궤를 메어서 운반해야만 했는데 다윗은 하나님의 규례대로 행하지 않고 그것을 수레에 싣고 왔습니다. 메어 오는 것보다 실어 오는 것이 훨씬 수월했습니다. 그러나 하나님은 그것을 기뻐하지 않았습니다. 이제 다윗은 궤를 운반할 제사장들을 명하여 하나님의 궤를 메어 올리라고 했습니다. 열심을 내는 것이 다 좋은 일은 아닙니다. 무슨 일을 할 때에 먼저 하나님의 말씀 앞에서 옳은 일인지를 살펴야 합니다. 일보다 중요한 것은 말씀을 순종하는 것입니다. '순종은 제사보다 낫고 듣는 것은 수양의 기름보다 낫다'고 했습니다.

다윗과 이스라엘 장로들과 천부장들이 오벧에돔의 집으로 가서 언약궤를 메고 올라올 때 하나님께서 언약궤를 멘 사람들을 도우셔서 그들의 길이 순적하게 되었습니다. 그들은 수송아지 일곱과 숫양 일곱을 잡아 여호와께 제사 드렸습니다. 언약궤가 다윗 성으로 들어오는데 다윗이 그 길에 그들과 함께하며 기쁨을 감추지 못하고, 언약궤가 성으로 들어올 때에 그 앞에서 춤을 추었습니다. 삶의 중심에 하나님을 모시는 것을 최고의 기쁨으로 여기고 있습니까? 예수님께서 내 안에서 임마누엘 되심으로 인해 춤을 추고 있습니까? 다윗의 심정으로 하나님을 최고의 자리에 모십시다.

4월 17일 | 역대상 17-21 장

1. 나를 여기까지 이르게 하신 하나님(17장)

다윗이 자기는 왕궁에 거하면서 여호와의 언약궤는 휘장 밑에 있는 것을 안타깝게 여기고 선지자 나단을 불러 성전을 짓고자 하는 자신의 마음을 전했습니다. 나단은 하나님께서 왕과 함께 계시므로 왕이 마음에 품은 것을 하라고 했습니다. 그러나 그날 밤에 하나님께서 나단에게 나타나셔서 말씀하셨습니다. 하나님께서 다윗의 나라를 견고하게 해 주시겠다고 말씀하시고, 그의 아들을 통해 여호와를 위하여 전을 건축하게 하겠다고 하셨습니다. 하나님께서는 다윗이 목자였을 때에 그를 취하여 내셔서 이스라엘의 주권자가 되게 하셨습니다. 다윗은 하나님 앞에서 충성된 종이 되어 나라를 다스렸으므로 나라가 다윗의 손에서 견고하게 되었습니다. 그러므로 하나님께서 다윗을 위하여 집을 세우고 그의 아들 중 하나를 세워 나라를 견고하게 하고 그로 하여금 여호와의 전을 건축하게 하심으로 그 위를 영원히 견고하게 하겠다고 약속하셨습니다.

다윗이 하나님 앞에서 거룩한 꿈을 가졌지만 그 꿈보다 중요한 것은 하나님의 계획입니다. 하나님께서는 당신의 영원하신 계획을 따라 이 땅 가운데서 당신의 뜻을 이루어 가십니다. 우리는 그 일에 쓰임 받는 일꾼들입니다. 오늘 우리에게 다윗과 같이 주를 향한 거룩한 열심이 있습니까? 그 열심보다 더욱더 하나님의 뜻이 어디에 있는지 살피고 그 뜻에 순종하는 일에 더 열심을 품도록 합시다. 우리의 중심에 항상 하나님을 모시는 일에 더 깊은 관심을 가져야 합니다.

다윗은 나단 선지자를 통해 주신 하나님의 말씀을 듣고 하나님께 감사의 기도를 드렸습니다. "나는 누구이오며 내 집은 무엇이관대 나로 이에 이르게 하셨나이까?"라고 고백했습니다. 그는 거룩하신 하나님 앞에서 초라한 자신의 모습을 보았습니다. 그리고 초라한 자신과 그의 집에 베푸신 하나님의 한없는 은혜에 깊은 감사를 드렸습니다. 다윗은 자신의 모든 것을 알고 계시는 하나님 앞에서 더이상 할 말이 없었습니다. 하나님께서 모든 주권을 가지시고 하나님의 일을 이루어 가시기 때문에 그 하나님의 뜻 앞에 순종하기만 하면 되었습니다. 다윗은 하나님이 그와 그의 집의 하나님이 되심과, 땅의 어떤 나라도 이스라엘이 누리는 복과 같은 복을 누리지 못한 것을 생각하면서 감사했습니다.

하나님의 은혜를 아는 사람은 항상 하나님 앞에서 겸손하고 베푸신 은혜에 늘 감사합니다. 하나님께서 우리를 이와 같이 구속하시고 하나님의 백성 삼으셔서 영원히 우리와 함께하시고 우리에게 복을 주시겠다고 약속하셨습니다. 당신의 아들을 우리를 위해 내어 주신 하나님의 사랑은 세상의 어떤 것과도 비교할 수 없이 큽니다. 나를 여기까지 이르게 하신 하나님께 감사합시다. 나와 내 가정, 우리 교회가 하나님 앞에서 견고하게 서게 해 달라고 은혜를 구합시다.

2. 선을 이루시는 하나님(19, 20장)

다윗이 그의 나라를 안정시킨 후, 그에게 호의를 베풀었던 암몬 자손을 돌아볼 마음이 있어서 그 나라 왕의 죽음을 조문하기 위해 신복들을 보냈습니다. 그러나 암몬 자손의 방백들은 다윗이 보낸 조객들을 정탐꾼으로 간주하고 그들을 붙잡아 그 수염 절반을 자르며, 그 의복을 중동볼기까지 잘라 크게 모욕했습니다. 다윗은 그 일을 불쾌히 여기고 은총을 베풀려던 마음을 돌이켜 그들을 치기로 마음먹었습니다. 암몬 사람들은 주변 나라들에게 도움을 청해 다윗과 싸웠습니다. 두 나라의 전쟁은 암몬의 완전한 패배로 막을 내렸습니다. 암몬 사람을 도왔던 아람이 전쟁에서 패한 줄을 알고 다시 군대를 소집하여 다윗의 군대를 대적했지만 그 전쟁 또한 하나님께서 다윗의 완전한 승리로 막을 내리게 하셨습니다. 이렇게 해서 다윗의 나라는 더욱더 견고하게 되고 호의를 욕으로 갚았던 자들의 최후가 비참하게 되었습니다.

사람의 생각과 하나님의 생각, 사람의 길과 하나님의 길이 이렇게 다릅니다. 하나님께서 가나안 땅을 당신의 구원받은 백성에게 주시기로 작정하셨으므로 암몬 자손에게 호의를 베풀고자 했던 다윗의 마음까지 사용하셔서 악한 세력들을 굴복시키셨습니다. 내가 계획하고 행하는 일들까지도 하나님께서는 당신의 뜻을 이루는데 사용하십니다. 언제나 내 생각보다 뛰어나신 하나님께서 나의 삶을 주관하심을 믿고, 하나님의 선을 이루는 일에 쓰임받는 인생이 되기를 소망합시다.

3. 오르난의 타작마당(21장)

지금까지 오직 하나님의 은혜로 하나님의 능력 의지하여 살아왔던 다윗이 사단의 미혹을 받아 군대장관 요압을 재촉하여 단에서부터 브엘세바에 걸쳐 전국에 인구조사를 하게 했습니다. 군대장관 요압은 하나님께서 다윗의 나라에 복 주시겠다고 하셨음에도 불구하고 다윗이 하나님을 의지하지 않고 군대의 힘을 의지하려고 하는 것을 탐탁지 않게 여겼습니다. 인구조사는 백성들에게 세금을 부과하고 군사를 모집할 목적으로 행해졌으므로 백성들의 반발을 사게 될 수도 있습니다. 왕의 재촉에 못 이겨 요압이 10개월에 걸쳐 전국에 인구조사를 실시했습니다. 인구조사를 마치고 돌아온 요압이 왕께 보고하기를 '이스라엘 중에서 칼을 뺄 만한 자가 110만 명, 유다 중에서는 47만 명'이라고 했습니다. 거의 160만 명이나 되는 군대를 보유하고 있었습니다.

다윗의 인구조사의 목적은 자신의 힘을 과시하고자 하는데 있었습니다. 인구조사가 끝난 후 다윗은 자신이 하나님 앞에서 범죄한 것을 깨닫고 마음에 자책하고 하나님께 용서를 빌었습니다. 다윗의 일로 인해서 하나님께서 이스라엘에 재앙을 내리셨습니다. 단에서 브엘세바까지 이스라엘 전역이 온역으로 고통을 당하고 그 온역으로 7만 명이나 되는 백성들이 죽었습니다. 국가적인 재앙이었습니다. 참으로 안타까운 일이었습니다.

우리는 늘 우리가 가진 것으로 힘을 삼고 그것을 과시하려는 유혹을 받습니다. 힘이 클수록 그것을 과시하고 자신을 드러내고 싶은 유혹은 더 큽니다. 성도는 자신이 가진 세상의 힘으로 소망을 삼고 사는 사람이 아닙니다. 내게 힘이 있을 때 하나님 앞에서 더욱더 겸손하고 끝까지 하나님을 신뢰해야 합니다. 하나님을 신뢰하는 것보다 더 큰 힘은 없습니다. 하나님은 나의 영원한 기업이 되십니다.

선지자 갓이 다윗 왕에게 나아가 여부스 사람 오르난의 타작마당에서 여호와를 위하여 단을 쌓으라고 요청했습니다. 하나님께서 다윗의 회개를 인정하시고 당신의 진노를 진정시킬 구체적인 방안을 갓 선지자를 통하여 다윗에게 전달하신 것입니다. 하나님께서 그 화해의 장소로 오르난의 타작마당을 지시하신 것은 그곳에서 천사의 심판 활동이 중단되었기 때문입니다. 다윗은 자기의 죄로 인해 백성들이 7만 명이나 죽은 일 때문에 크게 자책했습니다. 그가 자신의 죄를 깨닫고 회개했을 때 하나님께서 그의 회개를 받으시고 오르난의 타작마당에서 심판을 멈추심으로써 오르난의 그 타작마당을 화해와 자비의 장소로 지정하시고 성별하셨습니다. 후일에 그곳에 솔로몬의 성전이 세워졌고 하나님의 백성들이 그곳에 나아와 제사를 드림으로 하나님과의 관계를 회복했습니다.(대하 3:1)

오르난은 자기의 타작마당을 기꺼이 다윗에게 내어 주어 그곳에서 제사하게 했습니다. 다윗이 그곳에 단을 쌓고 번제와 화목제를 드릴 때 하나님께서 그 심판의 장소를 화해의 장소로 바꾸셨습니다. 오르난의 타작마당에서 드려진 번제는 우리 주 예수 그리스도의 십자가의 고난과 죽음을 예표합니다. 하나님께서 예수 그리스도의 십자가 고난과 죽음을 통해 우리의 모든 죄와 허물을 용서하시고 내게 대한 하나님의 사랑과 긍휼과 자비를 나타내셨습니다. 할렐루야!

1. 다음 세대를 위하여 준비하라(22, 23장)

다윗이 성전을 건축하기 위하여 모든 재료들을 준비했습니다. 어린 아들 솔로몬을 위해서 이방사람을 모으고 석수를 시켜 하나님의 전을 건축할 돌을 다듬게 했습니다. 철과 놋과 백향목을 준비했습니다. 그리고 그의 아들 솔로몬을 불러 성전 건축을 부탁했습니다. 다윗은 성전 건축을 사모했지만 하나님께서는 그가 전쟁을 통해 심히 많은 피를 흘렸다며 그의 손으로 성전이 지어지는 것을 허락하지 않으셨습니다. 피 흘린 손으로 당신의 전이 지어지는 것을 기뻐하지 않으셨기 때문입니다. 하나님께서 평강의 사람을 통해 당신의 전을 짓게 하겠다고 하셨습니다. 준비하는 사람이 있고 준비된 것을 이루는 사람이 있습니다. 자신의 몫이 무엇인지 바로 알고 행하는 것이 중요합니다.

다윗은 비록 성전을 건축할 수 있는 기회를 허락받지 못했지만 성전 건축에 대한 꿈을 포기하지 않았습니다. 그 일이 다음 세대에 이루어질 수 있도록 최선을 다해 준비했습니다. 그는 성전을 건축할 모든 재료들을 환난 날에 준비했다고 했습니다. 여러 상황과 여건이 여의치 않았지만 그것들이 다윗의 성전 건축에 대한 열심을 꺾지 못했습니다. 하나님 앞에서 행한 일이었기 때문입니다. 다윗이 준비한 것은 자그마치 금 십만 달란트(금 한 달란트는 현재 화폐가치로 환산하면 대략 23만 달러)와 은 일백만 달란트와 중수를 셀 수 없는 놋과 철, 그리고 재목과 돌들을 예비했다고 합니다. 그것을 솔로몬에게 주면서 성전을 건축하게 했습니다. 다윗은 또한 방백들을 명하여 솔로몬을 도우라고 했습니다. 하나님께서 땅에 평화를 주셨으므로 마음과 정신을 진정하여 하나님을 구하고, 이제 일어나서 여호와 하나님의 성소를 건축하고 언약궤와 거룩한 기구들을 가져다가 여호와의 이름을 위하여 건축한 전에 드리게 하라고 했습니다.

다윗은 임종을 앞두고 솔로몬을 왕으로 삼은 후 방백들과 제사장과 레위 사람을 모았습니다. 그는 성전에서 봉사할 레위 사람들의 반열을 나누고 그들에게 각각 책임을 분담시킴으로써 성전 제사 제도를 더욱 탄탄하게 체계적으로 정비했습니다. 이제 성전이 건축되어 언약궤가 그 성전 안에 안치되면 더이상 사람들이 성막과 그 가운데 쓰는 모든 기구들을 멜 필요가 없게 될 것입니다. 전에 레위 지파는 하나님의 율법을 맡은 자들로서 성막 봉사 등 이스라엘 신앙 공동체 내에서 중추적인 역할을 감당하도록 임명된 지파였습니다. 그러나 레위인이 항상 자기의 역할을 다했던 것은 아닙니다. 사사 시대와 사무엘 시대에는 제대로 그 역할을 감당하지 못하였는데 다윗 때에 이르러 비로소 그 역할이 새롭게 부각되고 하나님의 율법에 기록된 대로 일할 수 있게 되었습니다.

다윗은 마지막까지 성전 건축과 그 성전 안에서 이루어질 일들에 깊은 관심을 가졌습니다. 그러므로 앞으로 일이 이루어질 것을 믿고 그 안에서 일할 사람들을 미리 준비시켰습니다. 우리가 주의 일을 할 때에 항상 이렇게 할 수 있다면 얼마나 좋겠습니까! 하나님 섬기는 일은 나의 시대에 끝나는 것이 아닙니다. 세대를 이어 가며 계속되어야 합니다. 그러므로 다음 세대에도 계속해서 하나님을 섬길 수 있도록 준비하고 투자하는 일을 게을리 하지 않아야 합니다. 더욱더 하나님의 말씀에 착념하고 하나님께서 맡겨 주신 일에 헌신해야 합니다. 그렇게 해서 신앙은 세대를 넘어 전수됩니다. 우리는 모두 하나님 앞에서 일하는 하나님의 일꾼들입니다. 오늘 내가 감당할 몫이 무엇인지 헤아려 보고 하나님을 섬기는 일이 중단되지 않게 합시다.

2. 다윗 찬양대(25장)

다윗이 하나님을 찬송하기 위해서 왕 직속의 찬양대를 구성했습니다. 아삽과 여두둔과 헤만은 다윗 찬양대의 악장들이었습니다. 아삽에게는 네 아들이 있었고, 여두둔에게는 여섯 아들들, 그리고 헤만에게는 열네 아들들이 있었습니다. 그들의 가족은 모두 찬양하는 일을 하게 되었습니다. 다윗은 그 아들들의 수효를 따라 찬양대를 24반차로 조직하게 하고 제비를 뽑아 찬양을 담당할 반차의 순서를 정했습니다. 헤만은 악장이면서 동시에 하나님의 말씀을 받드는 왕의 선견자로도 활동했습니다. 하나님께서 그에게는 열네 아들과 세 딸을 주셨습니다. 각 반차에는 모두 12명의 찬양대원이 있었습니다. 그들은 모두 합해 288명이었습니다. 이들이 순서를 따라 하나님의 전에서 하나님을 찬양하는 일을 맡아 했습니다. 그들은 모두 찬송하기를 배워 익숙한 자들이라고 말씀합니다. 찬송에 대한 식견이 있고, 또 찬송의 의미를 온전하게 깨닫고 이해한 사람들이었습니다.

이렇게 다윗이 찬양대를 조직한 것은 하나님은 찬송받으시기를 기뻐하시는 분임을 알았기 때문입니다. 그는 찬송의 능력을 아는 사람이었습니다. 그래서 신령한 찬송으로 늘 하나님을 찬양했습니다. 다윗이 기록한 시들은 모두 하나님을 찬송한 찬송 시들입니다. 호흡이 있는 자는 모두 하나님을 찬송해야 합니다. 아삽과 여두둔과 헤만은 이스라엘 열두 지파 중에서 하나님을 찬양하도록 특별하게 구별된 사람들이었습니다. 모든 사람들이 찬양해야 하지만 하나님을 찬양할 수 있도록 특별하게 부름 받은 것은 큰 특권입니다. 항상 신령한 새 노래로 하나님을 찬양합시다.

1. 성전, 성전, 오직 성전(26, 28장)

성전 문지기와 성전 곳간을 맡을 사람들, 그리고 다른 직분을 맡을 레위인들을 소개하고 있습니다. 다윗이 그의 아들 솔로몬에게 왕위를 넘겨주면서 마지막으로 성전이 완성되면 그곳에서 섬길 사람들을 미리 세움으로써 그가 얼마나 하나님의 성전을 사모했는지를 보여 줍니다. 다윗의 마음은 오직 하나님을 섬기고 하나님을 찬양하는데 있었습니다. 인생의 마지막까지 하나님을 향해 한결같이 경외하는 마음을 가지고 있었습니다. 하나님을 섬기는 일은 세대를 이어 계속되어야 한다는 것을 보여 줍니다.

문지기도 24반차로 구성되었습니다. 고라 족속 아삽의 자손 므셀레먀 계열에서 7반차, 고라 족속 그핫 가문의 오벧에돔 계열에서 7반차, 오벧에돔의 아들 스마야의 계열이 6반차, 므라리 자손 호사의 계열에서 4반차를 얻게 되었습니다. 오벧에돔의 가문은 문지기 24반차 중에서 13반차를 차지하는 영광을 누렸습니다. 하나님께서 오벧에돔에게 경건한 자손을 주셨고 그 후손들은 다 능력이 있는 자들이라고 했는데, 능력 있는 자들이란 모두 다 인품이 고상한 자들이었다는 뜻입니다. 하나님의 궤를 모셨던 오벧에돔은 참으로 부러운 신앙의 가문을 이루었습니다.(대상 26:4-6)

그리고 성전 문지기들이 담당할 구역은 제비를 뽑아 공평하게 분배했습니다. 그들은 모두 여호와의 전에서 섬기는 자들이 되었습니다. 또한 성전 곳간을 맡은 자들은 각자 정해준 대로 성실하게 직임을 감당했습니다. 성물 곳간을 맡은 자도 있고, 여호와의 전 곳간을 맡은 자도 있고, 그냥 곳간을 맡은 자도 있었습니다. 나머지 레위인들 가운데는 이스라엘 바깥일을 다스리는 유사와 재판관이 되기도 했고 왕을 섬기는 직임을 맡은 자들도 있었습니다.

그들이 한 일들 가운데 귀하고 천한 일은 없었습니다. 하나님 앞에서 하나같이 모두 귀한 일들이었습니다. 여호와를 위하여 섬기는 일들이었기 때문입니다. 직분을 맡는 일은 참으로 귀한 일입니다. 무슨 일을 맡았든지 하나님 앞에서 성실하게 봉사할 때 존귀히 여김을 받게 됩니다.

28장에 보면 다윗이 이스라엘의 지도자들을 예루살렘으로 불러 모으고 그의 마음을 그들에게 전하는 장면이 나오는데, 다윗은 평생에 하나님의 성전을 건축하는 데 깊은 관심이 있었습니다. 그러나 하나님께서는 다윗에게 성전을 건축할 수 있도록 허락하지 않으시고 그 아들 솔로몬에게 성전을 건축할 수 있도록 했습니다. 다윗은 이스라엘이 장구할 수 있는 비결을 모인 지도자들과 아들 솔로몬에게 제시했습니다. 온 나라가 마음을 다하여 하나님을 섬길 때 하나님께서 그 나라를 지키시고 견고하게 하실 것이라고 했습니다. 솔로몬에게는 성전의 식양에 대해서 자세하게 일러 주고, 성전을 짓는 동안 하나님께서 지켜 주시고 그것을 완성하게 하실 것이므로 반드시 성전을 지으라고 했습니다.

다윗이 이처럼 성전 건축에 관심이 많았던 것은 단지 하나의 업적을 더하기 위함이 아니었습니다. 그는 하나님의 언약궤를 예루살렘에 모시고 그 나라가 하나님의 보호하심과 다스리심 가운데 있기를 소원했습니다. 결국 나라의 영원한 안전이 사람의 힘과 지혜에 있지 않음을 알았기에 하나님의 손에 모든 것을 의탁하고자 했던 것입니다. 그러므로 다윗은 마지막까지 이 일을 마음에 두고 그 아들에게 성전을 짓도록 당부하고 또 당부했습니다.

우리의 관심은 첫째도 예수 둘째도 예수 셋째도 오직 예수여야 합니다. 예수는 참 성전이십니다. 예수를 모시고 사는 사람은 복 있는 사람입니다. 성도는 예수 중심, 교회 중심으로 살아야 합니다. 항상 교회를 사모하고 예수님을 사랑하는 성도는 반드시 하나님의 복을 받게 됩니다. 교회의 미래는 오직 전능하신 하나님의 손에 있습니다. 주님의 뜻에 이끌리고 주님께 순종할 때 다윗처럼 복 있는 인생이 됩니다.

2. 통치기반의 완성(27장)

다윗의 군대조직과 각 지파를 관할하는 자들, 그리고 왕의 재산을 맡은 자와 왕의 모사들에 대해 말씀하고 있습니다. 다윗은 족장과 천부장과 백부장과 왕을 섬기는 유사들을 24,000명씩 12반차로 나누어 조직했습니다. 한 반차가 한 달씩 돌아가면서 나라를 지킬 수 있도록 한 것입니다. 다윗은 이스라엘 각 지파를 관할하는 관장들을 세웠습니다. 다윗은 20세 이하의 사람들의 수효는 헤아리지 않았습니다.

전에 인구조사를 했다가 하나님께 징계받은 기억이 있기 때문이었습니다. 하나님을 의지하는 마음이 적어질 때 눈에 보이는 군대의 숫자가 크게 보이고 그것의 규모에 집착하게 됩니다. 그러나 이제 다윗의 마음은 오직 하나님께 있었습니다. 하나님께서 맡겨 주신 나라를 가장 효과적으로 다스리기 위해 지도자들을 세웠습니다.

왕실의 재산을 맡아 관리하는 전담 관리자들도 세웠습니다. 왕의 곳간과 포도원과 각종 나무와 가축을 담당할 사람을 선발하고 그들이 그것을 관리하게 했습니다. 다윗은 왕에게 주어진 것으로 만족하고 백성들이 짐을 지지 않게 했습니다. 또한 다윗은 지혜 있는 자들로 자기의 모사를 삼았습니다. 왕의 곁에 훌륭한 사람들을 많이 두어 그들에게 조언을 구하고 그것을 정치에 반영하고자 했습니다. 사람이 권력에 취하게 되면 다른 사람의 말을 듣지 않고 독단과 독선으로 나아가는 우를 범하기 쉽습니다. 겸손한 사람은 항상 지혜로운 사람을 곁에 둡니다. 나라나 교회나 마찬가지입니다. 한 사람의 생각보다는 여러 사람의 지혜가 더 낫습니다. 사람을 적재적소에 배치할 때 하나님의 교회를 아름답게 섬길 수 있습니다.

3. 하나님이 하셨다!(29장)

하나님께서 다윗에게 성전을 건축하도록 허락하지 않으셨지만 다윗은 성전 건축에 필요한 모든 재료들을 충분하게 준비했습니다. 사람을 위한 전이 아니라 여호와 하나님을 위한 전이었으므로 최선을 다해 준비했습니다. 그러나 성전을 건축하는 일은 한 사람의 관심과 열정만으로 이루어질 수 없는 일이었으므로 다윗은 백성의 지도자들에게 성전건축에 필요한 재료들을 즐겁게 드릴 수 있게 했습니다. 모든 족장과 이스라엘 모든 지파 어른과 천부장과 백부장과 왕의 사무 감독이 다 즐거이 드려 여호와의 곳간에 채우고, 백성들도 즐거이 드림으로 온 나라에 기쁨이 충만하였습니다. 지도자들과 백성들의 헌신에 다윗 왕도 기쁨을 이기지 못할 정도가 되었습니다.

하나님의 교회는 무슨 일을 하든지 하나님을 사랑하는 마음을 가지고 자원함과 기쁨으로 해야 합니다. 우리가 주님을 섬기는 일이 기쁨이 될 때 하나님께서 영광을 받으십니다. 성전을 세우는 일이 한 사람의 힘으로 되지 않았듯이 주님의 몸 된 교회를 섬기는 일도 마찬가지입니다. 무슨 일을 하든지 하나님을 사랑하고 함께 힘을 모아야 합니다. 하나님의 교회는 성도의 즐거운 헌신을 통해 세워져 갑니다. 주를 위해 드리는 일은 항상 기쁘고 복된 일입니다. 나의 드림과 헌신을 통해 하나님의 교회가 세워지고 하나님의 나라가 확장되어 간다면 그것보다 보람된 일이 또 있겠습니까! 주님을 위해 무엇을 드리겠습니까? 지금 주님을 위해 기쁨으로 드릴 준비가 되어있습니까?

모든 백성들이 성전 건축을 위해 필요한 것들을 즐거운 마음으로 풍성하게 드림으로 건축 준비가 완료됨을 보고 다윗이 온 회중 앞에서 여호와를 송축했습니다. 다윗은 하나님이 모든 것의 주권자가 되시고 모든 일들을 하나님께서 이루셨다고 고백했습니다. 주를 위해 드린 것 가운데 하나라도 주의 손으로부터 오지 않는 것이 없었음을 인정했습니다. 하나님의 절대 주권을 인정하는 신앙이 참된 신앙입니다. 우리가 이 세상에 올 때가 가지고 온 것이 아무것도 없습니다. 빈손으로 온 인생에게 하나님께서 많은 것들을 맡기시고 누리게 하셨습니다. 모든 것이 하나님께로부터 온 것임을 인정하는 사람은 가진 것을 하나님께 드릴 때에도 기쁘게 드립니다. 백성들은 자원함으로 예물을 드린 후 여호와 앞에서 먹고 마셨습니다. 다윗은 이스라엘 백성들의 심중에 하나님께서 영원히 그 마음을 주셔서 늘 하나님께로 돌아오게 하여 달라고 기도했습니다.

이제 마지막으로 다윗은 그의 왕권을 아들 솔로몬에게 넘겨주었습니다. 무리가 솔로몬에게 기름 부어 왕을 삼고, 사독을 기름 부어 제사장이 되게 했습니다. 하나님께서 솔로몬에게 권세와 위엄을 주어 모든 백성들 앞에서 존귀하게 하시고 모든 백성들이 솔로몬에게 복종하게 하셨습니다. 다윗은 왕이 되어 40년 동안 힘써 여호와를 섬겼습니다. 하나님께서는 그의 노년을 더욱더 복되게 하셨습니다. 주를 위해 사는 사람에게 아름다운 삶의 열매를 주시는 하나님이십니다. 우리의 노년도 다윗처럼 이렇게 아름답고 황홀할 수 있겠습니까? 우리의 모든 삶이 하나님의 은혜로 된 삶임을 알고 끝까지 하나님께만 소망을 두는 삶을 살아야 하겠습니다.

4월 20일 | 역대하 1-3 장

1. 솔로몬이 성전을 건축하다(2, 3장)

솔로몬이 아버지 다윗의 유지를 받들어 성전을 건축하기 위해 사람들을 모집했습니다. 담군 칠만과 삼림을 작벌할 자 팔만과 일을 감독할 자 삼천육백을 뽑고, 또 사신을 두로 왕 후람(히람)에게 보내 성전 건축에 필요한 재목들과 일꾼을 보내 달라고 요청했습니다. 성전을 크고 화려하게 지어야 했으므로 많은 목재들과 공교한 장인들을 필요로 했습니다. 솔로몬은 두로 왕에게 성전 건축에 필요한 물자를 공급받는 대신 히람의 왕궁에 필요한 식물을 공급할 뿐 아니라, 두로에서 성전을 건축하기 위해서 보내는 일꾼들에게도 정당하게 삯을 지불하겠다고 약조했습니다. 솔로몬의 제안은 두로 왕 히람의 마음을 크게 기쁘게 했습니다. 그러므로 후람은 솔로몬이 요청한 대로 성전 건축에 필요한 귀한 백향목과 잣나무 재목을 보내고 또 일하는데 필요한 일꾼들도 보내겠다고 약속했습니다. 이렇게 하나님께서 이방나라 왕의 마음을 움직이셔서 솔로몬이 하고자 하는 일을 돕게 하셨습니다. '왕의 마음이 여호와의 손에 있음이 마치 보의 물과 같아서 그가 임의로 인도하신다.' (잠 21:1)고 했습니다. 하나님의 마음에 맞는 일을 할 때에 하나님께서 사람의 마음을 움직이시고 환경들을 변화시키셔서 일하게 하십니다. 하나님께서 지혜를 주시고 하나님께서 사람을 붙여 주십니다. 일보다 중요한 것은 하나님의 마음을 기쁘시게 하는 일에 관심을 두는 것입니다.

솔로몬이 왕이 된 지 4년에 성전을 건축하기 시작했는데 성전의 규모는 길이가 60규빗, 넓이는 20규빗, 높이는 30규빗이었습니다. 나무와 돌들로 성전을 건축하게 하되 전 속에서는 재료들을 다듬기 위한 어떤 연장 소리도 들리게 않게 했습니다. 성전을 지어 가면서 나무를 자르고 돌을 다듬은 것이 아니라 미리 준비된 설계도를 따라 나무를 자르고 돌을 다듬고 준비된 것을 가지고 와 짜맞추는 형식으로 성전 건축이 진행되었습니다. 일꾼들은 식양을 따라 일을 하면서 완성될 성전의 모습을 그들의 마음속에 그렸을 것입니다.

솔로몬은 성전을 지을 때 성전 내소와 기구들을 모두 금으로 입히고 특별히 성전 내소의 단을 전부 금으로 싸고 내소 안에 그룹 둘을 조각목으로 새겨 만들고 그것을 전부 금으로 쌌습니다. 그룹의 크기는 각각 10규빗으로 지성소 내부 전체를 덮고 있는 모습이었습니다. 그룹들의 존재는 그곳에 하나님이 임재하심을 보여 줍니다. 또한 금은 빛과 순결을 상징하는 것으로 하나님께서 빛이시고 완전하심을 보여 줍니다. 지성소와 그룹은 하나님의 백성인 교회의 모습이 어떠해야 하는지를 상징적으로 보여 줍니다. 하나님을 그 마음에 모시고 살아가는 하나님의 백성은 그 심령이 늘 하나님의 영광과 거룩으로 충만한 지성소가 되어야 합니다. 성도의 마음속이 예수 그리스도로 충만할 때, 하나님 앞에 거룩한 자가 되어 하나님의 영광스러운 빛을 비추는 자로 살아가게 됩니다. 하나님 앞에서 정금과 같이 순결하고 거룩한 믿음의 사람으로 드려지게 우리 심령이 거룩한 그리스도의 세마포를 입어야 하고, 하나님을 모신 거룩한 지성소로 지어져 가기를 사모해야 합니다.

솔로몬은 성전 앞에 두 기둥을 세우고 오른편 기둥을 '야긴', 왼편 기둥을 '보아스'라고 이름 붙였습니다. 야긴은 '저가 세우리라'는 뜻이고 보아스는 '그에게 능력이 있다'는 뜻입니다. 이 두 기둥의 의미는 하나님께서 당신의 능력으로 하나님의 나라를 세우신다는 것입니다. 하나님 앞에서 솔로몬의 초심은 이렇게 겸손했습니다. 그는 하나님의 능력을 믿고 하나님이 그의 나라를 흥왕케 하심을 믿었습니다.

우리의 심령이 하나님의 성전으로 지어져 갈 때 우리 안에 보아스와 야긴, 두 기둥을 세워야 합니다. 그 두 기둥은 예수 그리스도이십니다. 우리의 모든 소망을 예수님께 둡시다. 언제나 초심을 잃지 않도록 합시다. 예수님이 나의 능력이시고, 예수님이 나를 세우십니다. 이 믿음을 가지고 살 때 우리가 이기는 자로 살게 됩니다.(계 3:12)

1. 성전이 완성되다!(4-5장)

솔로몬이 성전을 지은 후 여호와의 전에 사용될 모든 기구 만드는 일을 마치게 됩니다. 성전 바깥에 설치될 물두멍과 바다와 제단에 사용될 부삽과 대접들, 그리고 성전 내소에 설치될 금단과 진설병, 상들과 정금 등대와 등잔, 회젓가락, 불집게, 주발, 숟가락, 불 옮기는 그릇 등등, 모든 기구들을 여호와께서 보여 주신 식양대로 만들었습니다. 대역사였습니다. 이런 기구들은 계속해서 쓸 수 있도록 여러 개를 만들었습니다. 솔로몬은 그러한 기구들을 아버지 다윗이 준비한 은과 금과 기구들과 더불어 성전 곳간에 보관해 두었습니다. 성전 바깥의 기구들은 모두 놋으로 만들었는데 놋 바다는 매우 큰 그릇으로, 직경이 약 5m나 되었는데 이는 제사장들이 자기 몸과 희생물을 씻기도 하고 뜰을 청소하는 데 쓰기도 했습니다. 이 밖에 열 개의 물두멍과 고기를 삶는 냄비와 제단의 재를 퍼내는 삽들이 이루 헤아릴 수 없이 많았습니다. 솔로몬은 그 기구들이 하도 많아서 그것의 무게를 측량할 수 없었다고 합니다. 하나님 앞에 나아와 희생의 제사를 드리는 일은 지체될 수 없었으므로 모든 것들이 충분하고 완벽하게 갖추어졌습니다. 또한 성전 내소에 사용될 기구들은 모두 금으로 만들었습니다. 분향단과 금상들과 등대들이 모두 금으로 만들어졌습니다. 지성소의 문과 외소의 문도 금으로 입혔습니다.

성전 안팎의 기구들은 모두 다 예수 그리스도의 십자가의 죽음과 영광을 상징하는 것들입니다. 놋은 저주를 상징합니다. 짐승들이 그 위에서 죽음을 당하고 제물들은 놋대야에 담긴 물로 씻겨졌습니다. 금으로 만든 성전 안의 모든 기구들 또한 예수 그리스도의 순결하고 거룩하심을 예표하는 것들입니다. 하나님 앞에 나아가는 길에 가장 먼저 희생이 있게 되고, 깨끗하게 씻음을 받은 자들이 성소에 들어가 영광스러운 하나님의 임재 앞에 대면할 수 있게 했습니다. 이렇게 성전은, 하나님의 영광과 또 죄인이 그 영광스러운 하나님 앞으로 어떻게 나아가게 되는지를 상징적으로 보여 줍니다. 예수님께서는 이 모든 것들의 실체가 되셔서 우리를 단번에 아버지 앞으로 인도하셨습니다.

성전이 완공되고 이제 솔로몬은 다윗 성에 안치되어 있던 언약궤를 성전 안으로 모셔 오기 위해서 이스라엘 장로와 모든 지파의 족장들을 예루살렘 왕궁으로 소집했습니다. 그들이 모였을 때 제사장들이 궤와 회막과 성막 안의 모든 거룩한 기구들을 메고 올라갔습니다. 솔로몬 왕과 백성들은 궤 앞에서 양과 소로 제사를 드렸는데 그 수가 많아 기록할 수도, 셀 수도 없었습니다. 예루살렘에 만왕의 왕이신 하나님이 그의 처소에 들어오시는 일은 거룩하고 장엄한 일이었습니다. 제사장들이 언약궤를 지성소에 메어 들이고 두 그룹의 날개 아래 그것을 안치했습니다. 그룹들은 날개를 펴 궤와 그 채를 덮었습니다.

지성소에 안치된 궤 안에는 두 돌판 외에 아무것도 없었다고 합니다. 출애굽기 16:33-34와 민수기 17:4-10에는 만나를 담은 금항아리와 아론의 싹 난 지팡이를 하나님의 증거 궤 앞에 놓으라고 했습니다. 만나를 담은 금항아리는 하나님께서 이스라엘에게 신령한 양식을 주신다는 것을 가르치기 위함이고, 아론의 싹 난 지팡이는 하나님께서 아론을 제사장으로 세우시고 쓰신다는 증거였습니다. 그러나 이제 솔로몬 시대에는 궤 안에 두 돌판만 있게 되었습니다. 법궤 안에 있는 율법의 돌판은 하나님의 영원한 임재를 상징합니다. 성전의 모든 것이 다 갖춰졌을지라도 하나님께서 그곳에 임재하지 않으신다면 그런 모든 것은 아무것도 아닌 것이 되고 맙니다. 성전의 영광은 하나님의 법궤에 있었습니다.

이제 하나님은 당신의 말씀을 돌비가 아닌 우리의 심령 속에 새기시고 우리를 성전으로 삼아 우리와 영원히 함께 계십니다. 우리의 심령에 성전 자체이신 예수 그리스도를 모실 때 우리는 거룩한 성전이 됩니다.(요 2:19)

2. 하나님이 주신 기쁨(7장)

솔로몬이 성전 낙성식을 행했습니다. 그가 이스라엘의 미래를 하나님의 손에 맡겼습니다. 그의 기도가 끝나자 불이 하늘로부터 내려와 번제물과 제물들을 사르고 여호와의 영광이 성전에 가득했습니다. 하나님께서 그 성전 안에 임하신 것입니다. 다윗이 그토록 고대했던 일이 마침내 그의 아들 솔로몬을 통해 이루어졌습니다. 온 이스라엘은 하나님의 임재의 영광을 보고 땅에 엎드려 경배하며 여호와께 감사하고 여호와를 찬송했습니다. 우리 심령에, 우리 교회에 하나님의 영광이 임하면 하나님만 보이게 됩니다. 모든 영광을 하나님께만 돌리게 됩니다. 우리 안에 있어야 할 가장 중요한 것이 성령입니다. 여호와의 불인 성령이 내 심령에 임재하시고 성령으로 충만하기를 사모합시다.

이스라엘이 7일 동안 낙성식을 행하고 7일 동안 성회로 모였습니다. 솔로몬 왕이 성전 낙성식을 행하면서 여호와께 드린 제물은 소가 이만 이천, 양이 십 이만이었습니다. 새로 만든 여호와의 앞 놋단이 그 제물을 감당할 수 없었습니다. 솔로몬 왕이 14일 동안 성전봉헌과 초막절 절기를 성대하게 지켰는데 이 날은 이스라엘 백성들에게 기쁨이 충만한 날이었습니다. 하나님께 성전을 봉헌하여 드린 것도 감사하고, 추수를 마치고 초막절의 절기를 지킨 것도 감사한 일이었습니다. 솔로몬이 온 이스라엘 백성들을 축복하고 그들을 다시 삶의 현장으로 돌려보냈습니다. 백성들은 하나님께서 그들의 마음에 심어 주신 기쁨을 안고 집으로 돌아갔습니다.

사람의 마음이 하나님과 합하게 되면 언제나 감사와 기쁨으로 충만하게 됩니다. 하나님께서 우리의 마음에 주신 기쁨은 세상이 주는 기쁨과 비교할 수 없습니다. 성도는 하나님으로 인하여 기뻐하고 즐거워하는 자들입니다. 예수 그리스도 안에서 하나님께서 우리에게 베푸신 은혜를 헤아려 보고 감사합시다.(시 4:7-8)

솔로몬 왕이 여호와의 전과 왕궁 건축하기를 마치며 그의 마음에 원하는 것을 모두 이루게 되었을 때 하나님께서 다시 그에게 나타나셨습니다. 하나님께서 솔로몬의 모든 기도와 간구를 들으셨고 그의 간구대로 성전에 임재하여 그와 함께하며 복을 주시겠다고 약속하셨습니다. 만약 나라에 재난이 임했을 때 백성들이 돌이켜 회개하고 하나님께 기도하면 하나님께서 고치시겠다고 하셨습니다. 하나님께서 성전을 만민의 기도하는 집으로 삼으시고 그곳에 관심을 두십니다.

하나님께서 경고의 말씀도 주셨는데 왕과 백성이 하나님을 버리고 우상을 숭배하면 이스라엘을 하나님께서 주신 그 땅에서 끊어버리고 성전도 던져 버리시겠다고 하셨습니다. 이스라엘 백성들을 민족 가운데 속담거리, 이야깃거리, 비웃음거리가 되게 하시겠다고 하심으로써 하나님을 버린 대가를 혹독하게 치르게 하겠다고 하셨습니다.

우상 숭배는 하나님을 배반하고 멸시하는 가장 배은망덕한 행위입니다. 솔로몬이 이룬 모든 일과 이스라엘 백성들의 마음에 임한 큰 기쁨은 모두 하나님께서 복 주신 결과였습니다. 하나님의 백성들이 하나님을 사랑할 때 하나님께서 주시는 풍성한 은혜를 누리게 됩니다. 당신의 아들의 핏값으로 사신 바 된 교회는 항상 하나님의 은혜를 기억해야 합니다. 하나님은 당신의 백성들이 마음과 뜻과 힘을 다해 하나님을 사랑하는 것을 보고 싶어 하시고, 당신의 사랑하는 백성들을 위해 예비해 놓으신 풍성한 은혜를 누리길 원하십니다. 우리의 마음속에, 우리의 생활 속에 우상이 자리 잡게 될 때 하나님께서 은혜를 거두십니다. 하나님께서는 언제나 마음을 하나님께로 향하여 기도할 때 가까이 오시고, 말씀해 주시고, 은혜를 베푸십니다. 예수 그리스도를 굳게 붙듦으로 우리의 마음이 하나님께서 주신 기쁨으로 채워져야 하겠습니다.

1. 솔로몬의 역사와 스바 여왕의 방문(8, 9장)

솔로몬이 성전과 왕궁 건축을 시작한 지 20년 만에 모든 역사를 마무리하였습니다. 국가적인 대역사였습니다. 다윗 왕이 꿈꾸었던 역사를 그의 아들이 완성하였습니다. 이러한 역사를 이루는데 두로 왕 히람이 큰 역할을 하였습니다. 다윗은 그의 시대에 히람과 좋은 관계들을 맺었는데 두로 왕 히람은 성전을 건축할 수 있도록 많은 물자를 조달하고 역군들과 기술자들을 제공했습니다. 솔로몬은 또한 국고성과 병거성, 마병성들을 건축하고 예루살렘과 레바논과 다스리는 온 땅을 방비하는 일도 철저하게 했습니다. 솔로몬은 그 역사를 이루면서 해마다 세 번씩 번제와 감사제를 여호와께 드리고 여호와의 단 앞에 분향했습니다. 하나님의 인도하심을 구하고, 하나님께 감사하며 모든 일들을 진행했습니다. 하나님께서 그의 길을 형통하게 하시고, 사람들을 붙이시고, 지혜로운 일꾼들을 세우시고, 사방에서 필요한 물자들이 공급되게 하시고, 은과 금들이 예루살렘으로 운반되게 하셨습니다. 당시 두로는 해상무역이 매우 발달했던 나라였습니다. 하나님께서 두로 왕 히람의 마음을 감동시키셔서 솔로몬의 성전 건축 역사에 온전히 헌신하게 하셨습니다. 뱃길이 열리고, 물류가 흐르게 하시는 하나님이십니다. 하나님께서 간섭하시고, 하나님께서 이루어 가시는 역사에는 항상 형통함이 있습니다.

솔로몬은 역사에 협력한 보답으로 갈릴리 땅의 20성읍을 두로 왕 히람에게 주었지만 그 땅이 모두 척박한 땅들이었으므로 히람의 마음에 들지 않았습니다. 역대기 기자는 솔로몬이 두로 왕에게 20성읍을 내준 것을 기뻐하지 않았습니다. 하나님께서 언약으로 주신 영토의 일부를 두로 왕에게 할양해 준 것은 분명 옳지 않는 일이었습니다.(대하 8:1,2) 솔로몬은 되돌려 받은 성읍들을 건축하여 이스라엘 백성들이 그 땅에 거하게 했습니다. 우리가 행한 실수까지도 모든 것을 합력하여 선을 이루게 하시는 하나님이십니다.

솔로몬의 통치가 공고해지고, 활발한 외교와 무역활동을 통해 나라는 더욱더 부강해지고, 그 명성은 온 세계에 떨치게 되었습니다. 애굽의 종 되었던 집에서 구출

함을 받은 이스라엘이 최고의 융성기를 맞이했습니다. 그 모든 것들이 여호와 하나님의 도우심입니다. 스바의 여왕도 솔로몬의 명예가 여호와로 말미암았음을 들었을 만큼 하나님의 이름이 온 세상에서 높아졌습니다. 스바 여왕이 솔로몬의 지혜의 근원을 알아보기 위해 심히 많은 재물들을 싣고 솔로몬을 찾아왔습니다. 스바 여왕은 솔로몬의 지혜를 듣고 또한 그가 이룩한 놀라운 업적들을 보고 감탄하여 정신을 잃을 정도였습니다. 그의 나라에서 들었던 소문은 절반밖에 되지 않는다고 칭송했습니다.

스바 여왕은 솔로몬이 이룬 모든 업적들을 인해 여호와 하나님을 송축했습니다. 여호와께서 왕을 기뻐하셔서 이스라엘 위에 올리셨고 여호와께서 영영히 이스라엘을 사랑하시므로 솔로몬을 세워 왕이 되게 하시고 공과 의를 행하게 하셨다고 했습니다. 스바 여왕이 솔로몬에게 드린 금과 향품과 보석들은 전례가 없을 정도로 풍성했습니다. 하나님께서 행하신 일들은 언제나 풍성합니다. 솔로몬을 통해 하나님께서는 예수 그리스도의 지혜와 부요함이 어떤 것인지를 보여 주셨습니다. 지혜의 왕이신 예수 그리스도의 부요하심은 세상의 무엇과도 비교할 수 없습니다. 하나님 앞에서 겸손하고, 하나님을 의지한 솔로몬에게 하나님께서 지혜를 주시고, 부귀영화를 허락해 주셨습니다. 하나님은 금도 내 것이고, 은도 내 것이라고 말씀하십니다.(학 2:8) 그것을 하나님께서 사랑하시는 자들에게 주셔서 누리게 하셨습니다. 예수 그리스도 안에는 지혜와 지식의 모든 보화가 감추어져 있습니다. 예수 안에 있는 보화는 영원한 것입니다. 하나님을 사랑하는 사람은 예수 그리스도 안에 있는 풍성함을 누리며 삽니다.

역대기 9장은 솔로몬의 부귀영화가 어느 정도였는지를 보여 줍니다. 국가의 세수는 폭발적으로 증가했습니다. 그 부를 배경으로 솔로몬은 군사력을 강화했습니다. 금으로 방패를 만들어 궁에 두었습니다. 상아로는 보좌를 만들고 그것을 금으로 입혀 화려하게 장식했습니다. 왕이 마시는데 사용하는 그릇들까지 금으로 만들었습니다. 은은 너무 흔하여 아예 사용하지 않았다고 합니다. 솔로몬은 3년에 한 번씩 다시스의 배를 이용하여 금과 보석과 진귀한 물품들을 실어 왔습니다. 이렇게 하여 왕의 재산과 지혜는 천하의 열 왕보다 크게 되었습니다. 천하의 귀인들은 그의 지혜를 들으며 그의 얼굴을 보기 위하여 천하 각국에서 왔습니다.

그러나 솔로몬은 그의 부귀영화를 이용하여 병거와 마병을 모았습니다. 그 규모가 병거 일천사백에 마병 일만 이천이었습니다. 병거성에도 두고 자신을 위해서도 두었습니다. 이런 군수물자들을 애굽에서 사왔습니다. 이렇게 솔로몬은 점점 자기의 권력을 자랑하고 그것을 지키기 위해 마음을 기울이게 되었습니다. 많은 부귀는 필연적으로 하나님을 의지하는데서 돌이키게 하고 자기를 과시하고 지키는데 관심을 가지게 만듭니다. 하나님께서 왕 된 자는 말을 많이 두지 말고, 말을 구하기 위해 애굽으로 내려가지 말라고 한 이유가 있습니다. 더이상 세상의 것으로 힘과 권력을 삼아서는 안 되기 때문입니다. 하나님의 백성들은 오직 하나님 한 분만을 힘과 능력으로 삼아야 합니다.(신 17:16-20)

우리의 진정한 힘과 안전은 말과 병거의 수에 있는 것이 아니라 전능하신 하나님께 있습니다. 하나님의 백성은 항상 하나님 앞에 겸비한 마음을 가지고 살아야 합니다. 솔로몬의 모든 부귀영화가 그의 힘과 지혜에서 나온 것이 아니었습니다. 말과 병거를 의지할 때 하나님께서 때때로 그것들을 거두실 때가 있습니다. 그렇게 하심으로 당신의 백성이 세상의 힘이 아닌 하나님만 의지하게 하십니다. 그것이 진정한 복입니다.

1. 신앙을 선택한 사람들(11장)

르호보암이 예루살렘에서 나라를 회복하기 위해 유다와 베냐민 지파에서 18만 명의 용사를 모았습니다. 그러나 여호와께서 선지자 스마야에게 임하여 말씀하시기를 이스라엘과 더불어 싸우지 말고 각기 집으로 돌아가게 하라고 하셨습니다. 나라가 나누인 것은 여로보암의 반역으로 인한 것이 아니라 여호와께로서 말미암은 일이라고 하셨습니다. 유다와 베냐민이 선지자의 말을 듣고 이스라엘과 싸우려던 일을 멈추었습니다. 하나님의 말씀을 듣고 하나님의 뜻을 깨달았을 때 순종함으로써 불행한 일을 막을 수 있었습니다. 위기의 때에 하나님의 사람이 있다는 것은 다행한 일입니다. 마음에 억울한 일이 있다고 감정에 치우쳐 일을 그르치지 않아야 합니다. 그러기 위해서 우리가 하나님의 말씀에 귀를 기울이고 성령의 음성을 들을 수 있어야 합니다.

르호보암은 나라의 대부분의 지파들을 잃었지만 남은 유다와 베냐민 지파를 중심으로 나라의 방비를 튼튼하게 했습니다. 북이스라엘을 세운 여로보암은 여호와 하나님을 버리고 우상을 섬기는 일에 열을 올렸습니다. 이스라엘 백성들의 마음이 예루살렘으로 향하지 못하게 하기 위함이었습니다. 그러나 신실한 하나님의 사람들은 여로보암을 피하여 남쪽 유다로 피신하여 예루살렘에 이르러 르호보암을 도와 유다를 견고하게 했습니다. 6.25 전쟁 때에 많은 믿음의 사람들이 신앙의 자유를 찾아 월남했듯이 그들은 신앙을 선택했습니다. 우리가 삶의 터전을 옮길 때, 직장을 옮길 때, 신앙을 선택하는 일이 중요합니다. 피난 온 자들로 인해 르호보암의 나라는 더욱더 견고해졌습니다. 이런 신실한 하나님의 백성들이 있는 곳에는 언제나 부흥의 역사가 있게 됩니다. 르호보암은 지혜롭게 정치하여 나라의 기틀을 튼튼하게 했습니다. 비록 두 지파로 이루어진 나라였지만 하나님께서 르호보암의 나라에 관심을 가지셨고, 그 나라가 계속해서 강성해 가게 하셨습니다. 하나님께서는 오늘도 사람들의 선택 속에서 당신의 뜻을 이루어 가십니다. 우리가 무슨 일을 하든지 신앙을 선택하고 하나님께 붙들리기를 소망해야 하겠습니다.

2. 여호와를 구하라(12장)

솔로몬의 아들 르호보암 왕이 하나님께서 축복하신 번성하고 화려했던 아버지의 나라를 물려받아 17년 동안 다스렸습니다. 그러나 그는 나라의 부귀영화가 누구에게로부터 임한 것인지를 깨닫지 못하고 여호와의 율법을 버렸을 뿐만 아니라 온 이스라엘로 하나님을 등지게 했습니다. 그러므로 하나님께서 르호보암을 징계하기 위해 애굽 왕 시삭을 일으키셨습니다. 르호보암이 왕이 된 지 오 년에 애굽 왕 시삭이 올라와 예루살렘을 치고 성전의 보물과 왕궁의 보물을 모두 빼앗고 솔로몬이 만들었던 금방패도 빼앗았습니다. 솔로몬 왕이 죽은 지 오 년 만에 나라가 큰 위기를 만났습니다. 하나님께서 시삭을 일으키신 것은 르호보암을 징계하시고 돌이켜 여호와를 섬기게 하려함이었습니다. 하나님이 선지자를 보내 르호보암의 죄를 지적했을 때 다행히 그가 하나님 앞에서 스스로 마음을 낮추어 겸비하게 되었습니다. 비록 교만하게 행했었지만 그에게는 하나님을 경외하는 마음이 남아 있었습니다.

그 일이 하나님의 마음에 맞았으므로 하나님께서 시삭을 통해 르호보암의 나라가 약간만 고난을 당하게 하셨습니다. 하나님은 당신의 백성들에게 진실로 복의 근원이 되십니다. 복을 받았음에도 불구하고 그것이 어디로부터 말미암았는지 깨닫지 못할 때 하나님께서는 그 복을 거두십니다. 전쟁과 기근과 염병을 보내셔서 고난당하게 하심으로 깨닫게 하십니다. 나의 삶에 고난과 역경이 찾아올 때 하나님 앞으로 나아와 무릎을 꿇고 하나님의 뜻이 어디에 있는지 겸비한 마음으로 살피는 것이 지혜입니다. 사람들은 어렵고 힘든 일들을 만날 때 그 문제의 원인이 무엇인지 생각해 봅니다. 어떤 사건이 일어나게 될 때 거기에는 그 일이 일어날 수밖에 없었던 직접적인 원인이 있고, 또한 그 사건이 일어나도록 만든 간접적인 원인이 있습니다. 그러나 하나님의 자녀는 한 가지를 더 생각해 보아야 하는데 섭리적인 원인입니다. 하나님 앞에서 그 일을 생각해 보고 그 사건을 통해 하나님께서 내게 주시는 메시지가 무엇인지 살펴야 합니다. 하나님께서는 우리를 낮추심으로써 우리가 하나님의 피조물임을 기억하게 하시고, 변함없는 경외함으로 하나님을 섬기게 하십니다. 우리 인생의 결국이 하나님의 손에 있음을 인식하고 항상 여호와께서 은혜를 주시도록 사모합시다.

3. 남 유다와 북 이스라엘의 전쟁(13장)

아비야가 유다의 왕이 되어 다스린 3년 사이에 유다와 이스라엘의 큰 전쟁이 있었습니다. 아비야의 군사 40만과 여로보암의 군사 80만이 에브라임 산지에 모여 전쟁을 벌였습니다. 아비야는 이스라엘 군사들을 향해 심리전을 펼쳤습니다. 솔로몬의 신복이었던 여로보암이 왕을 배반하고 난봉과 비류들과 더불어 어린 르호보암을 대적하여 나라를 빼앗았는데 이제 또 여호와를 배반하며 여호와의 제사를 폐하고 금송아지 우상을 만들어 허무한 신을 섬기고 있으므로 진정으로 정통성을 가진 나라는 유다라고 했습니다. 하나님이 유다와 함께하셔서 유다의 머리가 되시고 제사장들과 유다와 함께 있다고 했습니다.

여로보암의 대군은 유다 군의 앞뒤에 복병하여 유다를 협공하려고 했습니다. 그때에 유다는 자신들이 협공을 당하게 된 것을 알고 하나님께 부르짖고 제사장들은 나팔을 불었습니다. 그러므로 하나님께서 그 전쟁에 개입하셔서 유다를 도우심으로 그날에 이스라엘 군사 50만 명이 죽임을 당하고 이스라엘 자손들은 유다에 항복하게 되었습니다. 성경은 유다가 전쟁에서 이긴 원인을 저희들이 그 열조의 하나님 여호와를 의지한 때문이라고 말씀합니다. 이스라엘의 큰 비극의 원인은 여로보암에게 있었습니다. 하나님을 대적하여 일어난 여로보암의 군대는 수많은 인명피해만 내고 힘을 잃었습니다. 하나님께서 유다를 긍휼이 여기셔서 잠깐 아비야를 사용하셔서 전쟁에서 이기게 하시고 그의 생명도 거두어 가셨습니다. 우리 앞에 많은 싸움이 있지만 싸움의 성패가 군사의 수에 있지 않음을 알아야 합니다. 싸움의 내용보다 중요한 것이 그 싸움의 성격입니다. 미국의 남북전쟁 때 북군의 지도자들이 모인 연회장에서 교회의 대표가 링컨 대통령에게 '하나님이 우리 편이 되어 북군이 승리하게 해 달라고 온 교회가 날마다 눈물로 기도하고 있다'고 하자 그 대표에게 이렇게 요청했다고 합니다. '하나님이 우리 편이 되어 달라고 기도하지 말고, 우리가 하나님 편에 서게 해 달라고 기도합시다.' 아비야가 위기의 때에 하나님 편에 서자 하나님께서 전세를 바꿔 유다에 승리를 안겨 주셨습니다. 언제나 우리 믿음의 싸움의 성패는 하나님께 달려 있습니다. 원수 마귀가 사방에서 협공할 때 우리는 하나님께 나아가 부르짖고 하나님의 도우심을 구해야 합니다.

4. 아사의 개혁(14장)

아비야의 아들 아사가 왕이 된 후 10년 동안 이스라엘에 평화가 있었습니다. 아사는 하나님 앞에서 선과 정의를 행했습니다. 아사는 과감하게 이방 제단과 산당을 없애고 주상과 아세라 상을 파괴하고, 유다 백성들을 명하여 죄악된 삶을 버리고 하나님을 구하며 율법과 명령을 행하라고 했습니다. 아사의 개혁으로 인해 유다에 평안함이 있게 된 것입니다. 성도의 삶의 진정한 평화는 날마다 성령의 도우심을 받아 영적인 싸움을 싸우는데 있습니다. 하나님 안에서 평화를 누리기 위해 육신과 정욕과 죄와 싸우는 치열한 싸움이 있어야 합니다. 그것이 없이는 그리스도 안에서 평화를 누릴 수 없습니다. 하나님이 싫어하는 것을 과감하게 버리고 하나님께서 기뻐하시는 것을 위해 싸워야 합니다.

유다에게 주어진 평화의 시기는 다가올 고난의 때를 준비하는 시간이었습니다. 아사는 태평하던 시대에 마냥 즐거워만 하고 있지 않고 그의 백성들을 독려하여 성읍들을 건축하고 성곽과 망대와 문과 빗장을 만들었습니다. 다가올 환란을 미리 대비한 것입니다. 백성들은 왕의 명을 좇아 성읍을 건축하고 많은 군사들은 훈련에 훈련을 거듭했습니다. 마침내 구스 사람 세라가 이끄는 거대한 군대의 침입으로 인해 전쟁을 치르게 되었을 때에 유다는 겸손하게 무릎 꿇고 하나님의 도우심을 구했습니다. 하나님께서 당신의 백성을 긍휼히 여기시고 구스가 유다 사람들 앞에서 패망케 하시고 유다에게 많은 전리품을 안겨 주셨습니다. 성경은 계속해서 전쟁은 여호와께 속했다고 말씀합니다. 오늘 어떤 싸움을 준비하고 있습니까? 우리가 믿음의 선한 싸움을 싸울 때에 우리의 힘이 부족함을 인정하고 깨어 있어서 하나님의 도우심을 구합시다.

1. 아사의 개혁(15장)

오뎃의 아들 아사랴가 성령의 충만함을 받고 아사 왕과 백성들에게 나아가 하나님의 말씀을 전했습니다. 그들이 하나님과 함께하고 하나님을 찾으면 하나님께서도 그들과 함께하시고 그들에게 만난 바 되시겠지만 만약 그들이 하나님을 버리면 하나님께서도 그들을 버리실 것이라고 했습니다. 아사 왕이 오뎃의 충언을 받아들여 더욱더 단호하게 개혁을 단행했습니다. 아사는 백성들을 소집하여 제사를 드리고 백성들과 더불어 하나님 앞에서 굳은 신앙을 결단했습니다. 마음을 다하고 성품을 다하여 열조의 하나님 여호와를 찾기로 언약했습니다. 모든 백성들도 기쁘게 그 언약을 받아들였습니다. 에브라임과 므낫세와 시므온 사람들 가운데서도 아사 왕의 개혁에 동참한 사람들이 많이 있었습니다. 지혜로운 사람의 충고를 받고 하나님 앞에서 결단하는 것은 귀한 일입니다. 누가 하나님의 말씀을 전하든지 그 말씀을 듣고 순종하면 하나님을 기쁘시게 하는 일이 됩니다.

온 유다 백성들이 하나님께 맹세하고 뜻을 다하여 하나님을 찾았으므로 하나님께서도 저희와 만난 바 되셔서 유다 사방에 평안함을 주셨습니다. 아사 왕은 그의 모친이 하나님 앞에서 가증한 일 즉, 아세라 목상을 만들어 섬기는 것을 보고 그 태후의 위를 폐하고 그 우상을 찍고 빻아 기드론 시내에서 불살라 버렸습니다. 죄는 언제나 우리의 가장 가까운 곳에 도사리고 있습니다. 그러므로 먼저 나를 살피고 나의 가까운 주변을 살펴야 합니다. 아사는 일평생 하나님 중심으로 살았습니다. 하나님께서 그의 시대를 평안하게 하셨습니다. 우리 앞에 끊임없는 영적 싸움이 있습니다. 방심하면 어느새 마귀의 공격을 받습니다. 하나님의 전신 갑주로 무장하고 항상 깨어 있어야 합니다.

2. 감찰하시는 하나님(16장)

유다와 이스라엘 사이에 계속된 전쟁이 있었습니다. 이스라엘 왕 바아사가 유다를 공격하여 라마를 빼앗고 그곳에 성을 건축하고 이스라엘 백성들이 유다로 넘어

가는 것을 차단했습니다. 하나님의 복을 누리고 싶어 하는 백성들의 길을 막은 것입니다. 뿐만 아니라 라마에 성을 건축함으로써 장래에 유다를 침공하기 위한 발판을 마련하고자 했습니다. 정치적인 목적에서 그렇게 했지만 복을 받고자 하는 백성들의 길을 가로막는 행위는 하나님 앞에서 참으로 악한 것입니다. 영적 축복을 사모하는 곳에 늘 견고한 성과 대적하는 장애물들이 있습니다. 성도는 그것들과 대적하여 싸워야 합니다. 바아사가 라마를 점령하고 그곳에 성을 건축하였다는 말을 들은 유다와 아사는 아람 왕에게 도움을 청했습니다. 여호와의 전의 곳간과 왕궁의 곳간에 있던 은금을 취하여 아람 왕에게 보내며 도와 달라고 부탁했습니다. 함께 동맹하여 이스라엘을 치자는 것이었습니다. 이방 나라와 동맹을 맺어 이스라엘을 치는 것은 현명한 방법이 아니었습니다. 아무튼 아사는 그 일로 인해 나라의 위기를 극복할 수는 있었지만 하나님이 기뻐하시는 방법은 아니었습니다. 사람들은 언제나 눈앞에 나타난 결과만 가지고 판단합니다. 그러나 하나님의 백성들은 무슨 일을 하던지 하나님께서 기뻐하시는 뜻이 무엇인지 물어야 합니다. 하나님을 의지하지 않고 사람을 의지했던 아사는 선견자 하나니에게 책망을 받았습니다. 전쟁을 이기게 하시고 쉼을 주시는 분도 하나님이십니다. 상황이 급박하다고 아무 사람의 손이나 덥석 잡지 말고, 어렵다고 조급하게 결정하지 말고 하나님의 도우심을 구합시다. 어려울수록 더욱더 하나님을 의지합시다. 하나님은 오늘도 온 땅을 두루 감찰하시고 전심으로 자기를 찾는 자가 있는지 보고 계십니다.(대하 16:9)

3. 다윗의 처음 길로(17장)

아사의 아들 여호사밧이 유다의 왕이 되어 그 아비의 행위를 따라 하나님을 섬겼습니다. 여호사밧이 그 조상 다윗의 처음 길로 행하여 바알들에게 구하지 아니하고 오직 그 부친의 하나님께 구하며 그 계명을 행하고 이스라엘의 행위를 좇지 않았다고 합니다. 거룩한 길을 사모하고 그 길로 달려가는 것이 쉬운 일이 아닙니다. 그 길로 가기 위해서는 끊임없는 자기 부인이 있어야 하고 하나님께만 모든 소망을 두어야 합니다. 왕에게는 언제나 자기 힘으로 나라를 강하게 하고자 하는 유혹이 있습니다. 그러나 여호사밧 왕은 그의 모든 소망을 여호와 하나님께 두었습니다. 하나님께서 그의 행위를 아시고 그의 나라를 견고하게 하시고 유다 무리들이 왕에게 예물을 드리게 했습니다. 여호사밧은 여호와의 율법에 깊은 관심을 가지고 지도자들을 나라의 각 성읍으로 보내 백성들에게 여호와의 율법을 가르치게 했습니다. 하나님의 백성은 끊임없이 하나님의 말씀을 배우는 일에 관심을 기울여야 합니다. 말씀이 마음속에 있을 때에 그것이 우리의 삶을 의로운 길로 인도합니다.

여호사밧이 여호와 하나님을 사랑했으므로 하나님께서 그의 나라를 지키시고 사면 열국들에게 두려운 마음을 주어 여호사밧과 싸우지 못하게 하고 여호사밧에게 조공을 바치게 했습니다. 이렇게 해서 여호사밧의 나라는 점점 더 강대하게 되었고 훈련된 군사들이 유다의 각 성들을 든든히 지켰습니다. 전심으로 하나님을 경외하는 사람에게는 언제나 형통함이 있습니다. 하나님의 기뻐하시는 길로 나아가게 됩니다. 성도의 진정한 강함과 부요함이 하나님께 있습니다. 하나님의 말씀으로 충만하고 성령의 인도 받기를 사모합시다. 사람에게 인정받는 것보다 하나님께 인정받는 것이 훨씬 더 복된 일입니다. 여호사밧이 '다윗의 처음 길로'를 국시로 삼고 하나님만 의지했습니다. 어느 길로 가느냐가 나의 인생을 결정합니다. 오늘 나의 마음에는 어떤 길이 나 있습니까? 좁은 길, 의의 길, 믿음의 길, 십자가의 길, 생명의 길, 1년 1독 성경읽기의 길로 힘껏 달려갑시다.

1. 아합의 최후(18장)

하나님께서 유다 왕 여호사밧에게 복을 주셔서 그 나라가 형통하게 되었습니다. 여호사밧은 북이스라엘의 아합 왕과 더불어 연혼했는데 그때에 이스라엘이 길르앗 라못을 취하기 위해 아람 나라를 향해 전쟁을 일으키고자 했습니다. 아합은 여호사밧을 융숭하게 대접한 후 함께 올라가서 길르앗 라못을 치자고 했습니다. 그러나 여호사밧 왕은 매우 신중하게 먼저 하나님의 말씀이 어떠한지 물어보는 것이 좋겠다고 했습니다. 아합은 자기 마음에 맞는 선지자 400인을 모아 그들에게 신탁을 구했는데 선지자들은 일심으로 하나님께서 함께하실 것이므로 길르앗 라못을 쳐서 빼앗아야 한다고 했습니다. 그러나 여호사밧은 그들의 예언이 잘못된 것임을 깨닫고 다른 선지자에게 묻자고 했습니다. 이스라엘에 미가야라는 한 선지자가 있었는데 그는 언제나 하나님께서 그의 입에 넣어 주신 말씀만 전하는 선지자였습니다. 그의 예언은 하나님을 대적했던 아합에게는 언제나 좋지 않은 것이었으므로 아합은 자신에게 늘 흉한 예언만 하는 미가야를 매우 싫어했습니다. 그러나 여호사밧은 미가야의 예언을 듣고 싶어 그를 부르라고 했습니다. 미가야를 부르러 간 사자는 왕 앞에 나아가 길한 예언만 하라며 미가야를 협박했지만 미가야는 여호와께서 그에게 말씀하시는 그 말씀만 전하겠다고 했습니다. 그리고 왕 앞에 나아가 아합 왕의 죽음을 예언했습니다. 그러나 아합은 미가야의 예언을 듣지 않고, 전쟁에 나갔다가 돌아올 때까지 그를 옥에 가두겠다고 했습니다. 사람들은 자기 귀에 듣기에 좋은 말만 하는 사람을 좋아합니다. 그러나 참 신자는 하나님의 그 말씀을 듣고 그 말씀에 순종해야 합니다. 말씀을 순종하면 사는 길이 열리는 법입니다.

아합 왕이 유다 왕과 연합하여 아람을 치기 위해 길르앗 라못으로 올라갈 때 유다 왕 여호사밧에게는 왕복을 입게 하고 자신은 변장하고 전쟁하는 군사들 속으로 들어갔습니다. 군중에 들어가 변장하여 싸우고 있던 이스라엘 왕은 아람의 한 군사가 우연히 쏜 살에 맞아 중상을 입었습니다. 왕은 급히 전쟁터에서 빠져나가고자 하였으나 그날에 싸움이 맹렬하여 빠져나갈 수가 없었습니다. 왕은 하루 종일 전쟁터에서 피를 흘리다가 저녁에 이르러 죽었습니다. 결국 아합 왕의 시체는 사마리아 성에 장사 지낸 바 되었습니다. 왕의 피 묻은 병거를 사마리아 못에서 씻을 때에 개들이 그 피를 핥았습니다. 그리하여 엘리야 선지자의 예언대로 모든 일들이 이루어졌습니다.(왕상 21:19) 아합은 꾀를 내어 살고자 했지만 하나님께서는 그의 생명을 군사들 틈에서 찾아내시고 핏값을 치르게 하셨습니다.

2. 여호사밧의 개혁과 브라가 골짜기(19-20장)

전쟁에서 돌아온 여호사밧 왕이 예루살렘에 거하면서 철저한 개혁을 단행했습니다. 왕은 친히 나라의 구석구석을 돌아다니면서 백성들로 하여금 여호와께로 돌아오도록 권면했습니다. 각 성에 재판관을 세우고 여호와를 위하여 재판하고 여호와를 두려워하는 마음으로 여호와의 본을 따라 불의함과 편벽됨이 없이 뇌물을 받지 말라고 했습니다. 또한 레위 사람과 제사장과 족장들에게는 백성들의 송사를 맡아 재판하게 하되 여호와를 경외하고 충의와 성심으로 힘써 선을 행하라고 했습니다. 우리가 무슨 일을 하든지 하나님 앞에서 정직하게 행하면 하나님께서 함께하시고 하늘의 칭찬과 상급이 있게 됩니다. 하나님을 생각하지 않고 자기의 욕심을 따라 일하게 되면 모든 일들이 굽게 되고 하나님의 영광을 가리게 됩니다. 정직과 성실로 일하는 것이 쉽지 않지만 우리가 매 순간 하나님 앞에서 일하는 자라는 인식을 가지고 해야 합니다. 하나님을 경외함으로 일하는 것이 모든 것을 바로 세우는 첩경입니다.

모압과 암몬이 연합하여 군대를 이끌고 유다를 공격해 왔을 때 여호사밧 왕은 그 소식을 듣고 두려워하여 여호와 하나님께로 낯을 향하여 기도하며 온 유다 백성들에게는 금식하며 여호와께 간구하게 했습니다. 여호사밧에게는 연합군의 군대를 이길 힘이 없었습니다. 그러나 옛적에 하나님께서 자기 조상들에게 하셨던 언약을 붙잡고 하나님께 매달렸습니다. 왕은 "우리를 치러 오는 이 큰 무리를 우리가 대적할 능력이 없고 어떻게 할 줄도 알지 못하옵고 오직 주만 바라보나이다."라고 했습니다. 그러므로 하나님께서 여호사밧의 간구를 들으시고 야하시엘을 보내 이 전쟁이 백성들에게 속한 것이 아니라 하나님께 속한 것이므로 그들을 두려워하지 말고, 하나님께서 함께하실 것이므로 대적들과 마주하라고 하셨습니다. 여호사밧은 하나님의 말씀을 온전히 믿고 그 말씀을 의지하여 백성들에게 담대하게 선포했습니다. "너희는 너희 하나님 여호와를 신뢰하라 그리하면 견고히 서리라 그 선지자를 신뢰하라 그리하면 형통하리라"고 했습니다. 그리고 싸움을 위한 무장 대신에 노래하는 자들을 군대 앞에 앞세워 찬송하며 여호와께 감사하게 했습니다. 그러므로 하나님께서 그 전쟁을 친히 싸우셔서 적군들끼리 서로 치게 함으로써 여호사밧에게 완전한 승리를 안겨 주셨습니다. 그날 유다는 헤아릴 수 없이 많은 전리품을 취하고 브라가 골짜기(축복의 골짜기)에 모여서 여호와를 송축하고 즐겁게 예루살렘으로 돌아왔습니다. 내 힘으로 도무지 감당할 수 없는 일들을 만날 때 하나님 앞에 엎드리고 하나님의 말씀을 붙잡고 기도하며 찬송합시다. 우리의 삶의 현장이 영적 전쟁터입니다. 모든 전쟁이 여호와께 속한 것임을 잊지 말고 오늘 내가 싸워야 할 전쟁터를 '브라가(축복, 송축) 골짜기'가 되게 합시다. 진실로 여호와를 신뢰하는 사람은 어떤 상황 가운데서도 견고히 서게 되고 하나님이 주시는 형통함을 누리게 됩니다.

1. 유다 왕 여호람(21장)

여호사밧의 장자 여호람이 아버지를 대신하여 유다의 왕이 되었습니다. 그는 세력을 잡자 자기의 모든 동생들 여섯 명과 방백들을 잡아 죽이는 악을 행하고 유다백성들이 여호와 앞에서 악을 행하여 우상을 섬길 수 있도록 유다 여러 산에 산당을 지었습니다. 하나님께서 여호람의 악행을 인하여 유다를 섬기던 주변 나라들의 마음을 움직여 반역하게 하고 그의 백성과 자녀와 아들들과 모든 재물을 큰 재앙으로 치셨습니다. 뿐만 아니라 여호람의 창자에 중병이 들게 하여 창자가 밖으로 빠져나옴으로 결국 죽게 하셨습니다.

여호람이 선왕의 좋은 일들을 본받지 못하고 악을 행하는 것을 좋아하여 온 나라와 그의 집을 파멸로 이끄는 어리석음 범했습니다. 사람의 마음이 참으로 미련합니다. 하나님에게서 마음이 떠나면 그 영혼은 어두움이 되고, 어두움 가운데서 헤맬 수밖에 없습니다. 우리의 삶이 하나님께 있음을 기억하고 우리가 항상 겸손함으로 하나님의 은혜를 구해야 합니다. 언제나 교만은 패망의 선봉이 됩니다. 여호람이 30세에 왕이 되어 8년을 치리하고 죽었는데 왕이 죽었을 때 유다 사람들이 아무도 그의 죽음을 슬퍼하지 않았습니다. 성경은 여호람의 삶을 한 줄로 요약하기를 '그가 아끼는 자 없이 세상을 떠났다'고 기록합니다. 하나님 앞과 사람 앞에서 존귀함을 얻고 칭찬을 받는 인생이 되는 것은 하나님께서 주시는 복입니다. 우리가 사람들에게 평가를 받는 것도 중요하지만 무엇보다 하나님 앞에서 어떤 평가를 받을까를 더 깊이 생각해야 합니다. 우리의 중심을 달아보고 계시는 하나님이십니다.

2. 여호야다의 개혁(23장)

유다 왕 아하시야가 죽자 그 모친 아달랴가 반역을 일으켜 모든 왕자들을 죽이고 자기가 유다의 왕이 되었습니다. 그러나 그때에 여호세바가 아하시야의 아들 요아스를 왕자들이 죽임을 당하는 중에서 도적하여 내어 살렸습니다. 요아스는 아달랴가 다스리는 육 년 동안 성전에 숨어 지내야만 했습니다. 6년 동안 성전에 숨겨 요아스를 보호했던 여호야다는 목숨을 걸고 혁명을 단행함으로써 다윗 자손의 유일한 씨였던 요아스를 왕위에 오르게 했습니다.

이 일은 유다의 역사에서 매우 중요한 사건일 뿐만 아니라 인류의 구속사에 있어서도 중대한 의미를 갖는 일입니다. 아달랴는 아합과 이세벨 사이에서 난 딸이었는데 유다에 시집을 와서 유다가 우상 숭배에 빠지게 하는데 지대한 역할을 했던 인물입니다. 이제 그는 유다의 씨를 말리고 아합의 영광을 다시 이어 가고자 했습니다. 그러나 하나님께서 아달랴의 악행을 묵인하지 않으셨습니다. 다윗의 씨를 통해 구세주를 보내시기로 하신 하나님의 계획을 그르치려고 했던 아달랴는 마침내 심판을 받았습니다. 사탄은 이 땅에서 하나님의 구원의 역사를 방해하려고 애쓰지만 예수 그리스도께서 마침내 사탄의 머리를 밟으셨습니다.

여호야다는 요아스를 왕으로 세우기 위해 치밀하게 계획하여 혁명을 일으킴으로써 스러져 가던 유다 왕국의 맥을 다시 잇는데 지대한 공을 세우고 예수 그리스도께서 오시는 길을 준비했습니다. 그는 다시 모세의 율법을 따라 규례를 정하여 시행했습니다. 신앙의 계보를 이어가기 위해 때로는 목숨 건 각오와 결단이 필요합니다. 신앙의 가치를 아는 사람만이 그 신앙을 끝까지 지켜 나갈 수 있습니다. 어떤 희생을 감수하고서라도 믿음을 지킬 각오가 되어 있습니까?

3. 유다 왕 요아스(24장)

하나님께서 비상 간섭하심 가운데 요아스가 7세에 왕이 되어 40년 동안 유다를 통치했습니다. 왕이 된 요아스는 언약을 다시 회복하고, 아달랴의 아들들이 훼파했던 여호와의 전을 중수하려는 마음을 가지고 제사장과 레위 사람들에게 여호와의 전을 중수하기 위한 비용을 백성들에게서 거둘 수 있는 권한을 주었습니다. 그러나 일이 지체되자 왕은 한 궤를 만들어 여호와의 전 문밖에 두고 백성들로 하여금 모세의 율법에 정해진 대로 세금을 내도록 했습니다. 그러므로 모든 방백들과 백성들이 기쁜 마음으로 돈을 가져왔습니다. 여호와의 전은 요아스가 왕이 된 지 23년까지 수리되지 못하고 있었으므로 왕은 제사장들을 불러 여호와의 전을 수리하게 하고, 거두어들인 세금을 성전을 보수하고 여호와의 제사를 회복하는데 사용했습니다. 그러나 대제사장 여호야다가 죽게 되자 요아스가 마음을 바꾸어 선지자들의 경계에도 불구하고 여호와의 전을 버리고 아세라 목상과 우상을 섬겼습니다. 아람 왕이 쳐들어왔을 때에 요아스는 열조의 왕들이 하나님께 구별하여 드린 성물과 전 곳간과 왕궁에 있는 금을 다 취하여 아람 왕 하사엘에게 바쳤습니다. 그러므로 그의 신복들이 일어나 모반하여 그를 죽이고 대신 그 아들 아마샤를 왕으로 세웠습니다.

끊임없는 자기 혁신 없이는 하나님의 말씀을 따라 사는 것이 쉬운 일이 아닙니다. 대제사장 여호야다가 살아있을 동안에는 요아스가 하나님을 섬겼지만 대제사장이 죽자 그의 마음이 하나님에게서 돌아서 버렸습니다. 개혁은 누구의 힘에 의해서 되는 것이 아닙니다. 내 속에 진실로 하나님께 대한 경외하는 마음이 있어야만 가능합니다. 성경은 우리가 육체의 소욕을 물리치기 위해 성령의 충만함을 받아야 한다고 말씀합니다. 하나님의 은혜가 아니면 언제든지 넘어질 수밖에 없는 연약한 인생임을 알아 항상 은혜를 구하며 겸비한 마음으로 하나님을 섬기도록 합시다.

4월 27일 | 역대하 25-28 장

1. 유다왕 웃시야(26장)

유다 왕 아마샤의 아들 웃시야가 16세에 왕이 되어 52년을 치리했습니다. 웃시야는 아버지 아마샤를 따라 여호와 보시기에 정직하게 행했던 왕입니다. 그는 하나님의 말씀에 귀를 기울이고 늘 하나님을 구했습니다. 그러므로 하나님께서 그를 형통하게 하셨습니다. 웃시야가 주변의 나라들을 쳐서 복종시키고 그의 명성은 애굽 변방까지 퍼져 나갔습니다. 하나님께서는 언제나 당신을 사랑하는 자를 위하여 풍성한 은혜를 준비하십니다. 하나님의 보시기에 정직하게 행하는 것보다 중요한 것이 없습니다. 무슨 일을 하든지 그 일을 하나님 앞에서 생각하고, 하나님 보시기에 정직한 일인지를 돌아보아야 합니다. 정직하다는 것은 변함없이 한마음을 품고, 한길로 가는 것을 의미합니다.

그러나 나라가 강성하게 되자 웃시야의 마음이 교만하게 되어 하나님 여호와께 범죄하게 되었습니다. 웃시야는 여호와의 전에 들어가 향단에 분향을 하려고 했습니다. 분향하는 것을 말리는 제사장의 말을 듣지 않고 그에게 화를 내었는데, 그 즉시 문둥병에 걸렸습니다. 하나님께서 웃시야를 치신 것입니다. 이렇게 해서 웃시야는 죽는 날까지 문둥이가 되어 여호와의 전에서 끊어지게 되었고 별궁에 거하다가 쓸쓸하게 인생을 마감하였습니다. 하나님께서 그에게 52년 동안이나 나라를 맡기셨는데 하나님 앞에서 겸손하게 시작했던 마음을 돌이켜 교만해졌습니다. 하나님을 섬길 때에 성령으로 시작하였다가 육체로 마치는 사람들이 많습니다. 우리는 언제나 하나님 앞에서 한갓 연약한 피조물인 것을 기억해야 합니다. 끝까지 겸손하신 예수 그리스도의 마음을 배워야 합니다.

2. 유다 왕 요담(27장)

웃시야의 아들 요담이 25세에 왕이 되어 16년을 치리했습니다. 요담은 부친의 행위를 따라 여호와 하나님 앞에서 정직하게 행했습니다. 그러나 여전히 산당을 제하지 않았으므로 백성들은 그곳에 나아가 악을 행했습니다. 요담은 왕이 되어 아비를 본받고자 애썼습니다. 그는 16년 나라를 다스리는 동안 아버지가 이루어 놓은 업적을 영광스럽게 여기고 그것을 지키며 더 큰일을 이루어 내고자 열심을 냈습니다. 아버지의 시대는 주변 나라들이 유다에 조공을 바칠 정도로 나라가 부강했습니다. 여기에 더하여 요담은 안으로 성을 증축하고 군대를 정비했습니다. 그리고 밖으로는 암몬 자손의 왕으로 더불어 싸워 이김으로 암몬이 유다에 조공을 바쳤습니다. 요담은 점점 강하게 되었습니다. 이러한 일은 요담이 하나님 앞에서 정직하게 행한 결과였습니다.

하나님의 말씀을 좇아 순종하며 사는 삶은 쉽지 않습니다. 더구나 주변에 많은 나라들로 둘러 쌓여있던 유다로써 국제 정치적인 역학 관계를 따라 행하지 않을 수 없었을 것입니다. 그럼에도 불구하고 요담은 하나님 앞에서 정직하게 행함으로 하나님께서 그의 나라를 강성하게 해 주신 것입니다. 특별히 요담은 아버지가 여호와의 전에 들어가 죄를 범함으로 문둥병이 걸려 죽은 것을 알고 있었기에 그는 여호와의 전에 들어가지 않았다고 합니다. 이렇게 선대의 삶으로부터 좋은 것을 본받고 불의한 것에 대해서 경계를 삼는 것은 하나님의 은혜입니다. 하나님 앞에서 정도를 행하면 점점 강하게 됩니다. 우리는 예수 그리스도를 우리의 삶의 본으로 삼아 계속해서 예수 그리스도의 길인 겸손과 순종과 희생의 길로 나아가도록 합시다.

3. 유다 왕 아하스(28장)

유다 왕 요담의 아들 아하스가 20세에 왕이 되어 16년을 치리했습니다. 그는 아버지와 달리 이스라엘 왕들이 걸어갔던 길로 행했습니다. 우상을 숭배하고 산당과 작은 산 위와 모든 푸른 나무 아래서 제사를 드리며 분향했습니다. 심지어는 자기 아들을 불살라 죽이기까지 했습니다. 그때에 이스라엘과 아람이 연합하여 유다를 치러 왔는데 유다는 연합군의 공격으로 심대한 피해를 입게 되었습니다. 아하스는 나라가 위기에 처하자 다급해진 나머지 앗수르에게 굴욕적인 도움을 청했습니다. 그는 여호와의 전과 왕궁 곳간에 있던 은금을 취하여 앗수르 왕에게 예물로 보냈지만 별다른 도움을 받지는 못했습니다. 아하스는 나라가 어려울 때 더욱더 여호와께 죄를 지어 유다를 쳤던 다메섹 신들에게 제사했습니다. 그 신에게 구함으로써 나라의 위기를 모면하고자 했습니다. 아하스는 하나님의 전의 기구들을 모아 훼파하고 또 여호와의 전 문들을 닫고 예루살렘 구석구석마다 단을 쌓고 유다 각 성읍에 산당을 세워 다른 신에게 분향함으로써 여호와의 노를 격발시켰습니다. 아하스는 유다에 해악만 끼치고 결국 그의 생을 마감했습니다. 한 사람의 행위는 그가 속한 공동체에 지대한 영향을 미칩니다. 더구나 가장 높은 자리에 있는 사람의 책무는 막중합니다. 우리는 인생에서 어려운 일들을 만날 때마다 헛된 것들을 의지하지 말고 중심을 바로잡아 하나님 중심, 성경중심, 교회 중심으로 돌아가야 합니다.(시 146:1-5)

1. 다시 열심을 품자(29장)

히스기야가 25세에 그의 아버지 아하스를 이어 유다의 왕이 되었습니다. 그의 아버지 아하스는 하나님 앞에서 악을 행했지만 그는 아버지를 반면교사로 삼아 여호와 보시기에 정직하게 행했습니다. 그가 왕이 되어 가장 먼저 행한 일은 성전을 수리하는 일이었습니다. 아하스가 성전을 훼파하고 성전 문을 닫아 버렸는데 히스기야는 다시 성전 문을 열고 훼파된 것들을 수리했습니다. 왕은 제사장들과 레위인들을 모으고 그들이 다시 하나님의 일에 수종들 수 있도록 성별했습니다. 제사장들과 레위인들은 왕의 명을 따라 성전을 성결하게 하고 성소의 더러운 것들을 다시 깨끗하게 하고, 꺼진 성소의 등불을 다시 켜며 성소에서 분향할 수 있게 했습니다.

히스기야는 그들에게 '이제는 게으르지 말라'고 했습니다. 현실에 안주하지 말고, 평안한 생활에 만족하지 말고, 일어나서 마땅히 해야 할 일을 하라고 했습니다. 맡겨진 사명을 자각하고 열심을 내라고 했습니다. 왕의 격려로 말미암아 그들이 다시 열심을 냈습니다. 우리는 신앙생활을 하면서 항상 영적 게으름을 경계해야 합니다. 부지런히 하나님을 섬기고, 우리의 마음이 항상 예수 그리스도로 충만해 있어야 합니다. 이스라엘 백성들이 성전을 바라보고 성전을 중심으로 살아갈 때에 그들에게 형통함이 있었듯이, 성도의 삶은 예수 그리스도 중심이 되어야 합니다. 나의 영적 무지와 게으름을 걷어 내고, 하나님을 향하여 열심을 품읍시다. 나의 신앙을 돌아보고 흐트러진 것들을 다시 정돈하여 제자리로 되돌립시다.

히스기야 왕은 일찍 일어나 성전으로 올라가서 나라와 성소와 유다를 위하여 속죄제사를 드렸습니다. 또한 레위 사람들을 여호와의 전에 두어 여호와께서 선지자들에게 명하신 대로 그들로 악기를 연주하게 했습니다. 히스기야 왕은 그 일을 크게 기쁘게 여겨 신하들과 더불어 여호와를 찬송하고 몸을 굽혀 경배했습니다. 우리의 마음에 하나님으로 충만하게 되면 이렇게 기쁨과 즐거움의 찬송이 있게 되고, 온 마음으로 하나님을 경배하게 됩니다. 하나님을 섬기는 모든 일들이 순조롭게 되었을 때에 백성들도 그들의 마음에 원하는 대로 하나님께 제물과 감사 예물을 가져왔습니다. 하나님 앞에 넘치는 헌신을 하여 제사장들이 능히 그 일을 감당할 수 없을 정도가 되었습니다. 히스기야 왕은 백성들과 더불어 이렇게 신속하게 하나님을 섬길 수 있게 된 것을 기뻐했습니다. 성전이 수리되고 제사가 회복되는 일은 이스라엘이 하나님 앞에서 새롭게 세워지는 일이었습니다. 우리의 심령 속에 영적인 부흥이 일어나면 모든 일들이 신속하게 진행됩니다. 하나님을 향하여 우리의 마음이 열리게 되고, 즐거운 마음으로 헌신하게 됩니다. 이 부흥이 우리 안에서 일어나도록 소망합시다. 우리의 심령에 영적 부흥이 일어나게 될 때 그 부흥은 우리의 삶의 변화를 동반합니다. 하나님을 기쁘시게 하는 일들을 하게 됩니다. 사모하는 심령을 만족하게 하시는 하나님이십니다. 기쁨을 회복하는 첩경은 하나님께로 돌아가는 것입니다.

2. 회복된 유월절(30장)

성전을 수리하고 제사를 회복한 히스기야가 유다와 온 이스라엘에 공포하여 유월절을 지키게 했습니다. 보발꾼들이 히스기야의 명을 받고 온 나라로 나아가 백성들에게 유월절을 지키도록 권했습니다. 그동안 그들의 열조들이 여호와께 반역하여 유월절을 지키지 않았는데 히스기야는 이제 백성들에게 열조 같이 목을 곧게 하지 말고 여호와께 돌아와 영원히 거룩하신 전에 들어가 여호와를 섬겨 그들 가운데 여호와의 진노가 떠나게 하라고 했습니다. 왕의 명령에 이스라엘의 어떤 사람들은 스스로 겸비하여 순종했지만 어떤 사람들은 조롱하며 비웃었습니다. 그러나 하나님께서 유다 사람들의 마음을 감동시켜 여호와의 말씀대로 전한 명령을 일심으로 준행하게 했습니다. 이렇게 해서 마침내 예루살렘 성전에서 유월절이 지켜지게 되었습니다. 그러나 오랜만에 지켜지는 절기였으므로 온전한 규례대로 행하지 못하는 자들도 있었습니다.

유월절이 다시 지켜지게 됨으로써 예루살렘에는 기쁨과 감사가 넘치게 되었습니다. 그날에 예루살렘에 솔로몬 이후에 큰 희락이 있었다고 말씀합니다. 유월절은 어린양의 피로 말미암아 이스라엘 백성들이 애굽의 압제에서 해방된 것을 기념하여 지키는 절기입니다. 죽음의 사자가 애굽을 덮쳤을 때 양을 잡아 문설주에 그 피를 발랐던 이스라엘 백성들은 죽음을 피하여 평안함을 얻을 수 있었습니다. 이 유월절은 영원히 대대로 지킬 절기였습니다. 우리는 어린양 되신 예수 그리스도의 피로 구속함을 받았습니다. 이 구원의 은혜는 영원토록 기억되어야만 합니다. 우리의 심령 속에 예수의 피가 흐르게 될 때 감사와 기쁨이 회복됩니다.

3. 히스기야의 개혁(31장)

유월절 절기 지키는 일을 다한 후에 히스기야가 온 나라에 개혁을 단행했습니다. 유월절 절기를 끝내고 돌아간 유다와 이스라엘 백성들의 마음속에 놀라운 부흥이 있게 되었습니다. 그러므로 그들이 자기들이 거하는 온 땅에서 산당과 단들을 제하여 버렸습니다. 성도의 마음속에 참된 부흥이 일어나게 되면 하나님 앞에 불의한 모든 것들을 기쁜 마음으로 청산하게 되는 열심이 있게 됩니다. 우리의 심령 속에 유월절이 먼저 회복되어야 합니다. 예수 그리스도의 십자가의 구속의 은혜가 우리의 삶을 지배하게 합시다. 개혁은 내 안에서부터 시작되어 속사람이 새로워지는 것입니다. 영적인 부흥이 있게 되면 필연적으로 동반되는 것이 말씀의 회복입니다. 하나님의 말씀에 대한 거룩한 헌신이 있게 됩니다. 그러므로 그들이 하나님의 말씀을 따라 그동안 드리지 않았던 십일조를 드리게 되었습니다. 그들의 삶에 있어서 하나님의 주권을 인정하게 된 것입니다. 유다와 이스라엘 백성들이 얼마나 많은 십일조를 가져왔던지 그것을 쌓아 더미를 이루게 되었습니다. 삼월에 쌓기를 시작하여 칠월에 마쳤다고 합니다. 여호와의 곡간이 차고 넘치게 되었습니다. 그러므로 히스기야는 여호와의 전 안에 방을 예비하게 하고 성전을 맡은 레위인들에게 임무를 주어 그것을 관리하게 했습니다. 제사가 다시 회복된 것입니다. 하나님과의 관계가 회복되면 모든 일들에 질서가 생깁니다. 우리의 심령이 성령의 역사로 개혁되어야 합니다. 내 심령에 부흥을 주시도록 기도합시다. 하나님의 영, 예수의 영, 성령으로 충만한 교회가 되기를 기도합시다.

4. 히기야의 기도(32장)

히스기야 왕이 온 나라에서 하나님의 열심을 품고 개혁을 단행하므로 나라가 하나님 앞에서 새롭게 되어 가고 있을 때에 앗수르 왕 산헤립이 유다를 침공해 들어왔습니다. 히스기야는 앗수르를 대하여 성을 견고하게 하고 전쟁을 위한 준비들을 철저하게 했습니다. 앗수르 왕 산헤립과 그의 신복들은 여호와 하나님과 그 종 히스기야를 비방하며 모욕하고 교만하게 행했습니다. 이 일로 인해 히스기야는 선지자 이사야와 더불어 하나님께 기도드렸습니다. 우리가 하나님 앞에서 바로 살아가려고 할 때에 자주 어려운 시험을 만납니다. 그럴 때에 더욱더 하나님께 나아가 기도해야 합니다. 하나님께서는 우리의 모든 형편을 알고 계십니다. 히스기야가 하나님께 간절하게 기도했을 때에 하나님께서 그날 밤에 당신의 사자를 보내셔서 앗수르의 진에 있는 모든 큰 용사와 대장과 장관들을 멸하셨습니다. 앗수르 왕 산헤립은 돌아가서 그의 신에게 경배할 때에 신하 중 한 사람의 칼에 죽임을 당했습니다.

하나님은 우리의 기도를 들으시는 분이십니다. 세상이 아무리 교만하게 행하여도 하나님께서 일하시면 그것이 문제가 되지 않고 두려움이 되지 않습니다. 어떤 상황 가운데서도 성도는 모든 소망을 하나님께 두어야 합니다. 사람의 구원이 사람에게 있지 않고 하나님께 있습니다. 하나님께서 당신의 백성을 죄와 사망에서 건지시고 구원하시기 위해 독생자 예수 그리스도를 보내 주셨습니다. 예수님께서 마귀의 일을 멸하기 위해서 오셨습니다. 가장 어렵고 힘들 때에 하나님을 바라보는 사람은 하늘로부터 임하는 은혜를 누리게 됩니다. 오늘 우리는 만나는 모든 일들을 기도의 제목으로 삼고 하나님께 기도합시다.

히스기야가 하나님의 은혜로 전쟁의 위협에서 벗어나게 되었을 때 다시 그의 인생에 위기가 찾아왔습니다. 그의 몸이 병들어 죽게 된 것입니다. 그러므로 히스기야는 다시 하나님께 기도드렸습니다. 자기가 하나님 앞에서 행한 일을 기억해 달라고 호소했습니다. 하나님께서 히스기야의 기도를 들으시고 병을 회복하게 해 주셨습니다. 그러나 히스기야가 교만한 마음을 품고 받은 은혜를 보답하지 않았습니다. 그러므로 유다와 예루살렘에 하나님의 진노가 임하게 되었다고 합니다. 지도자는 모든 사람의 대표입니다. 지도자의 잘못은 모든 사람들에게 심대한 타격을 주게 됩니다. 하나님 앞에서 경건한 히스기야였지만 그러나 그도 역시 온전하지는 못했습니다. 히스기야는 자기의 병이 낫게 되었을 때에 외국에서 온 사신들에게 자기의 업적을 자랑했습니다. 그 일은 하나님의 마음을 기쁘시게 하지 못했습니다. 하나님께서 위기 가운데서 유다를 건지시고 또한 히스기야를 죽을병에서 건져 주셨지만 히스기야의 마음이 하나님 앞에서 끝까지 신실하지 못했습니다. 하나님의 은혜를 망각하면 자기를 과신하게 되고 자기 자랑을 늘어놓게 됩니다. 우리는 끊임없이 하나님의 은혜를 붙들지 않으면 넘어질 수밖에 없는 연약한 인생들입니다. 끝까지 겸손할 수 있는 것이 하나님의 은혜입니다. 범사에 하나님의 능하신 손 아래서 겸손하고, 온전히 주님만 신뢰하는 마음을 주시도록 기도합시다.

1. 므낫세의 악정(33장)

히스기야의 뒤를 이어 그의 아들 므낫세가 12살에 유다의 왕이 되어 55년을 통치했습니다. 그는 여호와 보시기에 악을 행하여 그의 아버지 히스기야가 헐어 버렸던 산당을 다시 세우고, 또한 바알을 위하여 단을 쌓고 아세라 목상을 만들고 하늘의 일월성신을 숭배하여 섬겼습니다. 더욱이 그는 아세라 목상을 성전 안에 세웠습니다. 이렇게 그는 그의 아버지 히스기야가 이루었던 모든 선한 일들을 다 잊어버리고 우상 숭배의 길로 달려갔습니다. 뿐만 아니라 그의 정적들을 죽임으로써 무죄한 많은 피를 흘렸습니다.

55년은 긴 세월이었습니다. 하나님을 경외하고 섬겼더라면 좋았을 텐데 그렇지 못했습니다. 그는 그의 이름-'므낫세, 잊어버리는 자'-처럼 아버지가 하나님 앞에서 행한 모든 선한 일들을 망각해 버리고 악을 행했을 뿐 아니라 백성들도 므낫세의 꼬임을 받아 악을 행함으로써 하나님의 마음을 근심케 했습니다. 악은 그 모양이라도 버리라고 했는데 므낫세는 인생을 거꾸로 살았습니다. 하나님께서 므낫세에게 55년 동안 하나님 앞에서 선을 행할 수 있는 기회를 주셨지만 그는 그 기회를 악을 도모하는데 사용함으로써 하나님의 심판을 재촉했습니다. 그는 결국 쇠사슬로 결박당하여 바벨론으로 끌려갔다가 돌아온 후에야 하나님을 두려워하게 되었습니다. 우리 인생의 날이 얼마일지 알 수 없지만 하나님께서 우리에게 허락하신 삶을 살면서 어떻게 하면 하나님을 기쁘시게 할 수 있겠습니까? 하나님 앞에서 선을 행할 수 있도록 우리의 날들을 허락해 주셨음을 알아 항상 겸비한 마음으로 하나님의 뜻을 구합시다. 예수 붙잡고 믿음으로 살아 하나님 안에서 우리의 날들을 더욱더 의미 있고 풍성하게 합시다. 진실로 우리의 날들이 하나님의 손에 있습니다.

2. 요시야의 개혁(34장)

요시야가 나이 8세에 유다의 왕이 되어 31년을 치리했습니다. 그는 하나님 앞에서 정직하게 행한 왕이었습니다. 그의 나이 스물여섯에 여호와의 전을 수리할 마음을 품고 대제사장을 시켜 신실한 목수와 건축자와 미장을 고용하여 퇴락한 전을 수리하게 했습니다. 대제사장 힐기야는 성전을 수리하다가 여호와의 전에서 율법책을 발견하였습니다. 서기관 사반이 그 율법책을 가지고 왕에게 나아가 왕의 귀에 읽어 들릴 때에 왕이 그 말씀을 듣고 크게 회개했습니다. 왕은 그들이 발견한 책에 대해서 하나님께 물으라고 했습니다. 그러므로 그들이 여선지자 훌다에게 나아가 율법책에 대해서 말했습니다. 훌다는 이스라엘 백성이 하나님을 버렸으므로 율법에 기록된 대로 재앙을 받게 될 것이라고 했습니다. 그러나 하나님의 저주의 말씀을 듣고 두려워하며 여호와 앞에서 겸비하여 옷을 찢고 통곡한 요시야 왕의 목소리를 하나님께서 들으셨음으로 요시야의 때에는 재앙을 내리지 않을 것이라고 했습니다. 요시야 왕이 백성의 장로들을 모으고 그들에게 여호와의 전 안에서 발견한 언약책의 모든 말씀을 백성들의 귀에 읽어 들리고 백성들과 더불어 언약을 세우기를 '마음을 다하고 성품을 다하여 여호와를 순종하고 그 계명과 법도와 율례를 지켜 언약의 책에 기록된 언약의 말씀을 이루게 할 것이라'고 했습니다. 백성들이 왕의 말을 듣고 그 언약을 따르겠다고 약속했습니다. 왕은 제사장들을 시켜 바알과 아세라와 하늘의 일월성신을 위하여 만든 모든 기명을 여호와의 전에서 내어오게 하여 예루살렘 바깥 기드론 밭에서 불사르고, 또한 우상을 섬기던 거짓 제사장을 폐하고 성전 안에 있던 아세라 상을 가져다가 기드론 시내에서 불살라 버리게 했습니다. 또한 여호와의 전 가운데 있던 창기의 집을 헐고 백성들이 분향하던 모든 산당을 더럽게 하고, 성문의 산당을 헐어 버렸습니다. 왕이 기타 모든 산당들과 아세라 상들을 헐고 불살랐습니다. 또한 산당의 제사장들을 붙잡아 그 단 위에서 죽이고 그들의 해골을 불살랐습니다.(왕하 23)

하나님께서 임재하시는 성전 안에 온갖 우상들이 들어와 자리를 잡고 사람들이 그 우상을 섬기며 나라 전체가 우상의 신전이 되어 있었던 것입니다. 상상조차 하기 힘든 현실이었습니다. 그러한 일에 대해서 요시야의 개혁은 단호하고 철저했습니다. 왕 한 사람이 하나님의 말씀에 붙들리게 되었을 때 온 나라에 더이상 우상이 발붙일 수 없게 되었습니다. 우리는 지금 어떻습니까? 성전 된 내 몸과 마음은 하나님 앞에서 거룩합니까? 심령에 말씀의 빛을 비추고 거룩한 성령의 불로 온갖 추악하고 더러운 것들을 불살라 버려야 합니다. 철저함과 단호함이 없으면 우리가 우상을 버릴 수 없습니다.

요시야의 개혁은 계속되었습니다. 왕은 그동안 잊혔던 유월절을 다시 회복하고 모든 백성들에게 명하여 언약책에 기록된 대로 하나님 여호와를 위하여 유월절을 지키라고 했습니다. 유월절은 이스라엘 백성들이 애굽의 압제에서 구원받은 것을 기념하여 지키는 절기입니다. 죽음의 사자가 애굽 전국을 휩쓸었을 때에 그들이 자기 집 문에 양의 피를 바름으로 죽음의 사자를 피할 수 있었습니다. 하나님의 백성은 언제나 구원의 은혜를 잊지 않아야 합니다. 예수 그리스도의 십자가의 피가 나를 구속하시고 하나님 앞에 설 수 있게 했습니다. 우리는 항상 십자가의 보혈의 공로를 기억하고 죄와 사망에서 구원하신 하나님의 은혜를 찬양해야 합니다. 요시야는 계속해서 하나님의 말씀대로 순종하여 유다 땅과 예루살렘에 보이는 신접한 자와 박수와 드라빔과 우상과 모든 가증한 것들을 다 제했습니다. 성경은 요시야와 같이 마음을 다하며 성품을 다하며 힘을 다하여 여호와를 향하여 모세의 모든 율법을 온전히 준행한 임금이 요시야 전에도 없었고 후에도 없었다고 증거합니다. 말씀 앞으로 돌아가 날마다 내 심령을 개혁하고 내 삶을 개혁합시다. 하나님의 말씀으로 돌아가는 것이 개혁입니다. 개혁에는 많은 저항이 따릅니다. 내 육신이, 습관이, 생각이, 심지어는 무의식조차도 발목을 잡습니다. 개혁은 내 힘으로 하는 것이 아닙니다. 하나님께 은혜를 주시도록 기도합시다. 성령 충만함을 주시도록 간구합시다. 끊임없이 말씀에 귀를 기울이고 말씀 앞에서 두려움과 경외함으로 하나님을 순종하는 사람이 되기를 소망합시다.

4월 30일 | 에스라 1-3 장

1. 에스라에 대하여

히브리어 성경에는 에스라와 느헤미야가 한 권의 책으로 되어 있습니다. 에스라는 바벨론 포로에서 귀환한 유다 백성들이 파괴된 예루살렘 성전 재건과 무너진 신앙을 다시 회복하는 회개를 기록함으로써 우리가 이 땅에서 하나님의 백성으로서 어떻게 거룩한 삶을 살아야 할 것인지 말씀합니다. 하나님께서 바사(페르시아) 왕 고레스를 통하여 바벨론에서 포로 생활을 하던 유다 백성들에게 귀국 명령을 내리게 하셨습니다. 이로써 3차에 걸쳐 유다 백성들이 포로에서 돌아오게 되는데, 1차로 귀환한 백성들이 무너진 성전을 다시 건축하기 시작했습니다. 그러나 성전의 재건을 방해하는 세력들에 의해 백성들의 사기가 떨어지고 성전 재건 사역이 흐지부지 되어가자 하나님께서 학개와 스가랴 선지자를 보내 성전을 재건하도록 독려하여 마침내 성전 재건의 역사가 완성되었습니다. 그 후에 학사 에스라가 2차로 포로들을 이끌고 와서 이스라엘 백성들의 신앙 재건을 주도했습니다.

2. 역사의 주인이신 하나님(1, 2장)

하나님께서 유다의 문을 닫으시고 그 백성들을 바벨론 땅으로 옮겨 그곳에서 70년 동안 살게 하셨습니다. 유다가 하나님의 말씀을 순종하지 않은 대가는 혹독했습니다. 유다 땅은 70년 동안 황무하여 안식년을 보냈다고 합니다. 하나님께서 예레미야의 입을 통하여 예언하신 대로(렘 25, 29장) 그 땅에 쉼을 주신 것입니다. 70년의 세월이 흐르는 동안 근동의 패권은 베벨론에서 페르시아로 넘어가 고레스가 근동의 새로운 주권자가 되었습니다. 예레미야의 예언대로 70년이 차게 되었을 때 하나님께서 유다 백성들을 다시 유다 땅으로 돌아오게 하기 위하여 페르시아 왕 고레스의 마음을 감동시키셨습니다. 고레스는 온 나라에 공포하고 조서를 내려 유다 백성들이 고국으로 돌아가 하나님의 전을 건축할 수 있게 했습니다.

고레스의 명을 따라 유다 백성들은 마침내 다시 고국으로 돌아오게 되었는데 페르시아의 백성들이 은과 금과 물건과 짐승과 기타 예물로서 유다 사람의 귀국을 도왔습니다. 또한 바벨론 왕 느부갓네살이 빼앗아 갔던 성전의 기명들도 다시 돌아올 수 있게 되었습니다. 하나님께서는 스룹바벨을 지도자로 세우시고 유다를 이끌게 하셨습니다.

사람의 마음을 움직이시고 세상의 역사를 주관하시는 하나님이십니다. 에스라 2장은 바벨론으로 잡혀갔던 사람들과 그들의 자손들 중에서 다시 유다로 돌아온 백성들의 명단을 기록하고 있는데 그들의 숫자는 모두 49,897명이었습니다. 하나님께서 그들을 70년 동안 바벨론 땅에서 보존하시고 번성케 하셨습니다. 무엇보다 그들이 믿음을 지키게 하시고 계속해서 하나님을 섬기게 하셨습니다. 고레스 왕이 유다백성들을 향해 고국으로 돌아가 성전을 건축하라고 했을 때, 그들의 마음에 큰 감동이 있었습니다. 하나님께 감동을 받은 사람의 숫자가 5만여 명이나 되었던 것입니다. "[에스라 1장5절] 이에 유다와 베냐민 족장들과 레위 사람들과 무릇 그 마음이 하나님께 감동을 받고 올라가서 예루살렘 여호와의 전을 건축코자 하는 자가 다 일어나니"라고 말씀합니다. 참으로 놀랍고 감격스러운 장면입니다.

고국으로 돌아가 하나님의 성전을 건축하고 그 성전을 중심으로 신앙을 새롭게하고자 마음먹은 사람들이 이렇게 많았습니다. 그들은 다 그곳에 살면서 나름대로 삶의 터전을 일구고 일상의 삶을 살아가던 사람들이었습니다. 고국으로 돌아가기로 결단하는 것이 결코 쉬운 일이 아니었습니다. 그러나 그들의 마음속에 하나님께서 주시는 감동이 있었습니다. 흥분이 있었습니다. 가슴 벅찬 감격이 있었습니다. 그래서 떠나기로 결단했습니다. 그들이 누구인지 세세히 알 수는 없습니다. 다만 어느 가문에서 몇 명, 어느 마을 사람들 몇 명, 노래하는 사람들 몇 명, 등등 지도자의 이름만 있을 뿐 개인의 이름은 드러나지 않습니다. 그러나 그들은 모두 즐거운 마음으로 순종했습니다. 그들이 돌아와 무너진 성전을 다시 세우는 역사를 시작하게 된 것입니다. 그야말로 이름 없이 빛도 없이 순종하고 헌신했습니다. 하나님의 역사는 그렇게 이루어져 갑니다. 하나님께서 행하시는 일에 참여할 수 있는 특권을 누리는 것보다 복된 일이 어디에 있겠습니까! 우리는 항상 성령의 감동을 받고 성령의 이끌림을 받는 자리에 서기를 소망합시다. 하나님이 기뻐하시는 일에 기꺼이 우리의 삶을 드립시다. 진실로 하나님은 내 인생의 참 주인이시고 역사의 주인이십니다.

3. 역사가 시작되다!(3장)

고레스 왕의 도움을 받아 고국으로 돌아온 유다 백성들은 각자 자기들의 성읍으로 가서 새로운 삶의 터전을 일구며 휴식의 시간을 보냈습니다. 일곱째 달이 되었을 때 그들은 초막절을 지키기 위해서 일제히 예루살렘으로 모였습니다. 그들은 옛 솔로몬의 성전 터에 단을 쌓고 그곳에서 여호와께 번제를 드리며 초막절의 절기를 지켰습니다. 초막절은 애굽에서 구원받은 하나님의 백성들이 광야 40년 동안 그들을 지키시고 인도하신 하나님의 은혜를 기억하고, 또한 풍성한 추수를 허락하신 하나님을 감사하면서 지킨 절기였습니다. 이 절기는 바벨론에서 돌아온 이스라엘 백성들에게 더욱더 특별한 의미가 있었을 것입니다. 초막절 절기는 그들에게 바벨론에서 돌아오게 된 목적을 다시 회상케 하는 계기가 되었습니다.

그들은 하나님의 전을 다시 세우고 하나님 중심으로 살기로 결단하고 돌아온 자들이었습니다. 사로잡혔다가 돌아온 자들이 2년여에 걸쳐 성전 건축을 위한 모든 준비들을 마친 후 마침내 스룹바벨과 예수아를 중심으로 하여 하나님의 전 역사를 시작하게 됩니다. 여호와의 전 지대가 놓이던 날 모든 백성들이 여호와를 찬송하며 큰 소리로 즐거이 불렀습니다. 그들의 인생에 최고의 감격의 날이었을 것입니다. 그러나 그들 가운데 첫 성전을 보았던 사람들은 이제 다시 성전 지대가 놓임을 보고 대성통곡했습니다. 그들은 지난날의 자신들의 불신앙과 불순종으로 인하여 무너져 버린 성전을 생각하고 자신들의 죄악을 생각했을 것입니다. 그리고 이제 다시 놓인 성전 지대를 보고 감사의 눈물을 흘렸을 것입니다. 하나님은 지금도 우리 안에서 당신의 성전을 지어가고 계십니다. 하나님의 성전은 이렇게 회개와 감사로 지어집니다.